Giulio Pe

"Amen"

Il lato oscuro del cristianesimo

Prefazione di Mauro Biglino

*Finito di stampare nel Febbraio 2017
presso The Factory S.r.l.
per conto di Primiceri Editore
Via Savonarola n. 217, 35137, Padova*

ISBN: 978-88-99747-84-8

www.primicerieditore.it

Copertina di Mars (almatempora.it)

Dott. Giulio Perrotta

L'autore, classe 1984, è un giurista specializzato in professioni legali e notarili (S.S.P.L.), direttore scientifico della rivista bimestrale giuridica "*Ratio Legis*", criminologo forense specializzato in culti settari ed esoterici, sicurezza pubblica / privata / ambiente, mediatore civile e commerciale, docente in materie giuridiche, economiche, politiche e profili criminologici, collaboratore politico, relatore in convegni tematici sui temi criminologici, giuridici, politici ed esoterici, saggista (www.giulioperrotta.it).

Lettera aperta ad una figlia

Dedica silenziosa

Firenze, 14 Febbraio 2011

Amore mio.
Perché così dovrebbe aprirsi ogni lettera di un padre alla propria bambina.

Il mio pensiero vola verso te, come in ogni secondo della mia vita, come in ogni momento in cui i battiti del cuore sanciscono l'inesorabile prova che il tempo trascorre. Vola verso te, perché altro non potrebbe fare e si posa sull'immagine del tuo viso.

Pur volendo amare e proteggere ciò che si ha di più prezioso, alcune volte non c'è permesso; pur desiderandolo intensamente, eventi avversi ci potrebbero portare lontano e separarci, pur opponendoci.

Ricordati sempre che mi troverai in un battito di ciglia, nel vento che ti sfiora i capelli e ti accarezza l'anima. Anche se non mi vedrai, potrai sentirmi nel silenzio.

Godi di ogni istante che l'esistenza ti offre, ricordandoti che ogni secondo compone l'essenza del tuo sorriso e del tuo pianto, della tua gioia e del tuo dolore, dei tuoi successi e delle tue sconfitte.

Ogni secondo, afferra la vita, senza dimenticare di onorare il motivo per cui sei venuta al mondo. L'amore.

Non arrenderti mai, perché questo mondo non è facile e non è fatto per chi decide di chinare il capo.

Te ne accorgerai, tante volte, e certe volte a tue spese.

Sono molte le cose che cattureranno il tuo sguardo, poche quelle che toccheranno il tuo cuore e rapiranno la tua anima; queste ultime impregneranno la tua essenza, disegnando chi sei e delineando la tua evoluzione.

Per questo motivo, non smettere mai di seguire la tua vocazione.

Non sprecare energie ad inseguire qualcuno, nessuno ti appartiene e tu non appartieni a nessuno, se non all'Universo stesso.

Sei polvere di stelle dalla chioma luminosa. Resisti!

Dona Amore senza aspettarti in cambio qualcosa. La vera felicità, principessa mia, sta nel realizzare i propri desideri e le proprie aspettative, condividendole con chi reputi degno di attenzione. Ma non per questo devi provare ogni brivido e ogni rischio, perché la vita va onorata e rispettata ed un dolore profondo sarebbe la macchia dell'anima.

Emozioni continue ed esagerate portano a diventare insensibili a quelle nuove che arriveranno, rischiano di farti diventare un terreno infertile; per cui, vivi le emozioni ma non diventare schiava di esse.

Lotta con fermezza e coraggio, dedizione e passione ma non permettere che i tuoi sogni diventino i tuoi incubi peggiori. In tal caso, fermati prima, perché non sarebbe una "resa" ma un "onore rispettoso" verso te stessa.

Incontrerai amici premurosi e nemici vili, feroci animali pronti a strapparti le viscere e anime perse che sopravvivono ai margini dell'esistenza.

E' un mondo complicato, tesoro mio.

Ci sono attori per mestiere e gente commediante; c'è chi indossa maschere e chi ne è vittima delle stesse; ricorda sempre, però, ogni dolore nasce da un disagio e ogni disagio nasce dalla solitudine. Quindi, non abbandonarti mai alla solitudine.

Trova il tempo per fermarti, per rilassarti e per riflettere ma non crogiolarti mai nei vizi, nei dubbi e nelle perplessità.

Incontrerai amici veri che si doneranno a te e amici falsi, gente disposta a condividerti e condividersi e gente, perché sola, per questo disposta ad ogni nefandezza, pur di sporcarti e dimostrarti che il male è più forte. Alcuni, inconsapevolmente, saranno strumento del male. Li riconoscerai facilmente, perché propugneranno verità assolute quando in Terra non ne esistono. Per lo meno, non ne esistono di assolute.

Il male serve solo a dimostrare quanto il bene sia più forte; è il fascino del male a ingannare ed attrarre, nient'altro può offrirti se non la resa incondizionata della tua anima. Custodiscila gelosamente perché essa è una miniera ricchissima.

Incontrerai persone che si vorranno approfittare di te e amici che, per farti del bene, commetteranno anche errori (certe volte) gravi ed imperdonabili. Ascoltali, cogli la verità nelle loro parole e nei loro occhi. Ogni parte del corpo può mentire, ogni muscolo può essere assoggettato alla verità che noi vogliamo; tuttavia, non è mutabile la luce che traspare dagli occhi, perché quell'energia è una produzione diretta di ciò che sei e non può essere frutto di abile inganno, proviene dall'anima ed è per sua natura "perfettissima".

Incontrerai persone sensibili a tal punto da rimanere sole e per questo divenuti dei veri e propri buchi neri, capaci di attrarre ed inglobare: scappa via da loro perché sono un pericolo, per chiunque. Annullano l'individualità per perdersi nella globalità.

Incontrerai persone sole che possono essere aiutate e altri che non vogliono esserlo, pur chiedendo aiuto disperatamente.
A questi ultimi, tu... non potrai fare altro che sperare e pregare.

Proverai ad aiutare chi ami e chi vuoi bene, e sconosciuti per amore di farlo e basta. Per questo, rischierai di essere inopportuna, insensibile, impertinente, arrogante, presuntuosa e, qualche volta, sola. Fallo comunque e fallo ogni volta che pensi sia giusto, anche se poi si rivelerà un errore.

Proverai odio per qualcuno o qualcosa e capirai col tempo che non è altro che un amore deluso, ferito o mai nato o ancora ciò che tu non sopporti di te stessa, perché gli altri non sono altro che uno specchio di una o più parti della tua anima.

Rifugiati da chi è prepotente, egocentrico, narcisista e presuntuoso: sono tutti indicativi di un'anima tormentata che non può farti progredire nella tua maturazione: queste persone, devono prima di tutto salvarsi da loro stessi.

Sarai fragile e avrai bisogno d'aiuto. Certi amici correranno, chi per interesse chi per affetto, chi per amore mascherato da affetto, chi non correrà affatto... e solo allora scoprirai il vero significato dell'amicizia e del rispetto.

Arriverà il momento in cui dovrai confrontarti con te stessa e con i tuoi sentimenti; quando ciò accadrà, non tormentarti inutilmente ma segui la coerenza del cuore.

Sii coerente e sincera con te stessa, con i tuoi sentimenti e con chi ti circonda.

Godi delle persone che ti arricchiscono e non darle per scontato. Non ci saranno per sempre nella tua vita. Immagina che ogni giorno sia l'ultimo e godi di chi ti circondi come se fosse l'ultima volta che le vedi, l'ultima volta che senti la loro voce, l'ultima volta che vedi il colore dei loro occhi. Goditele. E mentre lo fai, ricordati che tutti sono necessari ma nessuno indispensabile. Tutti contribuiscono in qualche modo alla tua crescita ma nessuno dev'essere il tuo Universo, altrimenti la logica conseguenza è una serie infinita di sofferenze. Fai in modo tale che chi ami sia la stella più bella del tuo firmamento celeste e non il perno su cui adagi la tua anima.

Sii sincera con gli altri, ma sappi che una verità quasi assoluta è che tutti mentono. Chi per paura, chi per mancanza di coraggio, chi per conseguenza e chi perché non sa farne a meno. Ricorda sempre, la sincerità è premiata nel limite di quanto l'altra persona si aspetta: non ci sono premi per chi è sincero a priori. Paga se coincide con quella che gli altri si aspettano di sentirsi dire.

Dai sincerità, fallo, ma non esporre il fianco a chi della menzogna ne ha fatto scuola di sopravvivenza.

Sii sincera ma non giocare con la verità per distorcerla, perché prima o poi ritornerà feroce e vendicativa nella tua vita e tu ne sarai vittima inerme.

Fatti sempre un idea e portala avanti finché non ti renderai conto di sbagliare. A quel punto, fermati e ricomincia da una nuova idea.

Adopera equilibrio, in questo mondo di pazzia.

Batti sentieri già percorsi se ciò ti serve e buttati in quelli mai percorsi, perché ti porteranno a cercare quello che stai inseguendo.

Incontrerai amori profondi e infatuazioni veloci, non per questo l'una meno importante delle altre, non per questo meritevoli di particolari elogi o accanimenti terapeutici.

Godi di ogni cosa, ricordandoti che la fiducia va data se sentita e meritata... non dubitare degli altri, ma ricorda che tu sei l'unica cosa più importante di tutto.

Dona amore senza aspettarti amore e non agire mai per venderti o umiliarti: fiuta il pericolo e agisci prima che sia tardi.

Incontrerai gente che ti ingannerà e ti amerà alla follia, certe volte per solitudine o per bisogno o perché la sorte decide per te.

Ama. Conta solo questo e poche altre cose nella vita.

Ama sempre con il cuore e mai con la mente, ma resta lucida quel pizzico che serve per capire chi è la persona alla quale ti stai donando, senza dimenticare mai che non è l'amore a farci soffrire ma le persone alle quali affidiamo i nostri sentimenti che ci deludono: non avercela mai con l'amore. Ricordalo sempre. Non accanirti contro l'amore. Mai. Il cuore ha percorsi che la ragione non deve intraprendere, perché l'amore, per argomentarsi, ha solo se stessa e nient'altro.

Dona fiducia se le cose che dicono coincidono con le cose che fanno. La coerenza è il metro di valutazione per evitare inutili sofferenze.

Piangi. Versa lacrime se è il tuo spirito a chiedertelo.

Perdona. E perdonati.

La vita ti porta a sbagliare. Anche tu sbaglierai.

Amerai, crederai d'amare e illuderai. Magari inconsapevolmente. Magari consapevolmente e ti pentirai perché ti sentirai sporca. Vai avanti, perdonati e ricomincia a vivere.

La vita non guarda mai indietro. Tu, non farlo!

E se sbagli, ciò non vuol dire che vali meno di altri o devi essere considerata un mostro. Tutti hanno pari dignità e tutti sono in grado di essere migliori ma senza perdono, nessuno avrà pace con il proprio spirito e con il Divino che è dentro e tutto intorno a noi.

Stai in pace con te stessa, con Dio e con chi ti circonda, perché l'Universo è mosso da leggi universali e tu non sei che un puntino splendido ed unico nella relatività dello spazio.

Trova una disciplina e dedicala alla tua anima. Autodisciplinati nel rispetto dei tuoi sogni, dei tuoi desideri, delle tue aspirazioni e delle tue ambizioni.

Lavora. Sarai allora libera ed indipendente.

Non cercare l'Amore. A differenza degli altri sentimenti, è l'unico che deve nascere spontaneo, senza condizionamenti, fragile come un cristallo.

Non ostinarti a trovare qualcuno, la solitudine porta ad incontrare gente sbagliata.

Sbaglia. Amore mio ... sbaglia, più che puoi ... ma nei limiti della tua persona e della tua dignità.

Con dolore si cresce e si capisce.

Conosci, viaggia, muoviti.
Sorridi. Sorridi sinceramente e pazzamente.

Ricorda sempre di amare e amarti.

E se ti si parerà un problema enorme, impara a vederlo come se fosse una montagna costituita da tanti piccoli sassolini: uno per uno, smontalo ed attraversarlo. E se il problema dipende dai sentimenti, usa il cuore; se dipende dalla vita, usa la testa.

Troverai chi ti giudicherà. Sempre. E comunque sbaglierai, qualunque cosa farai. Non siamo esenti da errori e vivere vuol dire mettersi in gioco. Per cui fai ciò che ritieni giusto, tenendo conto dei pareri altrui senza esserne schiava. La vita è la tua, non la loro.

Non avere paura di commettere errori anche se alcuni ti segneranno come un marchio a fuoco sull'anima; altri ti scivole-ranno via come brutti ricordi e altri ciclicamente riaffioreranno. E' nella natura umana. E non puoi farci nulla.

I brutti ricordi scivoleranno via lasciando spazio solo ai bei momenti. E' il ciclo della vita. Per cui non turbarti se commetterai errori o se qualcuno anche dopo molto tempo te li rinfaccerà, anche solo per il sadico gusto di metterti alla pubblica gogna: chiedi scusa per gli errori commessi e per il dolore provocato e perdona te stessa se li hai commessi.

Chiedi scusa e mai perdono, perché il perdono non va chiesto, va ricevuto, se l'interlocutore lo sente suo.

Gli umani sono una razza intellettualmente superiore ma evolutivamente inferiore. Questa è una condizione quasi assoluta.

Prega Dio, o chi credi viva spiritualmente sopra di te, e prega che possa aiutare chi ancora dopo molto tempo non è riuscito a perdonarti: in verità, essi vivono nell'amarezza e nella solitudine, anche se circondati da persone.

Che tu creda o meno in una forza superiore, tu fai parte dell'Universo e questa è un'opera miracolosa.

Cogli le occasioni che la vita ti offre, nel momento in cui si presentano perché potrebbero non tornare e sarebbe ingiusto vivere di rimpianti.

Tratta nello stesso modo il rimpianto ed il rimorso, perché anche se il primo dipende da ciò che avresti voluto fare e non hai fatto e il secondo da ciò che hai fatto commettendo però un errore, entrambi nascono da un tuo desiderio o da un tuo bisogno o da una tua necessità: per cui non pentirti mai se nel momento in cui hai scelto, eri sicura e col sennò del poi, hai capito d'aver commesso un grosso sbaglio.

La vita non aspetta e il domani è frutto della comprensione degli errori del passato e del "cogli l'attimo".

Il passato serve a capire quali sbagli hai commesso, per non ripeterli più e viverti il presente, proiettandoti in un futuro migliore.

Non suicidarti. La vita ricomincia sempre. Basta volerlo. Basta desiderare il cambiamento e porre in essere tutti i mezzi per realizzarlo.

L'energia segue il pensiero. Non dimenticarlo.

Fermati a pensare quando serve e corri quando devi afferrare.

Fermati ad ascoltare la musica e a guardare il cielo stellato.

Fai l'amore, spontaneo, sentito, vissuto e passionale e, se occorre, godi anche del sesso animale. Fai l'amore per liberare la tua energia e non per riempire vuoti o mancanze. Fai l'amore con chi ti merita, ti rispetta e ti rivolge onestà, anche intellettuale. Fai l'amore con chi ami e con l'Universo.

Fallo senza limiti, senza timori, e senza bigottismo.

Il corpo nudo è la creazione perfetta del Divino, l'assoluta magnificenza fatta carne e spirito. Senza vergogna, goditelo e approfittane.

Sono parole che vengono dal cuore, parole di un padre che ti ama più della sua stessa vita. Un padre che un giorno, potrà non esserti vicino. Un padre che un giorno sbaglierà, trovandosi a scegliere.

Sii comprensiva e non limitarti a valutare il tangibile ed il visibile, perché spesso le cose non sono come sembrano e dietro c'è tutto un mondo da conoscere, scoprire e vivere, in questa ballata rumorosa di anime.

Il segreto della vita è viverla, mantenendosi come l'equilibrista, tra la follia e la ragione, tra la fantasia e la realtà.

Sii una "Troia"... ma affamata di vita.

Fanne tesoro delle mie parole e rileggile ogni qualvolta ti sentirai smarrita o sola. Tienile dentro il tuo cuore, perché quello è il contenitore della tua anima. Custodisci il tuo cuore perché quello... e solo quello... è tuo... e di nessun'altro.

G. P.
(Il regnante di spade)

Prefazione

Questo libro costituisce un'altra tappa di cammino che prosegue lungo una strada non facile ma talmente affascinante che chi se ne invaghisce non se ne stacca con facilità o forse non se ne distacca proprio più.

Del Dr. Giulio Perrotta conosciamo la preparazione, la meticolosità, il desiderio e la capacità di comunicare; di lui apprezziamo la volontà tipica del giurista che ha non solo il dovere ma la volontà pervicace di sapere e di capire: dai suoi lavori precedenti emerge, e qui si riconferma, il suo essere innanzitutto un uomo di legge che deve studiare con attenzione i testi e le situazioni per analizzarle al fine di giungere ad una conclusione che sia la più vera possibile; che abbia cioè almeno quella quantità di verità che la realtà, con le sue informazioni non sempre chiare e dettagliate come vorremmo, ci consente di conseguire.

E' con questo atteggiamento che l'autore si accosta a temi tanto delicati o, come si usa oggi dire, sensibili: la consapevolezza che si ricava dalle analisi che egli conduce è che la quantità di presunta verità tradizionalmente narrata e divulgata non è più soddisfacente, anzi sta divenendo sempre più irritante perché non di verità si tratta ma di palese invenzione.

L'uomo di legge ci aiuta a comprendere che il "processo" va condotto con cognizione di causa, prendendo atto cioè del maggior numero possibile di quegli elementi, indiziari o probatori che siano, che risultano essere indispensabili per formulare un giudizio motivato, corretto e coerente. La condanna o l'assoluzione non possono essere pronunciate con leggerezza.

Il suo lavoro procede dunque seguendo un percorso che prevede, con una logica progressione, lo studio di vari temi che spaziano dalla controversa figura di Mosè alle guerre che i colonizzatori-governatori combattevano nell'antichità, dal concetto del peccato originale alle scoperte archeologiche capaci di destare la nostra curiosità.

Il tutto passa attraverso una presentazione dei rapporti intercorrenti con la matrice originaria dei racconti biblici che è costituita dalla cultura babilonese le cui radici affondano nelle cronache sumero accadiche: una vera e propria anamnesi necessaria, anzi indispensabile, per raccogliere informazioni, dati, memorie da cui solo può scaturire una diagnosi professionale che abbia senso e fondamento.

Ma l'autore è consapevole del fatti che la diagnosi sulla possibile patologia del pensiero e il conseguente giudizio sull'eventuale colpevolezza di chi quel pensiero ha elaborato, formulato e sostenuto, non può che concernere l'epilogo di tutta la storia: cioè il pensiero religioso che nelle sue varie declinazioni è stato fatto artificiosamente scaturire da quei testi.

Analizzate e comprese le radici, la sentenza con le relative motivazioni, formulata dall'uomo di legge sui frutti dello stesso albero, non è che la naturale conseguenza.

Come egli evidenzia in appositi capitoli, i frutti concernono sia l'ambito che possiamo definire terreno che quello che la tradizione ci presenta come ultraterreno, trascendente.

Inferno, purgatorio e paradiso ci vengono qui rappresentati per quello che sono, in una dichiarazione chiara ed inequivocabile che costituisce il titolo stesso di un capitolo loro interamente dedicato, cioè "invenzioni della teologia".

Dallo studio delle decisioni pratiche, prese storicamente in ambito conciliare con le inevitabili, previste e volute conseguenze sociali e politiche, fino alla presentazione delle elaborazioni teologiche concernenti il cosiddetto "aldilà", il nostro giurista non vuole assolutamente trascurare nulla.

In questo libro siamo dunque di fronte ad un "processo" sereno ed equilibrato e sappiamo che, per essere tale, un processo richiede un atteggiamento preliminare altrettanto sereno ed equilibrato, che deve essere freddo e meticoloso nella ricerca, acquisizione e catalogazione dei dati, preciso e inattaccabile nel loro esame, distaccato ed oggettivo nelle conclusioni.

Questo è quanto ci si attende da un uomo di legge e questo è quanto ci offre l'autore in questo suo nuovo ricco e documentato lavoro.

Mauro Biglino

Introduzione

L'altra faccia del "divino"

Tutto è nato con la pubblicazione di *"Exorcizamus te. Il vero volto di Dio"*, il punto di arrivo di un percorso culturale incentrato sulla ricerca della verità; l'esperienza letteraria insomma che raccoglie tutte le prove del più grande inganno all'umanità. *"Amen"* rappresenta la sua continuazione e conclusione, il contenitore probatorio di tutti questi elementi che, per ragioni editoriali, non sono state inserite nel primo volume. *"Amen"*, inteso come "ultimo termine" del rituale latino di esorcismo (*Exorcizamus te omnis immundus spiritus omnis satanica postestas ...*) ma anche come "conclusione" di un percorso di libero pensiero incentrato sul bisogno di trovare risposte a quesiti per troppi secoli di esclusivo dominio clericale.

Occorre però fare alcune puntualizzazioni:

a) il precedente lavoro non voleva essere il libro della "verità assoluta", quanto più un compendio di bestialità che la teologia cristiana ha raccontato, condito da tutta una serie di teorie che trovano riscontro negli studi di eminenti esperti e studiosi;

b) esiste una linea sottile tra la verità e la menzogna e questo confine spesso non viene rilevato immediatamente. Non è raro imbattersi in teorie che sembrano talmente certe nella loro esposizione da sembrare perfette. Non è strano, dunque, commettere errori di valutazione credendo in buona fede che questa o quella ricostruzione sia la tesi più vicina alla verità;

c) l'oggettività non rappresenta la certezza assoluta. Molte scoperte sono state compiute seguendo ragionamenti soggettivi e percorsi "impossibili". Il metodo scientifico è senza ombra di dubbio il cammino da preferire e da seguire; tuttavia, non dovrebbe apparire assurdo tentare ipotesi al limite della ragionevolezza, per poi tornare come un un cerchio al punto di partenza, con la soluzione nella mani. Quando si tratta di indagare su eventi antichi, nemmeno l'insieme di tutti i pensieri dei sapienti del mondo può essere garanzia di certezza assoluta; questo accade perché gli elementi in gioco sono davvero pochi e spesso unici, a tal punto da costringere lo studioso ad effettuare ipotesi certe volte distaccate dal piano oggettivo. Al di là della propria linea di pensiero, questo percorso dovrebbe essere meritevole di rispetto, per il solo fatto di non aver dato per sicuro un fatto che per sua natura è "misterico";

d) la fede non sarà oggetto di discussione. Come per l'opera precedente, questo lavoro mira a diffondere le conoscenze che per loro natura sono scomode, professate da chi della menzogna ne ha fatto scuola di sopravvivenza. Al di là del proprio atto di fede, il saggio non vuole giustificare l'accanimento contro l'istituzione religiosa o contro il disamore verso la religione: la mira è ben più aulica. Si prova ad offrire al lettore una diversa chiave di lettura che possa garantirgli quella libertà mentale da decidere lui stesso cosa sente più vicino, l'abito meglio cucito addosso. Questa è la fede: credere in un qualcosa di superiore che genera e muove le fila dell'Universo. Caro lettore, che tu sia cristiano, ebreo, musulmano, induista o bud-dista, conta solo che il tuo atto di fede sia orientato verso l'amore, verso il bene supremo, così in terra, così in cielo. Se già l'obiettivo è comune, se già professi l'amore e il rispetto, la non violenza e l'aiuto reciproco, sei già mio fratello, tanto quanto il legame di sangue. Che tu sia bianco, nero, giallo, rosso o scuro di carnagione, conta solo dove orienti i tuoi gesti e come lo fai: conta che sia l'amore il motore della tua vita.

Su tale posizione si poggia il presente lavoro (e quello precedente), una naturale continuazione di "*Exorcizamus te. Il vero volto di Dio*", cercando sempre di mantenere il distacco necessario per approntare un'analisi dettagliata dei fenomeni descritti. In questo saggio verranno dunque analizzati, ancora più nel dettaglio, aspetti che nel primo lavoro sono stati solo accennati e comunque sfumati per lasciare spazio ad alcuni temi centrali, rifacendoci sempre agli studi di **Mauro Biglino** e di altri studiosi del settore:

a) nel *primo capitolo*, per non perdere il filo del discorso, ripercorreremo il lungo cammino intrapreso nel saggio di "*Exorcizamus te. Il vero volto di Dio*", tracciando la linea guida sintetica di tutte i dati controversi presenti nelle posizioni della teologia cristiana.

b) nel *secondo capitolo* verrà riproposto il tema del "peccato originale", puntualizzando nel dettaglio tutte le falsità costruite su questa invenzione teologica senza alcun fondamento teorico e pratico, passando dalla creazione al peccato imposto per un errore di valutazione (o di interpretazione).

c) nel *terzo capitolo* si affronterà il tema dei "rapporti con i testi sumero-accadici e babilonesi", rapportando gli aspetti biblici con i contenuti dei testi sacri di altri culti, riscoprendo le verità sepolte.

d) nel *quarto capitolo* sarà centrale la questione dell'Esodo e del ruolo misterioso di Mosé, un personaggio dai colori assai curiosi.

e) nel *quinto capitolo* si cercerà di analizzare la questione dei "6 milioni di ebrei";

f) nel *sesto capitolo*, il lettore potrà approfondire le tematiche legate alle "guerre atomiche" al tempo degli Déi e nella storia antica, dando la giusta attenzione e l'adeguato spazio alle prove storiche e archeologiche riconosciute in ambito internazionale.

g) nel *settimo capitolo* si dedicherà ampio spazio al fenomeno delle possessioni demonianche e al caso di Anneliese Michel.

h) nell'*ottavo capitolo* tracceremo il percorso che ci porterà alla scoperta delle invenzioni teologiche legate all'idea di Paradiso, Inferno e Purgatorio, provando a scoprire le novità su Dante Alighieri e la "Divina Commedia", frutto degli studi del saggista Giuliano Di Benedetti.

i) nel *nono capitolo* affronteremo invece il ruolo della donna nel culto cristiano.

l) nel *decimo capitolo* proveremo a delineare in generale il concetto di superstizione e l'origine di alcuni condizionamenti.

La conclusione proverà infine a chiudere il cerchio su un lavoro che nasce come conclusione di *"Exorcizamus te. Il vero volto di Dio"*, per garantire al lettore una panoramica generale piuttosto completa e redatta con uno stile semplice e immediato.

Con questa seconda parte, dunque, chiunque potrà affacciarsi al mondo del Cristianesimo con una maggiore e diversa prospettiva totalmente libera da qualunque condizionamento dottrinale e teologico.

Il vero quesito allora a questo punto dovrà essere: *sono pronto a mettere in discussione la mia posizione religiosa?*

Buona lettura!

Giulio Perrotta

Dedicato alla mia famiglia,
che ha sempre creduto in me.

Capitolo 1:

Facciamo il punto [1].

1.1. Premessa

Riprendiamo da dove avevamo lasciato: *"Exorcizamus te. Il vero volto di Dio"*. Il saggio si proponeva di affrontare in chiave tecnica lo studio degli aspetti più salienti del culto giudaico-cristiano (e cattolico), per dimostrare tutte le mistificazioni operate dal credo religioso dottrinale.

Per far ciò è stato necessario operare un processo di sintesi della parte storica, ovvero degli elementi legati ai profili politici ed economici, dimostrando in tal modo come una setta emergente sia stata in grado di diventare una vera e propria religione.

Nella seconda parte del testo, invece, l'attenzione è stata concentrata soprattutto sugli elementi filologici e sulle prove archeologiche, per dimostrare come la verità raccontata dalla teologia sia ben lontana da quella impressa nelle stesse "sacre scritture".

Adesso, facciamo il punto del discorso, ripercorrendo passo passo ogni argomento trattato, avendo cura di approfondire determinati aspetti che maggiormente sottolineano quanto già dimostrato con il primo lavoro divulgativo.

Lo scopo sarà dunque quello di realizzare una serie di approfondimenti sul materiale già pubblicato, per poi continuare il nuovo lavoro con i capitoli successivi dedicati ai temi che in *"Exorcizamus te. Il vero volto di Dio"*, per questioni editoriali, sono stati tralasciati o trattati in maniera meno rigorosa.

Questo capitolo, pertanto, serve soltanto a specificare determinati aspetti che completano gli argomenti trattati e ne arricchiscono il bagaglio culturale, secondo le finalità spesso indicate durante la stesura dell'opera.

---

[1] **Giulio Perrotta**, *Exorcizamus te. Il vero volto di Dio*, Primiceri Editore, 2016

1.2. Il concetto di religione e di credo fidelistico. L'Enoteismo giudaico-cristiano mascherato da Monotesimo

Nel *primo capitolo* del lavoro suindicato abbiamo compreso come la religione rappresenti una necessità per l'uomo, al fine di spiegarsi i grandi misteri della vita e dell'Universo, probabilmente per sentirsi più in armonia con i suoi simili.

Non sappiamo esattamente l'etimologia del termine "religione", ma sappiamo con certezza che il termine "Monoteismo" favorisce l'arroganza e la prevaricazione e che in ogni cultura religiosa successiva ritroviamo elementi di quella precedente, per il "fenomeno della comorbidità".

Sappiamo che: il concetto di "Dio", inesistente nel culto ebraico, è stato mutuato dalla cultura greca, richiamando il concetto di "timore verso la divinità" e della "salvezza dell'uomo";[2] l'esatta condotta perseguita dagli estremisti fanatici islamici (frangia estrema sunnita) altra non è che quella descritta in diversi passi biblici, dove Dio incitava i suoi eserciti a sterminare popolazioni intere, giovani, anziani e bambini compresi, come si legge in **Deuteronomio 7, Michea 1: 6-7, Isaia 21: 9, 2 Cronache 14: 1-4, Ezechiele 6: 3-10** e **30: 13**[3].

E ancora, per essere sicuri di quanto l'amore del Dio giudaico-cristiano sia misericordioso, sincero e grande, a tal punto da farci credere che il testo sia potuto essere fonte d'ispirazione per la crudeltà di popoli storicamente posteriori (come l'Islam):

Deuteronomio 28: 15-47:

<<[…] **15** Ma se non obbedirai alla voce del Signore tuo Dio, se non cercherai di eseguire tutti i suoi comandi e tutte le sue leggi che oggi io ti prescrivo, verranno su di te e ti raggiungeranno tutte queste maledizioni:

16 sarai maledetto nella città e maledetto nella campagna.

17 Maledette saranno la tua cesta e la tua madia.

---

[2] **Giulio Perrotta**, *Exorcizamus te. Il vero volto di Dio*, Primiceri Editore, 2016, p. 20
[3] **Giulio Perrotta**, *Exorcizamus te. Il vero volto di Dio*, Primiceri Editore, 2016, pp. 23-26

18 Maledetto sarà il frutto del tuo seno e il frutto del tuo suolo; maledetti i parti delle tue vacche e i nati delle tue pecore.

19 Maledetto sarai quando entri e maledetto quando esci.

20 Il Signore lancerà contro di te la maledizione, la costernazione e la minaccia in ogni lavoro a cui metterai mano, finché tu sia distrutto e perisca rapidamente a causa delle tue azioni malvage per avermi abbandonato.

21 Il Signore ti farà attaccare la peste, finché essa non ti abbia eliminato dal paese, di cui stai per entrare a prender possesso.

22 Il Signore ti colpirà con la consunzione, con la febbre, con l'infiammazione, con l'arsura, con la siccità, il carbonchio e la ruggine, che ti perseguiteranno finché tu non sia perito.

23 Il cielo sarà di rame sopra il tuo capo e la terra sotto di te sarà di ferro.

24 Il Signore darà come pioggia al tuo paese sabbia e polvere, che scenderanno dal cielo su di te finché tu sia distrutto.

25 Il Signore ti farà sconfiggere dai tuoi nemici: per una sola via andrai contro di loro e per sette vie fuggirai davanti a loro; diventerai oggetto di orrore per tutti i regni della terra.

26 Il tuo cadavere diventerà pasto di tutti gli uccelli del cielo e delle bestie selvatiche e nessuno li scaccerà.

27 Il Signore ti colpirà con le ulcere d'Egitto, con bubboni, scabbia e prurigine, da cui non potrai guarire.

28 Il Signore ti colpirà di delirio, di cecità e di pazzia,

29 così che andrai brancolando in pieno giorno come il cieco brancola nel buio. Non riuscirai nelle tue imprese, sarai ogni giorno oppresso e spogliato e nessuno ti aiuterà.

30 Ti fidanzerai con una donna, un altro la praticherà; costruirai una casa, ma non vi abiterai; pianterai una vigna e non ne potrai cogliere i primi frutti.

31 Il tuo bue sarà ammazzato sotto i tuoi occhi e tu non ne mangerai; il tuo asino ti sarà portato via in tua presenza e non tornerà più a te; il tuo gregge sarà dato ai tuoi nemici e nessuno ti aiuterà.

32 I tuoi figli e le tue figlie saranno consegnati a un popolo straniero, mentre i tuoi occhi vedranno e languiranno di pianto per loro ogni giorno, ma niente potrà fare la tua mano.

33 Un popolo, che tu non conosci, mangerà il frutto della tua terra e di tutta la tua fatica; sarai oppresso e schiacciato ogni giorno;

34 diventerai pazzo per ciò che i tuoi occhi dovranno vedere.

35 Il Signore ti colpirà alle ginocchia e alle cosce con una ulcera maligna, della quale non potrai guarire; ti colpirà dalla pianta dei piedi alla sommità del capo.

36 Il Signore deporterà te e il re, che ti sarai costituito, in una nazione che né tu né i padri tuoi avete conosciuto; là servirai dèi stranieri, dèi di legno e di pietra;

37 diventerai oggetto di stupore, di motteggio e di scherno per tutti i popoli fra i quali il Signore ti avrà condotto.

38 Porterai molta semente al campo e raccoglierai poco, perché la locusta la divorerà.

39 Pianterai vigne e le coltiverai, ma non berrai vino né coglierai uva, perché il verme le roderà.

40 Avrai oliveti in tutto il tuo territorio, ma non ti ungerai di olio, perché le tue olive cadranno immature.

41 Genererai figli e figlie, ma non saranno tuoi, perché andranno in prigionia.

42 Tutti i tuoi alberi e il frutto del tuo suolo saranno preda di un esercito d'insetti.

43 Il forestiero che sarà in mezzo a te si innalzerà sempre più sopra di te e tu scenderai sempre più in basso.

44 Egli presterà a te e tu non presterai a lui; egli sarà in testa e tu in coda.

45 Tutte queste maledizioni verranno su di te, ti perseguiteranno e ti raggiungeranno, finché tu sia distrutto, perché non avrai obbedito alla voce del Signore tuo Dio, osservando i comandi e le leggi che egli ti ha dato.

46 Esse per te e per la tua discendenza saranno sempre un segno e un prodigio.

47 Poiché non avrai servito il Signore tuo Dio con gioia e di buon cuore in mezzo all'abbondanza di ogni cosa,

48 servirai i tuoi nemici, che il Signore manderà contro di te, in mezzo alla fame, alla sete, alla nudità e alla mancanza di ogni cosa; essi ti metteranno un giogo di ferro sul collo, finché ti abbiano distrutto.

49 Il Signore solleverà contro di te da lontano, dalle estremità della terra, una nazione che si slancia a volo come aquila: una nazione della quale non capirai la lingua,

50 una nazione dall'aspetto feroce, che non avrà riguardo al vecchio né avrà compassione del fanciullo;

51 che mangerà il frutto del tuo bestiame e il frutto del tuo suolo, finché tu sia distrutto, e non ti lascerà alcun residuo di frumento, di mosto, di olio, dei parti delle tue vacche e dei nati delle tue pecore, finché ti avrà fatto perire.

52 Ti assedierà in tutte le tue città, finché in tutto il tuo paese cadano le mura alte e forti, nelle quali avrai riposto la fiducia. Ti assedierà in tutte le tue città, in tutto il paese che il Signore tuo Dio ti avrà dato.

53 Durante l'assedio e l'angoscia alla quale ti ridurrà il tuo nemico, mangerai il frutto delle tue viscere, le carni dei tuoi figli e delle tue figlie, che il Signore tuo Dio ti avrà dato.

54 L'uomo più raffinato tra di voi e più delicato guarderà di malocchio il suo fratello e la sua stessa sposa e il resto dei suoi figli che ancora sopravvivono,

55 per non dare ad alcuno di loro le carni dei suoi figli delle quali si ciberà; perché non gli sarà rimasto più nulla durante l'assedio e l'angoscia alla quale i nemici ti avranno ridotto entro tutte le tue città.

56 La donna più raffinata e delicata tra di voi, che per delicatezza e raffinatezza non si sarebbe provata a posare in terra la pianta del piede, guarderà di malocchio il proprio marito, il figlio e la figlia

57 e si ciberà di nascosto di quanto esce dai suoi fianchi e dei bambini che deve ancora partorire, mancando di tutto durante l'assedio e l'angoscia alla quale i nemici ti avranno ridotto entro tutte le tue città. [...]>>.

Ma non è tutto. La cultura "misogina" [4] contenuta nella Bibbia è chiara in moltissimi passi, dove le donne non sono altro che oggetti incapaci di pensare o di avere dignità:

---

[4] Sofferente di repulsione o di avversione nei confronti delle donne.
Tratto da: http://www.utopia.it/vox1/400antinomie1.htm

Siracide 25: 24:

<<[...] Dalla donna ha avuto inizio il peccato, per causa sua tutti moriamo [...]>>.

1Timoteo 2: 11-12:

<<[...] La donna impari in silenzio, con tutta la sottomissione. Non concedo a nessuna donna di insegnare, né di dettare legge all'uomo; piuttosto se ne stia in atteggiamento tranquillo. Perché prima è stato formato Adamo e poi Eva; e non fu Adamo ad essere ingannato, ma fu la donna che, ingannata, si rese colpevole di trasgressione. Essa potrà essere salvata partorendo figli, a condizione di perseverare nella fede, nella carità e nella santificazione, con modestia. [...]>> (parole di *San Paolo*).

Siracide 42: 12-14:

<<[...] Non mostri la sua bellezza a qualsiasi uomo, non segga a ciarlare insieme con le altre donne, perché dagli abiti esce fuori la tignola e dalla donna malizia di donna. (...) Meglio la cattiveria di un uomo che la bontà di una donna, una donna che porta vergogna fino allo scherno. [...]>>.

Giobbe 25: 4:

<<[...] Come può giustificarsi un uomo davanti a Dio se è nato da una donna? [...]>>.

Levitico 15: 25:

<<[...] La donna che ha un flusso di sangue per molti giorni, fuori del tempo delle regole, o che lo abbia più del normale sarà immonda per tutto il tempo del flusso, secondo le norme dell'immondezza mestruale. Ogni giaciglio sul quale si coricherà durante tutto il tempo del flusso sarà per lei come il giaciglio sul quale si corica quando ha le regole; ogni mobile sul quale siederà sarà immondo, come lo è quando essa ha le regole. Chiunque toccherà quelle cose sarà immondo; dovrà lavarsi le vesti, bagnarsi nell'acqua e sarà immondo [...]>>.

1 Corinzi 11: 3:

<<[…] Voglio però che sappiate che di ogni uomo il capo è Cristo, e capo della donna è l'uomo, e capo di Cristo è Dio. […]>> (parole di *San Paolo*).

Colossesi 3: 18:

<<[…] Voi, mogli, state sottomesse ai mariti, come si conviene nel Signore […]>> (parole di *San Paolo*).

Genesi 2: 18-22:

<<[…] Dio disse: "Non è bene che l'uomo sia solo; gli voglio fare un aiuto che gli sia simile". (…) Allora il Signore Dio plasmò dal suolo ogni sorta di bestie selvatiche e tutti gli uccelli (…) ma l'uomo non trovò [tra gli animali] un aiuto che gli fosse simile (…). Dio plasmò con la costola, che aveva tolta all'uomo, una donna e la condusse all'uomo […]>>.

Ecclesiaste 7: 26:

<<[…] Trovo che amara più della morte è la donna, la quale è tutta lacci: una rete il suo cuore, catene le sue braccia. Chi è gradito a Dio la sfugge ma il peccatore ne resta preso. […]>>.

Siracide 9: 10:

<<[…] Ogni donna impudica sarà calpestata come sterco nella vita […]>>.

Sapienza 3: 16:

<<[…] I figli di adulteri non giungeranno a maturità; la discendenza di un'unione illegittima sarà sterminata. Anche se avranno lunga vita, non saran contati per niente, e, infine, la loro vecchiaia sarà senza onore. […]>>.

Siracide 25: 21:

<<[…] Motivo di sdegno, di rimprovero e di grande disprezzo è una donna che mantiene il proprio marito. […]>>.

Genesi 3: 16:

<<[…] E alla donna disse: «Io moltiplicherò i tuoi affanni e le tue

gravidanze: con dolore partorirai i tuoi figlioli, sarai sotto la potestà del marito, ed egli ti dominerà. [...]>>.

Salmo 109: 12:

<<[...] Nessuno gli usi misericordia, nessuno abbia pietà dei suoi orfani. La sua discendenza sia votata allo sterminio, nella generazione che segue sia cancellato il suo nome. L'iniquità dei suoi padri sia ricordata al Signore, il peccato di sua madre non sia mai cancellato [...]>>.

Deuteronomio 22: 13 e 20:

<<[...] Se un uomo sposa una donna e, dopo aver coabitato con lei, la prende in odio, (...) dicendo: Ho preso questa donna, ma quando mi sono accostato a lei non l'ho trovata in stato di verginità, il padre e la madre della giovane prenderanno i segni della verginità della giovane e li presenteranno agli anziani della città (...). Allora gli anziani di quella città prenderanno il marito e lo castigheranno e gli imporranno un'ammenda di cento sicli d'argento, che daranno al padre della giovane, per il fatto che ha diffuso una cattiva fama contro una vergine d'Israele. Ella rimarrà sua moglie ed egli non potrà ripudiarla per tutto il tempo della sua vita. (...) se la giovane non è stata trovata in stato di verginità, allora la faranno uscire all'ingresso della casa del padre e la gente della sua città la lapiderà, così che muoia, perché ha commesso un'infamia in Israele, disonorandosi in casa del padre. Così toglierai il male di mezzo a te [...]>>.

Levitico 18: 19:

<<[...] Non ti accosterai a donna per scoprire la sua nudità durante l'immondezza mestruale. [...]>>.

Deuteronomio 22: 28:

<<[...] Se un uomo trova una fanciulla vergine che non sia fidanzata, l'afferra e pecca con lei e sono colti in flagrante, l'uomo che ha peccato con lei darà al padre della fanciulla cinquanta sicli d'argento; essa sarà sua moglie, per il fatto che egli l'ha disonorata, e non potrà ripudiarla per tutto il tempo della sua vita [...]>>

(in sostanza, la donna deve sposare lo stupratore).

2Samuele 13: 11:

<<[...] mentre [Tamara] gliele dava da mangiare [le frittelle], egli la afferrò e le disse: "Vieni, unisciti a me, sorella mia". Essa gli rispose: "No, fratello mio, non farmi violenza. (...) Ma egli non volle ascoltarla: fu più forte di lei e la violentò unendosi a lei (...). Assalonne suo fratello le disse: "Forse Amnòn tuo fratello è stato con te? Per ora taci, sorella mia; è tuo fratello; non disperarti per questa cosa" (...). Il re Davide [l'unto del Signore] seppe tutte queste cose e ne fu molto irritato, ma non volle urtare il figlio Amnòn, perché aveva per lui molto affetto; era infatti il suo primogenito [...]>>.
(in sostanza, il maschio primogenito va sempre difeso anche se autore di uno stupro in famiglia).

Deuteronomio 28: 28:

<<[...] Il Signore ti colpirà di delirio, di cecità e di pazzia. (...) Ti fidanzerai con una donna, un altro la praticherà; costruirai una casa, ma non vi abiterai; pianterai una vigna e non ne potrai cogliere i primi frutti. [...]>>.

Giudici 19: 25:

<<[...] Allora il levita afferrò la sua concubina e la portò fuori da loro. Essi la presero e abusarono di lei tutta la notte fino al mattino; la lasciarono andare allo spuntar dell'alba.. [...]>>.

Ezechiele 23: 10:

<<[...] Essi scoprirono la sua nudità, presero i suoi figli e le sue figlie e la uccisero di spada. Divenne così come un monito fra le donne, per la condanna esemplare che essi avevano eseguita su di lei. [...]>>.

1Timoteo 2: 11:

<<[...] La donna impari in silenzio, con tutta sottomissione [...]>>.

Deuteronomio 24: 1:

<<[...] Quando un uomo ha preso una donna e ha vissuto con lei da marito, se poi avviene che essa non trovi grazia ai suoi occhi, perché

egli ha trovato in lei qualche cosa di vergognoso, scriva per lei un libello di ripudio e glielo consegni in mano e la mandi via dalla casa […]>>.

Genesi 19: 8:

<<[…] Sentite, io ho due figlie che non hanno ancora conosciuto uomo; lasciate che ve le porti fuori e fate loro quel che vi piace, ma lasciate in pace questi due individui maschili […]>>.

Numeri 5: 20-31:

<<[…] Ma se ti sei traviata ricevendo un altro invece di tuo marito e ti sei contaminata e un uomo che non è tuo marito ha avuto rapporti disonesti con te... 21 Allora il sacerdote farà giurare alla donna con un'imprecazione; poi dirà alla donna: Il Signore faccia di te un oggetto di maledizione e di imprecazione in mezzo al tuo popolo, facendoti avvizzire i fianchi e gonfiare il ventre; 22 quest'acqua che porta maledizione ti entri nelle viscere per farti gonfiare il ventre e avvizzire i fianchi! E la donna dirà: Amen, Amen! 23 Poi il sacerdote scriverà queste imprecazioni su un rotolo e le cancellerà con l'acqua amara. 24 Farà bere alla donna quell'acqua amara che porta maledizione e l'acqua che porta maledizione entrerà in lei per produrle amarezza; 25 il sacerdote prenderà dalle mani della donna l'oblazione di gelosia, agiterà l'oblazione davanti al Signore e l'offrirà sull'altare; 26 il sacerdote prenderà una manciata di quell'oblazione come memoriale di lei e la brucerà sull'altare; poi farà bere l'acqua alla donna. 27 Quando le avrà fatto bere l'acqua, se essa si è contaminata e ha commesso un'infedeltà contro il marito, l'acqua che porta maledizione entrerà in lei per produrre amarezza; il ventre le si gonfierà e i suoi fianchi avvizziranno e quella donna diventerà un oggetto di maledizione in mezzo al suo popolo. 28 Ma se la donna non si è contaminata ed è pura, sarà riconosciuta innocente e avrà figli. 29 Questa è la legge della gelosia, nel caso in cui la moglie di uno si sia traviata ricevendo un altro invece del marito e si contamini 30 e per il caso in cui lo spirito di gelosia si impadronisca del marito e questi diventi geloso della moglie; egli farà comparire sua moglie davanti al Signore e il sacerdote le applicherà questa legge integralmente. 31 Il marito sarà immune da colpa, ma la donna

porterà la pena della sua iniquità». […]>>.

Siracide 9: 4:

<<[…] non frequentare una cantante, per non esser preso dalle sue seduzioni […]>>.

Deuteronomio 25: 5:

<<[…] Quando i fratelli abiteranno insieme e uno di loro morirà senza lasciare figli, la moglie del defunto non si mariterà fuori, con un forestiero; il suo cognato verrà da lei e se la prenderà in moglie, compiendo così verso di lei il dovere del cognato […]>>.

Levitico 12: 1:

<<[…] Il Signore aggiunse a Mosè: "Riferisci agli Israeliti: Quando una donna sarà rimasta incinta e darà alla luce un maschio, sarà immonda per sette giorni; sarà immonda come nel tempo delle sue regole. L'ottavo giorno si circonciderà il bambino. Poi essa resterà ancora trentatré giorni a purificarsi dal suo sangue; non toccherà alcuna cosa santa e non entrerà nel santuario, finché non siano compiuti i giorni della sua purificazione. Ma, se partorisce una femmina sarà immonda due settimane come al tempo delle sue regole; resterà sessantasei giorni a purificarsi del suo sangue. […]>>.

Siracide 36: 21:

<<[…] Una donna accetterà qualsiasi marito, ma una giovane è migliore di un'altra. La donna riceverà qualunque maschio. Ma vi sono delle fanciulle migliori di altre. […]>>.

Genesi 38: 7:

<<[…] Er, primogenito di Giuda, si rese odioso al Signore e il Signore lo fece morire. Allora Giuda disse a Onan: "Unisciti alla moglie di tuo fratello, compi verso di lei il dovere di cognato e assicura così una posterità per il fratello". Ma Onan sapeva che la prole non sarebbe stata considerata come sua; ogni volta che si univa alla moglie del fratello, disperdeva (il seme) per terra [...]. Ciò che egli faceva non fu gradito al Signore, il quale fece morire anche lui. […]>> (*in sostanza, lo spreco del seme con la masturbazione*).

1Corinzi 11: 5 e 7:

<<[…] Ogni donna che prega o profetizza senza velo sul capo, manca di riguardo al proprio capo, poiché è lo stesso che se fosse rasata. Se dunque una donna non vuol mettersi il velo, si tagli anche i capelli! Ma se è vergogna per una donna tagliarsi i capelli o radersi, allora si copra. (…) L'uomo non deve coprirsi il capo, poiché egli è immagine e gloria di Dio; la donna invece è gloria dell'uomo. E infatti non l'uomo deriva dalla donna, ma la donna dall'uomo; né l'uomo fu creato per la donna, ma la donna per l'uomo. Per questo la donna deve portare sul capo un segno della sua dipendenza […]>>.

Preghiera ebraica del mattino[5]:

<<[…] Benedetto il Signore (…) che non mi hai fatto donna […]>>.

Chiudiamo il paragrafo con questa "divina" perla, proveniente dal *Talmud* ebraico, per ricordare a tutti che l'amore è un gioco assai raro, ma sempre vissuto da 2 anime in totale accordo, una silenziosa ballata che estende la sua luce oltre l'infinito: <<[…] *State molto attenti a far piangere una donna perché Dio conta le sue lacrime! La donna è uscita dalla costola dell'uomo, non dai piedi, infatti non doveva essere calpestata; non è uscita nemmeno dalla testa per essere superiore all'uomo; ma dal fianco per essere uguale, un pò più in basso del braccio per essere protetta, e dal lato del cuore per essere amata* […]>>.

---

[5] Non c'è dunque da stupirsi. Il culto cristiano origina, nell'Antico Testamento, dagli scritti giudaici, dunque dal culto ebraico.

1.3. I profili storici del culto giudaico-cristiano e i testi sacri "ispirati da Dio"

Nel **secondo, terzo e quarto capitolo** siamo andati a ricercare i fondamenti storici e culturali del Cristianesimo, risalendo ai primi secoli fino ai giorni nostri, passando per i vari concilii, dimostrando il percorso utilizzato da questa religiose per imporsi con la forza e il potere, mascherando la verità delle sacre scritture e adoperando la violenza come mezzo di repressione delle diversità (es. guerre sante ed inquisizione), proprio quello che subirono i primi cristiani dopo la morte di Gesù.

Si sono analizzati tutta una serie di passi dell'Antico e del Nuovo Testamento, senza omettere alcuni particolari contenuti nei testi apocrifi più importanti e conosciuti, arrivando a concludere che:

A) il Cristianesimo delle origini (ovvero dei primi quattro secoli) altro non era che una setta divenuta pian piano, con i favori dei politici e dei regnanti, una religione vera e propria, arrivando per fino a inventare di sana pianta la verginità della Beata Maria e il concetto di Trinità (Padre, Figlio e Spirito Santo).[6]

Nell'incontro pubblico del 6 Marzo 2016 [7] tra **Mauro Biglino** e quattro esponenti religiosi afferenti al culto ebraico (**Ariel Di Porto**) e alla corrente ortodossa (**Mons. Avondios**), valdese (**Daniele Garrone**) e cattolica (**Don Ernis Segatti**) del Cristianesimo, sono emersi proprio questi aspetti. L'evento è stato diretto dalla giornalista **Sabrina Pieragostini**: la scaletta prevedeva la formulazione di una domanda uguale per tutti e la ricezione delle risposte. In generale, sono emersi molti spunti di riflessioni e soprattutto una serie di conferme sulle tesi del saggista che in alcun caso è stato smentito dai invitati, spesso in evidente difficoltà (in particolare, nel mantenere la coerenza argomentativo che **Biglino** riusciva a dare in maniera impeccabile alle sue puntualizzazioni). Ecco un'interessante griglia che ripercorre in maniera lineare ed esaustiva le domande e le risposte

---

[6] **Giulio Perrotta**, *Exorcizamus te. Il vero volto di Dio*, Primiceri Editore, 2016, pp. 31-91
[7] Cfr.: https://www.youtube.com/watch?v=Plq FOdzQThI

ascoltate durante la conferenza:

Come sapete (senza fare riferimento ad ipotesi, supposizioni o atti di fede) con certezza dell'esistenza di Dio?	
Mauro Biglino	Di Dio non ne so nulla e leggendo l'Antico Testamento non solo non ne ho trovato la presenza ma ho rinvenuto l'esatto opposto.
Ariel Di Porto	Non se ne sa molto e non è possibile trovare una risposta definitiva. Credere in Dio sarebbe un assioma (in sostanza, un atto di fede).
Daniele Garrone	Occorre un atto di fiducia, in quanto nella Bibbia non c'è nulla di sacro (in caso contrario sarebbe un'idolatria "della carta"). E' una convinzione personale dunque l'esistenza di Dio.
Don Ermis Segatti	Bisogna togliere la certezza su Dio, perché se l'avessimo si avrebbe un'unificazione con l'uomo.
Mons. Avondios	Nella Bibbia troviamo tutte le risposte, possiamo dedurre l'esistenza ma non ci sono le prove certe.

La Bibbia dev'essere letta in maniera metaforica o letterale?	
Mauro Biglino	La Bibbia va letta letteralmente, in modo tale da impedire il meno possibile eventuali interpretazioni soggettive e personalistiche.

Ariel Di Porto	Nella Bibbia troviamo molte contraddizioni, così come nella Genesi si riprendono concetti greci in tema di eternità della materia.
Daniele Garrone	La Bibbia non va letta allegoricamente, prerogativa ecclesiastica. E' un testo che presenta anche dei miti, come la creazione (es. i miti sumeri). Il serpente non è veramente Lucifero e molto di quanto scritto è chiaramente condizionato dall'influsso persiano (Zoroastrismo) ed ellenistico (Greci). Nel passato, c'è stata molta propaganda monoteista.
Don Ermis Segatti	La Bibbia va letta su alcuni punti in maniera letterale, in altri in maniera allegorica.
Mons. Avondios	Io non ho mai visto Dio e non ho saputo mai niente su Dio, in quanto non si può vedere ciò che non si vede.

Tralasciando le questioni delle diverse interpretazioni, quali sono le traduzioni più contestate o contestabili?

Mauro Biglino	Nessuno sa veramente il significato di Elohim, Adonay, El e YHWH, così come non è possibile sapere con certezza il significato dei testi biblici originali.
Ariel Di Porto	Ogni traduttore sa che non può essere fedele al 100% rispetto al testo originale, così come è accaduto per il processo di vocalizzazione della Bibbia, che prima era consonantistica.

Daniele Garrone	Le traduzioni sono faziose e teologiche, anziché accurate da un punto di vista linguistico e filologico.
Don Ermis Segatti	Le traduzioni soffrono dell'influsso conoscitivo di chi le effettua e dunque se l'autore è un cristiano, sceglierà dei termini che rafforzeranno i concetti a lui più cari e familiari.
Mons. Avondios	Le traduzioni bibliche sono piene di errori e vanno cambiate, così come il termine "onnipotente" che nulla c'entra con il testo originale.

E' veramente esistito il "peccato originale"? E riguardo la natività di Gesù?

Mauro Biglino	La Bibbia non parla di un peccato originale ed esso è il prodotto di un'elaborazione teologica successiva.
Ariel Di Porto	Nell'ebraismo esiste in maniera molto velata ma in sostanza non esiste un peccato originale nei testi sacri anticotestamentari.
Daniele Garrone	In Genesi 3 non si trova alcun riferimento e letto in rapporto ai miti babilonesi si capisce come esso sia un tentativo maldestro più filosofico che reale. Le stesse natività di Gesù, in due versioni diverse, confermano che la genealogia dei Vangeli fornisce delle prove assolutamente false, tenuto anche conto che sono stati aggiunti ai Vangeli degli scritti, così

	da manipolare fortemente le scritture, impedendo di fatto una reale ispirazione ad opera di Dio. Anche la nascita verginale della Madonna è frutto di un'interpretazione e neanche le narrazioni relative alla vita di Gesù sono esatte e reali al 100%, in quanto manipolate nei secoli.
Don Ermis Segatti	Il peccato originale è il prodotto fuori misura (mistificato per dirla brevemente) di un maneggio su Dio. E' una menzogna utilizzata in teologia ma praticamente sconfessata già nel Nuovo Testamento. I racconti evangelici sono stati creati con un criterio comunicativo diverso da quello che noi cerchiamo oggi di dargli.
Mons. Avondios	Il peccato originale è un prodotto teologico cristiano, così come la natività di Gesù, narrata da Matteo e Luca in maniera differente, pur non essendo presenti nessuno dei due agli eventi narrati.

Dopo la Guerra Santa contro i Madianiti vi è la spartizione del bottino. A Yahweh spettano (…) 32 vergini. Per quale motivo? E riguardo la crudeltà del Dio della Bibbia?

Mauro Biglino	Queste sono le prove che l'Antico Testamento non parla di Dio e Yahweh era solo un ish milchama (uomo di guerra), un Governante di un popolo, quello israelita.
Ariel Di Porto	Il testo va interpretato [Poi lascia la sala per impegni personali]

Daniele Garrone	Il testo va interpretato. La figura del Dio Universale non è opera degli antichi autori biblici ma è frutto di un'elaborazione successiva, in quanto è chiaro che stiamo parlando di un Dio guerriero che viene dal deserto e che guida un gruppo di schiavi. Il linguaggio dell'alleanza è stata usato sotto gli Assiri, e quando sottoscrivevano i trattati di vassallaggio; il Deuteronomio non è altro che una ripetizione di quei trattati, offrendo la base al moderno Monoteismo Universale.
Don Ermis Segatti	Il testo va interpretato
Mons. Avondios	Il testo va interpretato

Qual è il vero significato di "Olam"	
Mauro Biglino	Non è assolutamente "eternità" ma "lungo tempo comunque finito"
Ariel Di Porto	[L'invitato è assente]
Daniele Garrone	Non c'è da stupirsi: non vuol dire eternità, come molti accademici ormai concordano
Don Ermis Segatti	Confermo la tesi di Biglino, in quanto non esistono concetti filosofici-metafisici. Esiste il concetto, invece, che si discosta dall'idea di eternità "greca". "Dal nulla" nella cultura semitica non esiste.

Mons. Avondios	Il concetto di eternità non rappresenta il termine "olam", che indica sicuramente un tempo lungo ma finito.

Il web, che non perdona, ha cristallizzato con un'immagine l'evento:

B) il Cristianesimo dei successivi secoli ha rafforzato il potere politico ed economico, facendo accordi con le case nobiliari e i regnanti, garantendo tutta una serie di favori al potente di turno, non risparmiandosi affatto nel trovare risorse in maniera del tutto fraudolenta, come la vendita delle indulgenze, la crescita egemonica attraverso le guerre sante, la politica del terrore mediante l'Inquisizione [8] e la vendita di immagini sacre tralasciando completamente il divieto di idolatria ([9]) che la stessa fede religiosa impone; [10]

---

[8] Nel periodo medievale, la Santa Inquisizione operava sui sospettati di eresia e stregoneria le seguenti pratiche: 1) la *cremagliera* (gambe e braccia legate ad un sistema rotante, con al centro una serie di aculei che laceravano le carni del ventre); 2) lo *strappado* (le braccia venivano ripiegate all'indietro e dislocate tramite un sistema di tiraggio, fino all'estirpazione totale degli arti); 3) il *cavaletto spagnolo* (la vittima veniva messa su un cavalletto piena di aculei, nuda, e legata a due pesi nei piedi, così da garantire la massima aderenza alla trappola mortale, disarticolando bacino e gambe, fino al raggiungimento del dimezzamento del corpo tramite una punta affilatissima posta al vertice dello strumento) ; 4) la *vergine di Norimberga* (sarcofago di legno con dentro aculei affilatissimi che penetrano nella carne); 5) *estirpamento dei seni* (tramite ferri roventi e appuntiti e poi i figli della donna venivano costretti a nutrirsi con i seni sanguinanti); 6) lo *scorticamento* della pelle partendo dalla faccia per arrivare ai piedi, con esposizione al sole o bollito vivo per rimuovere più facilmente i tessuti; 7) lo *spaccaginocchia*; 8) l'*impalamento*; 9) la *bollitura*; 10) il *toro di falaride* (un toro di ferro dove la vittima veniva inserito nel suo addome e dato in pasto alle fiamme); 11) la *sega a quattro mani*, dove il condannato veniva segato a metà mettendolo a testa in giù; 12) l'*impiccagione*, la *castrazione* con lame o ferri roventi e lo smembramento con ascia o legato ai cavalli.
(Tratto da: https://www.youtube.com/watch?v=OjhgaycUdm0)

[9] Sul punto si è già detto molto in **Giulio Perrotta**, *Exorcizamus te. Il vero volto di Dio*, Primiceri Editore, 2016, pp. 123-125.

Ed è chiaro come la Chiesa cristiana (e poi quella cattolica), nonostante il palese divieto di "avere immagini" ha dovuto perpetrare tale condotta per convincere le persone, al tempo dedite al Paganesimo, a cambiare fede religiosa, al fine di garantirsi il palco necessario per espandersi, in quanto ha da subito capito che la gente di questo aveva bisogno, di toccare fisicamente il divino per sentirsi più legato alla propria fede. Occorre accettare necessariamente che i popoli limitrofi agli ebrei (ittiti, assiri, babilonesi, sumeri, egizi, fenici) erano dediti a tutta una serie di divinità, che hanno dato spunto a questi ultimi per costruire un Monoteismo completamente falso e arricchitto di dettagli errati e tendeziosi da parte di una dottrina teologica bisognosa di giustificare tali posizioni, nemmeno lontanamente condivise dallo stesso testo "sacro", come si evince dal divieto di farsi le immagini (**Esodo 20: 4**). Tra 3mila anni, chi analizzerà la nostra situazione geopolitica e religiosa, troverà la presenza di un Dio maggiore e tanti uomini con particolari poteri (i santi -gli *shadim* in ebraico-, es. Padre Pio) che intercedevano con la divinità per i fedeli più meritevoli. E poi una moltitudine di santini, statuette e immagini sacre. Siamo proprio sicuri che questi uomini del futuro non penseranno di noi che siamo degli idolatri, proprio come furono i Babilonesi? (Tratto da: https://www.youtube.com/watch?v=gL7OKqtIfpc&feature =share).

C) gli autori, le date di stesura e le traduzioni non sono in alcun caso certe e non mostrano affatto (anzi, spesso smentiscono) la prova della c.d. "ispirazione divina", tenuto conto delle decine di errori macroscopici, anche da un punto di vista logico. [11] Già nella **Genesi**, troviamo una serie di contraddizioni sul momento generativo del genere umano, in quanto troviamo: in **Genesi 1: 25-27** che gli esseri umani sono stati generati dopo gli altri animali, mentre in **Genesi 2:**

Appare molto interessante anche un altro aspetto, legato questa volta alla questione dei "miracoli" riconosciuti dalla Chiesa Cattolica. Calcoli alla mano, i miracoli di Lourdes effettivamente riconosciuti come veri sono in totale, nella storia, 69 (https://it.wikipedia.org/wiki/Miracoli_ di_Lourdes). Ora, tenuto conto che in 158 anni trascorsi dalla prima apparizione del 1858, le visite medie di persone affette da patologia in quel luogo misterioso sono (andando al ribasso) di 10mila, abbiamo che 69 miracoli sono rapportati a 10mila x 158 anni, dunque a 1.580.000 persone. 69 guariti su 1.580.000 persone sofferenti in 158 anni di storia. Bene, la scienza ufficiale ha dimostrata che una patologia può regredire fino a sparire in 1 caso ogni 10mila, dunque una guarigione "spontanea". Se confrontiamo i rapporti, 1 su 10mila, rispetto ai 69, il termine finale dovrebbe essere di 69 su 69mila. Pertanto, per essere considerata guarigione spontanea dalla scienza ufficiale, il caso clinico dev'essere 69 su 69.000. Nel caso di Lourdes, il rapporto è 69 su 1.580.000, ovvero 22,90 volte superiore. Ecco dimostrato che il "miracolo" può ben essere una remissione spontanea della patologia.

[10] **Giulio Perrotta**, *Exorcizamus te. Il vero volto di Dio*, Primiceri Editore, 2016, pp. 92-149

[11] **Giulio Perrotta**, *Exorcizamus te. Il vero volto di Dio*, Primiceri Editore, 2016, pp. 160/321. Una curiosità degna di nota: Il presepe è nato da un errore di traduzione! Difatti: <<[…] Il primo presepe fu realizzato nel 1223 da San Francesco nell'eremo di Greccio (in provincia di Rieti), per vedere "con gli occhi del corpo" il Bambino neonato adagiato in una mangiatoia, tra il bue e l'asinello. Ma dove prese il santo le informazioni per mettere in scena la sua rappresentazione? La mangiatoia, presto detto, è presente nel vangelo di San Luca; ma dei due animali dal caldo fiato non c'è traccia nei testi canonici. Tuttavia loro presenza (come peraltro quella della grotta) è segnalata nel vangelo apocrifo dello Pseudo Matteo… o meglio, nella sua errata traduzione dal greco al latino! Nel testo originale della Bibbia dei Settanta, infatti, Abacuc profetizza che il messia nascerà "en meso duo zoon", ovvero "in mezzo a due età" (forse a indicare che la sua nascita farà da spartiacque tra due ere), ma il traduttore latino ha confuso il genitivo plurale di zoè (età) con quello di zoon (animale), rendendo con "in medio duorum animalium". Questo errore, lungi dal lasciare perplessi i fedeli, scatenò la fantasia popolare, andando a sommarsi all'altra profezia citata nel passo del vangelo apocrifo: Così si adempì ciò che era stato annunziato dal profeta Isaia, che aveva detto: "Il bue ha riconosciuto il suo proprietario e l'asino la greppia del suo padrone". Va detto che questa profezia viene citata a sproposito, dato che in realtà Isaia si lamentava di Israele considerandolo incapace di riconoscere il proprio Dio, a differenza degli animali che sanno riconoscere il proprio padrone. Ma tant'è. Così i "duorum animalium" divennero automaticamente il bue e l'asino ed entrarono di gran carriera nella tradizione del Natale, al punto che persino i teologi contemporanei (come il papa emerito Ratzinger), pur ammettendo l'errore non hanno la minima intenzione di toglierli dai nostri presepi, e anzi ne giustificano la presenza trovandovi significati simbolici profondamente religiosi. […]>>. Tratto da: https://linguaenauti.com/2016/11/29/il-presepe-nato-da-un-errore-di-traduzione/

18-19 si legge esattamente il contrario, ovvero dopo e non prima; ancora, in **Genesi 1: 27** si legge che l'uomo e la donna sono stati generati simultaneamente, mentre in **Genesi 2: 18-22** si legge che l'uomo è stato generato prima di tutti, poi gli animali e infine la donna da un "qualcosa" prelevato dall'uomo. E ancora, un altro episodio che dimostra l'assoluta incoerenza dei personaggi: Mosé e l'episodio del vitello d'oro. In **Esodo 32: 1-35**, Mosè era salito sul Monte Sinai da qualche tempo: <<*Il popolo, vedendo che Mosè tardava a scendere dalla montagna, si affollò intorno ad Aronne e gli disse: «Facci un dio che cammini alla nostra testa, perché a quel Mosè, l'uomo che ci ha fatti uscire dal paese d'Egitto, non sappiamo che cosa sia accaduto». Aronne rispose loro: «Togliete i pendenti d'oro che hanno agli orecchi le vostre mogli e le vostre figlie e portateli a me». Tutto il popolo tolse i pendenti che ciascuno aveva agli orecchi e li portò ad Aronne. Egli li ricevette dalle loro mani e li fece fondere in una forma e ne ottenne un vitello di metallo fuso. Allora dissero: «Ecco il tuo Dio, o Israele, colui che ti ha fatto uscire dal paese d'Egitto!». Ciò vedendo, Aronne costruì un altare davanti al vitello e proclamò: «Domani sarà festa in onore del Signore». Il giorno dopo si alzarono presto, offrirono olocausti e presentarono sacrifici di comunione. Il popolo sedette per mangiare e bere, poi si alzò per darsi al divertimento. Allora il Signore disse a Mosè: «Va', scendi, perché il tuo popolo, che tu hai fatto uscire dal paese d'Egitto, si è pervertito. Non hanno tardato ad allontanarsi dalla via che io avevo loro indicata! Si son fatti un vitello di metallo fuso, poi gli si sono prostrati dinanzi, gli hanno offerto sacrifici e hanno detto: Ecco il tuo Dio, Israele; colui che ti ha fatto uscire dal paese di Egitto». Il Signore disse inoltre a Mosè: «Ho osservato questo popolo e ho visto che è un popolo dalla dura cervice. Ora lascia che la mia ira si accenda contro di loro e li distrugga. Di te invece farò una grande nazione». Mosè allora supplicò il Signore, suo Dio, e disse: «Perché, Signore, divamperà la tua ira contro il tuo popolo, che tu hai fatto uscire dal paese d'Egitto con grande forza e con mano potente? Perché dovranno dire gli Egiziani: Con malizia li ha fatti uscire, per farli perire tra le montagne e farli sparire dalla terra? Desisti dall'ardore della tua ira e abbandona il* *proposito di fare del male al tuo popolo. Ricòrdati di Abramo, di Isacco, di Israele, tuoi servi, ai quali hai giurato per te stesso e hai detto: Renderò la vostra posterità numerosa come le stelle del cielo e tutto questo paese, di cui ho parlato, lo darò ai tuoi discendenti, che lo possederanno per sempre». Il Signore abbandonò il proposito di nuocere al suo popolo. Mosè ritornò e scese dalla montagna con in mano le due tavole della Testimonianza, tavole scritte sui due lati, da una parte e dall'altra. Le tavole erano opera di Dio, la scrittura era scrittura di Dio, scolpita sulle tavole. Giosuè sentì il rumore del popolo che urlava e disse a Mosè: «C'è rumore di battaglia nell'accampamento». Ma rispose Mosè: «Non è il grido di chi canta: Vittoria! Non è il grido di chi canta: Disfatta! Il grido di chi canta a due cori io sento». Quando si fu avvicinato all'accam-pamento, vide il vitello e le danze. Allora si accese l'ira di Mosè: egli scagliò dalle mani le tavole e le spezzò ai piedi della montagna. Poi afferrò il vitello che quelli avevano fatto, lo bruciò nel fuoco, lo frantumò fino a ridurlo in polvere, ne sparse la polvere nell'acqua e la fece tranguiare agli Israeliti. Mosè disse ad Aronne: «Che ti ha fatto questo popolo, perché tu l'abbia gravato di un peccato così grande?». Aronne rispose: «Non si accenda l'ira del mio signore; tu stesso sai che questo popolo è inclinato al male. Mi dissero: Facci un dio, che cammini alla nostra testa, perché a quel Mosè, l'uomo che ci ha fatti uscire dal paese d'Egitto, non sappiamo che cosa sia capitato. Allora io dissi: Chi ha dell'oro? Essi se lo sono tolto, me lo hanno dato; io l'ho gettato nel fuoco e ne è uscito questo vitello». Mosè vide che il popolo non aveva più freno, perché Aronne gli aveva tolto ogni freno, così da farne il ludibrio dei loro avver-sari. Mosè si pose alla porta dell'accampamento e disse: «Chi sta con il Signore, venga da me!». Gli si raccolsero intorno tutti i figli di Levi. Gridò loro: «Dice il Signore, il Dio d'Israele: Ciascuno di voi tenga la spada al fianco. Passate e ripassate nell'accam-pamento da una porta all'altra: uccida ognuno il proprio fratello, ognuno il proprio amico, ognuno il proprio parente». I figli di Levi agirono secondo il comando di Mosè e in quel giorno perirono circa tremila uomini del popolo. Allora Mosè disse: «Ricevete oggi l'investitura dal Signore; ciascuno di voi è stato contro suo figlio e contro suo fratello, perché oggi Egli vi accordasse una bene-dizione». Il giorno dopo Mosè disse al popolo: «Voi avete commesso un grande peccato; ora salirò verso il Signore: forse otterrò il perdono della vostra colpa». Mosè ritornò dal Signore e disse: «Questo popolo ha commesso un grande peccato: si sono fatti un dio d'oro.Ma ora, se tu perdonassi il loro peccato... E se no, cancellami dal tuo libro che hai scritto!». Il Signore disse a Mosè: «Io cancellerò dal mio libro colui che ha peccato contro di me. Ora va', conduci il popolo là dove io ti ho detto. Ecco il mio angelo ti precederà; ma nel giorno della mia visita li punirò per il loro peccato». Il Signore percosse il popolo, perché aveva fatto il vitello fabbricato da Aronne>>.* E qui la domanda sorge spontanea: come conciliare il divieto di uccidere (uno dei dieci comandamenti) con lo sterminio comandato posto in essere per vendicare l'affronto subito? E se qualcuno ha ancora dei dubbi sull'amore e sulla misericordia di Dio, legga **Ezechiele 9: 5-7**: *<<Il Signore gli disse: (…) Il vostro occhio non perdoni, non abbiate misericordia. Vecchi, giovani, ragazze, bambini e donne, ammazzate fino allo sterminio: solo non toccate chi abbia il tau in fronte; (…) Incominciarono dagli anziani che erano davanti al tempio. Disse loro: «Profanate pure il santuario, riempite di cadaveri i cortili. Uscite!». Quelli uscirono e fecero strage nella città>>.*

D) i testi apocrifi, al di là della loro dignità letterale ed attendibilità storica, meritano un'attenzione particolare e meno condizionata dal pensiero teologico e dottrinale, senza però correre ad affrettate con-clusioni, come il presunto rapporto matrimoniale, sentimentale e carnale di Maria Maddalena con Gesù, la presenza di fratelli del figlio di Dio o la discendenza di sangue del Cristo in Terra. [12]

E) l'approccio metodologico (…) è caratterizzato dalla scelta dichia-rata di: condurre una lettura quanto più letterale possibile; "far finta che" gli autori biblici ci abbiano raccontato delle sostanziali verità dal punto di vista storico-cronachistico; "far finta che" la Bibbia che abbiano noi sia quella scritta in origine, senza alcuna variazione o

---

[12] **Giulio Perrotta**, *Exorcizamus te. Il vero volto di Dio*, Primiceri Editore, 2016, pp. 139-149

rimaneggiamento; "far finta che" quando gli autori scrivevano una cosa volessero dirci effettivamente quella. [13]

F) le decisioni dei concili ecumenici principali hanno forzato molti concetti teorici, rendendoli dei veri e propri dogmi fidelistici, mascherando le reali origini. Difatti [14]:

1) a *Nicea I* (325 d.C.) e *Costantinopoli I* (381 d.C.), venne deciso e confermato che il Padre, il Figlio e lo Spirito Santo erano una stessa cosa, ovvero la Trinità (c.d. *consustanzialità del Figlio con il Padre*), riconoscendo a Gesù dignità divina;

2) a *Efeso* (431 d.C.) venne decisa la condanna dello scomodo Nestorio e che Gesù era sia vero Dio che vero uomo, dotato dunque di due nature (quella umana e quella divina), unite in una sola persona. Inoltre, Maria era sia "madre dell'uomo Gesù" che "madre di Dio", inventando di fatto il culto verso questa figura;

3) a *Costantinopoli III* (681 d.C.) venne decisa la condanna con scomunica dei "monoteliti, altrettanto scomodi rispetto al culto che cercava di imporre il Cattolicesimo nascente;

4) a *Nicea II* (787 d.C.) si riammise il culto delle immagini, distinguendo falsamente tra la "venerazione dei santi" e "l'adorazione del solo e unico Dio", giustificando una pratica del tutto identica alla tanto vietata "idolatria", così come emerge dal testo biblico antico-testamentario, al fine di garantirsi il mercato economico delle immagini sacre;

---

[13] **Mauro Biglino**, *Il Falso Testamento*, Mondadori, 2016, pp. 11-12
Nota di Giulio Perrotta: nel presente lavoro, così come in *Exorcizamus te*, l'approccio seguito è stato il medesimo di quello di Mauro Biglino, in quanto forrtemente coerente con i risultati probatori; ove le prove conducevano invece ad ipotesi, non è stato fatto altro che sottolineare l'incertezza interpretativa, al fine di lasciare decidere al lettore la posizione più coerente o quanto meno più sensibile, senza piegare l'esito ad una valutazione teologica o tecnica restrittiva. Effettivamente, sarebbe assurdo altrimenti prendere in considerazioni un testo ritenuto sacro ed ispirato da Dio se non si ritenessero qunto meno veritieri i contenuti in esso presenti. E' un gioco al massacro, perché come ben abbiamo appreso dal primo lavoro, la Bibbia è frutto di rimaneggiamenti, non abbiamo certezze sulla firma degli autori, sulle epoche di redazione, sui contenuti -se non per gli elementi extrabiblici- e sull'attendibilità dei racconti da un punto di vista realistico e percettivo.

[14] **Giulio Perrotta**, *Exorcizamus te. Il vero volto di Dio*, Primiceri Editore, 2016, pp. 115-126

5) a *Roma -Lateranense- IV* (1215 d.C.) venne introdotta formalmente nella cultura cristiana, per la prima volta, ufficialmente, la *"transustanziazione"*, ovvero la presenza reale di Gesù Cristo nel sacramento eucaristico attraverso il passaggio della sostanza del pane e del vino, e l'obbligo, sotto forma di richiesta esplicita, di imporre ai fedeli la confessione dei propri peccati, dinanzi ad un sacerdote, almeno una volta all'anno;

6) a *Lione* (1313 d.C.) venne decisa e confermata la soppressione dell'Ordine dei Templari, falsamente incolpati di venerare segretamente il demonio, per il solo fatto di essersi imposti nel panorama militare come forza autonoma, ricca e potente (per questo capace di intimorire la stessa Chiesa che vedeva in loro un rivale temibile);

7) a *Roma -Lateranense- V* (1517 d.C.) venne decisa la proibizione delle stampe di libri privi dell'approvazione ecclesiastica, sancendo il monopolio di fatto sulla cultura e sul popolo. Inoltre, venne ufficialmente deciso per l'immortalità dell'anima umana;

8) a *Trento* (1563 d.C.) venne confermata l'opposizione alle nuove linee di pensiero protestanti, di Lutero e Calvino, sostenendo che le "Sacre Scritture" dovevano essere lette in maniera restrittiva, evitando qualunque fuga di notizie circa la presenza politeista nel testo (es. *Elohim*, quale termine plurale), così come ribadito poi da una direttiva della Congregazione per la Dottrina nel 2008. Inoltre, il "peccato originale" non doveva essere messo più in discussione, imponendo l'obbligo di considerarlo un vero e proprio dogma, così come i concetti di "grazia", "sacramenti" e "mercificazioni delle immagini sacre dei santi";

9) al *Vaticano I* (1870 d.C.) venne confermata l'infallibilità del Papa, condannando il materialismo (a parole) e il tentativo di razionalizzare la fede e la rivelazione. Dio è dunque il creatore di tutto e il Papa, essendo suo diretto "dipendente", gode dell'immunità. Sempre in questa sede si diede conferma dell'immacolata concezione come dogma, stabilito da Papa Pio IX nel 1854 d.C., nonostante in passato l'esenzione di Maria dal peccato originale trovò una forte opposizione in eminenti teologi e frati dell'ordine dei dominicani, poi finiti al rogo, a Berna (Svizzera), il 31 Maggio 1509 d.C.

1.4. Origine e storicità della Bibbia e profili critici di matrice filologica

Nel *quinto capitolo* abbiamo invece affrontato l'origine e la storicità della Bibbia, ponendo l'accento sulle prove che dimostrerebbero l'origine più che umana delle ispirazioni letterarie. Abbiamo ripercorso gli studi di diversi saggisti, dimostrando quanto segue nei successivi punti.

1.4.1. *Le versioni della Bibbia*

Le versioni[15] moderne della Bibbia sono in parte falsate, nell'impostazione e nelle traduzioni, per mantenere l'ombra del Monoteismo in un culto che (alla meglio) è Enoteista, ma di chiara matrice Politeista, senza dimenticare che l'Antico Testamento nel testo masoretico, scritto dunque da ebrei, presenta ben 1.800 errori, tutti dimostrati dal **Prof. M. Cohen** dell'Università Bar Ilan di Tel Aviv in 21 volumi pubblicati in ambito accademico. E dove non troviamo errori interpretativi più o meno voluti, ci pensa il testo stesso a rimarcare l'ambigua incoerenza della pretesa "ispiratoria" [16] o la condotta quanto meno dubbia e discutibili di diversi esponenti della casta religiosa che nei secoli sono spesso venuti meno ai doveri di ubbidienza, povertà e castità, rispetto a Dio e rispetto ai fedeli [17].

---

[15] **Giulio Perrotta**, *Exorcizamus te. Il vero volto di Dio*, Primiceri Editore, 2016, pp. 153-163 https://www.youtube.com/watch?v=jb5_bb1sZm8.

[16] A titolo informativo, appare assai curiosa la contraddizione presente nei seguenti passi: <<**Deuteronomio 5: 9**: *Perché io il Signore tuo Dio sono un Dio geloso, che punisce la colpa dei padri nei figli fino alla terza e alla quarta generazione per quanti mi odiano* **Deuteronomio 24: 16**: *Non si metteranno a morte i padri per una colpa dei figli, né si metteranno a morte i figli per una colpa dei padri; ognuno sarà messo a morte per il proprio peccato.*>>. Stesso testo ma pensieri antitetici.

[17] Basti ricordare, senza generalizzare, i preti pedofili non sanzionati in maniera adeguata dalla Curia di riferimento o la condotta poco spartana e modesta, in contrasto con quanto presente in **Matteo 10: 9-10**: *9 Non procuratevi oro, né argento, né moneta di rame nelle vostre cinture, 10 né bisaccia da viaggio, né due tuniche, né sandali, né bastone, perché l'operaio ha diritto al suo nutrimento.* Senza dimenticare gli scandali recenti che hanno visto coinvolto lo IOR, Istituto delle Opere Religiose, una vera e propria banca d'affari, e alcuni vescovi, arcivescovi e cardinali, così come riportato nelle indagini di **Emiliano Fittipaldi** (*Avarizia*), **Gianluigi Nuzzi** (*Vaticano s.p.a.*) e **Caroline Pigozzi** (*Vaticano Segreto*).

1.4.2. *Le traduzioni del testo sacro biblico*

La traduzione allegorica e metaforica favorisce la lettura che il potere politico e religioso gradisce di più, come ampiamente dimostrato nel precedente lavoro, in ordine alle decisioni prese in sede conciliare. Nulla di strano, infatti, l'aforisma di **Seneca**: *la religione è considerata vera dalla gente comune, falsa dai saggi e utile da governanti.* [18]

1.4.3. *Le antiche origini della tradizione*

Nel culto ebraico, da cui derivano i testi che oggi utilizziamo come "sacre scritture", e che comunque sono riproposizioni di testi più antichi sumero-accadici, i termini "Dio", "Eternità" e "Creazione" nemmeno esistono[19]. Tra l'altro, le lingue utilizzate negli scritti facenti parte dell'Antico e del Nuovo Testamento non hanno niente a che vedere con la lingua parlata dai protagonisti dei racconti: <<[…] Mosè fa da portavoce tra questo Signore ed il popolo e, non considerandolo 'Dio' nel senso religioso de termine, avverte il bisogno di sapere chi è; deve conoscere il suo nome per poterlo a sua volta comunicare a coloro che dovranno seguirlo. Alla richiesta l'Elohìm risponde: "YHWH questo (è) il mio nome". Dobbiamo quindi pensare che il suo nome è formato dalle quattro lettere YHWH, ma non possiamo non chiederci in quale lingua venne pronunciato quel suono perché sappiamo che al tempo di Mosè la lingua ebraica non esisteva. Che lingua parlavano lui e le genti allora che lo hanno seguito fuori dall'Egitto? Da secoli, le famiglie cui appartenevano quelle persone erano stanziali in Egitto e che lingua potevano parlare se non una qualche forma di egiziano del tempo? Nella migliore delle ipotesi potevano parlare una qualche forma di amorreo, molto diffuso al tempo, o di aramaico che si stava lentamente affermando. Ma abbiamo forti dubbi e tutto fa propendere per l'egiziano. Siamo dunque di fronte ad un tetragramma che nella Bibbia è stato scritto diversi secoli dopo che è stato pronunciato ed è stato riportato con le consonanti di una lingua che, quando è stato

---

[18] **Giulio Perrotta**, *Exorcizamus te. Il vero volto di Dio*, Primiceri Editore, 2016, pp. 164-166

[19] **Giulio Perrotta**, *Exorcizamus te. Il vero volto di Dio*, Primiceri Editore, 2016, pp. 167-173

pronunciato, non esisteva ancora. È quindi una invenzione originale degli Ebrei o è un prodotto della fantasia monoteista della classe sacerdotale gerosolimitana? Possiamo con certezza rispondere di no. La conoscenza del tetragramma infatti, indipendentemente dalla sua formulazione espressa di fronte a Mosè, è documentata anche da fonti extrabibliche. Nell'antico territorio corrispondente agli attuali Libano e Siria, prima della comparsa degli ebrei in Palestina si era sviluppata una civiltà conosciuta come cultura ugaritica, dal nome della città di Ugarit, il suo più importante centro urbano corrispondente all'attuale Ras Shamra, sul Mediterraneo. A questa civiltà appartengono degli ostraka, ciotoli di ceramica contenenti scritture beneauguranti ritrovati dagli archeologi. In alcuni di essi, ci si rivolge a dei viaggiatori che si accingevano a scendere verso sud e ai quali viene detto: «Vi possano accompagnare Yahwèh del Temàn e la sua Asheràh». In queste scritte apparentemente banali ci sono in realtà due indicazioni sorprendenti. Innanzitutto, la cultura ugaritica conosceva Yahwèh come 'signore del Temàn', termine che in lingua semitica indica il sud, ed è noto che Israele e il Sinai si trovano a sud rispetto al Libano e alla Siria. Ci troviamo quindi nel territorio in cui Mosè incontra il suo Elohìm e i viaggiatori che vi si recavano venivano affidati alla protezione di quel 'Signore' che lo governava. Ma si dice anche che l'Elohìm chiamato Yahwèh aveva una Asheràh (cioè una compagna). L'archeologia e la paleografia ci hanno anche dato modo ci verificare che il nome Yahwèh era presente nel territorio posto a sud della Palestina (Negev e Sinai) sino dal III° e II° millennio a.C.: era dunque un governatore localmente conosciuto e adorato in quelle aree, uno dei tanti. [...]>>[20].

1.4.4. *L'esistenza nell'antichità dei giganti*

L'esistenza dei Giganti nell'antichità è qualcosa di più di una fantasia popolare. Nel precedente lavoro [21] si è dato conto di tutta una serie di teorie che spaziavano: **a)** dalle forme ancora poco cono-

---

[20] Tratto da: http://maurobiglino.it/2011/05/nuovo-articolo-di-mauro-biglino-il-nome-di-yahweh/

[21] **Giulio Perrotta**, *Exorcizamus te. Il vero volto di Dio*, Primiceri Editore, 2016, pp. 174-180. Inoltre: <<[...] Nel maggio del 1912, un team di archeologi del Beloit College, in uno scavo

realizzato presso il lago Delavan, nel Winsconsin, portò alla luce oltre duecento tumuli con effigie che furono considerate come esempio classico della cultura Woodland, una cultura preistorica americana che si crede risalga al primo millennio a.C. Ma ciò che stupì i ricercatori fu il ritrovamento di diciotto scheletri dalle dimensioni enormi e con i crani allungati, scoperta che non si adattava affatto alle nozioni classiche contenute nei libri di testo. Gli scheletri erano veramente enormi e, benchè avessero fattezze umane, non potevano appartenere a esseri umani normali. La notizia ebbe una grande eco e fece molto scalpore, tanto che il New York Times riportò la notizia tra le sue pagine. Forse, a quei tempi, c'era più libertà e meno paura rispetto alle scoperte che potevano cambiare le consolidate credenze scientifiche fondate solo su teorie. Così scrive l'articolista del New York Times nell'articolo pubblicato il 4 maggio 1912: *"La scoperta di alcuni scheletri umani durante lo scavo di una collina presso il Lago Delevan indica che una razza finora sconosciuta di uomini una volta abitava il Wisconsin Meridionale. [...]. Le teste, presumibilmente di uomini di sesso maschile, sono molto più grandi di quelle degli americani di oggi. Il cranio sembra tendere all'indietro immediatamente sopra le orbite degli occhi e le ossa nasali sporgono molto al di sopra degli zigomi. Le mascelle risultano essere lunghe e appuntite [...]."* (...) Per quanto incredibile, gli scheletri dei giganti del Lago Delevan non furono una novità nel panorama archeologico americano. Scavando nei trafiletti dei giornali locali, risulta che il ritrovamento del Winsconsin è solo una delle decine e decine di scoperte simili riportate dai giornali locali. La prima notizia di archivio risale addirittura al 1856, riportata in un articolo datato 21 novembre dello stesso New York Times: *"Un paio di giorni fa, alcuni operai hanno scoperto nel sottosuolo della vigna dello sceriffo Wickan, a East Wheeling, Ohio, uno scheletro umano. Alquanto rovinato, è stato difficile identificarlo dalla posizione delle ossa, che sembrano non avere la lunghezza del normale corpo umano nella sua posizione originale. Ciò che ha impressionato lo sceriffo e il lavoratori sono state le dimensioni dello scheletro, pari a circa undici feet (tre metri e trenta)! La sua mascella e i denti sono grandi quasi quanto quelle di un cavallo.* (...) 12 anni dopo, nel 1868, nel giorno di Natale, è sempre il NYT a dare un'altra notizia di giganti. Alcuni operai della compagnia Sank Rapid Water Power erano impegnati negli scavi per la costruzione di una diga per la creazione di energia idroelettrica lungo il fiume Mississippi. Durante i lavori, gli operai hanno rinvenuto i resti uno scheletro umano di dimensioni gigantesche incastonati nella roccia di granito: *"La tomba era lunga circa sei metri, larga un metro e venti e profonda quasi un metro. I resti del gigantesco uomo sono completamente pietrificati. La testa enorme misura una circonferenza di 78 centimetri, ma con una fronte molto bassa e molto inclinata all'indietro. La statura complessiva del misterioso individuo è pari a circa tre metri e quaranta centimetri".* (...) L'8 settembre del 1871, il NYT riporta la notizia di altri scheletri giganti rinvenuti durante dei lavori di scavo a Petersburg, in Virginia: *"Gli operai impegnati nei lavori della ferrovia, si sono imbattuti in una sepoltura contenente gli scheletri di quelli che si pensano essere nativi americani di un'epoca remota e di una perduta e dimenticata razza umana. I corpi esaminati presentano una formazione molto strana e impressionante. [...]. Il femore è molto più lungo di quello degli individui umani normali, tanto da far ipotizzare una statura di quasi tre metri".* (...) Il 10 agosto 1880, il NYT ribatte un articolo riportato dall'Harrisburg Telegraph, nel quale si riporta lo stralcio di un verbale redatto il 24 maggio 1798 dal giudice Atlee a seguito di una strana scoperta: *"In compagnia del procuratore capo McKean, del giudice Bryan, del sig. Burd e di altre rispettabili signori, ci siamo recati nella proprietà del sig. Neese, dove ci è stato mostrato il luogo nei pressi della sua abitazione dove anni fa furono rinvenuti due scheletri umani. Gli scheletri misurano circa tre metri e trenta".* (...) Il 25 maggio 1882, il NYT riporta la notizia di un ritrovamento presso St. Paul, nel Minnesota: *"Uno scheletro di dimensioni eroiche e dalla singolare forma è stato scoperto durante i lavori di scavo di una*

sciute di "gigantismo" superiore ai 2,30 m (oggi, il portatore della forma più grave è Sultan Kosen, detentore del record di maggior altezza espressa in 2,51 m, mentre il record di sempre è di Robert Pershing Wadlow con i suoi 2,72 m); **b)** alle teorie dei Giganti, riprese dai culti ancestrali e dai testi sacri delle diverse religioni. La verità è che, ad oggi, non esistono prove definitive ma solo elementi circo-stanziati della probabile presenza di questa anomalia, anche se recentemente: <<[...] Una sentenza della Corte Suprema americana ha costretto la Smithsonian Institution a rila-sciare i documenti classificati risalenti agli inizi del 1900 che dimostrano che l'organizzazione è stata coinvolta in una grande storica copertura di prove

---

collina presso la *Red River Valley*. [....]. *Lo scheletro in questione era in perfetto stato di conservazione. L'uomo è stato identificato come "gigante". Un'investigazione dello scavo e del suo contenuto è stato avviato dalla Historical Society"*. (...) Il 20 dicembre 1897, il NYT riporta la prima scoperta di giganti avvenuta nel Winsconsin, nei pressi di Maple Creek. Vennero scoperte tre colline funerarie, una delle quali fu aperta rivelando il suo misterioso contenuto: lo scheletro di un uomo gigantesco. La statura dell'essere era quasi di tre metri, e il suo stato di conservazione pressoché perfetto (...) L'11 febbraio 1902, viene riportata la notizia di una spedizione archeologica presso un sito del New Mexico, dove furono trovati alcuni scheletri umani giganteschi:*"Dopo la scoperta di resti di una razza di giganti a Guadalupe, New Mexico, gli archeologi si preparano per una spedizione nella regione [...]. Luciana Quintana, la proprietaria del ranch nel quale sono collocate le antiche ossa, scoprì due pietre con delle curiose iscrizioni. Scavando al di sotto di esse, furono scoperte le ossa di scheletri appartenenti ad individui alti non meno di tre metri e sessanta [...]. Quintana, la quale ha poi scoperto molti altri siti simili, crede che gli scheletri sepolti di una perduta razza di giganti siamo migliaia. La supposizione si basa su una tradizione cominciata con le prime invasioni spagnole, secondo la quale un'antica razza di giganti un tempo remoto abitava la regione oggi nota come New Mexico orientale. Le leggende degli indiani d'America raccontano la stessa tradizione"*. (...) Ma il New York Times non è l'unico giornale ad occuparsi di giganti. Anche alcuni giornali di inizio secolo riportano notizie di giganti, come il Sun del 1893, New Age Magazine del 1913,Popular Science del 1932, il San Antonio Express del 1940. (...) James Vieira, un ricercatore indipendente, per quasi vent'anni, e prima dell'avvento di internet, ha raccolto migliaia di riferimenti giornalistici sui ritrovamenti dei giganti, scavando negli archivi del *New York Times*, dello *Smithsonian Ethnology Reports*, dell'*American Antiquarian*, e della *Scientific American*, scoprendo che buona parte di queste scoperte è praticamente nascosta al grande pubblico. Tra le scoperte notevoli di Vieira, vi è una foto scovata negli archivi dello *Smithsonian Ethnology Reports*, scattata durante una lezione del prof. McGee (nella foto a sinistra), nel quale si vede uno scheletro gigante dalla statura di circa due metri e ottanta, poi venduto alla Smithsonian Institution per la cifra di 500$. Lo scheletro apparterebbe alla cosiddetta cultura dei Mounds Builders (letteralmente costruttori di tumuli), un'antica popolazione del Nord America vissuta circa 5 mila anni fa, in un periodo precedente alla storia dell'Antico Egitto e di tutte le sue dinastie.
(Tratto da: http://www.nexusedizioni.it/it/CT/il-segreto-dei-diciotto-scheletri-giganti-del-winsconsin-4643)

---

che dimostrano la scoperta di migliaia di scheletri di giganti umani rinvenuti in tutta l'America per i quali fu ordinato di distruggerli dagli amministratori di alto livello per proteggere la cronologia corrente principale dell'evoluzione umana in quel momento. Le accuse derivanti dall'istituzione americana di Alternative Archeology (AIAA) affermano che la Smithsonian Institution aveva distrutto migliaia di scheletri di giganti umani nei primi anni del 1900 e questa accusa non è stata presa alla leggera da parte della Smithsonian che ha risposto facendo causa all'organizzazione per diffamazione che cerca di danneggiare la reputazione che ha da 168 anni. (...) Durante la causa in tribunale, nuovi elementi sono stati portati alla luce, e molti informatori della Smithsonian hanno ammesso l'esistenza di documenti che presumibilmente rivelavano la distruzione di decine di migliaia di Sche-letri di Giganti che raggiungevano un'altezza tra i 6 e 12 piedi (fra circa 2 metri e 4 metri), una realtà archeologica corrente principale che non può essere ammessa per motivi diversi (...). Un punto di svolta del caso giudiziario c'è stato quando un osso lungo 1,3 metri di un femore umano è stato mostrato come prova in tribunale per confermare l'esistenza di tali scheletri di giganti umani. [...]>>[22]. Sicuramente da condividere però è anche il punto di vista di **Giampaolo Bottega**: <<[...] Il Web è pieno di false immagini di ritrovamenti archeologici riguardanti i Giganti narrati nella Bibbia. Nonostante ciò, il prof. Judd H. Burton, nel suo libro "Interview with the giant" ammette l'esistenza di ritrovamenti ossei di ominidi giganti, opportunamente occultati: «La ricerca archeologica nell'area dei giganti è purtroppo considerata "marginale" nel paradigma corrente, e quindi sia il finanziamento che il supporto per tale studio è limitato. Gli scavi che sono stati condotti hanno rivelato resti di grandi ominidi e artefatti, ma i risultati sono raramente ammessi per la pubblicazione in riviste di settore, e come tali, sono quindi relegati alla periferia degli studi accettati.». (...) Burton narra, nel suo libro, che nel 1613, un chirurgo francese di nome Mazurier, scoprì un gruppo di ossa nel sud della Francia, nei pressi di Chaumont. Lo scheletro era di circa 8

---

[22] Tratto da: http://ilcomplotto.altervista.org/migliaia-di-scheletri-di-giganti-distrutti-nei-primi-del-900/

metri (25,5 piedi) di lunghezza, 3 metri (10 piedi) la circonferenza del petto, e aveva un cranio di circa 1,5 metri (5 piedi) di diametro. Notizia che, dalle note, risulta diffusa dalla Anthropological Society of London: "Summary of the Evidence of the Antiquity of Man," The Anthropological Review 1 (1863): 67 [...]>>[23].

1.4.5. *Il concetto di Elohim*

Elohim non è singolare ma plurale[24] ed indica un gruppo di individui che si sono spartiti i territori su comando di Elyon, forse il vero unico Dio, se così vogliamo intenderlo. Inoltre, quando il termine "Elohim" viene accompagnato (raramente) con il verbo al singolare, assume un significato di collettività, pluralità, intesa sempre nella sua accezione generale, una sorta di eccezione che conferma la regola. D'altronde, **Deuteronomio 32: 8-9** parla chiaramente: <<*Quando l'Altissimo (Elyon) divideva i popoli (...), egli stabilì i confini delle genti secondo il numero dei figli di Israele. Perché la porzione di Yahweh è il suo popolo, Giacobbe è sua eredità*>>. Adesso, la questione comincia a farsi complessa, in quanto diversi teologi sostengono che Elyon altri non è che Yahweh, sulla base di altri versetti, come in **Salmi 83:19**. Purtroppo, chi sostiene questa tesi non tiene conto di due aspetti: il tenore letterale dell'interpretazione e il contesto di riferimento. Difatti, se riprendiamo il passo del Deuteronomio e lo inquadriamo secondo la logica comportamentale di Yahweh, avremo il seguente paradosso: *Elyon, che in realtà secondo questi teologi è Yahweh, si autoassegna un porzione di una famiglia israelita e dona le altre terre agli altri Elohim, per poi cominciare una serie di guerre che vedranno lo spargimento del sangue (persino tra cugini primi) per riconquistare quelle stesse terre che lui aveva assegnato e che si era auto-assegnato: un vero e*

---

[23] Tratto da: https://www.facebook.com/groups/MauroBiglinoUfficiale/?fref=nf
Tratto da: Post di Matteo Tacchi, del 13 ottobre 2016, ore 23.45, con commento di Giampaolo Bottega.
[24] Solo per correttezza: il plurale di EL sembra essere ELIM [*Encyclopaedia Judaica* Ed. Michael Berenbaum and Fred Skolnik. Vol. 7. 2nd ed. Detroit: Macmillan Reference USA, 2007], mentre il singolare di ELOHIM pare essere ELOAH che, apparentemente, è la forma estesa di EL. In verità, EL è comune a tutti i termini e la differenza netta non c'è tra EL ed ELOAH; gli stessi dizionari rilevano questa difficoltà interpretativa. Tuttavia, in diversi casi, il termine ELOAH pare essere usato per indicare l'EL straniero (anche se non sempre).

proprio psicopatico, insomma!

1.4.6. *Yahweh (YHWH)*

YHWH, vocalizzato *Yahweh*, quello che la teologia ci presenta come Dio, altro non è che uno degli Elohim (*El Shaddai*, uno dei nomi ebraici)[25], tra l'altro il più giovane e meno importante, che stipula un patto con una famiglia israelita e la sua discendenza, per la conquista dei "territori limitrofi", dando prova di essere un sadico e meschiero comandante (insomma un "individuo maschile" di guerra, un *ish milchama*, un individuo dedito alla battaglia[26]), privo di dimostrare

---

[25] Falsamente viene tradotto con Dio/Iddio Onnipotente, essendo letteralmente, El Shaddai, l'El della steppa (Tratto da: https://www.youtube.com/watch?v=e4CytOeGHI8).
<<[…] El Shaddai (in ebraico: אל שדי?, anche El Shadday - IPA:[el ʃadːaj]) è uno dei nomi ebraici di Dio, con etimologiaderivante dall'influenza della religione ugaritica sull'Ebraismo moderno. Shaddai era uno dei molti dei della religione cananea. *El Shaddai* viene convenzionalmente tradotto nella Bibbia con Dio Onnipotente. Mentre la traduzione di *El* con "dio" in ugaritico/cananaico è chiara, il significato letterale di *Shaddai* è oggetto di dibattito. (…) Shaddai come teonimo, come distruttore, come simbolo di fertilità, come sostenitore, come toponimo. (…) Shaddai è spesso parafrasato nelle varie traduzioni bibliche con "Onnipotente" sebbene sia solo un elemento interpretativo. Il nome si riferisce quindi all'interpretazione patriarcale pre-mosaica della divinità come "Dio che è sufficiente", cioè, che soddisfa tutte le esigenze, e quindi per derivazione "onnipotente". Può anche essere inteso come un'allusione alla singolarità della divinità, "El", in contrapposizione a "Elohim" (plurale), sufficiente o bastante per i primi patriarchi dell'Ebraismo. A questo venne in seguito aggiunto il concetto mosaico del YHWH, a significare un Dio che è sufficiente in Se Stesso, cioè un Essere in quanto imprescindibile Essere eterno autodeterminante, per il quale limitanti nomi descrittivi non possono essere applicati. Questo potrebbe essere stato il senso della frase ebraica Ehyeh Asher Ehyeh (che si traduce approssimativamente come "Io sono colui che è" o "Io sarò ciò che sarò"), che è come Dio si descrive a Mosè in Esodo 3:13-15. Questa frase può essere applicata al Tetragramma biblico YHWH, che può essere inteso come un anagramma per i tre Stati dell'Essere: passato, presente e futuro, congiunti con la lettera ebraica congiuntiva vav. (…) Il Septuaginta ed altre traduzioni iniziali rendono "El Shaddai" come "Dio Onnipotente". Tuttavia nel greco koinè della traduzione dei Settanta di Salmi 91:1, "Shaddai" viene tradotto con "il Dio del cielo." "Dio Onnipotente" (o semplicemente "Onnipotente") è la traduzione seguita dalla maggioranza delle versioni moderne in altre lingue, tra cui quella popolare in lingua inglese della New International Version e King James Version. I traduttori della versione cattolica New Jerusalem Bible (NJB) tuttavia sostengono che il significato è incerto e tradurre "El Shaddai" con "Dio Onnipotente" è impreciso. La NJB lascia "Shaddai" senza tradurlo, mettendo in nota dei suggerimenti che il nome dovrebbe forse essere interpretato come "Dio della Montagna" dalla parola accadica "shadu", o "Dio dei grandi deserti" dall'ebraico "sadeh" e secondo significato della parola accadica. […]>>.
(Tratto da: https://it.wikipedia.org/wiki/El_Shaddai_(Ebraismo))
[26] **Mircea Eliade** (1907-1986), uno dei massimi storici delle religioni del Novecento e docente a Parigi e a Chicago, così scriveva riguardo ai Sumeri: <<[…] Nel codice di Hammurabi, Anu

affetto e pietà, del tutto proiettato sul campo di battaglia[27], intollerante alla disobbedienza (anche colposa) e alla diversità fisica e

---

è invocato come il <Re degli Annunaki>, e i suoi epiteti comuni sono: il shamē (dio del cielo), ab shamē (padre dei cieli), shar shamē (re dei cieli). La regalità stessa è scesa dal cielo. Le stelle formano il suo esercito, perchè Anu, il sovrano universale, è un dio guerriero (cfr. Il Signore degli Eserciti Yahweh della Bibbia). […]>>.
M. Eliade, *Trattato di Storia delle Religioni*, Bollati Boringhieri Ed., p. 64

Nota di Giulio Perrotta: E' dunque lecito pensare che la figura di Anu e di Yahweh siano la stessa persona? Ci muoviamo nel campo delle ipotesi, in quanto i testi sacri nei secoli hanno subìto tante di quelle modifiche da non permettere un'attendibile ed oggettiva ricostruzione senza alcun'ombra di errore. C'è chi sostiene, come **Biglino**, che la figura di Yahweh sia stata in precedenza la rappresentazione di una divinità minore, eretta a divinità maggiore nel culto israelita (tesi che trova riscontro nel culto fenicio, dove YHWH, vocalizzato Yahweh, era figlio minore del Dio El); altri sostengono, riprendendo il culto sumero, che esiste una perfetta similitudine tra Enlil / Enki e Michele / Azazele, non per niente i satanisti vengono spesso considerati o chiamati "gli adoratori del serpente Enki"; altri ancora, sostengono che Yahweh e Anu siano entità distinte, in quanto il passo biblico dell'assegnazione dei territori farebbe pensare a Elyon (e non a Yahweh), così come accaduto nel racconto sumero della spartizione dei territori, tra Anu, Enlil ed Enki. Insomma, la situazione non è semplice e la risposta necessita di ulteriori approfondimenti.

[27] In **Numeri 31: 26-55**, *guerra santa contro i Madianiti*, Dio si rivolge a Mosé ordinandogli la spartizione del bottino di guerra: <<[…] Tu col sacerdote Eleazar e con i capi-famiglia dell'assemblea, Fa' il conto di tutto il bottino fatto, della gente e del bestiame; e dividi il bottino fra quelli che hanno preso parte alla guerra e che sono andati a combattere e tutta l'assemblea. Preleverai dagli uomini di guerra che sono andati a combattere un tributo per l'Eterno: cioè uno su cinquecento delle persone, della mandria, degli asini e del gregge. Lo prenderai dalla loro metà e lo darai al sacerdote Eleazar come un'offerta all'Eterno. E dalla metà che spetta ai figli d'Israele prenderai uno su cinquanta, delle persone, della mandria, degli asini e del gregge, di tutto il bestiame, e lo darai ai Leviti, che hanno la responsabilità del tabernacolo dell'Eterno». E Mosè e il sacerdote Eleazar fecero come l'Eterno aveva ordinato a Mosè. Or il bottino che rimaneva della razzia fatta dagli uomini di guerra consisteva in seicentosettantacinquemila pecore, settantaduemila buoi, sessantunomila asini, e trentaduemila persone in tutto, cioè di donne che non avevano avuto rapporti sessuali con uomini. La metà, cioè la parte per quelli che erano andati alla guerra, fu di trecentotrentasettemila cinquecento pecore, delle quali seicentosettantacinque per il tributo all'Eterno; trentaseimila buoi, dei quali settantadue per il tributo all'Eterno; trentamila cinquecento asini, dei quali sessantuno per il tributo all'Eterno; e sedicimila persone, delle quali trentadue per il tributo all'Eterno. Così Mosè diede il tributo, che era l'offerta elevata dell'Eterno, al sacerdote Eleazar, come l'Eterno gli aveva ordinato. La metà che spettava ai figli d'Israele, che Mosè aveva separato dalla parte che toccava agli uomini andati alla guerra, la metà che spettava all'assemblea, fu di trecentotrentasettemila cinquecento pecore, trentaseimila buoi, trentamilacinquecento asini, e sedicimila persone. Dalla metà che spettava ai figli d'Israele, Mosè prese uno su cinquanta, degli uomini e degli animali, e li diede ai Leviti, come l'Eterno aveva ordinato a Mosè. I comandanti delle migliaia dell'esercito, capi di migliaia e capi di centinaia, si avvicinarono a Mosè; e loro dissero a Mosè: «I tuoi servi hanno fatto il conto degli uomini di guerra che erano ai nostri ordini, e non ne mancava neppure uno. Perciò noi portiamo, come offerta all'Eterno, quel che ciascuno ha trovato di

sessuale [28], incapace di provare empatia e comprensione, insensibile, iracondo, geloso, violento, favorevole alla schiavitù [29], con spiccate tendenze omofobe. Un passo biblico poi chiarisce senza ombra di dubbio la sua predisposizione alla *pedofilia* [30] e la sua tolleranza nei confronti di atteggiamenti analoghi da parte dei suoi eletti. L'Antico

oggetti d'oro: catenelle, braccialetti, anelli, orecchini e collane, per fare l'espiazione per noi davanti all'Eterno». Così Mosè e il sacerdote Eleazar presero dalle loro mani tutti gli oggetti lavorati. Tutto l'oro dell'offerta che essi presentarono all'Eterno, da parte dei capi di migliaia e dei capi di centinaia, pesava sedicimilasettecentocinquanta sicli. (Or gli uomini dell'esercito tennero ognuno per sé il bottino che avevano fatto). Mosè e il sacerdote Eleazar presero quindi l'oro dai capi di migliaia e di centinaia e lo portarono nella tenda di convegno, come ricordo per i figli d'Israele davanti all'Eterno. [...]>>.

[28] **Giulio Perrotta**, *Exorcizamus te. Il vero volto di Dio*, Primiceri Editore, 2016, pp. 181-234

[29] **Levitico 25: 44-54**: <<[...] Quanto allo schiavo e alla schiava, che avrai in proprietà, potrete prenderli dalle nazioni che vi circondano; da queste potrete comprare lo schiavo e la schiava. Potrete anche comprarne tra i figli degli stranieri, stabiliti presso di voi e tra le loro famiglie che sono presso di voi, tra i loro figli nati nel vostro paese; saranno vostra proprietà. Li potrete lasciare in eredità ai vostri figli dopo di voi, come loro proprietà; vi potrete servire sempre di loro come di schiavi; ma quanto ai vostri fratelli, gli Israeliti, ognuno nei riguardi dell'altro, non lo tratterai con asprezza. Se un forestiero stabilito presso di te diventa ricco e il tuo fratello si grava di debiti con lui e si vende al forestiero stabilito presso di te o a qualcuno della sua famiglia, dopo che si è venduto, ha il diritto di riscatto; lo potrà riscattare uno dei suoi fratelli o suo zio o il figlio di suo zio; lo potrà riscattare uno dei parenti dello stesso suo sangue o, se ha i mezzi di farlo, potrà riscattarsi da sé. Farà il calcolo con il suo compratore, dall'anno che gli si è venduto all'anno del giubileo; il prezzo da pagare sarà in proporzione del numero degli anni, valutando le sue giornate come quelle di un bracciante. Se vi sono ancora molti anni per arrivare al giubileo, pagherà il riscatto in ragione di questi anni e in proporzione del prezzo per il quale fu comprato; se rimangono pochi anni per arrivare al giubileo, farà il calcolo con il suo compratore e pagherà il prezzo del suo riscatto in ragione di quegli anni. Resterà presso di lui come un bracciante preso a servizio anno per anno; il padrone non dovrà trattarlo con asprezza sotto i suoi occhi. Se non è riscattato in alcuno di quei modi, se ne andrà libero l'anno del giubileo: lui con i suoi figli. Poiché gli Israeliti sono miei servi; miei servi, che ho fatto uscire dal paese d'Egitto. Io sono il Signore vostro Dio». [...]>>. In questi versetti credo sia palese cosa accada: non occorrono ulteriori spiegazioni. Fanno chiaramente riferimento alla spartizione del bottino di guerra per ordine di quello che la Bibbia considera il "Dio".

[30] In **Numeri 31: 15-18**, *guerra santa contro i Madianiti*, troviamo che Mosé, su ordine di Yahweh, si rivolge ai soldati dell'accampamento, affermando: <<[...] «Avete lasciato in vita tutte le donne? Furono esse, dietro suggerimento di Balaam, a far peccare i figli d'Israele contro l'Eterno, nel fatto di Peor per cui scoppiò la calamità nell'assemblea dell'Eterno. Or dunque uccidete ogni maschio tra i fanciulli e uccidete ogni donna che ha avuto rapporti sessuali con un uomo, ma conservate in vita per voi tutte le fanciulle che non hanno avuto rapporti sessuali con uomini. [...]>>. E il **versetto 25**, già analizzato, rafforza tale disposizione, confermando la diretta comunicazione tra Mosé e Dio.

Adesso, in questi versetti ci sono 2 passaggi da chiarire necessariamente:

Testamento d'altronde non si risparmia nel considerare Yahweh come mandante di eventi drammatici come genocidi (**Genesi 7: 23**), episodi di pulizia etnica (**Geremia 50: 21-22**), infanticidio (**Esodo 12: 29-30**), omicidio selettivo anche di innocenti, bambini e credenti (**Genesi 3, Deuteronomio 13: 13-19** e **2Samuele 12:11**), schiavitù (**Efesini 6: 5**), traffico sessuale (**Deuteronomio 23: 20**), violenza sessuale e istigazione alla stessa (**Deuteronomio 21: 10-14** e **Samuele 12: 11**).

Tra tutti, il **Salmo 136** in cui si rafforza il concetto che "*è eterno l'amore di Dio*"; peccato che il testo, letto nella sua interezza, dimostri qualcosa di ben diverso, ovvero l'amore di un folle e sanguinario che protegge il suo popolo (quello di Israele) trucidando innocenti e regranti. E' dunque eterno il suo amore perché pone fine alla vita di migliaia di persona per il bene del suo popolo (quello

---

a) così come per **Numeri 31: 44-54**, nel testo si legge, in riferimento a Dio, il termine "Altissimo" e/o "Eterno". Come sappiamo, queste traduzione fanno riferimento non a Yahweh quanto a Elyon, colui che divise i territori, dandoli ai vari Elohim, assegnando proprio a Yahweh la porzione della famiglia israelita (manco un territorio per intero!). Dobbiamo dunque affermare che questi versetti si riferiscono a Elyon e non a Yahweh, quello considerato dai giudei-cristiani come "Dio"? La risposta è negativa, in quanto i versetti analizzati fanno riferimento a Yahweh. Lo citano espressamente, nonostante la traduzione errata e falsa degli esegeti teologi. Occorre sempre valutare il contesto nella sua interezza per comprendere meglio cosa il testo ci vuole raccontare;

b) quando il testo fa riferimento a "*tutte le fanciulle che non hanno avuto rapporti sessuali con uomini*", il testo originale parlava di un genere particolare di "fanciulla". E' una versione, questa (La Nuova Diodati, https://www. biblegateway.com/passage/?search=Numeri+31&version=LND), del tutto edulcorata rispetto al testo ebraico. Difatti, la parola tradotta con "donna" e in altri casi con "fanciulla" o "ragazza", è *taph*, ovvero letteralmente "*piccola, bambina piccola, di età giovanissima*". **Biglino**, nel suo ultimo lavoro, *Il Falso Testamento*, Mondadori, 2016, pp. 205-216, dedica un ampio capitoletto alla questione, dimostrando oltre ogni ragionevole dubbio che il riferimento biblico fosse proprio alle bambine (e non alle fanciulle), tenuto anche conto che in quel contesto sociale e religioso era consentito fare sesso con "bambine" d'età superiore a 3 anni e 1 giorni, così come puntualizzato anche in **Niddah 44b, Mishnah 5,4** (cfr. **Giulio Perrotta**, *Exorcizamus te. Il vero volto di Dio*, Primiceri Editore, 2016, pp. 216, ripreso da: https://www. youtube.com/watch?v=jb5_bb1sZm8, minuto 32). Abitudine ripresa anche da *Maometto*, profeta islamico, diversi secoli dopo, che non fu tanto diverso da *Yahweh*: nel **Corano, Sura IV, 3** emerge chiaramente la sua tendenza poligama; ma non è tutto: il profeta era sposato con 13 mogli, di cui una era Aisha, moglie-bambina di 10 anni. Dunque, alla luce di ciò, non può essere considerata una bestemmia l'ipotesi che vede Yahweh come un vero e proprio pedofilo. Insomma, **Numeri 31** è un vero capolavoro letterario del disgusto!

israelita) e non della Terra [31].

Vediamo nel dettaglio tutti i versetti, per non perdere nessun elemento:

Lodate il Signore perché è buono: perché eterna è la sua miseridordia.

Fin qui, nulla di strano! Nei prossimi versetti, sottolineato, verranno evidenziati i passaggi più importanti:

*Lodate il **Dio degli dei**: perché eterna è la sua misericordia.*

Ma se Dio è unico, solo e onnipotente, com'è possibile che sia anche "Dio degli Déi"? E chi sono gli altri Déi? Dunque, è l'ennesima prova che il "monoteismo" guidaico-cristiano è solo un'invenzione? E comunque, se proprio dobbiamo trovare le pulci, secondo l'Antico Testamento, il "Dio degli Déi" dovrebbe essere Elyon, ovvero colui che divise i territori assegnandoli, e non Yahweh, uno degli Elohim.

*Lodate il **Signore dei signori**: perché eterna è la sua misericordia.*

Ma se nell'Antico Testamento, la parola tradotta con "Signore" è Yahweh, ovvero il Dio giudaico-cristiano, allora chi sono gli altri "Signori"? Anche qui si deve parlare di pluralità? Inoltre, il termine "Signore" identifica "Gesù", come sostiene lo stesso Paolo di Tarso, il fondatore del Cristianesimo (e non Dio, come spesso riportato dalla dottrina per dire che è un tutt'uno con il Padre).

Da questo momento in poi, i versetti che seguiranno loderanno le

---

[31] L'Antico Testamento è colmo di riferimenti al "popolo di Israele", a riprova che il patto riguarda quell'individuo maschile (Yahweh) e il suo popolo, quello di Israele. Solo di Israele e non anche tutti gli altri popoli della Terra. Tra le varie, a titolo indicativo, ricordiamo:
Genesi 33: 20 : <<[...] El, il Dio d'Israele [...]>>;
Esodo 5: 1 : <<[...] Dice il Signore, il Dio d'Israele [...]>>;
Esodo 32: 27 : <<[...] Dice il Signore, il Dio d'Israele [...]>>;
Esodo 34: 23 : <<[...] del Signore Dio, Dio d'Israele [...]>>;
Numeri 10: 29 : <<[...] Il Signore ha promesso di fare il bene di Israele [...]>>;

creazioni incredibili di questa "divinità", dunque nulla di strano:

> *Egli solo ha compiuto meraviglie: perché eterna è la sua mise-*
> *ricordia. Ha creato i cieli con sapienza: perché eterna è la sua mise-*
> *ricordia. Ha stabilito la terra sulle acque: perché eterna è la sua*
> *misericordia. Ha fatto i grandi luminari: perché eterna è la sua*
> *misericordia. Il sole per regolare il giorno: perché eterna è la sua*
> *misericordia; la luna e le stelle per regolare la notte: perché eterna*
> *è la sua misericordia.*

Da questo momento, invece, il redattore biblico, mantenendo fermo l'assunto *"perché eterna è la sua misericordia"* ha deciso di motivare ed argomentare i motivi di tale posizione, narrando eventi davvero disgustosi e fuori da ogni logica di amore; *è eterna la sua misericordia perché* … :

1) percosse l'Egitto nei suoi primogeniti;

2) liberò Israele dall'Egitto con mano potente e braccio teso;

3) divise il Mar Rosso in due parti e fece passare Israele;

4) travolse il faraone e il suo esercito nel Mar Rosso;

5) guidò il suo popolo (Israele) nel deserto;

6) percosse grandi sovrani;

7) uccise Re potenti, come Seon degli Amorrei e Og di Basan;

8) diede in eredità i paesi conquistati agli Israeliti;

9) liberò dai nemici gli Israeliti.

Episodi che, in età moderna, darebbero titolo per incrimare l'autore per genocidio, crimini di guerra o contro l'umanità, senza tenere conto delle implicazioni umane, religiose, culturali, sociali, etiche e ambientali, come provocatoriamente suggerito dal saggista italiano **Mauro Biglino** [32]. E dunque sorge spontanea la domanda, spesso riproposta nei convegni che tiene in tutto il mondo: *ma perché nessuno, a Piazza San Pietro, non alza la mano e chiede a Papa*

---

[32] **Giulio Perrotta**, *Exorcizamus te. Il vero volto di Dio*, Primiceri Editore, 2016, pp. 181-234
Mauro Biglino, *L'invenzione di Dio*, UnoEditori, 2015

Francesco, durante le cerimonie, spiegazioni in ordine a queste astute omissioni?

1.4.7. *Le macchine volanti dell'antichità*

L'Antico Testamento parla spesso di mezzi volanti utilizzati dagli Elohim, facendo sorgere così il dubbio più che concreto che tali descrizioni non fossero altro che prove della presenza aliena nel pianeta Terra fin dall'antichità, rinforzando così le posizioni di coloro i quali credono nella "teoria degli antichi astronauti". Così, i concetti di "Spirito" e "Gloria" del Signore sono del tutto diversi da quelli che immaginiamo, avendo caratteri molto precisi, fisici e poco spirituali. [33] **Biglino**, sulla questione, puntualizza: <<[...] Per la teologia giudaico-cristiana, il *"kavod di Yahweh"* è inconfutabilmente la *"Gloria di Dio"*. (...) Nell'attribuire a *kavod* il significato unico di "gloria", gli esegeti monoteisti dimenticano un elemento che la lingua ebraica condivide per altro con tutte le lingue del mondo: la polisemia, caratteristica per la quale alcuni termini sono portatori di significati molteplici. (...) L'elaborazione teologica ha quindi stravolto il significato primo del termine *kavod* fino a renderlo l'immagine metafisico di una peculiare modalità di manifestazione di Dio, unico, spirituale e trascendente [...]>>[34]. Difatti, il saggista correttamente fa presente questo passaggio, essendo *kavod* (e *kaved*) traducibile in italiano con i seguenti termini, in base al contesto di riferimento: peso, massa, forza, gloria, onore. A titolo di completezza argomentativa, meritano menzione i seguenti passi, dove il concetto cristallizzato dal saggista appare ancora più chiaro: **Esodo 19: 16 e segg., Esodo 24: 15-17, Esodo 33: 7 e segg., Esodo 34, Esodo 40: 36-38, Numeri 9: 15-23, Numeri 14: 10, Numeri 16: 19 e segg., Numeri 17: 7, 2Cronache 7: 1 e segg. ed Ezechiele 43**. Ma l'Antico Testamento non è il solo a parlare di macchine o carri volanti[35]: tutta la cultura induista, nei suoi testi antichi, è stracolma di riferi-

---

[33] **Giulio Perrotta**, *Exorcizamus te. Il vero volto di Dio*, Primiceri Editore, 2016, pp. 235-266
[34] **Mauro Biglino**, *Il Falso Testamento*, Mondadori, 2016, pp. 20-56
[35] Il 30 Settembre 2016, il Ministro dei Trasporti iracheno ha affermato in conferenza stampa qualcosa di assai curioso, tenuto conto del suo ruolo istituzionale: <<[...] *Risalirebbe ad epoca sumera, ovvero 5.000 anni avanti Cristo, il primo lancio di un'astronave nello spazio. Di questo ne è fermamente convinto un ministro iracheno, per la precisione quello dei*

menti, spesso dettagliati, di battaglie contro i "demoni" nei   cieli delle città. In questa cultura, il "carro volante" viene chiamato *"vimana"*, come già abbiamo scoperto nel precedente lavoro, e troviamo significativo riscontro nei *Veda* e nei *Purana*, in sanscrito antico, in particolare nel *Ramayana*[36], nel *Mahabharata* [37] e nel *Vaimanika Shastra* [38].

Trasporti che ha espresso questa sua convizione durante una conferenza stampa. "Il primo aeroporto costruito sul pianeta terra è stato quello di Thi Qar (Provincia merdionale irachena il cui capoluogo è Nassirya) da parte dei sumeri 5mila anni Avanti Cristo", ha detto Khadim Finjan, nominato appena 45 fa a ministro dei Trasporti durante una conferenza stampa tenuta a margine dell'inaugurazione dell'aeroporto cittadino, come riporta oggi con grande risalto la tv satellitare curda-irachena "Rudaw". "I sumeri - ha proseguito serio il ministro - sono decollati con astronavi verso altri pianeti proprio dall'aeroporto di Thi Qar ed hanno scoperto il pianeta numero 12 la cui riscoperta è stata annunciata nei giorni scorsi dall'Agenzia Nasa". Non solo, Finjan ha voluto spiegare anche il perchè della scelta dei sumeri proprio di quell'aeroporto che ai tempi di Saddam Hussein era una base aerea dell'esercito iracheno: "Il cielo di Thi Qar - ha voluto precisare - è privo di disturbi spaziali, fenomeno che appesantisce il movimento dei veicoli e limita le loro manovre durante l'atterraggio, ed è per questo che i sumeri hanno optato per la terra di Thi Qar per costruire un'aeroporto". Accorgendosi della perplessita mostrata dai giornalisti, il ministro - sempre secondo Rudaw - rivolgendosi ai presenti ha detto: "Io so di cosa parlo e so anche che molta gente lo ignora ma vi dico di leggere il grande storico Sitchin", noto come esperto internazionale di storia antica in particolare della civiltà e la cultura dei sumeri. I sumeri sono la prima popolazione stanziale al mondo. Erano rappresentati da un'etnia della Mesopotamia meridionale (l'odierno Iraq sud-orientale), autoctona o stanziatasi in quella regione dal tempo in cui vi migrò fino all'ascesa di Babilonia (attorno al 1500 a.C.). Preceduta da una scrittura fondamentalmente figurativa, a base di pittogrammi, la cui successiva stilizzazione condusse alla scrittura cuneiforme e sembra aver preceduto ogni altra forma di scrittura codificata comparendo attorno alla fine del IV millennio Avanti Cristo. [...]>>.
(Tratto da: https://it.notizie.yahoo.com/ministro-iracheno-sumere-le-prime-astronavi-nello-spazio-150019048.html)

Nota di **Giulio Perrotta**:
<<Francamente, nulla di eclatante: è un ministro dei trasporti, un politico, convinto dei racconti di Sitchin e di altri studiosi del campo; non è un ministro di culto, non è un massone dichiarato, non è qualcuno che potrebbe dimostrare la veridicità definitiva di queste affermazioni. E' solo un politico che convinto di un certo percorso sfoggia sicurezza (forse eccessiva) su un tema che appare essere davvero insidioso. Tuttavia, si apprezza l'attestato di fiducia da parte del rappresentante politico>>.

[36] Il *Rāmāyaṇa* ([ra:'ma:jɐɳɐ]; devanāgarī रामायण; lett. il "Cammino - *ayana*- diRāma"), insieme al *Mahābhārata* è uno dei più grandi poemi epicidell'induismo, oltre a risultare uno dei testi sacri più importanti di questa tradizione religiosa e filosofica. Il poema, attribuito tradizionalmente al cantore (*ādivaki*), e protagonista dello stesso, Vālmīki, narra le avventure del principe Rāma, *avatāra* diViṣṇu, ingiustamente esiliato e privato della sua sposa, che tuttavia riconquista dopo furiosi combattimenti, unitamente al trono negato. Il nucleo originario del poema è databile tra il VI e il III secolo a.C., il completamento della sua

1.4.8. *Le riproposizioni di credenze e tradizioni del passato nel culto giudaico-cristiano*

I testi sacri guideo-cristiani sono riproposizioni di testi sacri di altri culti, limitrofi in quell'area (sumero-accadici e babilonesi) e anche di testi greci e indiani, in particolare nei concetti racchiusi nella Genesi, come ad esempio la nascita della razza umana ad opera di "Dio", la presenza del serpente e il diluvio universale. (³⁹) Non va inoltre

redazione va invece ascritto ai primi secoli della nostra era.
(Tratto da: https://it.wikipedia.org/wiki/R%C4%81m%C4%81ya%E1%B9%87a)

[37] Il *Mahābhārata*, "La grande [storia] dei Bhārata" da intendersi come "La grande [storia] dei discendenti di Bharata"), conosciuto anche come *Karṣṇaveda* ("Veda di Kṛṣṇa"), è uno dei più grandi poemi epici (*Itihāsa*) dell'India insieme con il *Rāmāyaṇa*. Seppur considerato nell'ambito di un'antica epopea, il *Mahābhārata*, come il *Rāmāyaṇa*, è inserito nella raccolta delle *Smṛti*, la cui lettura è tradizionalmente consentita a tutti gli hindū, ivi compresi gli appartenenti alla casta (*varṇa*) degli *śūdra* e alle donne. Conservando al suo interno (nel VI*parvan*) la *Bhagavadgītā*, il *Mahābhārata* risulta essere uno dei testi religiosipiù importanti dell'Induismo, di cui intende compendiare l'intero scibile dei contenuti, per cui, a differenza del *Rāmāyaṇa*, il *Mahābhārata* tratta anche del *mokṣa* (la liberazione dal ciclo del *saṃsāra*).
(Tratto da: https://it.wikipedia.org/wiki/Mah%C4%81bh%C4%81rata)

[38] Il Vaimanika Shastra ("Scienza dell'Aeronautica") o anche *Vimanika*, è un testo scritto in sanscritorisalente agli inizi del XX secolo ottenuto da un medium tramite "canalizzazione" (*channeling*) e scrittura automatica in cui si afferma che i vimana menzionati nei testi vedici dell'antica India sarebbero stati degli avanzati velivoli simili ai moderni razzi. L'esistenza di questo testo, composto da 3000 *shlokas* (versi) distribuiti in 8 capitoli, è stata rivelata nel 1952 da G. R. Josyer il quale ha affermato che sarebbe stata scritta da Pandit Subbaraya Shastry (1866–1940) sotto dettatura psichica da parte dell'antico saggio hindu Bharadvaja. I cultori dell'archeologia misteriosa sostengono invece che lo scritto avrebbe un'origine antichissima facendolo risalire al XIII secolo a.C.anche se non se ne conoscono frammenti, citazioni o riferimenti in opere del passato. Uno studio condotto da ingegneri meccanici e aeronautici dell'Indian Institute of Science di Bangalore, ha concluso, nel 1974, che i velivoli descritti nel testo sono "intrugli di scarso valore" e che l'autore rivela una totale mancanza di comprensione dell'aeronautica. Lo studio, inoltre, afferma che "il Rukma Vimana era l'unico dotato di senso. Possiede lunghi condotti verticali che aspirano aria dalla parte superiore e la spingono in basso, con un processo che genera un sollevamento".
(Tratto da: https://it.wikipedia.org/wiki/Vaimanika_Shastra)

[39] Interessante parallelismo va fatto con un popolo africano del Mali: i *Dogon*: <<[...] Griaule e Dieterlen, che per oltre un ventennio, tra il 1931 e il 1956, hanno vissuto tra i Dogon, hanno riferito che essi sembravano possedere conoscenze astronomiche molto avanzate, sull'origine delle quali si sono sviluppate numerose controversie. In particolare nel 1933 Griaule trascorse un lungo periodo in compagnia dello sciamano dogon Ogotemmêli, che si può considerare la fonte primaria delle notizie relative alla cosmogonia dei Dogon. Stando a quanto riportato da Griaule, da oltre 400 anni questo popolo sarebbe stato al corrente del fatto che la stella Sirio (*sigi tolo* o "stella del Sighi o Sigui"), ha una stella compagna (*pŏ tolo* o la "stella del fonio"), che orbita attorno ad essa, effettivamente scoperta nel 1844 e nota come Sirio B. I Dogon sosterrebbero, inoltre, l'esistenza di una terza stella compagna (*ęmmę*

dimenticato il fatto che, dal testo letterale dell'Antico Testa-mento, emerge la presenza di altri undici libri misteriosamente spa-riti o resi indisponibili dal novero dei libri ispirati da Dio (e addi-rittura pure dagli Apocrifi): *Le guerre di Yahweh* (**Numeri 21:14**), *Il Libro di Jasher* (**Giosué 10:13**), *Gli Atti di Salomone* (**1Re 11:41**), *Il Libro di Samuele il Veggente* (**1Cronache 29:29**), *Il Libro di Gad il Veggente* (**1Cronache 29:29**), *Il Libro di Nathan il Profeta* (**1Cronache 29:29** e **2Cronache 9:29**), *La Profezia di Achia* (**2Cro-nache 9:29**), *Le Visioni di Iddo il Veggente* (**2Cronache 9:29**), *Il Libro di Semaia* (**2Cronache 12:15**), *Il Libro di Jehu* (**2Cronache 20:34**), *I Detti dei Veggenti* (**2Cronache 33:19**). [40]

1.4.9. *I geni manipolati e l'ipotesi interventista nell'evoluzione*

L'Antico Testamento riporta descrizioni dettagliate sulla creazione dell'"adam", dando così l'impronta chiara e inequivocabile che chi stesse descrivendo quei fatti non poteva non conoscere i principi generali della moderna ingegneria genetica [41]. In queste due inter-

---

ya tolo o "stella del sorgo"). Sempre gli stessi autori riferirono di avere riscontrato conoscenze relative agli anelli di Saturno e alle lune di Giove. Nel 1976 Temple, nel suo libro *The Sirius Mystery*, riprendendo le osservazioni di Griaule e Dieterlen, si spinse a sostenere che la cosmologia dogon fosse il frutto di un remoto contatto con una civiltà extraterrestre, i Nommo, esseri anfibi intelligenti provenienti da un pianeta di Sirio C. Più recentemente, sono stati sollevati numerosi dubbi sulla validità dei lavori di Griaule e Dieterlein. Nel 1991, l'antro-pologo olandese Walter van Beek, dopo un lungo periodo di ricerche tra i Dogon, concludeva che essi non sembravano possedere conoscenze astronomiche particolarmente approfondite né il sistema di Sirio assumeva per la popolazione una particolare importanza (…). Tali verifiche hanno fatto sorgere dubbi sul valore dell'opera di Griaule, che da taluni viene oggi considerata una colossale mistificazione; altri, più benevolmente, ritengono che Griaule possa avere inconsapevolmente influenzato i suoi interlocutori o che, più semplicemente, essi possano avere avuto accesso a conoscenze che nel frattempo siano andate perdute. Al di là delle controversie sulla buonafede di Griaule, resta il dato che la fonte delle eventuali conoscenze dei Dogon su Sirio, piuttosto che in una misteriosa entità extraterrestre possa essere ricercata nei frequenti contatti avuti dalla popolazione con esploratori, viaggiatori, missionari e soldati occidentali. In particolare la spiegazione "più probabile è che i Dogon avessero attinto le informazioni da un gruppo di astronomi che nel 1893 si era recato in Mali per assistere ad un'eclissi di sole". […]>> (Tratto da: https://it.wikipedia.org/wiki/Dogon). Resta ancora un mistero che non trova un'univoca soluzione, in quanto le presunte mistificazioni risultano essere non dimostrate.

[40] **Giulio Perrotta**, *Exorcizamus te. Il vero volto di Dio*, Primiceri Editore, 2016, pp. 267-294
[41] **Giulio Perrotta**, *Exorcizamus te. Il vero volto di Dio*, Primiceri Editore, 2016, pp. 295-301
In particolare, la Bibbia puntualizza che il D.N.A. degli Elohim (*tzelem*) viene inserito in quello dell'ominide terrestre (*afar*), ma nulla dice sul motivo per cui sono stati creati gli "Adamiti" (da Adamo, primo uomo); tuttavia, nei testi sumerici si parla di Enki che, grazie alla

viste, **Pietro Buffa,** biologo molecolare e saggista, ripercorre tutta una serie di prove scientifiche a favore di quanto fin qui sostenuto:

<u>Prima intervista</u>[42]:

Cosa rende speciale l'essere umano rispetto alle altre specie? Perché ha deciso di analizzare la nostra evoluzione aprendo all'ipotesi che questa potrebbe non essere stata completamente autonoma? *Mi dicono che parlo di Homo sapiens in termini oltremodo straordinari, dando l'impressione che la nostra specie provenga da un percorso bio-evolutivo alquanto singolare sotto diversi aspetti. In realtà Homo sapiens costituisce realmente qualcosa di esclusivo. Ian Tattersall, direttore della sezione di evoluzione umana all'American Museum of Natural History - New York, descrive nel suo saggio Il cammino dell'uomo come la nostra specie costituisca una nuova concezione biologica qualitativamente distinta per aspetti molto significativi persino dai suoi progenitori più prossimi. Anche se la nostra egocentrica specie tende generalmente a sopravvalutare*

sorella, dopo sette tentativi infruttuosi o con delle anomalie fisiche e mentali, fabbrica l'*Adamu* (guarda caso lo stesso nome) *inserendo* -cito testualmente- "*un nostro pezzo*", proprio come descritto nella Genesi, in tema di creazione. Interessante il parallelismo con la creazione della pecora "Dolly", riuscita dopo 220 tentativi. Il motivo poi è descritto di seguito, puntualizzando il fatto che servissero dei lavoratori per conto dei colonizzatori alieni, al fine di produrre ricchezza e benessere, ricercando materiali preziosi (forse, oro). Da un puuto di vista temporale, l'Eva mitocondriale descritta dalla scienza ufficiale è datata intorno al 250mila anni fa, quale primi esperimenti per la produzione del *sapiens*; invece, la Bibbia ci parla di eventi successivi, gli Adamiti, come specie sapiens sapiens "giusta", dove Adamo ed Eva furono i prodotti finali "corretti", senza difetti. Questi ultimi, sono datati orientativamente tra il 4.500 e il 4.200 a.C., secondo diverse fonti, compreso l'evento del Diluvio che pare essere non quello post-glaciazione ma un evento localizzato finalizzato a spazzare via il frutto della procreazione tra gli Adamiti e gli Elohim. Proprio in merito al Diluvio, interessante confrontare alcuni dati tra la Bibbia e i testi sumerici, dov'è presente la figura di Noé, chiamato Ziusudra o Atrahasis: nella Bibbia porta la coppia di animali, mentre nei testi più antichi porta i semi degli animali: dunque, i semi a coppie riportano nuovamente il concetto di genetica e creazione. La traduzione della Bibbia poi diventa esilarante: dopo tutta la fatica fatta per salvarli, prende gli animali salvati e li brucia agli Elohim, ulteriore conferma che gli Annunaki, termine tradotto nell'Antico Testamento con Elohim, impazzivano dall'odore di carne bruciata, proprio come gli Elohim biblici, condotta identica a quella descritta da **Strabone** in riferimento ai Celti, in quanto quel fumo era appetitoso -e calmante- per le loro divinità!
Ulteriore fonte: https://www.youtube.com/watch?v=upedlOQGKiM&feature=share

[42] Tratto da: http://www.laltrapagina.it/mag/intervista-esclusiva-al-biologo-molecolare-pietro-buffa-le-evidenze-scientifiche-rispetto-allipotesi-aliena-dellanello-mancante/

l'entità delle differenze tra se stessa e il resto del mondo animale, queste differenze sono sostanziali e rimangono motivo di dibattito tra specialisti. Pensiamo al potere di astrazione mentale. Esso non ha alcun precedente in natura, manca infatti in tutte le attuali scimmie antropomorfe così come non era presente nei nostri antenati. Ci chiediamo ancora quali eventi potrebbero aver permesso l'improvviso costituirsi di tale facoltà in Homo sapiens, svincolandolo concettualmente dal presente. Nel tentativo di spiegare gli eventi, la scienza procede sovente per ipotesi date per sottintese e assunti evoluzionistici trasformati in dogmi da accettare quasi come articolo di fede. L'illusione che la scienza abbia risposto in modo "plausibile" a certe domande soffoca soltanto il futuro dell'indagine.

Dagli Elohim a Dio, dal Profeta Enoch ai Vimana: gli antichi testi descrivono miti o riportano cronache? *A livello concettuale credo sia giusto interrogarsi sulla valenza dei racconti prodotti dagli antichi popoli. Non possiamo escludere l'eventualità che tali narrazioni, molto spesso straordinarie nei contenuti, possano anche riportare memorie di una realtà che poteva non essere sempre chiara e comprensibile agli occhi di chi scriveva. Nel mio libro I geni Manipolati di Adamo, faccio un esempio a tal proposito. Senza spostarci troppo indietro nella storia, è noto che i pellerossa d'America chiamavano "cavallo di ferro" il treno a vapore introdotto in quei territori dagli Inglesi. Il treno era fatto di metallo e consentiva alle persone di spostarsi da un luogo a un altro proprio come farebbe il cavallo, unico mezzo di trasporto conosciuto dai nativi americani. Con l'espressione "cavallo di ferro", i pellerossa non lavoravano di fantasia ma cercavano piuttosto di descrivere, attraverso il loro linguaggio semplice e ovviamente privo di terminologia tecnica, la presenza di un oggetto per loro straordinario ma nello stesso tempo reale. Non bisogna stupirsi se i testi antichi richiamino oggi l'attenzione di specialisti di diverse discipline. Citando i Vimana, oggetti volanti descritti nei Veda, non posso fare a meno di evidenziare un articolo apparso recentemente sulla rivista scientifica International Journal of Advances in Mechanical and Civil Engineering (IJAMCE) dal titolo "Reverse Engeneering Ancient*

Indian Vimanas", che rappresenta proprio la dimostrazione di una riscoperta anche scientifica di ciò che le antiche scritture riportano. (…).

Chi erano veramente Adamo ed Eva? *Adamo ed Eva non possono ricoprire il ruolo di primi esseri umani apparsi sulla Terra così come la teologia dogmatica creazionista è solita far credere. Questo assunto contrasta in prima istanza con i dati paleoantropologici in nostro possesso che ci descrivono, a partire da circa 2,4 milioni di anni fa, la presenza sulla Terra di forme umane via via sempre più progredite dal punto di vista biologico. In secondo luogo, riportandoci ai testi, dobbiamo anche far presente che il termine ebraico "barà", tradotto nelle bibbie con il verbo "creare", farebbe riferimento ad un "intervenire" concretamente su un qualcosa di già preesistente al fine di apportarvi modifiche. Alla luce di questo, Adamo ed Eva potrebbero non rappresentare il prodotto di un'azione miracolistica ma i prodotti archetipici di un intervento pianificato sull'essere umano per fini eugenetici.*

Chi erano gli Elohim e che ruolo hanno avuto in tutta la storia umana? *Sono figure ascrivibili all'interno del pantheon delle "divinità creatrici" al pari degli Anunnaki dei Sumeri o dei Neteru Egizi. Gli Elohim costituiscono una pluralità concreta all'interno del corpus anticotestamentario e questo si evince anche dai passi che, in Genesi 1, descrivono l'intenzione da parte di queste figure di voler formare (non creare) l'essere umano. Purtroppo i testi biblici non ci forniscono descrizioni precise sulla loro natura biologica ma si concentrano molto sulla descrizione dei "rapporti" che questi esseri avevano stabilito con gli esseri umani (ADAM). In modo particolare i testi biblici ci raccontano le specifiche gesta di Yahweh, un Elohim combattente a fianco di quello che sarà poi conosciuto come il popolo di Israele.*

Dentro e fuori il Gan-Eden: paradiso terrestre o laboratorio dove effettuare esperimenti genetici? *In accordo con diversi elementi narrativi riportati in Genesi non faccio alcuna fatica ad immaginare il Gan-Eden come una sorta di estesa area bio-ecologica appositamente predisposta, un areale utilizzato per monitorare* *il processo di naturalizzazione di nuove forme viventi. In quest'ottica delle cose, il Gan-Eden rappresenterebbe uno degli elementi più significativi del racconto biblico, dimostrando come gli Elohim avessero piena conoscenza del rapporto che gli organismi, siano essi naturali che bio-tecnologicamente prodotti, devono stabilire con l'ambiente.*

Da Homo habilis a Homo erectus, da erectus agli ominidi moderni e poi a Homo sapiens. Perché la scienza parla di anelli mancanti? *L'aspetto centrale che Charles Darwin aveva proposto a fondamento della sua ipotesi interpretativa del processo bio-evolutivo, il gradualismo filetico, non trova riscontro nel processo di ominazione. Come spiego nel libro I Geni Manipolati di Adamo, l'ominazione, si presenta come un processo in cui a brevi periodi di "evoluzione esplosiva", in cui compaiono forme riorganizzate nell'anatomia e con livelli di encefalizzazione crescenti, si interpongono periodi in cui i cambiamenti diventano pressoché nulli (bradytely). Questa dinamica della nostra filogenesi è messa in evidenza proprio dall'assenza di "fossili di transizione" in grado di sostenere una gradualità del processo evolutivo. (…)*

Potrebbe spiegarci cos'è l'eugenetica e a cosa potrebbe portare? *Il termine venne coniato nel 1883 da Francis Galton (naturalista e cugino di Charles Darwin) ed è generalmente utilizzato per indicare un insieme di metodi in grado di promuovere, all'interno di una specie, l'espressione di caratteristiche biologiche ritenute positive (eugeniche) e la rimozione di quelle ritenute invece negative (disgeniche). L'idea di poter manipolare gli organismi al fine di apportare miglioramenti strutturali e/o funzionali è certamente antica ma si fa sempre più forte con l'avanzare delle conoscenze scientifiche e delle tecnologie* ([43]). *Già nel 2009, era chiaro ai biologi che lo*

---

[43] In un recentissimo studio pubblicato su *Nature*, un gruppo di ricercatori ha dimostrato che i polpi hanno un DNA "alieno". Il loro genoma mostra un livello mai visto prima di complessità con ben 33.000 geni codificanti proteine identificate, più che in un essere umano e lo zoologo britannico Martin Wells è sicuro dell'origine aliena del mollusco: in questo senso, quindi, il documento descrive il primo genoma sequenziato di un essere alieno rispetto alle altre specie presenti sul pianeta. Tratto da: http://mysticalraven.com/news/1734/scientists-conclude-octopus-dna-is-not-of-this-world

sviluppo della conoscenza relativa al genoma delle specie viventi avrebbe giocato un ruolo sostanziale anche nelle possibili applicazioni eugenetiche. In quegli anni, il biologo inglese Lewis Wolpert immaginava il giorno in cui saremo in grado di programmare lo sviluppo di un organismo nella forma che desideriamo (…). La scoperta dei geni "architetto" e dei geni a "risonanza morfica" sta contribuendo a dare potente impulso all'immaginazione di Wolpert.

Si parla di "DNA spazzatura", ovvero DNA che fino a pochi anni fa si pensava non servisse a nulla: cosa sappiamo e cosa c'è veramente da scoprire? *Su questo argomento si potrebbe discutere parecchio ma vorrei focalizzare l'attenzione su un paio di punti. Da un lato sono ormai molteplici le ricerche che dimostrano come, proprio in questa regione del genoma, si nascondano sequenze nucleotidiche che giocano un fondamentale ruolo di controllo nei confronti dell'azione di interi gruppi di geni, spesso coinvolti in processi di sviluppo morfologico. Dall'altro lato, c'è una crescente proposta da parte di alcuni (come ad esempio l'astrofisico accademico Paul Davies), di sfruttare specifiche tecnologie informa-tiche per tentare di individuare se, all'interno di queste vaste aree non codificanti del genoma, possano celarsi particolari schemi che potrebbero rappresentare una sorta di "prova empirica" di una passata manipolazione. Il genoma umano rivela novità continue e credo che con la crescente capacità di decodifica delle informazioni in esso contenute non mancheranno sorprese.* ([44])

---

[44] **Mauro Biglino**, nel suo ultimo lavoro, *Il falso Testamento* (Mondadori, 2016), con l'aiuto di un professionista nel campo clinico, ha affrontato il tema dell'origine dell'RH negativo. Come riportato nell'articolo di Melissa B: <<[…] Non esiste plausibile spiegazione scientifica circa la provenienza del gruppo RH negativo. La scienza ortodossa si è limitata a ipotizzare che si tratti di una non meglio identificabile, casuale mutazione genetica. Circa l'85% degli esseri umani possiede il gene scimmiesco RH, mentre nel restante 15% non è riscontrabile il fattore RH (RH-) e ciò potrebbe essere spiegato dalla presenza di un gene alieno. Questo articolo esplora la tesi che l'umanità sia stata allevata come una razza di schiavi, dal momento che il 97% del nostro codice genetico risulta disattivo, e possiamo disporre di appena il 3%, utile semplicemente alla sopravvivenza. (…) Quando nel sangue di un individuo è presente il fattore RH, si dice che il suo sangue sia di tipo RH positivo (RH+). Se il test restituisce esito negativo, vuol dire che il fattore Rhesus è assente. E' stato provato che uno dei fattori ereditari più stabili e meno suscettibili di mutazioni generazionali sia proprio il sangue. Come si diceva, la maggior parte delle persone - circa l'85% - possiede sangue RH positivo, elemento a sostegno della tesi secondo cui gli esseri umani si sarebbero evoluti dai primati. Tuttavia esiste un

Gli Elohim al loro arrivo sulla Terra trovarono chi e cosa? Facciamo una descrizione della fotografia di quel momento. *Accogliendo l'ipotesi d'interventi esterni sulla nostra linea di discendenza, collocherei le prime operazioni nel Pleistocene inferiore (2,5 milioni di anni fa). A quel tempo, nel continente africano si concentrava una moltitudine di organismi antropomorfi scimmieschi*

restante 15% che risulta del tutto sprovvisto del fattore RH. Se è vero che il gruppo sanguigno rientri tra le caratteristiche genetiche meno mutevoli, da dove proverrebbe il tipo RH negativo? Si tratta di un interrogativo che per decenni ha lasciato perplessi gli scienziati. Alcune prove suggeriscono che il fattore RH negativo sia apparso sul pianeta circa 35.000 anni fa, all'interno di alcune aree geografiche molto circoscritte, al punto da sembrare collegato con alcuni particolari gruppi sociali e tribù. Le aree in cui la sua presenza fu riscontrata in misura maggiore sono la Spagna settentrionale, la Francia meridionale e la etnia basca. Un'altra etnia con alta concentrazione del fattore RH- è quella ebraica dell'Est. In generale, circa il 40% della popolazione europea possiede il fattore RH-. Solo il 3% degli africani e l'1% degli asiatici e dei nativi americani è RH-. Sulla scorta di tali informazioni statistiche, non è difficile risalire alle aree geografiche in cui il fattore RH- potrebbe essere stato originariamente introdotto nel codice genetico umano. Stiamo parlando della regione caucasica [*dove si localizza notoriamente il Gan-Eden, per intenderci*]. (…) Molti testi antichi, compresa la Bibbia, sembrano supportare questa teoria. Molte storie nei testi antichi, in particolare quelle contenute nei testi pre-cristiani, narrano di una stirpe giunta dal cielo che avrebbe creato l'uomo a propria immagine. L'uomo primitivo li identificò come divinità dalla straordinaria longevità, e capaci di compiere prodigi, ad esempio volare su strani veicoli e provocare assordanti boati sparando fuoco da tali mezzi. Gli esseri umani assistettero alla edificazione di mastodontici monumenti e splendide città da parte di queste creature apparentemente divine. Perché dal punto di vista di un umanoide primitivo non potevano che apparire come divinità. (…) I nostri testi antichi narrano che un giorno queste creature iniziarono ad accoppiarsi con gli esseri umani. La Bibbia dice che gli dei guardarono le donne e le trovarono piacevoli per gli occhi, e quindi le presero in mogli, e concepirono figli, molti figli. (…) Potrebbero essere stati creati tre prototipi, ognuno più avanzato del precedente. I primi due avrebbero funto solo da iter sperimentale per giungere tipo definitivo. Si sospetta che l'uomo di Neanderthal sia stato uno dei primi risultati di questi esperimenti, mentre sarebbe molto più elevata la possibilità che il Cro-Magnon sia stato prodotto da tali sperimentazioni. L'ultimo tipo sarebbe corrisposto a ciò che oggi definiamo proto-umanità, e da esso sarebbe disceso l'uomo moderno, cioè il risultato finale degli incroci tra gli 'dei' e la proto-umanità. Questo incrocio in larga parte non avrebbe prodotto inconvenienti dal punto di vista della riproduzione, ad eccezione di una linea di sangue che sviluppò il fattore RH-negativo, che cioè non ereditò la proteina ematica connessa agli antenati scimmieschi. (…) Per la cronaca il gruppo etnico con i più elevati tassi di sangue RH- è quello dei berberi del Marocco. Dal punto di vista territoriale, uno studio ha stabilito che la concentrazione più elevata di RH- si trovi nell'attuale Iraq. Sembra che le stirpe dei berberi abbia avuto origine migliaia di anni fa sul confine tra Siria ed Iraq [*ancora una volta la stessa localizzazione del Gan-Eden*]. [...]>> (Tratto da: http://www.anticorpi.info/ 2013/01/il-mistero-del-gruppo-sanguigno-rh.html, che traduce l'artcolo ripreso da: http:// quinazagga.wordpress.com/2012/04/01/the-mystery-of-rh-negative-blood-genetic-origin-unknown/)

ormai estinti (Australopithecus) che potevano ben costituire la base biologica ideale su cui iniziare ad operare al fine di produrre una sorta di "spinta evolutiva" verso la condizione umana. I reperti fossili in nostro possesso indicano per questi organismi una struttura anatomica generale vicina a quella degli scimpanzé e dimensioni non molto differenti, ma evidenziano anche la possibilità per alcuni di deambulare su due piedi. Muovendoci ovviamente sul piano delle ipotesi, possiamo supporre che le caratteristiche sulle quali si doveva inizialmente operare fossero la capacità cranica, piuttosto limitata negli Australopithecus così come nelle attuali scimmie, la riorganizzazione di particolari regioni anatomiche alla base di una deambulazione bipede che doveva divenire "obbligata", il perfezionamento degli arti superiori e la migliorata capacità di maneggiare oggetti. Compare in quel periodo il primo ominide "abile" classificato come umano: Homo habilis. Un ominide la cui origine rimane ancora enigmatica. ([45])

Seconda intervista [46]:

(...) perché si parla di anello mancante? (...) *L'aspetto centrale che Charles Darwin aveva proposto a fondamento della filogenesi,*

---

[45] Se volessimo tracciare sinteticamente l'evoluzione umana in pochi passaggi, l'operazione non potrebbe prescindere dalle origini conosciute. Tra 20 e 7 milioni di anni fa, animali primitivi simili a scimmie antropomorfe erano distribuiti ampiamente sul continente africano. La storia precedente è assai confusa e le prove rilevate non chiariscono in maniera definitiva. Sappiamo con certezza che circa 5 milioni di anni fa esisteva l'antenato comune tra l'uomo e lo scimpanzé, avente lo stesso dna per circa il 97%. 3,2 milioni di anni fa, in Africa orientale e meridionale, esisteva l'*Australopithecus afarensis*, un ominide con un piccolo cranio, in grado di mantenere la posizione eretta e di cibarsi di frutti, erbe, semi e radici (un famoso esponente fu Lucy). 2,7 milioni di anni fa comparve sempre nella stessa area l'*Homo Abilis*, con una scatola cranica più grande e un regime alimentare orientato alla frutta e ai piccoli animali. Con una maggiore ampiezza cranica e una dieta prevalentemente onnivora, 1,8 milioni di anni fa comparve nella scena l'*Homo Erectus*, migrando anche in Asia ed Europa ma estinguendosi definitivamente circa 40mila anni fa. Scoprì il fuoco e i vantaggi derivanti dal suo uso. Circa 400mila anni fa pare esistere l'*Homo Sapiens*, mentre nel 250-230mila anni fa comparve per la prima volta invece l'*Homo Neanderthalensis*, con un cranio nettamente più grande e onnivoro (con prevalenza di carne), estinguendosi 40mila anni fa, a causa della crescita incontrollata dell'*Homo Sapiens Sapiens*, apparso per la prima volta intorno a 200mila anni fa. Recenti studi hanno però dimostrato che il *Sapiens Sapiens*, ovvero l'Homo apparso per ultimo nella scena globale, non è imparentato con il Neanderthal.
[46] Tratto da: http://www.laltrapagina.it/mag/pietro-buffa-le-probabili-origini-extraterrestre-della-razza-umana-oggi-conosciuta

ovvero il gradualismo filetico, non trova rispondenza nel processo di ominazione. L'evoluzione umana si presenta infatti come un processo in cui, a brevi periodi caratterizzati da "bruschi cambiamenti" alla base della comparsa di forme ogni volta riorganizzate nell'anatomia e con livelli di encefalizzazione crescenti, si interpongono periodi in cui i cambiamenti diventano pressoché nulli (bradytely). Questa dinamica della nostra filogenesi è messa in evidenza proprio da una mancanza di "fossili di transizione", ovvero di passaggi intermedi nella documentazione fossile in grado di mettere in rilievo una gradualità del processo evolutivo. Pensiamo ad esempio a quel momento cruciale della nostra storia biologica in cui si determinò il passaggio da creature umane arcaiche (pensiamo a Homo erectus) a moderne. Questo importante passaggio, che prende il nome di "transizione arcaico-moderna", costituisce ancora motivo di accesi dibattiti non solo perché sembrerebbe aver avuto luogo non in una bensì in diverse parti del pianeta ma anche perché rappresenta un passaggio molto brusco (e privo di gradualità) verso la condizione umana più moderna. Qualcosa di cruciale è sicuramente avvenuto, siamo nel Pleistocene medio ma i reperti fossili non sono così loquaci nel farci comprendere a quali esigenze adattative questa brusca trasformazione avrebbe dovuto rispondere. Ancora oggi è viva la speranza di trovare fossili in grado di colmare certi "vuoti paleoantropologici" ma ci chiediamo, fino a che punto possiamo ancora sperare di rinvenire tali reperti prima di arrenderci all'idea che questi potrebbero anche non esistere? ([47])

---

[47] **Pietro Buffa**, intervistato da Sabrina Pieragostini, per la rubrica "Extremamente – Studio Aperto, andata in onda nel Novembre 2016, ha puntualizzato il suo pensiero, affermando che: <<[…] Prendendo spunto dai testi antichi sembrano volerci dire, ho cercato di analizzare scientificamente il problema, senza escludere che il processo di ominazione (ovvero quello che ha portato l'essere umano ad essere quello che oggi conosciamo) non sia stato semplicemente "autonomo". (…) Sorprende, ad esempio, la rapida evoluzione del cervello umano, portandoci a scoprire le forti mutazioni subite da una serie di geni per così dire "ad alta evoluzione", difficilmente spiegabili (le mutazioni) con la sola e semplice causalità, tenuto conto che le mutazioni delle quali parliamo sono tutte in senso positivo. Un'incredibile serie significativa di mutazioni genetiche, tutte con esito positivo. (…) Dallo scimpanzé, difatti, differenziamo per alcuni "geni" modificati, che ci hanno permesso di camminare eretti, parlare e ragionare. (…) Nulla di strano, quindi, se l'evoluzione umana sia stata "guidata" da qualcuno, come appare

(...) Il DNA "spazzatura" nasconde informazioni sulla nostra evoluzione? *Certamente. Il consorzio internazionale ENCODE che sta lavorando allo sviluppo di una vera e propria "enciclopedia del DNA umano", parla del DNA non codificante (un tempo definito "spazzatura") come di una "giungla di informazioni" ancora in gran parte da scoprire. Ewan Birney, ricercatore capo all'European Bioinformatics Institute di Cambridge, definisce il DNA non codificante addirittura sede di "tesori ancora nascosti". Oggi sappiamo che diversi geni presenti nel genoma umano sono presenti anche nel genoma di diverse scimmie antropomorfe. Quello che però sta emergendo è che, molto spesso, le differenze che cerchiamo tra noi e le scimmie non stanno nei geni, come spesso si immagina, ma in particolari regioni del DNA non codificante che mostrano un potere enorme, quello cioè di controllare il funzionamento dei geni negli esseri viventi. Questi elementi regolativi del genoma sono tantissimi e cominciamo a notare come, nella nostra specie Homo sapiens, ci sia stato un forte cambiamento di queste regioni di "controllo" che hanno quindi avuto un ruolo direi fondamentale nella nostra filogenesi. Il DNA ha ancora molto da rivelarci.*

1.4.10. *Le caratteristiche degli Elohim*

Gli Elohim, nonostante alcune caratteristiche-tipo, come l'età ben superiore a quella umana e il particolare legame con il fumo proveniente dal grasso della carne bruciata, presentavano tutta una serie di caratteristiche più che terrestri, come le descrizioni fisiche e le modalità di rappresentazione (il doversi nutrire, lo stancarsi dopo una corsa, la morte). Tra l'altro, appare quanto meno singolare, che proprio a Yahweh gli venga assegnato dalla dottrina l'appellativo di buono, giusto, onesto e colmo di amore verso le sue creature, se poi dal testo si evince tutta la sua inferiorità: dall'esser autore e mandate di stragi, genocidi e guerre spesso tra parenti primi ad essere geloso

---

chiaro nei testi sacri antichi giudeo-cristiani, quando parlano di Gan-Eden (il giardino/paradiso terrestre). (...) L'uomo ha preso in mano il destino evolutivo di decine di specie: dai cani al mais, fino a certe forme di grano, dimostrando chiaramente che il processo evolutivo può essere manipolato [...]>>.

"Tratto da: https://www.facebook.com/igenimanipolatidiadamo/ (post del 19 novembre 2016, ore 11.00)

e iracondo ([48]). Interessante, da un punto di vista organico, la caratteristica fisica di Yahweh, descritta nell'Antico Testamento, in riferimento al suo "raggio mortale"[49].

1.4.11. *La falsa ispirazione divina*

L'Antico e il Nuovo Testamento, quali contenitori ideali di tutta una serie di testi "ispirati da Dio", presentano invece tutta una serie di informazioni errate da un punto di vista storico, dimostrando che la perfezione non è nemmeno "divina".[50] I testi sacri guideo-cristiani attingono a piene mani dai culti egizi ed orientali, in tema di anima, bilanciamento tra il bene e il male, redenzione e salvezza dell'anima, immortalità e spirito, dimostrando poca originalità e "ispirazione divina" nella stesura dei temi cardine del culto, senza dimenticare che i cristiani hanno preso possesso di scritture che non appartenevano al loro culto e che parlavano palesemente del popolo israelita per farne la loro bandiera teologica.[51]

1.4.12. *Il patto stipulato tra Yahweh e il popolo eletto*

Appare ormai palese che il patto stipulato tra Yahweh e il suo popolo (quello israelita) fosse locale e non mondiale e che la finalità fosse la conquista bellica della terra promessa e dei territori limitrofi, eliminando fisicamente tutti gli avversari. Se allora questo è il punto della questione e l'Antico Testamento è un compendio di guerra, qual è lo scopo di Gesù Cristo, ammettendo la sua vera esistente? Se il Peccato originale, come vedremo tra poco, non è quello raccontato

---

[48] **Giulio Perrotta**, *Exorcizamus te. Il vero volto di Dio*, Primiceri Editore, 2016, pp. 302-307
Lo scrivente trova divertente e paradossale un fatto assi strano: se Dio ha creato l'Universo partendo dal nulla, perché lui può (come sostenuto dalla dottrina), perché per creare la donna (ritenuta dalla stessa Bibbia anticotestamentaria un essere inferiore) ha dovuto disturbare l'uomo intervenendo sul suo corpo chirurgicamente?
[49] Da Yahweh partiva una raggio che inceneriva il nemico. Questo dice l'Antico Testamento quando si legge "Yahweh si adirava"; letteralmente, si legge "a Yahweh viene la fronte calda", nel senso che il raggio (fuoco distruttore) partiva dalla sua fronte quando si scaldava.
(Tratto da: http://www.motorizzati.info/video/mauro-biglino-svela-il-mistero-delle-125499/)
[50] **Giulio Perrotta**, *Exorcizamus te. Il vero volto di Dio*, Primiceri Editore, 2016, pp. 308-322
[51] **Giulio Perrotta**, *Exorcizamus te. Il vero volto di Dio*, Primiceri Editore, 2016, pp. 323-329

e non ci sono colpe da espiare, per quale motivo continua ad esistere la favola teologica?[52]

1.4.13. *Le versioni della Bibbia*

L'Arca dell'Allenza, come già visto in *"Exorcizamus te. Il vero volto di Dio"*, non fu solo <<[...] una cassa di legno rivestita d'oro e riccamente decorata, la cui costruzione fu ordinata da Yahweh a Mosè, e che costituiva il segno visibile della presenza di Yaweh in mezzo al suo popolo [...]>> [53], ma uno strumento "tecnologico" che aveva almeno una duplice funzione: 1) in battaglia [54]; 2) nelle comunicazioni "radio" [55].

1.5. La mitologia terrestre e la figura degli Elohim nelle altre culture

---

[52] **Mauro Biglino**, *Il Falso Testamento*, Mondadori, 2016, pp. 217-226

[53] Tratto da: https://it.wikipedia.org/wiki/Arca_dell%27Alleanza

[54] La Bibbia non ci dice di preciso come venisse usata in battaglia; tuttavia, narra due cose interessanti: a) la prima, che l'esercito israelita doveva stare a 2.000 cubiti (circa 1 km) di distanza per non rimanere fulminati. Chi la toccava rimaneva fulminato immediatamente da una scarica; b) la seconda, che emetteva un'energia talmente distruttiva da poter essere gestita solo da personale addetto specificamente e solo se vestiti in maniera adeguata.
(Tratto da: http://www.motorizzati.info/video/mauro-biglino-svela-il-mistero-delle-125499/)

[55] La seconda funzione riguardava quello che c'era sopra la scatola (l'Arca), ovvero i due "Cherubini" che permettevano di creare il "campo" radio per le comunicazioni a distanza tra Yahweh e Mosé. Ricorda il "raggio della morte" di Tesla, mai portato a conoscenza veramente dallo stesso ma solo teorizzato. Inoltre, ipotizzando che l'Arca dell'Allenza si trovi sotto la Piramide di Cheope, i due canali/condotti di areazione, insieme all'idrogeno prelevato dall'acqua del Nilo che passava alla base della Piramide, poteva generarsi un campo per l'emissione radio di comunicazione, sulla base della produzione di energia partendo dall'idrogeno. In buona sostanza, inserendo dei cilindri di 10-12 cm di rame dentro quei condotti, proprio così come angolati, sarebbero in gradi di mandare segnali radio a milioni di Km di distanza, se ci fosse l'energia necessaria presa dall'idrogeno presente nell'acqua del Nilo che passava sotto la Piramide. La cultura egiziana fu una cultura essenzialmente emulativa, rispetto a fatti precedenti: le piramidi, prima, e la mummificazione, dopo, come procedura di ibernazione di un corpo che apparentemente moriva qui e andava a rinascere altrove (come riportato nel Libro Egizio dei Morti, dove ci citano testualmente tutte le procedure tecniche per partire da qui per raggiungere un posto molto lontano).
(Tratto da: http://www.motorizzati.info/video/mauro-biglino-svela-il-mistero-delle-125499/)

Nota di Giulio Perrotta:
Chiaramente **Biglino**, in questo intervento, parla di alcune ipotesi che trovano riscontri in diversi indizi ma nessuna prova definitiva. E lo fa sempre con le dovute specificazioni. In tal senso, quanto detto dev'essere letto in maniera tale da indurci a riflettere sui veri contenuti legati ai culti egizi, mesopotamici, greci e semitici.

Nel *sesto capitolo* abbiamo affrontato il tema della mitologia terrestre, confrontando le diverse culture. In particolare, è emerso un filo conduttore comune, per epoche e profili geografici, dimostrando anche che gli studi di **Sitchin** sono solo parzialmente corretti, contenendo diversi errori di traduzione e diverse deduzioni non riconducibili direttamente a prove storiche o filologiche precise, nonostante il forte richiamo di componenti sumero-accadiche, fonte di ispirazione dei testi dell'Antico Testamento.

Non mancano i richiami palesi a culti diversi di tutto il globo, che sostanzialmente parlano sempre degli "stessi individui" (es. greci, celti, indiani, ...).[56]

In particolare, **Mauro Paoletti**[57], autore di *"Elohim"*, sostiene che:

a) già dal testo letterare originale dell'Antico Testamento si può evincere la pluralità della presenza "divina", se al termine Elohim vogliamo veramente dare l'accezione puramente intesa. <<[...] *Lo stesso YaHWeH lo afferma: "Facciamo l'uomo a nostra immagine"."Ecco adesso l'uomo e come uno di noi". In molti passi, Deuteronomio e Salmi, si parla "degli" Elohim, quindi Déi.(...) Nella Bibbia non c'è solo Jahweh (dunque). Si menziona Baal, suo antagonista, detto Belo e come El accumunato a Ptah. (...) Si cita Anath. Asherah, l'Astarte dei Fenici, Venerata dagli ebrei come Regina del Cielo e a lei dedicata una festa. (...) Troviamo Moloch, per alcuni probabilmente un dio inventato per giustificare i sacrifici umani, ma anche Baal veniva detto Moloch e a lui i cartaginesi sacrificavano vittime. Troviamo Adon un dio fenicio. E altri.[...]>>.*

b) in base ai diversi racconti mitici, gli Elohim, sotto altri nomi ma con le stesse caratteristiche fisiche e comportamentali, li ritroviamo in molti altri luoghi della Terra.

In <u>Europa</u>: <<[...] *Il poema dell'Edda ci conduce nel nord Europa*

---

[56] **Giulio Perrotta**, *Exorcizamus te. Il vero volto di Dio*, Primiceri Editore, 2016, pp. 333-356. In particolare, **Biglino**, nel suo nuovo libro *Il Falso Testamento*, Mondadori, 2016, alle pp. 57-126, specifica tutti i passi dove sono ben presenti questi *Elohim*, nell'Iliade e nell'Odissea, con il termine plurale di *Theoi*.

[57] Tratto da: http://www.laltrapagina.it/mag/mauro-paoletti-levidenza-degli-elohim-in-tutta-la-terra/.

*fra la civiltà Iperborea e fornisce miti ripresi dai vichinghi. (…)
Il regno di Asgard, di Odino, Thor, Loki, le valkirie e il Valhalla.
L'Europa fu la culla del culto della Dea Madre (…). Un richiamo,
insomma, a divinità quali Minerva, Giunone, Atena, ecc, oggi la Dea
è la Madre di Dio. Da Apollo. Luce del Nord, sul carro tirato dai
cigni, si giunge a Cerere, sul carro tirato da Leoni. Abbiamo
Eurinome e Ofione. Importante il culto celtico, tanto da influenzare
il Cristianesimo che ne ha assorbito gran parte. Alcune divinità
celtiche sono divenute santi cristiani. Qui troviamo I Tuatha De
Danan, una tribù celtica che diceva di provenire da Lys Don (in
Gaelico Cassiopea, una costellazione). Troviamo Balor, Bel, Bran,
Dagda, Cerridwen, Epona, Rhiannon, Danu, Lug il dio solare,
Morrigan. Un nome che porta lontano. (…) Giove, Minerva, Apollo,
Venere e Marte. Fra le divinità adorate dai romani anche Iside e
Mithra. Quest'ultimo adorato come il Sole Invitto a orientato le
scelte di un imperatore, Costantino e gettato le basi di un nuovo
culto: il Cristianesimo. Iside, dea egizia, che a Roma rimpiazzò
Cibele e a Parigi nel 1793 una sua statua fu innalzata in piazza
della Bastiglia. […]>>.* Sempre in Europa, puntualizzano **Enrica
Perucchietti** e **Paolo Battistel** [58], autori de *"Il Dio Cornuto"*: <<[…]
(Questo Dio) *è la più antica divinità d'Europa. La prima fonte
storica del suo culto la abbiamo nel 13˙000 a.C. in una caverna ai
piedi dei monti Pirenei chiamata Trois-Freres situata ad Ariege in
Francia. In mezzo a decine di pitture rupestri di animali si vede una
grande figura teriomorfa con corpo umanoide, corna di cervo e
mani simili a quelle di un orso. Si tratta di un Grande Spirito o
Signore degli Animali che veniva venerato come signore della
foresta, della fertilità ma anche come dio dell'aldilà. La cultura del
Dio Cornuto si è quindi diffuso in tutta Europa fino all'invasione di
queste terre dei popoli Indoeuropei (Latini, Celti, Germani, ecc..)
che importarono in queste terre la loro cultura e le loro religioni. Il
Dio Cornuto riesce comunque a sopravvivere inserendosi nel credo
di ciascuno di questi popoli. I volti più comuni del Dio Cornuto
sono, Pan e Dioniso tra i greci, Cernunnos tra i Celti e Fauno tra i*

---

[58] Tratto da: http://www.laltrapagina.it/mag/intervista-esclusiva-a-enrica-perucchietti-e-paolo-battistel-il-dio-cornuto

Romani. Si tratta di divinità che per quanto abbiano un origine pre-
indoeuropea riescono a inserirsi nel nuovo credo dei popoli con-
quistatori. [...]>>.

In Medioriente: <<[...] *Nella ricerca dell'Eden, il luogo dove*
risiedevano gli Dèi, ubicato dalle tavolette sumere nello stesso luogo
indicato dalla Bibbia, è emerso che probabilmente si trovava più a
nord del territorio. Verso il lago Van nel Kurdistan. I primi
insediamenti stanziali risultano in quelle terre. I cataclismi verifi-
catisi millenni orsono spinsero questi abitanti, Dèi o meno, ad
abbandonare il luoghi e scendere verso la pianura Mesopotamica. A
Jarmo si fondeva rame e piombo nel 6.750 a.C. a Catal Huyuk nel
6.400 a.C.. La ceramica di Mureybet risale all'8.000 a.C. I sumeri
fanno la loro apparizione nel 5.500 a.C. Il resto è storia. Sumeri
Babilonesi. Marduk, Enlil, Enki. L'epopea di Gilgamesh e Utna-
pishing, il Noè sumero. Tutti collegamenti con le storie bibliche.
Storie che gli ebrei probabilmente hanno visionato nel periodo della
loro cattività. [...]>>.

In Asia e Africa: <<[...] *L'Egitto ci parla di una divinità che giunse*
in terra con la sua "camera celeste". Un mezzo che stando alle
rappresentazioni conservate nei documenti e nei Musei ricorda una
capsula spaziale. In quella terra gli Dèi viaggiavano da un luogo
all'altro con i loro "occhi solari". Orus scende in picchiata sui
nemici a bordo del suo occhio, uccidendoli. Ci sono altre divinità di
notevole interesse come Osiride, Iside, Toth identificato con Ermes
Trismegisto ma gli "occhi solari" richiamano i Vimana usati dagli
Elohim dell'India, le armi e la tecnologia descritta nei testi san-
scriti, come per le energie descritte nella Bibbia, vedi Sodoma, la
tecnologia in possesso di YHWH che trasmette a Mosè. I carri
"volanti indiani" poi richiamano la "gloria" del Signore, la Kevod
di YHWH. [...]>>. Stesso discorso in Africa, dove esistono culture
che narrano di Déi provenienti dallo spazio profondo, come i Dogon,
nel Mali. Aggiunge **Roberto La Paglia**[59], autore di *"Mitologia*

---

[59] Tratto da: http://www.laltrapagina.it/mag/mitologia-aliena-lo-scrittore-roberto-la-paglia-ci-
illustra-i-dettagli-dei-suoi-studi-e-le-prove-della-presenza-aliena-sulla-terra-dalle-origini-ad-
oggi/

Aliena": <<[...] *Cina e Giappone, per via dei contesti politici e diplomatici, rappresentano ancora un vero mistero da un punto di vista archeologico, ma ancora una volta gli antichi testi risultano illuminanti. In Giappone, il Nihongi, conosciuto anche come Nihon Shoki o Annali del Giappone, rappresenta il secondo libro cronologico relativo alla storia giapponese, una storia che ha inizio nel 10.000 a.c.. Proprio in questo libro si trovano i riferimenti a navi celesti e oggetti volanti, ma soprattutto il disegno che illustra un caso avvenuto nel 637, disegno nel quale è perfettamente riconoscibile un Ufo così come viene descritto dai vari testimoni moderni. Da non dimenticare infine i misteriosi Kappas, esseri molto vicini alle tante descrizioni di creature aliene provenienti dalla Mesopotamia, anfibi e rettili allo stesso tempo, che con le antiche cronache condividono l'elemento acqua (vedi l'Oannes e il mito degli Uomini Pesce nella tradizione sumerica oppure i già citati Nommo del popolo dei Dogon. La situazione in Cina è abbastanza simile ma molto più ricca di reperti venuti alla luce durante gli scavi. Non si possono certo non menzionare le famose Piramidi Cinesi, oppure i famosi dragoni volanti che sputano fuoco allo stesso modo di una moderna navicella e così simili alle apparizioni bibliche. (...) Molto controverso il discorso sull'antico Egitto, non tanto per la mancanza di indizi, quanto per l'estrema commercializzazione che è stata fatta della storia di questo territorio; aggiungiamo a questo il fatto che molti geroglifici, per via degli agenti atmosferici e della cattiva conservazione, sono stati spesso interpretati in maniera erronea. Di particolare rilevanza risultano comunque gli studi condotti da Robert Bauval, le inter-pretazioni del Papiro Tulli e le varie controversie in merito alla Piana di Giza, alle Piramidi e alla Sfinge. L'Egitto si pone sicuramente come una via intermedia tra le antiche interazioni (epoca preistorica) e lo sviluppo delle civiltà sulla scorta dei ricordi e di quanto appreso dal contatto con intelligenze aliene. Sappiamo con certezza, nonostante l'archeologia ufficiale continui a negarlo, che la Sfinge venne costruita in epoca precedente rispetto alle Piramidi (studi di John Anthony West e di Robert Schoch, docente presso la Boston University), possiamo inoltre arguire che le Piramidi avevano probabilmente ben altri scopi che non quelli di una mera conservazione delle salme reali, che vennero costruite seguendo antichi riferimenti ingegneristici e in un lasso di tempo ben determinato, superato il quale, inspiegabilmente, gli architetti egizi non furono più in grado di costruirle. Gli stessi Déi egiziani, con le loro forme animali, richiamano alle antiche manifestazioni sulla terra di esseri provenienti da altre realtà, o altri mondi, quasi sempre anfibi o rettili. [...]>>.*

In <u>America</u>: <<[...] *In quanto alle divinità presenti nelle terre "al di là delle colonne d'Ercole", per citare Platone, giungono storie di un dio serpente che assume nomi diversi a seconda dei popoli, Kukulcan, Quetzalcoatl, Cucumatz, Teoti-Hua-Kan, un dio bianco che aveva come braccio destro il dio del cielo Itzamma, bianco e barbuto giunto dal mare, conosciuto come Viracocha chiamato anche Huaracocha, Kon Tiki, Conticci, ecc,ecc. nella cui raffigurazione gli spagnoli videro San Bartolomeo. Storie che hanno analogie con quelle bibliche. Mexi che riceve le tavole della legge dal dio Huitzlopochtli. Sacrifici a Jahweh e a Viracocha. Templi distrutti in entrambe le terre. Anche la storia di un diluvio. Se qualcuno cerca l'attendibilità delle fonti, tutto ciò emerge da quanto è rimasto di quelle civiltà. Grazie a Diego De Landa, sia per la documentazione perduta, sia per quella salvata, visto che fu lui per primo ad affidare alle fiamme documenti definiti diabolici per accorgersi dopo che si trattava di grandi civiltà. (...) Machu Picchu, Cuzco, Sacsayhuaman, Nazca. [...]>>.*

1.6. Il Nuovo Testamento e la misteriosa figure della Beata Vergine Maria

Nel **settimo** e **ottavo capitolo** abbiamo intrapreso un viaggio finalizzato alla scoperta dei personaggi più importanti del Nuovo Testamento, come Gesù, Maria madre ([60]), Mosé e le figure angeli-

---

[60] Il Nuovo Testamento si riferisce spesso ai fratelli di Gesù, definisce Giuseppe suo padre e Gesù primogenito di Maria; inoltre, in **Matteo** si legge che Giuseppe conobbe (nel senso di carnalità sessuale, **1 Mos 4: 1**) Maria dopo aver partorito Gesù stesso (**Matteo, 1: 25**). Nei primi secoli del Cristianesimo molti esponenti della Chiesa delle origini non occultavano il fatto che Maria aveva dato dei fratelli a Gesù; fu nel tardo IV secolo d.C. che Girolamo ed Ambrogio, influenzati anche dalle correnti orientali, fecero proclamare la verginità di Maria,

che, dimostrando che le tante teorie proposte non sono altro che prove del fatto che la verità assoluta non esiste e che l'interpretazione allegorica permette maggiormente di reinterpretare il testo a piacimento.

In particolare:

1) la figura angelica descritta dalla teologia cristiana è una rivisitazione totalmente fantasiosa delle figure descritte nell'Antico Testamento: sono individui maschili che camminano, sudano, si nutrono e si stancano e in **Daniele**, dove di parla di *Gabriele* (*Gavriel*), **9: 20-21** la teologia arriva a fare un vero e proprio artefatto, modificando di fatto la reale traduzione al fine di confermare la versione comune dell'angelo "leggero", con le ali, che vola[61]. In particolare, **Biglino**[62], nel suo ultimo lavoro affronta anche il tema legato al ruolo biblico di *Raffaele* (*Rafael*), per la teologia un arcangelo, dimostrando come anche in questo caso ci sia un artefatto interpretativo;

---

prima nel Concilio di Efeso (341 d.C.) e poi nel Concilio Lateranense (649). Nel VII secolo d. C. dunque si rafforza e si cristallizza questa posizione teologica del tutto inventata e lontana dal testo originario del Nuovo Testamento. Sul concepimento di Maria si è già detto in **Giulio Perrotta**, *Exorcizamus te. Il vero volto di Dio*, Primiceri Editore, 2016, pp. 425-426, compreso il ruolo dell'Arcangelo Gabriele, lo stesso che intervenì nella fecondazione con   la madre di Noé e la madre di Isacco.

[61] Come da me descritto in *Exorcizamus te. Il vero volto di Dio*, Primiceri Editore, gli angeli sono descritti come individui maschili e non esseri spirituali e il termine ebraico dev'essere tradotto come "portatore di ordini o messaggi" per conto dell'El. Gli stessi versetti di **Daniele 9: 20-21**, tradotti correttamente, parlano di un individuo di sesso maschile, che cammina e non vola, giungendo a loro "profondamente stanco" (e non volando leggermente).
Ulteriore fonte: https://www.youtube.com/watch?v=upedlOQGKiM&feature=share

[62] **Biglino**, nel suo nuovo libro *Il Falso Testamento*, Mondadori, 2016, alle pp. 145-152, analizza il ruolo di *Raffaele* (*Rafael*), nel *Libro di Tobia*. Come dallo stesso autore affermato: <<[…] Nel libro, ho analizzato la figura di Raffaele documentando come il significato del suo nome (EL cura o cura di El) sia molto efficacemente rappresentato nella sua operatività: la radice ebraica del nome, rafa, si riferisce infatti proprio alla attività terapeutica. Con l'apporto del neurochirurgo dr. Arturo Berardi, il testo analizza numerosi passi biblici ricavandone la sensazione, che quasi diviene certezza, che gli Elohim biblici possedevano conoscenze medico-scientifiche molto avanzate: la cosa non ci deve assolutamente stupire perché la medicina non era che uno degli aspetti in cui quel gruppo di colonizzatori-governatori manifestavano la loro avanzatissima cultura. […] >>, in http://www.laltrapagina.it/mag/il-falso-testamento-il-nuovo-lavoro-di-mauro-biglino-sul-dio-anticotestamentario-e-sulle-verita-teologiche/. In particolare, il saggista, con l'aiuto del Dott. Berardi, fa emergere chiaramente le profonde conoscenza mediche che per l'epoca erano tecnicamente impossibili da conoscere: i passi incriminati sono **Tobia 2: 9-10**, **Tobia 6: 2-4**, **Tobia 6: 7-9** e **Tobia 11: 11-12**. Basta leggere i passi per confermare tale impressione.

2) la figura della *Beata Vergine Maria* è un'invezione teologica, frutto di tutta una serie di decisioni prese nei Concili ecumenici. In questa sede, lo scrivente trova sufficiente puntualizzare alcuni dettagli utili per comprendere meglio le vere origini del culto "mariano":

a) nel primo millennio del Cristianesimo, la figura di Maria fu oggetto di alcune invenzioni dogmatiche, come la "nascita verginale e la verginità perpetua di Maria, prima, durante e dopo la nascita di Gesù"[63] e la "designazione di Maria a Madre di Dio"[64];

b) <<[…] nel Concilio di Nicea del 325 d.C., in particolare, vi fu una disputa animatissima, tanto che alcuni partecipanti vennero uccisi (erano gli ariani, che contestavano questa manipolazione dei Vangeli). Si decise infine che Gesù non era solo il Figlio, ma Dio stesso incarnato. Si legittimò, in questo modo, anche la deificazione di Maria (divenuta così Madre di Dio stesso) la quale era stata creata da Dio, che l'aveva poi fecondata, e ne era divenuto il figlio e al tempo stesso anche il padre fecondatore. La deificazione di Maria ottenne anche lo scopo di assorbire molti culti pagani tradizionali (*ldaea*, *Iside* egiziana, *Astarte* fenicia…) ancora associati alla *Magna Mater deorum*, la Dea Madre di tutti gli dei, e di convertire i templi

---

[63] Rif. Atti del Concilio Ecumenico di Costantinopoli, 553 d.C.
Recentemente, un articolo apparso in http://chiesaepostconcilio.blogspot.it/2016/09/per-i-vescovi-tedeschi-maria-era-un-po.html?m=1, che riprendeva un articolo di Lifesitenewa, ha confermato le posizioni riformistiche della Conferenza Episcopale tedesca, che ha presentato una nuova traduzione unificata della Bibbia, depurato alcuni passi, ritenuti dal responsabile del progetto, il Vescovo emerito Joachim Wanke, ritenendola per molti versi "pericolosa". Ad esempio, non si leggerà più il nome Jahweh, il vero nome del presunto Dio giudaico-cristiano ma soltanto il "Signore". Inoltre: <<[…] L'articolista di Lifesitenews si sofferma in particolare su un passaggio molto importante di Isaia (7:14), in cui si legge una profezia della venuta del Messia: "Pertanto il Signore stesso vi darà un segno. Ecco: la vergine concepirà e partorirà un figlio, che chiamerà Emmanuele". Il nuovo testo legge: "la vergine ha concepito e partorisce un figlio". "Il cambiamento sembra suggerire che la vergine non è affatto più una vergine, dopo aver concepito, e nello stesso tempo si rimuove l'impeto profetico, cambiando i tempi dal futuro al passato", scrive il commentatore. Questa tendenza continua, con una nota in cui si spiega che la parola ebraica "halmah" significa giovane donna, più che vergine. Questa interpretazione è oggetto di una controversia secolare fra studiosi ebraici e cristiani. Senza entrare nel dettaglio, si ricorda che la traduzione in greco della Bibbia, denominata dei Settanta, usa il termine greco parthenos, che ha solo il significato, non ambiguo, di vergine. E nell'annunciazione, come riportata da Luca 81:31) si dice "resterà incinta", e non più che "partorirà un figlio". Il nuovo testo sostituirà l'edizione del 1979. […]>>.
[64] Rif. Atti del Concilio Ecumenico di Efeso, 431 d.C.

di queste dee pagane al culto della Madonna. Vi erano anche altri motivi per negare l'esi-stenza dei fratelli di Gesù. La causa prima appare ovvia: anche ritenendo che Gesù fosse il maggiore tra tutti i suoi fratelli, dopo la nascita di sei o sette figli Maria, indubbiamente, vergine non poteva più esserlo. Ma se Gesù aveva già avuto la sua nascita mirabolante e poteva così rivaleggiare con le divinità pagane, perché voler insistere sul fatto che Maria rimase vergine anche dopo il parto, in aperta contraddizione con i Vangeli? Semplicemente si voleva evitare che i discendenti dei famigliari di Gesù potessero reclamare di dirigere la Chiesa nascente, in base a legittima successione. [...]>>⁶⁵;

c) <<[...] La dea Luna, rappresentando il principio passivo esistente in natura, era la principale divinità femminile dei Fenici; essa era frequentemente associata al nome di Baal, il dio Sole, principale divinità maschile e abbiamo citazioni in **Giudici 10: 6** e in **1Samuele 7: 4 e 12: 10**. (...) Lei era l'Ishtar dell'Accadiani e degli Assiri, e Astarte dai greci e dai fenici (**1Re 11: 5, 33** e **2Re 23: 13**). Il culto di questa divinità non si è mai spento, anzi è stato trasformato sempre in qualcosa di simile o di più moderno ed era presente al tempo del re Saul (**1Samuele 31: 10**) Salomone presentò l'adorazione di questo idolo e i 400 sacerdoti di **1Re 11: 33** al tempo della regina Jezebel probabilmente hanno avuto un lavoro nel suo servizio (**1Re 18: 19**). Astarte era chiamata la "regina di cielo" (**Geremia 44: 25**). Ogni riferimento alla Madonna Cattolica è doverosamente pensato. In **1 Re 11: 5** troviamo scritto che Salomone seguì quindi Ashtoreth, la dea dei Sidoni, e Milkom, l'abominazione degli Ammoniti. (...) Poi troviamo scritto anche in **1 Re 11: 33** che "Salomone seguì quindi Ashtoreth, la dea dei Sidoni, e Milkom, l'abominazione degli Ammoniti, perché essi mi hanno abbandonato e si sono prostrati davanti a Ashtoreth, la dea dei Sidoni, davanti a Kemosh, il dio di Moab e davanti a Milkom, il dio dei figli di Ammon, e non hanno camminato nelle mie vie per fare ciò che è giusto ai miei occhi e per osservare i miei statuti e i miei decreti, come fece suo padre Davide." Nell'antichità molte erano le dee, adorate e venerate in

---

[65] Tratto da: http://www.disinformazione.it/deificazionedimaria.htm

tutte le salse e molti erano gli espedienti per attirare i fedeli, calamitati dalla bellezza femminile, compresa la prostituzione "sacra". Basti pensare alla dea Diana ad Efeso il cui tempio era una delle sette meraviglie del mondo antico. Il culto della dea Diana fu trasformato nel culto della Madonna cinque secoli dopo Cristo. Ad Efeso si inventarono la tomba di Maria, madre di Gesù e ad Efeso si inventarono la sua "assunzione" in cielo! Il culto alla dea continuò sotto queste forme. (…) I templi delle dee italiche (Giunone / Hera, Venere / Afrodite, Diana / Artemide, Cibele / Roma / Bona, …) erano pieni di ex-voto, esattamente come attual-mente le statue delle Madonne, di cui si contano oltre trecento tipi di intestazione. La dea Astarte colpisce ancora a Lourdes, a Fatima, a Medjiugorie, a Civitavecchia, in Korea del Sud, in Polonia, e dovunque arrivi l'offerta del culto cattolico apostolico romano. (…) Nei secoli successivi Astarte è stata sempre venerata nelle religioni dei popoli mediterranei e mediorientali, assumendo forme e significati leggermente diversificati, fino ad arrivare in epoca ellenistica ad essere accomunata alla dea greca Afrodite come Urania e Cipride (da Cipro). Altri importanti centri di culto furono Sidone, Tiro, Biblo, Malta, Tharros in Sardegna, ed Erice in Sicilia, dove venne identificata con Venere Ericina. Sempre in Sicilia, il nome Mistretta (prov. di Messina), deriva dal fenicio amashtart, ossia città di Astarte. (…) Le religioni antiche mediorientali e persiane di Baallah e di Astarte trovarono nella Roma dei Cesari un terreno fertile, tanto da diventare le principali religioni professate nell'Impero Romano. L'infiltrazione del Cristianesimo a Roma, non ebbe la sorte che si sperava, perché tra persecuzioni e opposizioni di ogni tipo, le religioni pagane continuarono tranquillamente ad essere professate. I templi delle dee italiche (Giunone/Hera, Venere/ Afrodite, Diana/ Artemide, Cibele/Bona, ecc) erano pieni di ex-voto, ed i sacerdoti di Astarte e di Baal, avevano stilato un canovaccio liturgico molto consolidato e diffuso: i fedeli erano intrattenuti con cerimonie solenni nelle quali i sacerdoti, chiamati "Augures", svolgevano un processo di adorazione progressivo, che culminava con la benedizione "erga omnes", molto consolatoria ed illusoria. Per stabilire un connubio col cristianesimo che continuava a fare proseliti che si radunavano nelle catacombe, i sacerdoti cercarono appigli e sotter-fugi, per ingannare e perpetuare il paganesimo idolatrico masche-randolo per cristianesimo neo-apostolico. I sacerdoti di Astarte allora procedettero gradualmente e sapientemente al riciclaggio delle statue spacciandole per Madonne, Sante e altre Protettrici di arti e mestieri. Il culto idolatrico rimaneva, ma se ne cambiava la forma e la liturgia, che diventò tipica delle "Messe" standard. Cominciarono a circolare i primi "Messali", come guide scritte per sacerdoti. Nei primi secoli dopo Cristo, Astarte continuò ad essere venerata dai popoli mediterranei e mediorientali, assumendo forme e significati leggermente diversificati, fino ad arrivare in epoca ellenistica ad essere accomunata alla dea greca Afrodite come Urania e Cipride (da Cipro). Oltre che Roma, altri importanti centri di culto furono Sidone, Tiro, Biblo, Malta, Tharros in Sardegna, ed Erice in Sicilia, dove Astarte (Madonna col bambino) venne identificata con Venere Ericina. (…) Il culto della dea Diana, che aveva il suo grandioso tempio ad Efeso (una delle sette meraviglie del mondo antico), servì per piazzare il culto della "nuova Astarte", la Madonna con il bambin Gesù in braccio. Il tempio di Efeso fu scelto come Tomba di Maria, madre di Gesù "uomo" ed Efeso continuò ad essere il luogo di attrazione per commercianti e idolatri. Si crearono così false leggende intorno alla figura di Maria fino ad arrivare ad esaltare la sua "assunzione" in cielo e diventare "Regina del cielo" (Regina coeli). Un concilio organizzato ad Efeso sancì Maria come "teoto-còs" (madre di Dio) piuttosto che come "teodocòs" (partoritrice di Dio Uomo). (…) Oggi si contano Madonne, con oltre trecento tipi di intestazione. […]>>[66].

In tema di "marianità", invece, in un'intervista[67] a tutto tondo, la saggista **Laura Fezia**, autrice di *Apparizioni Mariane. Il grande imbroglio*, UnoEditori, 2016, ha dimostrato con dati alla mano come la mistificazione prodotta intorno alla figura della Vergine Maria abbia generato indirettamente il terreno fertile per tutta una serie di

[66] Tratto da: http://www.disinformazione.it/deificazionedimaria.htm
[67] Tratto da: http://www.laltrapagina.it/mag/le-apparizioni-mariane-tutte-le-prove-della-mistificazione/

fenomeni più legati alla psichiatria che alla fede, in ordine proprio alle "apparizioni mariane":

<<[…] **Laura, il suo saggio tratta un tema molto importante che tocca la fede di milioni di persone. Cosa l'ha spinta ad affrontare questo tema?** *Provengo da un ambiente ultracattolico e il tema delle apparizioni mariane è stato uno dei leitmotiv della mia infanzia, soprattutto quelle di Lourdes e Fatima. C'è chi si lamenta (giustamente!) dell'ingerenza della Chiesa nella vita attuale, ma evidentemente queste persone non sanno come si viveva in Italia negli anni '50/'60 del Novecento, quando tutto era permeato di cattolicesimo molto più di adesso: era una cultura strisciante e invasiva che investiva perfino famiglie dalla fede tiepida, osservanti più per abitudine e/o convenzioni sociali che per convinzione. In casa mia, invece, la religione condizionava apertamente ogni più piccolo aspetto del quotidiano. Purtroppo per mia madre e le altre pie donne di famiglia, sono stata una bambina curiosa e chiaramente facevo domande, la maggior parte delle quali provocava reazioni allarmate: a volte sono anche stata punita per la mia insistenza, ma ciò invece di farmi smettere mi ha stimolata a cercare di "capire" sempre di più. Il capitolo apparizioni mariane ha sempre costituito uno dei miei centri di interesse: conoscevo a memoria le storie di Lourdes e Fatima, poi casualmente mi sono imbattuta in altre non riconosciute dalla Chiesa, La Salette, per esempio, o Garabandal, queste ultime iniziate nel 1961 e di cui avevo letto un cenno su di una rivista quando avevo 9 o 10 anni. E allora ecco le domande: cosa significava "riconosciute/non riconosciute"? In alcune c'era la madonna e in altre no? Perché? E come mai non se ne poteva parlare senza cadere in "peccato"? Prima ancora, nel '59, avevo appreso dal telegiornale (ce n'era solo uno!) che Giovanni XXIII aveva aperto la busta contenente il terzo segreto di Fatima e aveva deciso di non divulgarlo, avevo ascoltato i commenti, gli allarmi, le illazioni: a scuola (ovviamente andavo dalle suore!) avevano iniziato una novena per scongiurare eventuali pericoli e "assistere il Santo Padre" in quel difficile momento. Posso dire che la mia ricerca è iniziata in quegli anni, con i pochi strumenti che avevo allora e con l'ingenuità di una bambina, soste-*

nuta dall'impossibilità, evidentemente innata, di accettare a scatola chiusa le spiegazioni altrui, soprattutto quelle che risuonavano in modo stonato dentro di me. Di certo il martellamento cattolico cui sono stata sottoposta ha sortito l'effetto contrario!

Dove l'hanno condotta i suoi studi? Cosa pensa delle apparizioni mariane e su quali prove fonda le sue tesi? *Mi hanno condotta nell'ambito del libero pensiero. Mi sono sempre rifiutata, istintivamente, di accomunare fede e Chiesa, giusto vivere e Chiesa, "Verità" e Chiesa. Infatti non parlo mai di fede: rispetto chi ce l'ha e se la vive privatamente, come anelito personale verso un "Alto" variamente definito e inteso. Mi sta un po' meno bene, invece, che esista qualcuno che si incarica di imporre un credo infarcito di regole, regoline, regolette, precetti, obblighi e cerchi di tenere unito un "gregge" (il termine dovrebbe dirla lunga!) con il terrorismo psicologico, sventolando il fantasma del castigo, soprattutto quando (e non "se") questo "qualcuno" fonda le proprie pretese su ipotetici libri sacri costruiti a tavolino proprio con lo scopo di annichilire le coscienze e far passare il messaggio che tutti noi siamo poveri mentecatti incapaci perfino di soffiarci il naso se "Dio" non ci indicasse come farlo nel giusto modo: e poiché "Dio" è altrove, lassù, trascendente, inaccessibile per i peccatori macchiati indelebilmente dal "peccato originale", ecco che serve chi faccia da intermediario tra noi e lui. La Chiesa cattolica (ma il discorso vale per tutte le "Chiese"!) ha costruito il proprio impero - un impero che è puramente economico e si nasconde dietro il comodo paravento della spiritualità - sulla paura, sui sensi di colpa, su mille fragilità proprie dell'essere umano da sempre. Lo scopo della mia ricerca, dei miei articoli, dei miei libri non è quello di distruggere la "fede" in un essere supremo, ma di spezzare il binomio perverso fede/Chiesa. Quanto alle apparizioni mariane: le "prove" che siano realmente tali le deve dare la Chiesa a me, non io alla Chiesa o a chicchessia! C'è un piccolo dettaglio che passa inosservato alla grande e conferma un dato: i credenti non conoscono la loro religione. La "madonna" cattolica, infatti, non esiste, è un'invenzione (anche questa, come mille altre) costruita a tavolino dal Concilio di*

Efeso nel 431 d.C. [68]*, quando gli alti papaveri del cristianesimo si accorsero che nella loro campagna tesa a sostituire le figure divine pagane con quelle cristiane c'era una enorme falla: in nessun testo di riferimento, dalla Bibbia ai vangeli (usciti freschi freschi nel 325 dal Concilio di Nicea) esisteva una figura femminile sacra da poter sovrascrivere alla Dea Madre, il cui culto sopravviveva prepotentemente ovunque. Detto, fatto: nominarono Maria "Teotokos", "Madre di Dio" e poterono tranquillamente sostituirla alla precedente immagine. Se solo i cattolici si prendessero la briga di leggere davvero i vangeli e non si accontentassero solo di ascoltarne i passi che propina loro la liturgia, scoprirebbero che in essi la "madonna" è un personaggio di contorno, spesso sbiadito. È moderatamente protagonista solo nell'annunciazione (per forza!) e durante la visita a santa Elisabetta, per il resto rimane sullo sfondo... ma non solo: il suo divino figliolo la tratta regolarmente a pesci in faccia, zittendola o rispondendole di farsi gli affari suoi. Sarebbe questa la "signora" che appare a pastorelli & Co.: un personaggio inventato!*

Perché le persone sostengono di vedere la Madonna e quanto sono vere le presunte "guarigioni" per opera sua? *Nel mio libro c'è un intero capitolo dedicato all'argomento. Si intitola: «I veggenti: santi psicopatici o truffatori?». Per il momento non voglio occuparmi della prima ipotesi: la cosiddetta "santità" è un argomento che tratterò in un prossimo libro. Per ciò che riguarda la terza, ci sono stati (e continuano a esserci) casi di truffe conclamate, alcune smascherate immediatamente, altre nel tempo: nel libro se ne trovano alcune. Di certo, soprattutto attualmente, il mestiere di veggente è tra i più redditizi: basta spargere la voce che nel tal luogo avvenga un'apparizione mariana o una statuetta inizi a piangere sangue che le folle accorrono e con i pellegrini arrivano anche fior*

---

[68] <<[...] Nella prima arte cristiana non esisteva un'iconografia mariana specifica, poiché tutto era rapportato a Cristo e dunque anche le rappresentazioni di M. che sorregge il Bambino rientravano in questo contesto e servivano a illustrare il dogma di Dio fatto uomo, del Verbo che assume carne e corpo attraverso Maria.M., dipinta sui muri delle catacombe, occupa il posto riconosciutole dalle comunità cristiane: un posto certamente modesto, ma indispensabile, che venne ratificato in seguito nei concili di Efeso (431) e di Calcedonia (451). [...]>>. Tratto da: http://www.treccani.it/enciclopedia/maria_(Enciclopedia-dell'-Arte-Medievale)/

di soldi. Alla seconda ipotesi risponde psichiatria e le sue con-clusioni sono quelle che mi trovano d'accordo, soprattutto leggendo le memorie di certi "santi/sante" o altri sedicenti veggenti. Quanto poi alle "guarigioni" è la Chiesa stessa che ci va con i piedi di piombo, perché sa bene a cosa sono dovute e – soprattutto oggi – non vuole rischiare figuracce. Si tratta sempre di casi di tre tipologie: 1) patologie già in fase di remissione; 2) auto-sug-gestione; 3) episodi non verificabili (talmente lontani, fumosi, circo-scritti ad ambiti religiosi come conventi o gruppi di preghiera in Paesi dove il controllo è impossibile, etc...).

Qual è dunque il ruolo della Chiesta Cattolica in tutto questo?
Nel libro, ho pubblicato (tratte dal sito internet della Congregazione per la dottrina della fede, dunque dalla fonte ufficiale!) i criteri che la Santa Sede utilizza per valutare un evento miracoloso e rico-noscerlo o negarlo come tale: se qualcuno avrà voglia di leggerli e poi confrontarli con i fatti, capirà come la Chiesa se la canti e se la suoni sempre e da sempre a proprio piacimento. Detto ciò... le apparizioni mariane con relativi santuari (riconosciute con decreto o "di fatto"... e perfino quelle non riconosciute, come Medjugorje o Anguera) rappresentano un business ciclopico, sia per chi le ha organizzate (veggenti e relativi entourage, parrocchie, diocesi, ecc...) sia per santaromanachiesa. Tirare il collo alla gallina dalle uova d'oro non conviene, mai. Così la Chiesa si barcamena spesso nella più totale ambiguità: riconosce, non riconosce, lancia lì qualche mezza affermazione, la smentisce, la ripropone, riconosce "di fatto" senza decretare apertamente il «Constat de super-naturalitate» ma autorizza (forse: oggi sì, domani no, poi di nuovo sì...) i pellegrinaggi, aspettando di vedere (come nel caso più clamoroso: quello di Medjugorje) quanta torta i titolari dell'evento soprannaturale sono disposti a dividere con lei! D'altra parte la Chiesa è una holding tra le più potenti al modo (se non addirittura la più potente) e a una holding interessano due sole cose: il Potere e il profitto. [...]>>.

In un'altra intervista[69], sempre **Laura Fezia,** ha dichiarato:

(...) Le cosiddette "apparizioni mariane" rappresentano un "grande imbroglio", come anticipato nel titolo del mio libro e questo "grande imbroglio", uno dei tanti della Chiesa cattolica, ha una doppia chiave di lettura. *La prima e più immediata riguarda le molte presunte apparizioni mariane in sé, la maggior parte delle quali, soprattutto tra quelle recenti, sono delle plateali truffe molto ben orchestrate, un nome per tutti: Medjugorje, che è una sorta di spettacolo circense di infimo ordine, ma ne esistono molti altri in Italia e nel mondo. Teniamo conto che questi raccapriccianti Grand Guignol riguardano tutti i continenti, dall'America (soprattutto del centro-sud) al Giappone. L'unico nel quale, per il momento, non si ha notizia di una mariofania è l'Oceania, ma sono certa che presto qualcuno rimedierà a questa lacuna. Sono perfino riusciti a fare "apparire" una madonna in Cina, la madonna di Dong Lu, nel 1900, figuriamoci se qualche aborigeno australiano, prima o poi, non verrà convinto a convertirsi e a dichiarare di avere avuto una visione. All'origine di questo ignobile calderone, però, c'è un altro imbroglio, molto più sottile, molto ben nascosto agli occhi dei fedeli, che riguarda proprio la figura che sarebbe la protagonista di tutte queste presunte manifestazioni, ossia la Madonna celebrata da santaromanachiesa. Ecco, questa figura non esiste in nessuna parte del Vecchio e nemmeno del Nuovo Testamento: intendo dire che non esiste così come ce la presenta la religione cattolica.*

La Chiesa, però, afferma che Nel Vecchio Testamento esiste una profezia che parla già di questa figura in relazione alla venuta del Messia. *Certo: si tratta di Isaia 7,14, dove il profeta dice al re Acaz: «Ecco, la vergine concepirà partorirà un figlio...», ma nello scorso mese di settembre la Conferenza episcopale tedesca (che è un organismo ufficiale delle Chiesa, uguale alla nostra C.E.I.) ha smontato questo cardine, presentando una nuova versione della Bibbia che dal 2017 sarà adottata in tutta l'area di lingua tedesca, nella quale è stata eseguita la traduzione di ciò che c'è effettiva-*

---

[69] Tratto da: http://www.laltrapagina.it/mag/il-grande-inganno-mariano/

mente scritto nel testo ebraico, cancellando, cioè, l'interpretazione e gli aggiustamenti fatti in passato per forzare la continuità tra Vecchio e Nuovo Testamento. Così in questa nuova versione, in Isaia 7,14 si legge: «La vergine ha concepito e partorisce un figlio...», ossia l'azione è ORA, non in un lontano futuro e si riferisce alla moglie di Acaz; in una nota, inoltre, viene precisato che la traduzione corretta sarebbe, in realtà: «La giovane donna   è incinta», spazzando via vergini, concepimento e parto. Tutto ciò fa crollare le fondamenta del castello, ma per il momento la Santa Sede non si è espressa, anche se (o proprio perché...) questo annuncio arriva da un suo organismo ufficiale, come se si trattasse della C.E.I. del cardinale Bagnasco, del quale mi sarebbe piaciuto vedere la faccia quando ha appreso la notizia!

Dunque la madonna non è menzionata nel Vecchio Testamento, ma rimane nei vangeli: quindi? *Certo: nei vangeli (che in questo momento faccio finta di prendere per buoni in senso cattolico!) c'è la madre di Gesù. Ma come viene raffigurata? Come una donna del suo tempo, che compare sempre come un personaggio di sfondo, trattata dal suo stesso figlio con il distacco (e a volte perfino con l'arroganza) che la cultura cui apparteneva riservava alle donne in generale. Esaurito il ruolo di veicolo per far nascere il Salvatore - unico momento in cui è sottomessa protagonista - viene di nuovo relegata tra le comparse.*

Come nasce, allora, la devozione mariana? *Nel IV/V secolo la neonata Chiesa cristiana si trova a dover sbaragliare la concorrenza delle molte altre religioni cui Costantino aveva concesso libertà di culto e inizia a sovrascrivere le proprie figure sacre agli déi pagani, ma si accorge che non ha personaggi femminili con i quali sostituire la Dea Madre, il cui culto era molto diffuso e straordinariamente forte. Deve, perciò, inventarsene uno e, scartata Maria Maddalena, che era già stata marchiata con la lettera scarlatta e non era recuperabile, decide di far diventare "divina" Maria di Nazareth. Ci pensa il Concilio di Efeso, nel 431, che la dichiara "Madre di Dio" e di lì ha origine tutta la dogmatica mariana: su di un personaggio costruito a tavolino. Quindi sarebbe questo personaggio di pura fantasia ad apparire qua e là... usando, oltretutto,* un linguaggio da catechista alle prime armi e non certo all'altezza di quella che la Chiesa, nelle litanie lauretane, chiama Sedes sapientiae...

Le chiese dedicate alla Madonna erano quindi templi pagani? *Quelle antiche, certamente: i vari vescovi sparsi sul territorio hanno abbattuto con furore i precedenti templi e costruito le chiese. Hanno dovuto fare poca fatica per ciò che riguarda le immagini: Maria con Gesù era facilmente sovrapponibile a Iside che tiene in braccio il divino figlio Horus. Se solo i devoti sapessero che in moltissimi casi vanno a inginocchiarsi e a chiedere grazie a Iside...!*

Il discorso è interessante e merita di essere continuato, ma ora mi piacerebbe parlare di un argomento che periodicamente occupa la cronaca: le apparizioni di Medjugorje. Perché la Chiesa esita a pronunciarsi in un senso o nell'altro? *Medjugorje è, insieme a Fatima, una sorta di "madre di tutte le fiction", uno dei più spudorati esempi di truffa ai danni dei credenti, dove non si conserva nemmeno un po' della decenza usata in altri luoghi mariani, come, per esempio, a Lourdes. I pellegrini che vanno là attirati da un'abilissima campagna pubblicitaria, sanno quando è incominciato tutto il teatrino? Ritengono che abbia avuto inizio il 24 giugno 1981, quando sei ragazzini (sui quali ci sarebbe molto da dire!) hanno affermato di avere "visto la Madonna" sull'ormai famigerata collina, mentre invece l'origine della tresca è datata 1965 e nasce da un braccio di ferro tra i frati minori dell'Erzegovina e la Congregazione De Propaganda Fide... nel mio libro c'è tutta la storia, che vale la pena leggere! Perché la Chiesa non si pronuncia? Perché è in attesa di sapere quanta parte della torta i frati e i "veggenti" sono disposti a dividere con lei e la trattativa è lunga: tutta la rappresentazione e i suoi stratosferici introiti sono saldamente in mano agli organizzatori, ai quali, in fondo, importa poco che santaromanachiesariconosca oppure no le apparizioni... tanto la gente corre lo stesso a portare loro fiumi di soldi!*

Ma di recente papa Francesco è sembrato dubbioso nei confronti di Medjugorje. *Bergoglio è un gesuita, non dimentichiamolo mai: è maestro nell'arte di dire e non dire! A me la sua "simpatica"* *esternazione è suonata più come un avvertimento in stile mafioso rivolto proprio agli organizzatori di Medjugorje... Inoltre Francesco è un "papa di cartone", un'operazione di marketing per recuperare la caduta libera dell'8×1000 che Ratzinger, con la sua palese antipatia, aveva provocato. Francesco I, con le sue ovvietà da parroco di campagna, con le sue finte aperture pastorali, parla alla pancia della gente: ed è tutto ciò che interessa alla Chiesa.... che il gregge ricominci a fidarsi del pastore, così che questi possa continuare a farne carne da macello!*

Dunque il bersaglio di libri come "Apparizioni mariane: il grande imbroglio" è la Chiesa? *Il mio scopo non è certamente quello di distruggere la fede semplice, che rispetto, ma della quale non mi occupo. Mi propongo, invece, di difenderla, in un certo senso, spezzando il perverso binomio fede / Chiesa. La fede è – eventualmente – il personalissimo, intimo rapporto del singolo con il divino, nel cui merito non entro: ma per essere sana, autentica, è assolutamente necessario che se ne stia ben lontana da qualsiasi Chiesa, dove si possono trovare solo avvoltoi interessati al profitto e al potere, per procurarsi i quali devono necessariamente mantenere i credenti (ma forse sarebbe meglio chiamarli "contribuenti") nell'ignoranza, nella superstizione e nella paura. Nel nuovo libro che sto scrivendo per Uno Editori illustrerò senza possibilità di smentita come la Chiesa cattolica abbia inventato se stessa su falsi documenti, menzogne, inganni: e come dice anche Gaetano Salvemini, se riuscirò a distogliere da santaromanachiesa anche una sola pecorella, saprò che il mio lavoro non è vano.*

Appare dunque chiaro come l'origine del culto mariano debba essere distinto dal fenomeno "apparizioni mariane"; Padre **Giovanni Roncari**, docente di Storia della Chiesa, sul punto, afferma: <<[...] La elezione da parte di Dio, il concepimento verginale, l'atteggiamento di fede e la risposta umile e obbediente, l'ascolto della Parola di Dio, l'accettazione del piano di Dio anche nel dolore ecc.. sono tutti dati biblici che porteranno il popolo cristiano a venerare la Madre del Signore, la Donna umile e obbediente, l'Eletta da Dio Padre, la Madre addolorata.. La Vergine sapiente, l'arca della nuova alleanza..

Tutti titoli e aspetti che sono riassunti in quello assolutamente principale La Madre del Signore. Ed è da qui che il culto mariano è partito. E per un motivo squisitamente cristologico: la realtà della carne umana di Gesù, la realtà della sua incarnazione. È sant'Ignazio di Antiochia, morto martire sotto Traiano nel 107 c. il primo padre della Chiesa a ricordare Maria nel contesto cristologico della realtà dell'incarnazione: «Non ascoltate quando qualcuno vi parla al di fuori di Gesù Cristo che proviene dalla stirpe di Davide, da Maria, che realmente fu generato, mangiò e bevve, realmente fu perseguitato sotto Ponzio Pilato, realmente fu crocifisso e morì sotto lo sguardo del cielo, della terra e degli inferi, che realmente risuscitò dai morti ...» (*Lettera ai Trallesi* e cfr. anche la *lettera ai cristiani di Efeso e Smirne*). Melitone di Sardi, che scrive sotto l'imperatore Marco Aurelio (161-180) nel solito contesto cristologico afferma: «Cristo è colui che si incarnò in una vergine... è lui l'agnello sgozzato, è lui che fu partorito da Maria, la buona agnella» (*omelia sulla Pasqua*). È con san Giustino, morto martire intorno al 162, che inizia anche una riflessione teologica su Maria partendo dal parallelismo Eva-Maria: la prima concepì la parola del serpente e partorì disobbedienza e morte, l'altra concepì fede e gioia. (cfr. *Dialogo con Trifone*). Un altro grande Padre del secondo secolo, S. Ireneo di Lione, sviluppa questo tema che diventa comune nella teologia patristica e nella liturgia (cfr. l'inno *Ave Maris Stella. ..mutans Evae nomen*). Riassumendo molti passi della sua opera principale «Contro le eresie» si può affermare che Eva divenne la madre dei viventi, ma portò ad essi la morte, Maria divenne la madre dei credenti portando ad essi la Vita, cioè Cristo. Le citazioni patristiche potrebbero continuare, ma allungherebbero troppo queste righe. Però è opportuno almeno riferire la più antica preghiera alla Madonna, è la celebre antifona: «Sotto la tua protezione cerchiamo rifugio santa Madre di Dio, non disprezzare le suppliche di noi che siamo nella prova, e liberaci da ogni pericolo o Vergine gloriosa e benedetta». Risale al III sec. ed esprime con poche, semplici e bellissime parole l'essenza della fede cristiana: *Madre di Dio, Vergine benedetta, valido rifugio nelle prove della vita*. Ed è riflettendo su queste verità che si è sviluppata la teologia e devozione mariana. Qui possiamo solo citare l'insegnamento del concilio Vaticano II (cap. VIII della *Lumen Gentium*) che richiamandosi alla più antica tradizione parla di Maria all'interno della riflessione sulla Chiesa e nel mistero di Cristo redentore. [...]>>[70]. E se questa è la posizione ufficiale, non possiamo che prendere atto del fatto che, nonostante il Nuovo Testamento parli della sua figura, la vera incoronazione a Madre divina (naturale sostituta di Iside [71], ritenuta la Madre per eccellenza) sia frutto di una decisione conciliare, fatta da uomini e peccatori: i Vescovi che parteciparono alla votazione.

Le posizioni della Dottrina cattolica, d'altronde, sono chiare (anche se spesso incoerenti e antitetiche tra di loro) e vengono analizzate in questa intervista [72]. In questa sede si puntualizza quanto fin qui detto, ovvero che: <<[...] La chiesa cattolica insegna a invocare Maria chiamandola: Regina, Madre di misericordia, Vita, Dolcezza, Speranza nostra, mia santissima Regina, Luce dell'anima, mia Avvocata, Speranza mia, mia Protezione, mio Rifugio, mia Consolazione e Felicità. (...) Maria viene chiamata "Madonna", parola latina (*mea domina*) che significa "mia Signora". (...) Ma la Maria della Bibbia, l'umile e benedetta madre di Gesù uomo, non è la Madonna, divinità creata successivamente dal clero sulla base della figura di Maria. [...]>>.

In questa immagina viene cristallizzato quanto detto fin qui, partendo proprio da Iside:

---

[70] Tratto da: http://www.toscanaoggi.it/Rubriche/Risponde-il-teologo/Quando-e-nato-il-culto-alla-Madonna-E-perche-tutte-queste-apparizioni

[71] <<[...] Quando la Santa Vergine era Iside. La Vergine ISIDE tiene in braccio HORUS. Il padre divino di Horus era Osiride, con cui si confondeva ("Io e mio Padre siamo Uno"), mentre il padre terreno era Seb. L'angelo Thot annuncia ad Iside che concepirà un figlio verginalmente. Horus nasce in una grotta, annunciato da una stella d'oriente, viene adorato da pastori e da tre uomini saggi che gli offrono doni. A 12 anni insegna nel tempio e poi scompare fino ai 30 anni. Horus viene poi battezzato sulle rive di un fiume da Anup il battista, il quale in seguito verrà decapitato. Combattè 40 giorni nel deserto contro Set (Satana), ha compiuto numerosi miracoli e camminato sulle acque. Con Iside ed Osiride, Horus costituiva la trinità egizia. A Luxor, su edifici risalenti al 1500 A.C. si possono vedere immagini relative all' Annunciazione e all' Immacolata Concezione di Iside. Nei sotterranei di Roma vi è una rappresentazione di Horus allattato dalla madre vergine Iside risalente al II secolo D.C. [...]>> (Tratto da: http://cristianesimo.it/lista.htm)

[72] Tratto da: http://camcris.altervista.org/madonna.html

Fig. 2. Tratto da: httpswww.facebook.comUniverseExplorershc_ref=NEWSFEED

E l'incoerenza non può essere mascherata quando l'oggetto di studio si focalizza sul culto mariano stesso: <<[...] Gesù stesso disse: *"Adora il Signore Iddio tuo, e a Lui solo rendi il culto"* (Matteo 4: 10). Il culto, per sua stessa definizione, implica l'adorazione, e deve essere reso solo al Creatore. (...) Il culto della creatura umana ci è vietato da Dio, e la madre di Gesù era una creatura umana, nata e defunta come tutti gli altri esseri umani. Inoltre, quando si invoca Maria chiamandola "vita, speranza e avvocata" si dimostra una evidente mancanza di fede in Gesù Cristo. La Bibbia dice che se alcuno ha peccato, noi abbiamo un avvocato presso il Padre: Gesù

Cristo (Giovanni 2: 1), mentre, in contrasto con questa dichiarazione, la chiesa cattolica insegna che abbiamo un avvocato principale (Gesù Cristo) e altri secondari (Madonna e santi). Altrove, la chiesa cattolica arriva addirittura ad affermare che Maria è "il solo avvocato" dei peccatori (si veda più sotto) e "l'agnella senza macchia" (titolo che invece appartiene soltanto a Cristo; si leggano le parole dell'apostolo Pietro in Pietro 1: 19). [...]>>.

Abbiamo già avuto modo di analizzare gli aspetti legati all'idolatria; tuttavia, appare quanto mai interessante segnalare il passo che segue, perché espone a chiare lettere proprio questa profonda incoerenza. Alla domanda "Come viene giustificato il culto delle creature che non siano Dio" leggiamo la seguente risposta: <<[...] Anziché attenersi semplicemente alla Parola di Dio, vengono fatte delle sottili distinzioni che hanno lo scopo di rendere accettevole il falso. La chiesa cattolica insegna, senza alcun fondamento biblico, che si deve adorare (culto di "latria") soltanto Dio, ma che si possono anche venerare, pregare e invocare gli angeli e i santi (culto di "dulia"). Quanto alla Madonna - dice il regnante pontefice - ad essa "è dovuto un culto speciale, eccezionale". Un culto di "iperdulia", dice il catechismo. Questo termine esprime qualche cosa che va al di là della comune misura. Perciò, secondo la teologia cattolica, noi non potremo mai soddisfare pienamente al nostro dovere di venerazione verso Maria, perché il suo diritto a tali onori va al di là dei nostri limiti e delle nostre possibilità. (...) Questa distinzione di vari gradi di culto è del tutto arbitraria. Non solo in base alla Bibbia, ma anche da un semplice punto di vista del buon senso, non è possibile fare distinzioni nell'adorazione. Quando ci si inginocchia davanti a qualcuno, e lo si prega, lo si invoca, ci si confida in esso per la propria eterna salvezza, lo si porta in processione religiosa, lo si innalza sugli altari, questa non è semplice "venerazione", ma vera e propria adorazione, che non spetta in nessun caso alla creatura, ma soltanto al Creatore. (...) Il Vangelo, poi, dichiara in modo costante e perentorio che fra Dio e gli uomini vi è un solo Mediatore, uno solo che ci possa salvare, Gesù Cristo. "V'è un solo Dio ed anche un solo mediatore fra Dio e gli uomini, Cristo Gesù uomo" (1Timoteo 2: 5). "In nessun altro è la salvezza; poiché non v'è sotto il cielo nessun altro nome che sia stato dato agli uomini, per il quale noi abbiamo ad esser salvati" (Atti 4: 12). (…) Per cercare di convincere evangelici e protestanti ad avvicinarsi al culto della Madonna, i teologi cattolici cercano di presentarlo nel modo più seducente possibile, negando, contro ogni evidenza, che la chiesa cattolica ponga Maria come mediatrice accanto a Gesù. Allo stesso tempo, però, essi insegnano l'esatto contrario. Ad esempio: "...*augusta Regina delle vittorie, o vergine Sovrana del Paradiso, al cui nome potente si rallegrano i cieli e tremano per terrore gli abissi, o Regina gloriosa del Santissimo Rosario, noi tutti avventurati figli tuoi, che la bontà tua ha prescelto ad innalzarti un Tempio in Pompei. Prostràti ai tuoi piedi, in questo giorno solenne della festa dei tuoi novelli trionfi, sulla terra dagli idoli e dei demoni, effondiamo con le lacrime gli affetti del nostro cuore, e con la confidenza di figli ti esponiamo le nostre miserie... Madre, trattieni il braccio della giustizia del tuo Figliolo adirato, e vinci con la clemenza il cuore dei peccatori...*".* Qui, Gesù, che per amore nostro venne a dare la sua vita in croce per salvarci, e che versò il suo sangue innocente per noi, viene invece descritto come il "Figliolo adirato" di cui la Madonna deve "trattenere il braccio"? […]>>.

E, ancora, proprio sull'aspetto più critico, ovvero l'incoronazione a Madre di Dio, leggiamo: <<[…] Al Concilio di Efeso (431 d.C.), Maria è stata chiamata "madre di Dio". E i teologi cattolici deducono che - essendo Gesù vero Dio - essa sarebbe anche madre di Dio: 1) anzitutto perché neppure una volta troviamo alcuna indicazione di questo insegnamento nella Parola di Dio; 2) perché questo titolo favorisce l'equivoco di attribuire la divinità a una creatura umana; 3) perché Maria fu madre *della natura umana* di Gesù, non certo della sua natura divina. Maria stessa, come ogni essere vivente, è stata creata dalla Parola eterna di Dio, cioè da Gesù (cfr. Giovanni 1). (…) Nella terza sessione del Concilio Vaticano II è stato a lungo discusso sull'opportunità di chiamare Maria "madre della Chiesa". Il vescovo cattolico S. Mendez Arceo, parlando a nome di 40 vescovi latino-americani, presentò una serie di 12 argomenti contro l'inclusione del titolo "madre della Chiesa", osservando, tra l'altro, che *"se la Chiesa è nostra madre, come siamo soliti considerarla, allora Maria, come madre della Chiesa, sarebbe in realtà nostra nonna. Essa sarebbe anche la madre degli angeli, dato che San Tommaso afferma che gli angeli fanno parte della Chiesa".* Senza tener conto di queste obiezioni, il regnante pontefice ha invece stabilito: *"Noi proclamiamo Maria Santissima madre della Chiesa... e vogliamo che con tale titolo soavissimo d'ora innanzi la Vergine venga ancor più onorata e invocata da tutto il popolo cristiano".* (...)>>.

E, infine, in ordine all'immacolata concezione, leggiamo: <<[...] L'8 dicembre 1854, papa Pio IX (G.M. Mastai Ferretti, 1846-1878) ha dichiarato che *"la beatissima Vergine Maria, nel primo istante della sua concezione, per singolare grazia e privilegio di Dio... venne preservata immune da ogni macchia della colpa originale".* Maria sarebbe quindi nata senza peccato, a differenza di tutte le altre creature umane, che nascono sotto il peccato originale, cioè con una tendenza a peccare. Nel passato, contro l'idea dell'Immacolata Concezione si schierarono le menti più dotte della chiesa cattolica: san Bernardo, san Bonaventura e il sommo dottore di questa chiesa, Tommaso d'Aquino. I francescani e i gesuiti hanno sostenuto questa dottrina, mentre i domenicani l'hanno fieramente combattuta. Un dottrina che non può essere accettata perché non solo non ha alcun fondamento biblico, ma è contraria a quanto dice la Parola di Dio sulla radicale corruzione della natura umana. L'apostolo scrive: "per mezzo di un solo uomo il peccato è entrato nel mondo, e per mezzo del peccato v'è entrata la morte, e in questo modo la morte è passata su tutti gli uomini, perché tutti hanno peccato..." (Romani 5: 12; si leggano anche Romani 11: 32, Romani 3:9-10, Ecclesiaste 7: 20, ecc). Inoltre, la stessa Maria non si definì priva di peccato o superiore agli altri, anzi lodò umilmente Dio come suo Salvatore: "L'anima mia magnifica il Signore, e lo spirito mio esulta in Dio, mio Salvatore, perché egli ha guardato alla bassezza della sua serva..." (Luca 1: 46). Tra i primi cristiani, una testimonianza è quella di sant'Eusebio (260-340 d.C.), che scrisse: *"Nessuno è esente dalla macchia del peccato originale, neanche la madre del Redentore del mondo. Gesù solo è esente dalla legge del peccato, benché nato da una donna sottoposta al peccato"* (Eusebio, Emiss.

in Orat. II de Nativ.). (…) La chiesa cattolica insegna che *"Maria, dopo aver compiuto il corso della sua vita terrestre, è stata elevata corpo e anima alla gloria celeste..."*. Questa leggenda, che ha cominciato a farsi strada solo diversi secoli dopo Cristo, si chiama *Assunzione* (e perciò Maria è chiamata l'Assunta), ed è stata proclamata dottrina della chiesa cattolica soltanto nel 1950. Il sacerdote prof. Romano Guardini, precisamente a proposito delle leggende fiorite intorno alla Vergine, ha scritto: *"La leggenda può allietarci con le sue dilettevoli immagini, ma di leggende non si vive, tanto meno quando ne va della sostanza"*. (…) Dunque non bisogna credere all'assunzione di Maria, per diverse ragioni: 1) perché, se fosse vera, i Vangeli e gli altri scritti del Nuovo Testamento ce ne avrebbero sicuramente tramandato il ricordo; 2) perché sappiamo, invece, che si tratta di una leggenda di cui troviamo le prime tracce solo dal VI secolo dopo Cristo. Lo storico cattolico M. Jugie così parla di questi racconti: *"Dal punto di vista storico, il loro valore è assolutamente nullo"*; 3) perché, se l'Assunzione corrispondesse a un fatto storico, e di così grande importanza, sarebbe inspiegabile che la chiesa cattolica abbia atteso tante centinaia di anni prima di farlo sapere autorevolmente; 4) perché l'Assunzione non solo non ha alcun fondamento storico, ma contraddice l'esplicita affermazione dell'apostolo Giovanni, secondo cui nessuno, all'infuori di Gesù il Figlio di Dio, è ancora risuscitato (Giovanni 3: 13), e a quella, non meno esplicita, dell'apostolo Paolo (1Corinzi 15: 50). (…) La chiesa cattolica insegna a invocare la madre di Gesù con le parole *"Ave Maria, gratia plena"*, cioè: *"Ti saluto, o Maria, piena di grazia"*, favorendo così l'equivoco che Maria sia dispensatrice di grazie. Viceversa, l'angelo che annunziò a Maria la nascita di Gesù, le aveva detto: "Salve, o tu, a cui è stata fatta grazia" (Luca 1:28, testo greco originale: *"Chaire, kecharitômenê..."*). E per ben escludere che si potesse interpretare diversamente, lo stesso angelo ha aggiunto: "Non temere, Maria, perché tu hai trovato grazia davanti a Dio". Sant'Ambrogio così commenta questo passo: *"Nessuno distolga verso la Vergine Maria questa parola! Maria era il tempio di Dio e non il Dio del tempio. Solo dev'essere adorato Colui che era all'opera nel tempio"*. (…) Un'altra forzatura la ritroviamo nel racconto della Genesi, dove Dio dice al serpente: *"Io porrò inimicizia fra te e la donna, e fra la tua progenie e la progenie di lei; questa progenie ti schiaccerà il capo e tu le ferirai il calcagno"* (Genesi 3:15). Secondo il Concilio Vaticano II la Madonna *"viene già profeticamente adombrata nella promessa, fatta ai progenitori caduti nel peccato, circa la vittoria sul serpente".* Qual è il significato? La Bibbia del "Cardinal Ferrari" così annota: *"Secondo il testo ebraico il vincitore è uno"* (genere maschile). Molti interpreti hanno giustamente capito che si tratta di Gesù Cristo, il che non impedisce, tuttavia, che ai bambini cattolici si insegni ancora che non sarà Gesù ma la Madonna. (...) La Bibbia però racconta tutt'altro sulla Madre di Gesù: è significativo notare come, all'infuori degli episodi della nascita di Gesù, la Bibbia parli pochissimo di Maria (cinque volte soltanto), e sempre mettendone in evidenza la posizione *umile e subordinata*, ben diversa da quella che pretende per lei la chiesa cattolica: 1) Gesù dodicenne a Gerusalemme, quando esprime il suo stupore perché i suoi genitori non hanno pensato a cercarlo subito nel Tempio (Luca 2: 41-52); 2) le nozze di Cana, dove Gesù fa notare a sua madre che non è suo compito di interferire nella missione del Figlio (Giovanni 2: 1-12); 3) l'episodio di Maria e degli altri familiari, che vanno a cercare Gesù, ritenendolo "fuori di sé" (Marco 3: 21). In questa occasione, Gesù, dolorosamente colpito nel suoi affetti più cari, esclama: *"Chi è mia madre, e chi sono i miei fratelli?"* (Matteo 12: 48); 4) Maria ai piedi della croce (Giovanni 19: 25-27); 5) Maria in preghiera con i discepoli a Gerusalemme dopo l'Ascensione (Atti 1: 14). Non a caso, la prova di quanto detto la ritroviamo in Luca 11: 27-28, dove si legge di un episodio che insegna precisamente il contrario dell'Ave Maria: una volta qualcuno lodò proprio Maria in presenza di Gesù: *"Una donna di fra la moltitudine alzò la voce e gli disse: Beato il seno che ti portò e le mammelle che tu poppasti!"* Ma Gesù, rispondendo, le insegnò che la gloria spetta soltanto a Dio: *"Beati piuttosto quelli che odono la parola di Dio e l'osservano!"* .

Alla domanda finale, l'intervistato si supera, cristallizzando quanto detto in tema di "marianità"; alla domanda *"per quale motivo il culto della Vergine ha preso un tale sviluppo nella chiesa romana?"*

risponde: <<[…] 1) anzitutto, nel culto della Madonna rivive l'esaltazione pagana del principio femminile, come creatore e datore di vita; 2) inoltre, nel culto della Madonna rivive in modo concreto il culto pagano di Iside, che fu per due secoli la "Santa Madre" del mondo antico. Iside *"che tutto vede e tutto può, stella del mare, diadema della vita, donatrice di legge e redentrice"* era la donna divinizzata (culto ripetuto anche in altre mitologie). La si rappresentava come una giovane donna, inghirlandata dal loto azzurro della luna crescente, col figlioletto Horus tra le braccia. Non poche statue di Iside furono trasformate più tardi in immagini della Madonna. Anche i Druidi (sacerdoti pagani) onoravano la statua in legno di una donna, rappresentante la fecondità; 3) un altro motivo è da ricercarsi nelle eresie che negavano la divinità di Gesù. Per com-battere queste eresie la Chiesa ha messo l'accento sulla divinità di Gesù, e questo nel tempo portò taluni a divinizzare anche la madre di Gesù; 4) ma, soprattutto, il culto della Madonna è il culto della creatura umana in quello che essa ritiene di avere di più nobile. Attraverso il culto della Madonna, l'uomo dice a Dio: "Tu, per agire, avevi bisogno di noi. Non è dunque vero che l'umanità sia perduta senza rimedio, se è stata capace di esprimere un essere così perfetto come la Regina del cielo, la Madonna". Gesù sarebbe perciò morto per noi inutilmente. (…) Questa dottrina (mariana) rimane uno degli ostacoli fondamentali per la riunione della cristianità, e l'espressione più evidente del deviazionismo della chiesa cattolica romana. Come giustamente si esprime il Prof. Vittorio Subilia: *"I protestanti spesso considerano la mariologia come una appendice strana e poco interessante della fede cattolica, una specie di superstizione popolare tollerata ufficialmente o tacitamente dalle illuminate sfere dirigenti e legata in particolare alle regioni meridionali, comunque un elemento marginale e non essenziale su cui non è il caso di fermerai troppo e che sarà spazzato via man mano che l'influenza dei progressisti ai verrà affermando. Questo atteggiamento è indicativo di una incomprensione fondamentale del cattolicesimo. Bisogna rendersi conto che la mariologia è connessa con l'essenza del cattolicesimo, è l'espressione del cattolicesimo"* […]>>.

Insomma, appare lampante l'idolatria messa in atto dalla Chiesa Cattolica, nonostante il divieto sancito da quelle che sono ritenute le "sacre scritture"; la motivazione ufficiale in ordine al culto dei santi e della Beata Vergine Maria traballa, se pensiamo alle venerazioni a loro dedicate, ben più marcate e a tratti più intense di quelle rivolte a Dio stesso: vengono subito in mente, senza troppo pensarci, l'attività lucrativa e commerciale dietro la figura di Padre Pio o l'utilizzo di reliquie "sante" come quelle di Santa Caterina da Siena o l'immenso tesoro accumulato nei secoli grazie alla figura di San Gennaro, oggi custodito nel Museo napoletano del santo.

Ci sono tutti gli elementi, dunque, per ufficializzare la crisi profonda di un sistema che "predica" bene ma "razzola" davvero male!

1.7. La misteriosa figura di Gesù Cristo tra Nuovo Testamento e testi apocrifi

Il tema affrontato nel paragrafo precedente, per forza maggiore, è strettamente connesso con la figura di Gesù, argomento notoriamente spinoso per l'evidente difficoltà degli studiosi nel ricostruire storicamente il personaggio, senza tenere conto che la disamina deve prendere in considerazione anche i contenuti dei **testi apocrifi (rotoli)**, e soprattutto quelli **di Qumran**[73]. Sono esistenti fisicamente e come tali devono essere studiati, al pari di altri documenti storici, per meglio comprendere la poliedricità delle vicende narrate nei testi sacri e dagli storici cristiani dei primi quattro secoli.

Abbiamo già avuto modo di parlare di Gesù e degli aspetti "critici" delle relative ricostruzioni; in questa sede, vedremo altri elementi, che non faranno altro che rafforzare le già decine di perplessità analizzate nel precedente lavoro[74]:

a) i probabili autori dei testi in esame furono gli "Esseni", un popolo esistito dal 168 a.C. al 135 d.C. (data del loro sterminio ad opera dei Romani), distaccatosi da Gerusalemme dopo gli attacchi di Antioco IV della dinastia Seleucida, intenzionato ad ellenizzare gli ebrei. La testimonianza di questi testi ci arriva non solo dalla scoperta in concreto dei rotoli, ma anche da quanto riportato dall'ebreo ellenizzato **Filone Alessandrino** (20 a.C. - 50 d.C.) nel *Quod omnis probus liber sit*, dall'ebreo ellenizzato **Giuseppe Flavio** (37 d.C. - 100 d.C.) in *Guerra Giudaica*, dal latino **Plinio il Vecchio** (23 d.C. - 79 d.C.) in *Naturalis Historia* e dal latino **Ippolito Romano** (170 d.C. - 236 d.C.) in *Refutatio*. Secondo costoro, gli Esseni, ebrei di nascita, vivevano con gioia e frugalità, lontani dai centri urbani e in rudimentali capanne, ricercando il sostentamento minimo per vivere in pace e armonia, con temperanza e distacco dalle passioni e dalle

---

[73] Nota: ritrovati all'interno di giare (dalla forma utilizzata in Egitto) e su rotoli di carta-pecora (e non papiro).

[74] **Giulio Perrotta**, *Exorcizamus te. Il vero volto di Dio*, Primiceri Editore, 2016, pp. 308-332, 359-406

pulsioni. Adottavano i figli altrui, considerandoli come parenti. Rifuggivano dalla ricchezza e ogni avere lo mettevano a disposizione per la collettività. ([75]) Inoltre, erano dediti ad effettuare riti di iniziazione (compreso il battesimo) ed a stendere tre tipi di manoscritti: le copie dei testi giudaici anticotestamentari, i manuali settari con regole della comunità e i commentari a testi biblici e religiosi. Ad esempio nel "manuale di disciplina", un testo apocrifo rinvenuto nell'area, descrive il rituale oggi effettuato dai sacerdoti con il pane e il vino, così come narrato nei Vangeli circa l'ultima cena. Nonostante ciò, come riportato nella *"regola della guerra"*, altro testo apocrifo scritto nel I secolo d.C., di chiara ispirazione persiana secondo il testo di Zoroastro "El Zend-Avesta" di ben 600 anni prima, gli Esseni stavano preparando una guerra di difesa contro i Romani (chiamati figli delle Tenebre), per liberare la loro terra dal dominio imperiale. ([76])

b) il *"manuale di disciplina"* parla, inoltre, dell'attesa per l'arrivo di un Profeta e due Messia (di Aronne, con dignità sacerdotale, e di Israele, con dignità politica e regale, c.d. duplice messianità), così come ribadito nel *"documento di Damasco"*. ([77])

c) i rotoli ritrovati vennero in un primo momento segregati dal Padre domenicano **Roland De Vaux** che gestì la situazione istituendo una commissione fintamente pluralista ma palesemente cattolica, senza componenti ebrei o di pensiero ateo. Questa commissione fece di tutto per dimostrare che la data di redazione dei manoscritti era precedente alla nascita di Gesù; poi, che i redattori erano apparteneneti tutti ad una setta ebraica dissidente che non aveva nulla a che fare con Gesù e con il Cristianesimo primitivo. Tutte posizioni pregiudizievoli, al fine di coprire una scoperta archeologica in grado di far crollare dalle fondamenta un culto in buona parte incentrato sulle invenzioni teologiche, così come affermato dall'unico componente della commissione (l'inglese **John Allegro**) espulso dal gruppo perché ritenuto non idoneo all'incarico. Solo dopo 37 anni dalla sco-

---

[75] Tratto da: https://www.youtube.com/watch?v=zMO1rHpBFE8
[76] Tratto da: https://www.youtube.com/watch?v=QWzTTXzglUo
[77] Ibidem

perta, parte dei rotoli vennero resi pubblici. ([78])

d) troviamo molte similitudini tra i testi apocrifi del Mar Morto e i Vangeli; ad esempio ([79]):

- il termine *"figli della luce"* lo ritroviamo nel **Vangelo di Giovanni, 3: 19-21** e **12: 35-36**;
- il termine *"ebionim"* (ovvero il termine che gli stessi Esseni utilizzavano per definirsi "poveri", in virtù del loro stile di vita) lo ritroviamo nel **Vangelo di Luca, 6: 18/20** e **17: 22**;
- l'idea di Dio che verrà a *"visitare il suo popolo"* lo ritroviamo nel **Vangelo di Luca, 1: 68** e **19: 41-44**;
- il concetto di *"salvezza dai vostri nemici"* lo ritroviamo nel **Vangelo di Luca, 1: 68-75**;
- il concetto di *"Re di Israele"* (c.d. ingresso messianico) lo ritroviamo in tutti i Vangeli, compreso in quello di **Giovanni, 12: 12-15**, con un forte richiamo alla profezia di **Zaccaria**, in ordine al Re che cavalca l'asino;
- il concetto di *"preparare la strada del Signore"* lo ritroviamo in **Marco, 1: 2-3**, praticamente le stesse parole pronunciate da **Giovanni**.

e) alla morte del Re Erode il Grande, nel 4 a.C., cominciarono a scatenarsi tutta una serie di rivolte; tra queste, quella ordita da **Giuda il Galileo**, proveniente da Gamala, insieme a Sadoc. Questi organizzarono una rivolta zelotica nella città di Sepphoris, dove assaliranno gli arsenali regi, sottraendo diversi armamenti. Da allora, i Romani chiameranno i zeloti con il soprannome di "galilaei". Dopo 11 anni, nel 7 d.C., i Romani toglieranno il potere sulla Giudea ad Erode Archelao, istituendo una prefettura controllata direttamente dal potere imperiale. In quest'occasione (c.d. rivolta del censimento), i Romani espelleranno i rivoltosi, crocifiggendo migliaia di zeloti, uccidendo Giuda il Galileo (di Gamala). Dal 4 d.C. al 68 d.C. (periodo zelotico), invece, l'insediamento di Qumran verrà spazzato via dai Romani e solo in un secondo momento verrà ripopolato da uomini con alto spirito rivoluzionario, diventando probabilmente lo

---

[78] Tratto da: https://www.youtube.com/watch?v=zMO1rHpBFE8
[79] Tratto da: https://www.youtube.com/watch?v=QWzTTXzglUo

snodo centrale degli zeloti (c.d. esseno-zeloti). La comunità così sorta assume connotati di ispirazione apocalittica, sicuri che i tempi maturi dell'avvento di Dio siano alle porte; in questo contesto, diversi personaggi provano ad incarnare il ruolo del Messia profetizzato. Nel 68 d.C. il sito verrà distrutto in maniera irreversibile. I Romani così insedieranno Qumran, fino al 73 d.C., anno del "massacro di Masada". Fino al 132 d.C. la storia non narrerà nulla di rilevante in quell'area; mentre tra il 132 d.C. e il 135 d.C. verranno definitivamente spazzati via gli ultimi miseri tentativi zeloti contro i Romani. (80)

f) osservando l'ordine dei libri inclusi nel Nuovo Testamento, ovvero i *4 Vangeli* (Matteo, Marco, Luca e Giovanni), *gli atti* in un solo libro, le 21 *lettere apostoliche di Paolo di Tarso* e il libro profetico dell'*Apocalisse di Giovanni*, si può immediatamente osservare che (81):

- non è stato rispettato alcun ordine cronologico relativo alla genesi dei libri e l'eventuale dipendenza tra l'uno e l'altro. Difatti, in ordine cronologico, dovrebbero venire prima le *lettere di Paolo*, essendo stati i quattro vangeli scritti successivamente (si stima intorno al 70 d.C.), ovvero diversi anni dopo la morte di Paolo. Il *Vangelo di Marco* poi risulta essere storicamente il primo documento del culto dopo le lettere, redatto in greco a Roma, per un pubblico gentile (seppur con tutte le sue criticità, come l'inesistenza della verginità di Maria e della figura di Giuseppe e ancora dei fatti successivi all'episodio di Maria Maddalena al sepolcro di Gesù, in quanto i **versetti 9-20** furono aggiunti secoli dopo per mano altrui), mentre gli *Atti* non sono altro che un saggio della falsità storica, finalizzato a minimizzare i contrasti tra la setta nazarena e Paolo di Tarso, l'ebreo e cittadino romano, nato fuori dalla Palestina e lavoratore di tendaggi per le legioni romane, capace di unire elementi pagani ad un culto che si doveva discostare sempre di più dall'Ebraismo, attingendo molto dal Mitraismo e dal personaggio di Mitra;

- a prescindere dal canone ecclesiastico ufficiale, i primi documenti

---

80 Tratto da: https://www.youtube.com/watch?v=sA3cilxv3ek
81 Tratto da: https://www.youtube.com/watch?v=hpG29hV6olI

del Cristianesimo nascente dovevano integrare prima di tutto gli scritti giudeo-cristiani, come i Vangeli dei Nazorei, degli Ebioniti e degli Ebrei. Tuttavia, i padri del Cristianesimo operarono in maniera tale da occultare al pubblico tali documenti; dobbiamo dunque un grazie sincero a **Paolo di Tarso**, **Clemente I** e **Ignazio di Antiochia** (I secolo d.C.), **Policarpo, Giustino, Papia, Ireneo** e **Ippolito** (II secolo d.C.), **Origene, Clemente, Tertulliano, Novaziano** e **Lattanzio** (III secolo d.C.), **Eusebio, Ilario, Atanasio** e **Ambrogio** (IV secolo d.C.), **Cirillo, Leone I** e **Dionigi** (V secolo d.C.). Nulla è però perso: nella foga di distruggere od occultare tali informazioni, alcuni di loro commisero l'errore di citare i pensieri di questi gruppi, richiamando indirettamente la loro posizione teologica, dandoci di fatto modo di scoprire alcuni dettagli interessanti: infatti, per i primi giudeo-cristiani, Gesù fu soltanto un uomo, senza alcuna componente divina, respingendo con fermezza la dottrina propagandistica di Paolo di Tarso, mal visto da molti gruppi di cristiani delle origini.

- è già chiaro da qui che il termine "Cristianesimo" non viene da Gesù Cristo ma da Paolo, legittimando la contestazione di quelli che preferirebbero sostituire il termine con quello più indicato, coerente e sarcastico di "Paolinismo". E sempre questa via ci offre la soluzione alla domanda: "Perché i padri fondatori hanno depurato gli scritti conosciuti"? La risposta è semplice: perché molti di quei documenti erano contrari alla dottrina di Paolo di Tarso, troppo incentrata sul concetto di "agnello di Dio" e "resurrezione" e poco sulla vita personale di Gesù, dalla sua infanzia alla sua famiglia. Tra l'altro, Paolo vantava il diritto di sentirsi il privilegiato, senza nemmeno averlo mai conosciuto personalmente, diventando spesso protagonista di accuse di menzogne e falsificazioni.

g) Gesù non nacque a Nazareth. Il termine "nazareno", infatti, non è legato alla città di Nazareth ma deriva dall'aramaico "*Nazorei*" e dall'ebraico "*ha-Notzrì*", che probabilmente sono titoli religiosi settari. La città di Gesù era Gamala o Gamla, sulle alture del Golan, ovvero la cittadina zelotica che venne distrutta da Tito nel 67 d.C. Nel *Vangelo di Filippo*, testo apocrifo del II secolo d.C., si può leggere: "Gli Apostoli che ci sono stati prima di noi lo hanno chiamato Gesù Cristo Nazareno, quindi quello della verità." (**primo elemento** che esclude la relazione del termine con la città di Nazareth). Ancora, il filoso ebreo **Elia Benamozegh** del XX secolo d.C. sosteneva che il termine ebraico *Yehoshua ha-Notzrì* e quello aramaico *Yeshu Nazorai* sono stati tradotti in greco *Iesous o Nazoraios*, in latino *Iesus Nazarenus* e infine in italiano con *Gesù il Nazareno* (**secondo elemento**). Inoltre, lo studioso **Charles Guignebert** sostenne che la correlazione tra il termine e la città fu un'invenzione medievale da parte degli scribi, mutuata dal *Vangelo di Matteo*; difatti, nei Vangeli non si troverà mai l'espressione *"Gesù di Nazareth"*, ma solo *"Gesù il Nazareno o il Nazoreo"*, da cui origina il nome della città (e non viceversa) solo intorno al IV-V secolo d.C., essendo inesistente ai tempi biblici (**terzo elemento**). Infine, l'archeologo e docente dell'Università di Tel Aviv, Prof. **Daniel E. Gershenson**, conferma tali posizioni cristallizzando il suo pensiero in una corrispondenza diretta con lo scrittore italiano **David Donnini**: <<(…) *I Cristiani non possono affermare che l'espressione "Gesù Nazareno" significhi "Gesù cittadino di Nazareth" (…). La forma ebraica per Nazareth è NZRT, che è tarda ed è stata indicata come Nazrat o Nazeret, invece la forma greca "Iesous o Nazoraios" deriva dall'aramaico "Nazarai", con la radice NZR (senza T)*>> (**quarto elemento**). ([82])

h) Le "leggende sulla natività" vennero inserite in **Matteo** e **Luca** parecchi secoli dopo, in età tardiva, rispetto alla primitiva composizione dei Vangeli. In entrambi i casi, i redattori postumi hanno attinto a storie precedenti il Cristianesimo delle origini, mutuando i racconti su Buddha, Krishna, Zoroastro e molti Déi del pantheon mesopotamico ed egizio. Lo stesso concetto di "verginità" di Maria, la persecuzione del bambino da parte del potente di turno, le profezie dei vecchi saggi che lo onorano mentre è ancora neonato e lo stupore dei genitori che non capiscono l'alone divino che circonda il bambino inteso come Salvatore dell'umanità, sono tutti concetti elementari di tradizioni religiose pre-cristiane. L'evangelizzazione di *Paolo di Tarso* sulla base della revisione del culto guidaico corrisponde alla

---

[82] Tratto da: https://www.youtube.com/watch?v=muNub9C_H3k

redazione del **Vangelo secondo Marco**, il quale non sapeva che Gesù fosse di Betlemme, non conosceva la nascita verginale, rappresentava Maria come una vedova circondata di figli e figlie (sicuramente non vergine), non conosceva il personaggio di Giuseppe, il padre (umano) del Cristo, considerando come falegname/carpentiere Gesù stesso. Tra **Matteo** e **Luca** esistono addirittura due natività diverse, sia in ordine alla nascita, alla località, alla data, alla persecuzione da parte di Erode Il Grande. ([83])

i) Gesù Cristo, secondo i testi gnostici, non fu crocifisso. Tale ipotesi negazionista si fonda su tre presupposti ([84]):
- nel "manuale di disciplina" si parla di due Messia, quello di *Aronne* e quello di *Israele*, come già analizzato precedentemente, il primo condannato in croce e il secondo salvato;
- per gli storici latini non esiste nessun "Gesù" e utilizzano il termine "Cristo" senza specificare che il nome sia effettivamente "Gesù";
- diverse fonti negano la crocifissione esplicitamente, come i *vangeli gnostici di Maria* e il *Copto di Tommaso*, a differenza della posizione di Paolo di Tarso, che in realtà non ha mai conosciuto Gesù di persona. Inoltre, il maestro gnostico **Basilide**, a chiare lettere, nel *Secondo Trattato del Grande Seth*, afferma la negazione dell'evento, frutto dell'errore e dell'ignoranza. Stesso discorso per il *Vangelo di Giuda*, per il *Corano Sura IV, 157* e per il *Vangelo di Barnaba* (in particolare, in quest'ultimo caso, si puntualizza che Gesù fu un profeta e Paolo di Tarso un impostore). Infine, **Matteo 27: 17**: <<(…) *Mentre quindi si trovavano riuniti, Pilato disse loro: «Chi volete che vi rilasci: Barabba o Gesù chiamato il Cristo?». (…)*>>. Qui emerge un dettaglio non indifferente, omertosamente taciuto dalla teologia cristiana: in aramaico, *Barabba*, non è un nome proprio ma un titolo "*bar Abbà*" che significa "Figlio di Dio", come presente anche in **Marco 14: 36**. E se leggiamo **Matteo 27: 11** troviamo che *Ponzio Pilato* si convince che Gesù altro non era che il Re dei Giudei, come sostenuto dai suoi accusatori. E se indaghiamo nelle versioni greche precedenti, noteremo che proprio la frase

[83] Tratto da: https://www.youtube.com/watch?v=tvbGqYDZOhM
[84] Tratto da: https://www.youtube.com/watch?v=8TOAv5cP4oA

contenuta in **Matteo 27: 17** venne censurata in maniera irreversibile; in origine, infatti, anziché: <<(…) *Mentre quindi si trovavano riuniti, Pilato disse loro: «Chi volete che vi rilasci: Barabba o Gesù chiamato il Cristo?».* (…)" si poteva leggere quanto segue: "(…) *Avevano in quel tempo un prigioniero famoso, Gesù bar Abbà, il quale era stato messo in carcere in occasione di una sommossa scoppiata in città e di un omicidio. Mentre quindi si trovavano riuniti, Pilato disse loro: "Chi volete che vi rilasci: Gesù detto bar Abbà (Figlio di Dio) o Gesù detto il Cristo (Messia)"? (…)*>>. Dunque, due Gesù!

Tuttavia, non ci sono prove definitive sulla reale portata delle prove documentali in possesso degli studiosi e l'unico punto fermo, allora, di tutta la storia narrata è rappresentato dal fatto che si conosce veramente poco e poco può essere detto con certezza, sia che Gesù fosse[85]:

a) un zelota antiromano crocifisso a seguito di un tentativo eversivo;

b) un maestro / sacerdote esseno[86];

c) un uomo con forte carisma, dedito anche al rapporto omosessuale [87] con il suo prediletto discepolo;

---

[85] **Giulio Perrotta**, *Exorcizamus te. Il vero volto di Dio*, Primiceri Editore, 2016, pp. 359-413

[86] Non ci sono prove sicure che Gesù fosse un esseno; tuttavia, ci sono elementi che potrebbero confermare la tesi in esame. I rotoli confermano la presenza importante del fratello di Gesù, Giacomo il Giusto, come successore naturale, in antitesi con la posizione di Paolo di Tarso, ritenuto indegno e bugiardo (difatti, lui stesso spesso si difende da questa accusa, come risulta dalle sue lettere). In tal senso, si dovrebbe persino ammettere dell'esistenza del matrimonio o comunque dell'unione carnale tra Gesù e Maria Maddalena e l'eventuale nascita di un figlio tra loro due. Chi era veramente Gesù, il figlio di Dio? Molti indizi ci portano a pensare che Gesù non sia mai stato crocifisso e dunque mai resuscitato, come scritto nei vangeli gnostici di Filippo e Giuda e nel Corano. Nei Vangeli compaiono aspetti contrastanti: un Gesù violento (come quando entra nel Tempio o maledice determinate città) e un Gesù pacifico che predica l'amore e la compassione. Il motivo potrebbe risiedere nel fatto che i Messia furono effettivamente due, uno regale (tipico del Vangelo di Matteo) e uno sacerdotale (tipico del Vangelo di Luca), così come confermato nel Talmud, che parla del Messia figlio di David (probabilmente quello crocifisso) e il Messia figlio di Giuseppe (probabilmente quello che è stato rilasciato, salvandosi). Tratto da: https://www.youtube.com/watch?v=E7d0vfT37rM

[87] In greco antico, il concetto di "amore" veniva indicato utilizzando tre distinti termini: *philia*, *agape* ed *eros*. Il primo riguarda un sentimento di amicizia fraterna; il secondo riguarda l'amore disinteressato e/o platonico; il terzo riguarda l'attrazione sessuale. Nel Vangelo di Giovanni, quella scritta in greco, la parola "amore" presente in **Giovanni 13: 24, 19: 26, 20: 2,**

d) un uomo di sangue egizio e romano;

e) un uomo dotto di origine ebrea;

f) un personaggio totalmente costruito ed inesistente, sulla base di culti e credenze precedenti nel tempo e di ispirazione mesopotamica, greca, egizia e indiana ([88]);

g) una combinazione delle precedenti tesi.

Anche la questione del "vero volto di Gesù" [89] dimostra in fondo che nulla si conosce di preciso nemmeno in questo caso. Dal Cristo biondo con gli occhi azzurri a quello dalla pelle scura tipica delle zone mediorientali, alcuni dai tratti molto simili, altri con i lineamenti tipicamente dell'area nordica o araba, bizantina o russa: una variegata iconografia [90] che conferma quanto detto.

21, 7 e 21, 20 in riferimento a Gesù e il suo discepolo preferito e prediletto era proprio *"eros"*, l'amore carnale e sessuale.

[88] Non a caso, in *"Exorcizamus te. Il vero volto di Dio"*, redatto dallo scrivente ed edito dalla Primiceri Editore, 2016, p. 366, si è voluto riportare l'ironica rappresentazione di Gesù Cristo con altre 12 divinità, aventi come caratteristica la nascita comune il 25 Dicembre. In realtà, esistono molte altre similitudini oltre la data di nascita e questo farebbe pensare ad una ricostruzione teologica e mitica, più che una rappresentazione realistica e oggettiva.

[89] In questa pagina è possibile trovare un interessante percorso storico e artistico del volto di Gesù: http://www.donboscoland.it/2004/volto/CulturaCattolica_it.htm

[90] <<[…] La parola icona (eikon) significa "immagine". Con essa si intende una pittura a carattere religioso su pannello di legno, in stile bizantino, greco o russo. L' icona nasce per testimoniare lo splendore di Dio fatto uomo e racchiude nel suo linguaggio e nei suoi canoni, dettati dalla Chiesa, tutta la teologia cristiana. La pittura delle icone non rappresenta solo una stupenda forma d arte, ma è anche un modo di vivere con maggior intensità la propria fede e un aiuto per avvicinarsi alla Santità, identificandosi col soggetto dipinto (Cristo, la Vergine, i Santi). Le figure sono ritratte secondo i canoni di un antinaturalismo che nella teologia delle icone doveva servire a sottolineare la dimensione spirituale dei misteri, degli eventi e dei personaggi sacri. L arte nell'icona è secondaria, marginale: ciò che è importante è Dio, il Mistero di Dio, che tramite quest'arte viene espresso. (…) Per un giudeo era proibito rappresentare l'immagine di Dio, per questo motivo l'atteggiamento nei confronti dell'iconografia era negativo, solo le icone che presentavano soggetti non divini erano accettate. La proibizione aveva lo scopo di evitare l'adorazione delle immagini invece che di Dio. (…) Il rifiuto di tutte le immagini è avvenuto al tempo dei Maccabei: nei templi e nei sepolcri veniva utilizzata la pura ornamentazione. Questa scelta aveva anche un carattere politico: serviva a difendersi dall'influenza romana. I romani, per questo motivo, si adattarono ai divieti giudaici e facero delle concessioni tra le quali lo spostamento delle legioni attorno alla città poichè esse portavano l'immagine dell'imperatore sui loro vessilli. (…) La Chiesa primitiva si trovò in opposizione con il mondo pagano, proprio per l'importanza che i pagani attribuivano all'immagine. Così lo scontro tra fede e potere politico divinizzato sfociò nel rifiuto di rendere il culto divino all'imperatore. Proprio davanti all'immagine imperiale furono condannati i primi martiri. (…) La nascita delle icone si inserisce in un contesto più vasto, che risale all'uomo

---

L'iconografia di Gesù, cioè il modo di rappresentare la figura di Cristo nell'arte sacra, ha raggiunto una forma stabile e ben definita

preistorico e che fa dell'immagine un mezzo per stabilire un contatto con la divinità e per rendere reale la presenza di ciò che vi era raffigurato.

Già dal III secolo i cristiani usavano immagini per illustrare la nuova fede, ne sono testimonianza le catacombe, ed era una pittura simbolica, metaforica (quindi lontana dal significato di "eikon"). Le icone nascono e si diffondono a partire dal IV secolo, nei primi secoli del cristianesimo, quando la Chiesa orientale era ancora unita alla Chiesa occidentale: le icone sono dunque patrimonio di tutta la cristianità. (...) icone nacquero per sostenere la fede in un periodo in cui si stavano diffondendo molteplici eresie. Le più antiche risalgono alla metà del IV secolo ed inizialmente utilizzavano la cera, proprio come nei ritratti funerari egizi. Poche sono le icone antiche giunte a noi, soprattutto a causa della lotta iconoclasta. (...) Per la Chiesa, come viene espresso nei suoi Concili, l'icona è un "Sacramentale partecipe della sostanza divina", il che equivale a dire che è il luogo in cui Dio è presente e si può incontrare. (...) Nel 775 l'impero passa nelle mani del figlio di Constantino, Leone IV. Questi applicava i decreti in modo abbastanza liberale, per questo il suo regno segna una flessione della persecuzione. Nel 780, dopo la sua morte, il suo regno viene guidato dalla moglie Irene, poichè il figlio Constantino aveva solo sei anni. Questa fa eleggere nuovi vescovi che approvano l'iconografia e ottiene il perdono dal patriarca Paolo IV. Dopo di lui nomina come successore Tarasio, che abolisce le decisioni iconoclastiche di Hiera e propone la convocazione di un concilio. Il concilio inizia nel 786 a Roma, ma viene sospeso per sommosse e riconvocato cinque mesi più tardi a Nicea. La verità di questo concilio esprime che l'immagine è oggetto di venerazione e non di adorazione, che è riservata a Dio solo. Il decreto finale condanna l'iconoclastia come un eresia pericolosa: ordina di distruggere gli scritti che l'avevano propagata e ristabilisce il culto delle immagini. (...) Nel Secondo Concilio di Nicea (787) viene definita la natura e il valore delle icone con l'affermazione che il fondamento di quest'arte sta nell'Incarnazione del Figlio di Dio, è quindi possibile rappresentare Dio, in quanto ha assunto la natura umana, assimilandola in modo inscindibile a quella divina, come sottolinea san Giovanni Damasceno. Nel Concilio di Efeso l' icona è definita "tempio", cioè un luogo in cui chi è raffigurato è anche misteriosamente presente. (...) Dopo l' iconoclastia, nel IX secolo la produzione di icone riprende vigore, grazie anche agli imperatori residenti a Costantinopoli. Le icone di questo periodo sono poste sempre frontalmente, i volti sono semplici e severi. Nel 985 l'arte delle icone giunge anche in Russia, infatti il principe Kiev Vladimir prende come moglie una principessa bizantina. Nella capitale russa lavorano molti artisti bizantini ed è proprio qui che le icone hanno una particolare fioritura. (...) Dal 1059 l'arte diviene riflesso dell'onnipotenza divina e gli artisti realizzano opere unicamente per la gloria della nuova fede. Cristo, prima rappresentato come un filosofo, ora diventa un giovane eroe dai lineamenti dolci che siede in trono attorniato da apostoli e santi in attesa di ricevere la legge di Dio. (...) Nei secoli successivi nuovamente le icone in oriente andarono incontro a distruzione, da parte dei veneziani, che si impadronirono di Costantinopoli (fino al 1261) in seguito alle Crociate. Nel XV secolo si assiste ad una nuova rinascita dell'icona, che si fa più raffinata ed elegante ed si arricchisce, man mano, di elementi più elaborati. Con l'avvento dei turchi (1453) e la diffusione dell'Islam in Oriente, la produzione di icone continuò a svilupparsi nel Mediterraneo, in particolare in Grecia. Nel XV secolo in Russia la produzione di icone è al massimo splendore, grazie all'opera del monaco Andrej Rublev, in cui tradizione locale e tradizione bizantina si fondono. [...]>>.

(Tratto da: http://www.inforestauro.org/storia-dell-icona.html)

solo dopo i primi secoli del Cristianesimo c.d. "delle origini" (I-IV secolo d.C.): <<[…] Non si conosce con certezza l'aspetto fisico di Gesù. Né i Vangeli, né gli altri scritti del Nuovo Testamento, né altri documenti d'epoca lo descrivono, neppure sommariamente. Solo nella lettera di Publio Lentulo (supposto predecessore di Ponzio Pilato) vi è una descrizione del suo profilo fisico, ma tale lettera è generalmente ritenuta un falso medievale. (…) Alcuni studiosi sostengono (…) che, in base alle usanze ebraiche dell'epoca, Gesù non poteva portare i capelli lunghi. A supporto di questa tesi si cita un passo di san Paolo (Prima Lettera ai Corinzi 11,7-16) che definisce "indecoroso" lasciarsi crescere i capelli. Inoltre, poiché Giuda lo baciò per farlo riconoscere, si presume che Gesù fosse una persona come tante altre, senza caratteristiche fisiche di spicco. D'altra parte, si deve tener conto della tradizione del nazireato, in cui si faceva voto di lasciarsi crescere i capelli, e delle usanze ebraiche relative al comandamento che ingiungeva: "Non taglierete in tondo i capelli ai lati del capo, né spunterai gli orli della tua barba." (Levitico 19:27). Da notare comunque che la tradizione dei "capelli lunghi" viene tuttora osservata con l'uso dei "payot" da parte di alcuni uomini e ragazzi delle comunità religiose ebraiche ortodosse, secondo la succitata interpretazione dell'ingiunzione biblica contro la rasatura degli "angoli" (in tondo) della propria testa. (…) Dal II al IV secolo, le testimonianze scritte lo descrivono (Gesù) in maniera contrastante. In particolare nel III secolo Gesù viene ritratto in ambienti gnostici e sincretisti assieme ad altri filosofi. Nei primi secoli del cristianesimo non si hanno rappresentazioni dirette di Gesù, ma piuttosto simboli o immagini allegoriche, come il pesce (il cui nome greco ichthys è l'acronimo delle parole: Gesù Cristo Figlio di Dio Salvatore), il Buon Pastore con al collo una pecorella, il Basileus, il Maestro o lo stesso Orfeo derivato dalla tradizione classica (…) [91]. Con la progressiva secolarizzazione del culto cristiano (nuova religione dell'impero) si diffondono rappresentazioni dirette di Gesù. (…) Alcuni Padri, soprattutto quelli greci, dichiararono che l'immagine di Gesù doveva essere brutta, poiché in Isaia il Figlio

---

[91] Tratto da: https://it.wikipedia.org/wiki/Iconografia_cristiana_delle_origini

dell'Uomo è un vile servo. Il Salmista diceva invece (45, 2) che era bello, di aspetto più bello di tutti i figli degli uomini. Ma la sua bellezza doveva essere divina, e non umana. Dunque san Giustino negò a Gesù di avere un bell'aspetto. Clemente Alessandrino lo descrive con un viso deforme. Eusebio di Cesarea lo dipinge deforme di corpo. Per i padri latini invece egli era bello e piacevole. Nel periodo tardo antico, con la secolarizzazione del culto cristiano e il distacco dalla tradizione ebraica, si diffondono rappresentazioni dirette di Gesù, raffigurato come giovane imberbe fino al VI secolo; entro il IV secolo compare anche il Gesù barbuto e con i capelli lunghi, che diventerà la sua raffigurazione canonica. Le due rappresentazioni coesistono fino al VI secolo (ad es. miniature dell'Evangeliario siriaco di Rābulā, Firenze, Laurenziana; mosaici di S. Apollinare Nuovo a Ravenna). Successivamente, il Gesù imberbe scompare dall'oriente mentre appare ancora talvolta nell'arte carolingia e romanica. L'affermarsi dell'immagine barbuta venne influenzata dall'affermarsi di immagini ritenute autentiche, come il Mandylion di Edessa/Costantinopoli, che alcuni identificano con la Sindone, o come l'Acheropita di Roma documentata dall'VIII secolo. In età bizantina l'iconografia di Gesù viene codificata rigorosamente, anche a seguito della disputa sull'iconoclastia. Da allora in poi Gesù adulto viene costantemente raffigurato con i capelli lunghi e la barba (un'eccezione degna di nota è il Giudizio universale di Michelangelo nella Cappella Sistina). [...]>> [92].

Vediamo allora alcune di queste rappresentazioni iconografiche, così da farsi un'idea sommaria e generale sulle diverse elaborazioni artistiche prodotte in ordine all'idea fisica di Gesù Cristo. I tratti del viso di volta in volta prodotti faranno immediatamente comprendere al lettore l'origine geografica dell'opera; anche questa risulta utile per meglio contestualizzare il tema in esame:

---

[92] Tratto da: https://it.wikipedia.org/wiki/Iconografia_di_Ges%C3%B9
Fonte 1: **Hans Belting**, *La vera immagine di Cristo*, 2007, ISBN 88-339-1773-8
Fonte 2: **Teodoro lo Studita**, *Antirrheticus Adversus Iconomachos. Confutazioni contro gli avversari delle sante icone*, a cura di Antonio Calisi, Chàrisma Edizioni, Bari 2013, pp. 106. ISBN 978-88-9085-590-0

Fig. 3. Tratto da: http://opusdei.it/it-it/article/il-volto-di-gesu/

Fig. 4. Tratto da: http://www.inforestauro.org/iconografia.html

Fig. 5. Tratto da: http://www.maranatha.it/Miscel/volto/Volto.htm

Fig. 6. Tratto da: http://www.alexmercatanti.com/ICONOGRAFIA.HTM

Fig. 7. Tratto da: http://www.parrocchiadonbosco.it/xxii-domenica-del-tempo-ordinario/

IL VOLTO DI GESÙ CRISTO NOSTRO SIGNORE
Rialzaci, Signore, nostro Dio,
fa' splendere il tuo volto e noi saremo salvi.
Salmo 80,4

Fig. 8 Tratto da: http://www.maranatha.it/Miscel/volto/Volto.htm

Fig. 9. Tratto da: http://associazionecompagniaamicidigesu.blogspot.it/2010/06/le-nostre-immagini-del-volto-di-gesu.html

Fig. 10. Tratto da: http://associazionecompagniaamicidigesu.blogspot.it/2010/06/le-nostre-immagini-del-volto-di-gesu.html

Fig. 11. Tratto da: http://retenews24.it/colombia-frana-una-montagna-i-fedeli-vedono-il-volto-di-gesu/

Completa il quadro probatorio, una singola quanto meno curiosa indagine proprio sul vero volto di Gesù operata dall'esperto di ricostruzioni facciali forense, **Richard Neave**:

<<[...] Nei secoli, l'immagine di Gesù è stata plasmata e modificata in base alle culture e alle fisionomie delle popolazioni e degli artisti che lo raffiguravano; basti pensare all'Ultima Cena di Leonardo da Vinci o alle semplici raffigurazioni sacre che vediamo nelle chiese o nelle immaginette. Un esperto di ricostruzione facciale forense, Richard Neave, che ha anche lavorato presso l'Università di Manchester, ha voluto dare un "vero volto", realistico e lontano dalle raffigurazioni soggettive, all'icona cristiana, ricreando il volto di un tipico abitante della regione d'origine di Gesù dopo l'"anno zero". Neave, lavorando con archeologi israeliani, ha ottenuto tre teschi galileiani-semiti ritrovati in una zona vicino a Gerusalemme. Ha poi usato la tomografia computerizzata per creare immagini 3D di questi crani, ricostruendo interamente la loro struttura. Grazie ai risultati ottenuti dopo questo processo, lo studioso forense, è stato in grado di riprodurre, in 3D, il cranio tipico di un uomo che abitava nella stessa

125

regione e nello stesso periodo di Gesù. Successivamente, grazie alla ricostruzione con l'argilla, in conformità con le informazioni dettagliate fornite da un programma per computer, progettato per determinare lo spessore del tessuto molle in alcuni punti delle facce umane, è stato possibile ricostruire completamente anche i dettagli del viso di questo individuo. Inoltre, lo studioso e la sua equipe, hanno preso anche spunto da disegni antichi trovati nei siti archeologici del territorio, per valutare l'aspetto dei capelli, degli occhi, e del tono della pelle. Naturalmente, questa rappresentazione non mostra l'effettivo aspetto dell' "individuo Gesù" in sé e per sé, ma, semplicemente, ci presenta l'etnia del popolo a cui apparteneva e, di conseguenza, l'aspetto che il "messìa" avrebbe potuto avere o, quantomeno, quelle caratteristiche somatiche che si rifanno a quella particolare popolazione del Medioriente, durante il I secolo d.C. [...]>>[93].

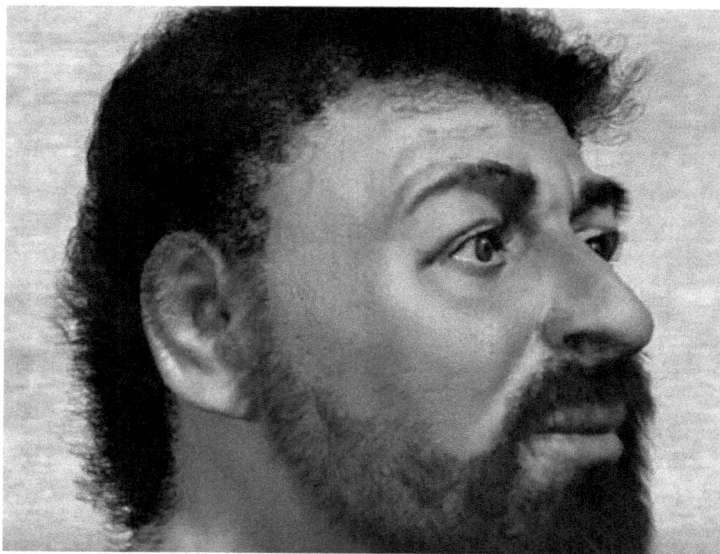

Fig. 12a. Tratto da: http://www.huffingtonpost.it/2015/12/15/gesu-cristo-pelle-scura-capelli-corti-volto-ricostruito_n_8809560.html

---

[93] Tratto da: http://www.laltrapagina.it/mag/ricostruito-il-vero-volto-di-gesu/

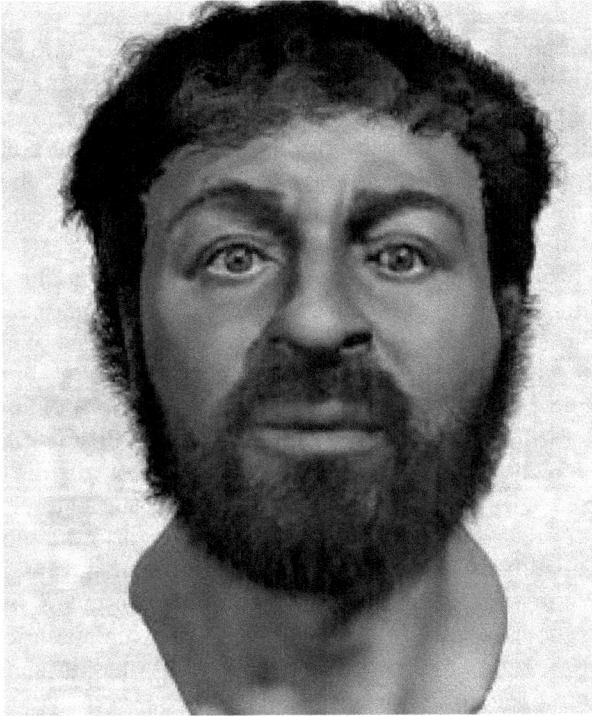

Fig. 12b. Tratto da: http://www.huffingtonpost.it/2015/12/15/gesu-cristo-pelle-scura-capelli-corti-volto-ricostruito_n_8809560.html

E dunque: Biondo o moro? Occhi chiari od occhi scuri? Alto o basso? Di carnagione chiara o di carnagione scura? Dai tratti medio-rientali, caucasici o più nordici? Un mistero che ad oggi non trova soluzione ma lascia tanti interrogativi (Figg. 12a-12b): e se davvero fosse quest'ultimo il volto di Gesù, il presunto figlio di Dio secondo la teologia cristiana, perché nasconderlo per utilizzare figure più gradevoli e armoniose? Forse allo scopo di rassicurare il credente?

Domande che per adesso non troveranno alcuna risposta certa ma lasciano parecchi dubbi sull'attendibilità delle costruzioni storiche del fenomeno "Cristo". E alla domanda *"perché Paolo (di Tarso) abbia inventato il Cristianesimo?"*, **David Donnini** risponde così:

<<[...] dobbiamo individuare il motivo fondamentale per cui sarebbe stata operata la revisione del messianismo tradizionale degli ebrei e la sua trasformazione in una teologia destinata a staccarsi dalla matrice giudaica o, addirittura, a porsi in conflitto con essa per i secoli successivi. Come abbiamo già detto, la figura su cui ricade il massimo della responsabilità di questo processo è quella che la tradizione cristiana riconosce nella persona di San Paolo. Chi era San Paolo? E perché avrebbe inventato il Cristianesimo? E' straordinario constatare il modo in cui la letteratura cristiana lascia questo personaggio in una condizione di quasi anonimato, sfocandone al massimo il profilo biografico e l'identità anagrafica. Non sappiamo quando sia nato, chi fosse la sua famiglia, in che periodo sia venuto a Gerusalemme per compiere gli studi e, quel ch'è più clamoroso, lo scritto del Nuovo Testamento che si occupa di lui (Atti degli Apostoli) lo abbandona completamente a metà di un percorso narrativo, senza dirci niente sul suo destino. Le sue lettere, che oggi appartengono al corpus del canone neotestamentario, hanno l'aria di essere dei documenti ricchi di contraffazioni, se non, qualche volta, per niente autentici. Alcuni autori giungono persino a mettere in dubbio il fatto che questo personaggio fosse un autentico ebreo, come egli proclama negli scritti del Nuovo Testamento che gli sono attribuiti. Personalmente non mi sento di sostenere questa tesi estrema, ma posso associarmi ad alcune constatazioni che sembrano dare un profilo elastico alla ebraicità di San Paolo. A.N. Wilson, in "Paolo l'uomo che inventò il cristianesimo" (Rizzoli, 1997), sostiene, in modo abbastanza verosimile, che Paolo fosse un personaggio molto legato e compromesso col mondo romano, soprattutto per il fatto che la sua professione sarebbe stata quella di produrre tessuti per tendaggi usati dalle legioni militari imperiali. E' certo che i suoi famosi viaggi non sono stati effettuati al fine primario di compiere un'opera missionaria ma che, piuttosto, egli ha approfittato della circostanza professionale dei suoi continui spostamenti commerciali per svolgere anche un proselitismo politico-religioso (non ci si meravigli di questa associazione fra politica e religione: nel mondo semitico degli ebrei la politica e la religione sono legate indissolubilmente da una concezione di vita prettamente teocratica).

Ciò che caratterizza l'identità culturale di Paolo è una ebraicità molto aperta, una estrema abitudine, per ragioni di ambiente di nascita e di esperienze di vita, al contatto con le culture gentili, ovverosia pagane. E non c'è alcuna possibilità di comprendere storicamente questo individuo e la sua opera se non si parte proprio dall'idea che le sue formulazioni teologiche, sfociate nella nascita di una nuova religione, abbiano origine nel contrasto stridente fra (…) la ebraicità ottusa, fanatica, fondamentalista e xenofoba (la concezione hassidica, sviluppatasi dal patriottismo politico religioso dei maccabei del II secolo a.C.), che nel I sec. d.C. trovò la sua principale espressione nel messianismo esseno-zelota, e la sua collocazione geografica nell'ambiente palestinese, e (…) la ebraicità aperta, maturata attraverso il contatto e la convivenza con i popoli e le culture gentili, disponibile alla reinterpretazione delle scritture in senso molto elastico (una concezione di cui furono tipici rappresentanti uomini come Filone Alessandrino, Giuseppe Flavio, e il primo Shaul, successivamente nominato Paolo), per niente interessata allo sviluppo di una conflittualità estrema fra Israele e Roma, con una collocazione geografica rivolta soprattutto agli ambienti della diaspora. Sono le tensioni fra questi due modi di essere ebrei, e le drammatiche vicende politiche e militari della nazione ebraica sotto il dominio imperiale, sempre in altalena fra le azioni dei patrioti Yahwisti e le repressioni romane, che fornirono i presupposti del processo attraverso il quale si sviluppò per gradi: 1) (…) una coscienza contraria al messianismo radicale degli esseno-zeloti; 2) (…) una corrente politica altrettanto radicale, ma in senso anti-messianista, espressione delle classi dominanti di Israele (sadducei e farisei di destra); 3) (…) una tendenza a rileggere le profezie messianiche con significati contrari a quelli esseno-zelotici, e aperta ai contributi teologici delle spiritualità gentili; 4) (…) una corrente militante, di cui il San Paolo del dopo Damasco fu il fondatore e il promotore indefesso, che, pur di contrastare il messianismo hassidico e i suoi estremi pericoli per la sicurezza della nazione ebraica, era disposta a crearne un altro, aperto alle teologie escatologiche straniere (vedi il Soter greco, il Saoshyant persiano, il Krishna e il Buddha indiani...), sopportando il rischio (o forse andandogli volutamente incontro) che ciò innescasse una sorta di mitosi teologica il cui prodotto, alla fine, fosse la nascita di una nuova religione e la sua scissione dal giudaismo. In un primo tempo, San Paolo sarebbe stato senz'altro un esponente della corrente di cui al punto 2). E' facile che egli, in quanto benestante, colto, professionista con molte occasioni di viaggio e con molti contatti in ambienti sia ebraici che greco-romani, sia stato coinvolto nella politica di repressione delle "brigate messianiste" e che abbia collaborato come informatore o anche in modo più consistente. Non si dimentichi che i cristiani, al centro della attenzione repressiva, in questa fase del processo di evoluzione del cristianesimo, non erano ancora ciò che intendiamo oggi con quel termine, bensì erano i giudei messianisti, ovverosia i membri delle sette che aspiravano alla rinascita del regno di Yahweh e all'interno delle quali si individuavano le figure degli aspiranti messia, capi religiosi con la spada in mano. Siamo noi che com-mettiamo il gravissimo errore di interpretare il movimento dei seguaci diretti di Cristo come se questi avessero già incorporato la filosofia espressa nel Nuovo Testamento, che rende spoliticizzato, degiudaizzato e pacifista il messaggio evangelico, prima ancora che Paolo lo avesse formulato. In realtà, gli stessi Atti degli Apostoli, sebbene siano stati redatti col preciso scopo di far apparire la concezione neomessianica di Paolo come se fosse appartenuta a Gesù Cristo, proponendo in modo del tutto artificiale la continuità e la conformità là dove invece sussistono discontinuità e contrap-posizione, finiscono per mostrare loro malgrado, con innegabile chiarezza, l'esistenza di un grave conflitto fra una corrente giudaiz-zante (identificata nelle persone come Simone e Giacomo, i fratelli di Gesù) e una corrente riformista con aperture ellenistiche (identi-ficata nelle persone come Paolo e i suoi seguaci). In un secondo tempo San Paolo avrebbe maturato un atteggiamento diverso, probabilmente rendendosi conto che la strada della semplice repres-sione politica, consistente nell'arresto e nella eliminazione fisica degli esponenti messianisti, non avrebbe funzionato molto, tanto più che le ideologie radicali del tipo esseno-zelotico non si fermavano davanti al martirio (abbiamo visto il comportamento dei cittadini di Gamala e degli assediati di Masada) ma, al contrario, ne traevano nuovo orgoglio e nuova energia combattiva. In pratica Paolo comprese che l'ideologia messianista tradizionale avrebbe potuto trovare un antagonista valido solo in un'altra ideologia, e che l'argine per ostacolare l'espansione del messianismo radicale nei diversi strati della popolazione ebraica, e per allontanare i suoi gravi peri-coli, avrebbe potuto essere offerto solo da un altro messianismo, non così bellicoso, non così ispirato al nazionalismo yahwista, non così frontalmente ostile ai romani, ma comunque rispondente ad istanze che avessero una risonanza reale nella gente e in larghi strati di popolo. Insomma, invece di seguire la via degli arresti e delle esecuzioni, Paolo preferì offrire un'alternativa all'idea della salvezza nazional-religiosa (questa fu la sostanza reale della sua conversione) e si adoperò per creare un messianismo più convincente di quello che, pur solleticando l'orgoglio etnico, che è il tratto distintivo di ogni ebreo, metteva tutti quanti di fronte al timore (poi confermato dalle vicende della guerra degli anni 66-70 d.C.) che i romani ricorressero alla soluzione definitiva e che Israele precipitasse nella più sventurata delle catastrofi. E' questa, e soltanto questa, la corretta chiave interpretativa attraverso la quale noi possiamo capire ciò che gli Atti degli Apostoli ci presentano, molto falsamente e opportuni-sticamente, come una semplice divisione di competenze fra Paolo e gli Apostoli giudaizzanti: evangelizzatore dei gentili l'uno, evan-gelizzatori degli ebrei gli altri. Altro che divisione di competenze! La verità è che questi ultimi erano legati alla concezione messianica di derivazione maccabea, ovvero al patriottismo nazional-religioso degli esseno-zeloti, ostile per natura al mondo gentile; mentre Paolo aveva già sparso i semi di una filosofia di apertura al pensiero extragiudaico, al punto da rappresentare il suo Gesù Cristo con caratteristiche che appartenevano assai più agli dei incarnati e risuscitanti delle teologie gentili che non alla figura messianica delle profezie giudaiche. Ora, noi abbiamo molti motivi per credere che Paolo, nella sua città di origine, Tarso, in Cilicia, abbia avuto contatti molto ravvicinati con le culture religiose ellenistiche ed orientali, anzi, proprio con i culti detti misteriosofici, in cui si celebravano complicati riti iniziatici. Di questi possiamo avere una bellissima descrizione divulgativa, accessibile anche ai non addetti ai lavori, nell'opera di J.G.Frazer, "Il Ramo d'Oro" (Newton Compton, 1992), dalla cui lettura possiamo arrivare a capire che certi elementi teologici della figura di Gesù Cristo devono essere stati mutuati dai culti extragiudaici come quelli di Attis, Adonis, Osiride, Dioniso, Mitra (...): mi riferisco alla nascita verginale, alla resurrezione dopo tre giorni di discesa agli inferi, all'innesto del concetto teofagico (cibarsi della carne e del sangue del Dio) sui contenuti del rito eucaristico esseno (la fractio panis di cui abbiamo visto nel manuale di disciplina di Qumran). Ora, la quasi totalità dei cristiani nega che il Cristo giustiziato da Ponzio Pilato, con l'accusa di avere militato per diventare "re dei Giudei", avesse l'intenzione di diventare realmente "re dei Giudei" e abbia mai avuto a che fare col messianismo nazional-religioso degli esseni e degli zeloti. E supportano questa loro irremovibile convinzione sulla base della tradizionale immagine evangelica di un Gesù che predica amore, pace, perdono, non violenza, che contraddice alcune caratteristiche del pensiero ebraico messianista (Gesù siede a tavola coi gentili, deroga alla regola del sabato...), e considerano la vicenda del processo, della condanna e della esecuzione romana mediante crocifissione (il tipico destino dei latrones e dei sicarii, ovverosia degli zeloti) come un clamoroso equivoco giudiziario, da cui Pilato, vittima dei raggiri dei sacerdoti del tempio, esce praticamente scagionato, e con lui tutti i romani. Un equivoco generato dalle false accuse che i giudei avrebbero prodotto nel presentare Gesù a Ponzio Pilato, al fine di indurre proditoriamente i romani a giustiziarlo. Ma il meccanismo non è questo! Il punto falso non risiede in quelle accuse di militanza esseno-zelota, bensì nell'immagine del Cristo apolitico, demessianizzato, addirittura quasi degiudaizzato, che propone nell'imminenza della Pasqua ebraica, ad una assemblea di giudei, cerimoniali di sapore nettamente gentile (l'eucarestia teofagica come rito sacrificale del dio incarnato), una immagine costruita a posteriori dalla scuola di San Paolo. E naturalmente non è legittimo dimostrare che il Cristo era un pacifista, che non era il Messia, che era estraneo ai movimenti esseno-zelotici, utilizzando a questo scopo i documenti che furono costruiti apposta per sostenere l'ideologia antimessianista e per alterare la figura di Cristo. Insomma, quando noi leggiamo i Vangeli (i Vangeli del canone ecclesiastico, naturalmente, non la letteratura primitiva del giudeo-cristianesimo che, del resto, è stata opportunamente tolta di mezzo), noi non abbiamo davanti agli occhi l'immagine storica di Gesù Cristo, bensì l'immagine costruita artificialmente dalla revisione paolina come base della catechesi neo-cristiana. I Vangeli sono il manifesto antimessianista (e quindi anti-Cristo-della-storia) che ci mostra, non le idee di Gesù, ma le idee di Paolo e dei suoi seguaci, ovverosia di colui che è stato fra i nemici più accaniti di Cristo e che non si è affatto convertito ma che, in un secondo tempo, ha convertito l'ideale di Cristo, appartenente al pensiero giudaico più radicale, in una filosofia extragiudaica. Una conversione che è stata ripetuta in modo assai simile, tre secoli dopo, dallo stesso imperatore Costantino, che non si è mai convertito al cristianesimo di Gesù nel modo in cui sostiene una certa interpretazione storica, ma che ha trovato convenienti motivi per convertire ulteriormente la teologia cristiana e renderla sempre più compatibile con le religioni già in voga nell'impero romano (fu lui a volere energicamente il concilio di Nicea e a dare inizio ad un'epoca plurisecolare di caccia all'eresia). In pratica, dopo queste molteplici e successive operazioni di ricostruzione teologica realizzate nell'arco di tre secoli, le cose che leggiamo oggi nei Vangeli servono a indicarci ciò che Gesù non era molto più di quanto non possano servire ad indicarci ciò che Gesù era. Anche se questa è un'idea inaccettabile da parte di coloro che sono innamorati dell'immagine neo-cristiana del Gesù figlio di Dio e che non possono tollerare che tale immagine sia ridotta dall'analisi storica ad un prodotto di pura creatività teologica. Non possiamo dimenticare le parole scritte dai Padri della Chiesa Ireneo, Eusebio, Teodoreto: "... (gli Ebioniti) seguono unicamente il Vangelo che è secondo Matteo e rifiutano l'apostolo Paolo, chiamandolo apostata della legge...". (Ireneo, Adv. Haer., I, 26). "... Gli Ebioniti, pertanto, seguendo unicamente il Vangelo che è secondo Matteo, si affidano solo ad esso e non hanno una conoscenza esatta del Signore...". (Ireneo, Adv. Haer., III, 11). "... costoro pensavano che fossero da rifiutare tutte le lettere dell'apostolo (Paolo), chiamandolo apostata della legge, e servendosi del solo Vangelo detto secondo gli ebrei, tenevano in poco conto tutti gli altri...". (Eusebio di Cesarea, Hist. Eccl., III, 27). "...(I Nazareni) accettano unicamente il Vangelo secondo gli Ebrei e chiamano apostata l'apostolo (Paolo)...". (Teodoreto, Haer. Fabul. Comp. II, 1). "... Essi sono Giudei che onorano Cristo come uomo giusto e usano il Vangelo chiamato secondo Pietro...". (Teodoreto, Haer. Fabul. Comp. II, 2). Ma questi ebioniti, nazorei (o nazareni) ed ebrei, altri non erano che gli esseno-zeloti o i discendenti degli esseno-zeloti che si erano messi a tavola col Messia e avevano spartito il vino e il pane con lui, poco prima del suo arresto sul monte degli ulivi, e coi quali Paolo si era sempre trovato in conflitto al punto da essere considerato "uomo di menzogna" sia nei suddetti vangeli giudeo-cristiani, sia nei documenti qumraniani come il Commentario di Abacuc [vedi R.Eisenman "James the brother of Jesus"]. Ed è contro di loro che si è scatenata, per secoli, una severa censura storica ed ideologica, finalizzata agli interessi del riformismo neo-cristiano e della istituzione che di esso si era fatta rappresentante. [...]>>[94].

Tutti profili, insomma, pienamente condivisibili e descritti in maniera magistrale dal saggista, che non fa altro che confermare quanto ormai appare lampante.

---

[94] Tratto da: http://www.fisicamente.net/SCI_FED/index-948.htm
Fonte: http://www.etanali.it/mar_morto/files/01.htm

1.8. Le figure misteriche di Satana, Lucifero e degli Angeli (e il probabile significato del 666)

Nel *nono capitolo* abbiamo, infine, indagato gli intricati misteri che si celano dietro le figure di Lucifero, Satana, gli Angeli e il 666, dimostrando le mistificazioni operate dalla dottrina religiosa cristiana.[95]

In particolare, è emerso quanto segue:

1) *Satana* risulta essere non tanto un nome proprio quanto più un appellativo, "l'accusatore" ovvero "fare l'accusatore contro qualcuno". E' sovente nell'Antico Testamento ritrovare il termine in riferimento a questo tipo di ruolo, soprattutto negli incontri pubblici, dove uno degli Elohim ordinava a qualcuno di fare il "*satan*" contro qualcun altro (una sorta di Pubblico Ministero in un processo penale moderno). Dai passi biblici emerge con chiarezza quanto affermato, nella sua duplice rappresentazione anticotestamentaria[96]:

a) "*satana come uomo*", in **1Samuele 29: 4**, **2 Samuele 19: 23** e **1Re 11: 14**;

b) "*satana come angelo*", in **Giobbe 1: 6**, **Giobbe 2: 1, 6-7**, **Zaccaria 3: 1-2**, **Salmo 109: 6**, **1Cronache 21: 1** e **Numeri 22: 21-41**.

In tutti questi passi, i redattori hanno comunque rappresentato un soggetto incaricato ufficialmente di svolgere un compito, da avversario, contro qualcuno, a riprova del fatto che "satan" non è un nome proprio ma un appellativo; tra l'altro, il termine si trova sempre accostato all'articolo "-*ha*" (*satan-ha*), rafforzando maggiormente il concetto sopracitato che appare ormai lampante.

Riassumendo, dunque:

- la figura di *Satana* non esiste come singolo attore che agisce come individuo singolo a sé stante, ma come status, funzione o posizione;

- *Satana*, nell'Antico Testamento, non è un antagonista di Dio, anzi spesso è incaricato da lui per svolgere la sua funzione di accusatore;

---

[95] **Giulio Perrotta**, *Exorcizamus te. Il vero volto di Dio*, Primiceri Editore, 2016, pp. 414-429
[96] **Mauro Biglino**, *Il Dio Alieno della Bibbia*, UnoEditori, 2014, pp. 230-235

- *Satana* non è mai identificato come capo dei demoni, svolgendo tra l'altro il ruolo di esecutore fedele degli ordini di Yahweh. E' sufficiente leggere **Giobbe 1: 1-19** per comprendere immediatamente l'essenza di questa ruolo: chi incarna il ruolo di Satana stermina guardiani e animali, mandando piaghe purulente a Giobbe, con l'approvazione formale di Yahweh, il Dio giudeo-cristiano[97];

- Bibbia alla mano, contando i morti voluti da Yahweh, arriviamo all'incredibile cifra di 32,9 milioni [98] di persone, senza contare gli ebrei della Shoah del XX secolo d.C. ad opera dei nazisti.

2) *Lucifero* è la traduzione della prima "stella" del mattino, ovvero il Pianeta Venere (gli antichi non distinguevano tra stella e pianeta, se non in epoca relativamente recente); difatti, molte divinità nel mondo greco sono chiamati anche "Luciferini". Il riferimento biblico al termine è in realtà un'invettiva ironica contro un Re che, a causa della sua scellerata condotta, cade dal cielo verso il basso (**da qui la ripresa teologica della caduta di Lucifero dal Paradiso all'Inferno**), dunque perdendo la posizione di predominio dall'alto della sua posizione, come Venere luminosa. **Lucifero**, sulla falsa riga di *Satana*, è poi frutto di un'invenzione ancora più sorprendente. Afferma **Biglino**[99]: <<[…] La tradizione religiosa ha di fatto realizzato una fusione tra Satana e un'altra figura angelica, conosciuta con il nome di "Lucifero". Questo termine significa "Portatore di Luce", e deriva dal latino *lucifer* (composto da *lux,* "luce", e *ferre,*

---

[97] Ufficialmente, i Cristiani considerano questo passo l'emblema del rigore di Giobbe, fedele al suo Dio nonostante le disgrazie mandate dallo stesso per opera di colui che riveste il ruolo di Satana, l'avversario, per mettere alla prova il fedele. In realtà, il passo chiarisce un passaggio ben diverso: Yahweh, per garantirsi le prove della fedeltà di Giobbe, approva le miserabili torture a lui inflitte, per il solo scopo di dimostrare quanto da lui stesso dichiarato, senza curarsi del fatto che il male prodotto abbia sterminato uomini e animali e abbia creato piaghe purulente e dolorose al povero Giobbe (da qui, la sindrome clinica di Giobbe, cons-istente in piaghe dolorose in tutto il corpo causate da una sindrome auto-immune da Super-IGE)

[98] Il dato è contenuto nel presente articolo: http://www.altrogiornale.org/dio-e-satana-chi-nella-bibbia-ha-ucciso-pia%C2%B9-persone/. Lo scrivente, tuttavia, nutre forti perplessità sull'attendibilità del calcolo, nonostante sia palese, dal testo letterale della Bibbia che le persone uccide per ordine di Yahweh o in conseguenza di guerre mosse dallo stesso per la conquista dei territori sia palesemente nell'ordine di diversi milioni di persone.

[99] **Giulio Perrotta**, *Exorcizamus te. Il vero volto di Dio*, Primiceri Editore, 2016, pp. 414-429
Tratto da: http://maurobiglino.it/2012/05/lucifero/

"portare") e dal greco *phosphoros* (*phos*, "luce" e *pherein*, "portare"; viene spesso usato per definire il pianeta Venere, che compare all'alba anticipando così la luce del giorno. In realtà, questo abbinamento è giustificato solo quando è inserito nella definizione di "Astro del Mattino", perché negli altri casi il termine richiama un non meglio identificato corpo celeste splendente. [...] Nella tradizione popolare [...] viene addirittura spesso indicato come capo dei demoni, il Signore degli Inferi in cui giacciono i dannati [...] ed è in questa accezione che in parte del Giudaismo e del Cristianesimo viene assimilato alla figura di Satana. [...] I principali fautore di quest'ultima interpretazione sono stati **Girolamo**, **Tertulliano**, **Origene**, **San Gregorio Magno**, **San Cipriano di Cartagine**, **San Bernardo di Chiaravalle** e **Agostino di Canterbury**. [...] Possiamo dunque affermare che questi Padri del Cristianesimo stabilirono l'identità fra il Lucifero di Isaia e il Satana di Giobbe, operando una saldatura che è entrata nella tradizione religiosa e popolare [...]>>. E ancora: <<[...] *Le figure dei diavoli sono frutto della stessa elaborazione teologica spiritualista che ha letteralmente 'inventato' il Dio anticotestamentario. Come scritto in precedenza esistevano molti elohim, avevano nomi precisi ed epiteti che ne indicavano caratteristiche, funzioni e attitudini comportamentali. Uno di quelli era chiamato Baal-peor che significa in sostanza 'signore della esposizione degli organi sessuali'. Questo elohim invitava i suoi a praticare sesso anche in forma rituale e va detto che, spesso con piacere, gli Israeliti abbandonavano il loro elohim Yahweh per rivolgersi al molto più gradito Baal-peor. Un altro elohim era indicato con l'epiteto di Baal-zabub che tradizionalmente si dice significhi 'signore delle mosche'. Quando la teologia ha trasformato Yahweh nel dio spirituale, trascendente, onnipotente, ha operato anche nel senso opposto: come ha inventato il mondo del bene ha inventato il suo contrario il mondo del male, popolandolo di demoni. Da dove ha tratto le figure demoniache? Dagli avversari con cui Yahweh si doveva scontrare concretamente nella quotidianità, cioè gli elohim suoi rivali sul territorio. Anche i nomi dei demoni derivano da quell'ambito. Baal-peor è stato traslitterato in greco in Balfegor da cui è poi derivato Belfagor; Baal-zabub è* *diventato Belzebù. In sostanza: inventato il dio biblico si sono inventati anche i suoi rivali, i diavoli. [...]>>*[100].

3) gli *Angeli* sono individui maschili (*ish*) in carne ed ossa, che si stancano, sudano e si devono nutrire ed eseguono gli ordini degli Elohim, essendo i loro messaggeri, come nel caso della distruzione di Sodoma[101];

4) il *666* è un numero che trova diversa interpretazioni ma nessuna con certezza e il riferimento biblico del termine non dà alcuna certezza sul collegamento con la "bestia", tra l'altro erroneamente associata ai termini "Satana" e "Lucifero".

Cosa resta, allora, se le fondamenta crollano, se Dio non è Dio ma "uno di quelli", se Gesù non è il Salvatore che tutti pensano e se la traduzione delle nostre bibbie sono piene di errori (volontari o meno), magari frutto di un artificioso stratagemma per assoggettare la volontà del mondo al timore reverenziale di un Dio invisibile e alla paura della dannazione eterna?

Credo proprio che possa restare il messaggio d'amore dei Vangeli; resta la grande forza spirituale ed energetica di un testo che è sopravvissuto per due millenni; resta la speranza che un giorno, gli esseri umani arrivino a capire che siamo tutti figli della stessa madre e che solo l'amore potrà salvarci.

Questo resta, al di là dell'inganno per consolidare un potere economico e politico assoggettando le masse al timore di Dio per la salvezza dell'anima: *un messaggio di speranza e amore universale, che travalica le differenze e sgretola le certezze di chi utilizza l'astuzia per raggirare questi sentimenti.*

---

[100] **Giulio Perrotta**, *Manuale di Criminologia Esoterica*, II ed., 2016, Primiceri Editore, pp. 490-491.
[101] Dal testo letterale della Bibbia si evince chiaramente il vero motivo della distruzione di Sodoma e Gomorra. La teologia ha inventato il fatto che questi fossero sodomiti, quindi peccatori: in realtà, non accettavano più le alleanze con Yahweh, e dunque per punizione vennero spazzate via (Tratto da: https://www.youtube.com/watch?v=gL7OKqtIfpc& feature=share)

Capitolo 2:

Il Peccato originale[102].

2.1. Il concetto di "peccato originale" nelle diverse culture

Il termine *"peccato originale"* non è presente nel testo biblico guidaico-cristiano e risulta essere una vera e propria invenzione teologica, come vedremo durante l'analisi dei seguenti paragrafi. In letteratura biblica, al concetto di "peccato originale" si accosta sempre il capitolo della **Genesi 3**, versetti **1-7** (il peccato), **8-13** (il processo) e **14-19** (la condanna), mentre i successivi **20-24** fungono da "disposizioni additive".

Provando a riassumere la vicenda, dal testo biblico pare emergere tale contesto: <<(…) Dio, dopo aver creato Adamo ed Eva (il primo nome ebraico è collegato con la parola che significa "terra", poiché il suo corpo sarebbe stato modellato con la creta; il nome di Eva - חוה, *chavvàh* - ha la stessa radice del verbo "vivere" - לחוות, *lachavvot* -, e infatti nel testo essa sarà definita in seguito "la madre di ogni vivente", - אם כל חי, *em kol chay*), li mette a vivere nel giardino dell'Eden, comandando loro di nutrirsi liberamente dei frutti di tutti gli alberi presenti, tranne che dei frutti del cosiddetto albero della conoscenza del bene e del male. Ma i due, tentati dal serpente, mangeranno il frutto dell'albero proibito. (…) Nel dialogo con la donna, il serpente arriva per gradi al suo obiettivo: rivela il suo disegno di opposizione a Dio già nella domanda che rivolge alla donna, con il gioco di parole per il quale la proibizione di mangiare i frutti di "un albero" viene estesa ad "ogni albero". Il serpente porta così la donna a dubitare che il divieto di Dio possa essere stato legittimo. La donna si lascia trascinare dal gioco del serpente e cade nella trappola della esagerazione: afferma, falsamente, che Dio ha proibito persino di toccare l'albero in questione. Il serpente prospetta come conseguenza del mangiare i frutti

---

[102] **Giulio Perrotta**, *Exorcizamus te. Il vero volto di Dio*, Primiceri Editore, 2016.

dell'albero l' "apertura degli occhi" e il diventare "come Dio" (o "come divinità"), conoscitori del bene e del male. Allettati da questa tentazione, i due mangiano questo frutto (la donna lo offre all'uomo: l'immagine della donna tentatrice è tipica di molte letterature sapienziali soprattutto nel mondo antico). Subito si rendono conto di essere nudi. (…) Al peccato fa seguito una specie di istruttoria condotta da Dio, che ripercorre i gradini opposti a quelli del peccato: prima l'uomo, poi la donna, poi il serpente. L'uomo, che sperimenta la paura e la vergogna, scarica la sua responsabilità su altri (Adamo sulla donna, e la donna sul serpente). (…) Dio condanna prima di tutto il serpente; la punizione della donna la tocca nella sua duplice qualità di madre e di moglie. Anche l'uomo è condannato, anzitutto nel suo rapporto con la terra, alla quale è legato come a una moglie e dalla quale attende i frutti: ora la terra diventa una nemica. Comunque né l'uomo né la donna vengono "maledetti" da Dio, che riserva parole di maledizione soltanto al serpente e alla terra (o al cosmo). La più aspra conseguenza del peccato è la morte: il peccato produce una rottura del rapporto con Dio, e la morte fisica sancisce definitivamente questa rottura. Nonostante tutto, Dio dà agli uomini un vestito: è già un gesto salvifico di Dio, che soccorre l'uomo ridandogli dignità. (…) >>[103].

Tuttavia, nonostante la chiarezza del testo e della vicenda, non solo appaiono disfunzioni evidenti del racconto ma anche l'Ebraismo e le correnti religiose interne al Cristianesimo troveranno una chiave di lettura di volta in volta diversa, comunque personalizzata; difatti:

1) nell'*Ebraismo*, Abramo non è ritenuto responsabile dei peccati dell'Umanità, in quanto tratto in inganno e spinto a decidere sotto la spinta truffaldina di Eva. Nonostante tale posizione, generalmente accettata, in questa religione si afferma che gli esseri umani non nascono con il peccato e con la contaminazione e scelgono di peccare, procurandosi sofferenze.

2) nel *Cristianesimo*, troviamo un elemento comune in tutte le correnti, ovvero il fatto di riconoscere questo episodio come "alle-

---

[103] Tratto da: https://it.wikipedia.org/wiki/Peccato_originale

gorico", nonostante per secoli si sia rimarcato il concetto punitivo a seguito del peccato commesso dai nostri ascendenti primordiali. **Agostino d'Ippona** si supera, ritenendo che l'uomo fosse stato creato simile a Dio, ma non in tutto, perché Dio conosce il male ma in quanto amore infinito non lo commette, mentre l'uomo conosce il male e può compierlo; l'essere umano è stato dunque creato con il libero arbitrio di conoscere e fare sia il male sia il bene.

Peccato che tale posizione sia contraria a praticamente tutto l'Antico Testamento, dove emerge chiaramente un Dio desposta e sanguinario, Yahweh, che punisce e uccide chi disobbedisce ai suoi ordini: pertanto, *Dio ha dato all'uomo il libero arbitrio ma se fa qualcosa di contrario al suo volere, nonostante sia libero di farlo, viene comunque punito*? Qualcosa non torna sicuramente!

Tra le diverse correnti cristiane troviamo le seguenti posizioni[104]:

a) nel *Cattolicesimo*, <<(…) per effetto del peccato originale, l'uomo eredita, anzitutto, una colpa che, se non viene estinta con il sacramento del battesimo, preclude la salvezza. L'uomo eredita, inoltre, sempre per effetto del peccato originale, un'inclinazione verso il male, che il battesimo non può cancellare, e che è chiamata concupiscenza. Questa inclinazione, che accompagna l'uomo nel corso dell'intera sua vita non costituisce in sé un peccato, ma una debolezza di base dell'essere umano che è la causa dell'agire malvagio degli uomini nella storia dell'umanità. La trasmissione di questa inclinazione è un mistero che non può essere pienamente compreso. Un'interpretazione è che Adamo ed Eva abbiano ricevuto la santità e la giustizia originali non soltanto per sé, ma per tutta la natura umana, ed il peccato commesso abbia alterato la stessa natura umana. Il rimedio a questo stato "decaduto" consiste nella "storia della salvezza", che si sviluppa dagli antichi patriarchi fino alla redenzione. Solo alla luce di tale dottrina cattolica è comprensibile il dogma cattolico dell'Immacolata Concezione di Maria madre di Gesù (proclamato nel 1854 da papa Pio IX), secondo il quale Maria fu concepita senza peccato originale in vista dei meriti di suo figlio,

---

[104] Tratto da: https://it.wikipedia.org/wiki/Peccato_originale

ossia "pre-redenta", redenta prima che la redenzione avvenisse storicamente (...)>>.

b) nel *Protestantesimo*, <<(...) il peccato originale è caratterizzato dal concetto di ereditarietà della colpa evincibile dalle Sacre Scritture (salmo 51, vangeli), illustrato dall'apostolo Paolo e ripreso da Agostino nella sua aspra polemica contro Pelagio. La dottrina del peccato originale venne ripresa e reinterpretata da Martin Lutero, il principale fautore della Riforma protestante, in opposizione alla Chiesa cattolica. Secondo Lutero il peccato originale avrebbe corrotto moralmente l'anima umana a tal punto da privarla della possibilità di volgersi da sola verso il bene: l'uomo sarebbe quindi privo del libero arbitrio che lo avrebbe caratterizzato prima del peccato originale e che gli permetterebbe di scegliere fra il bene e il male. Il suo sarebbe un servo arbitrio, servo del male. Solo Dio decide, ancor prima della nascita dell'uomo, di salvarlo: la salvezza è dovuta solo a Dio, le azioni che un individuo compie durante la sua esistenza non hanno alcuna influenza sul suo destino umano. Nel calvinismo questa riflessione sulla predestinazione dell'essere umano è ulteriormente sviluppata: tutti gli uomini sarebbero meritevoli di dannazione, ma Dio ne ha predestinati alcuni (il cui numero e la cui identità sono sconosciute agli uomini), per suo imperscrutabile volere, ad essere eletti e salvati malgrado le loro colpe, grazie al sacrificio espiatorio di Gesù, che si è sostituito a loro nella meritata punizione (...)>>.

c) nell'*Ortodossia*, <<(...) a differenza delle interpretazioni cattolica e protestante, per l'Ortodossia cristiana il peccato di Adamo ha avuto delle conseguenze per l'uomo, ma non si tratterebbe di conseguenze morali in grado di "macchiare" con una colpa l'anima di ogni individuo. Piuttosto il peccato originale avrebbe introdotto la corruttibilità fisica dell'essere umano, e in particolare la morte. Le uniche conseguenze del gesto di Adamo sono dunque, secondo la visione ortodossa, la corruzione e la mortalità, considerate da un punto di vista fisico, nonmorale. Tuttavia, la morte comporta un desiderio innato degli esseri umani di "ridurre" il dolore per la certezza della fine della vita terrena: da ciò scaturisce il peccato come palliativo di fronte alla mortalità (…)>>.

3) nell'*Islam*, <<(…) è assente il concetto di eredità della colpa, perché ognuno è responsabile del proprio peccato. Secondo l'Islam il peccato originale sarebbe solo un errore commesso da Adamo ed Eva, ma essi si sarebbero pentiti e quindi perdonati da Dio, senza che il loro sbaglio si ripercuotesse sul genere umano (…)>>.

La storia e l'archeologia poi ci riportano un dato assai curioso: il documento cuneiforme sumero del 2.200 a.C., chiamato "*il Cilindro della Tentazione*", scoperto nel 1840 d.C., parla proprio di questa vicenda, riportata in **Genesi 3** (datata 1.400-1.100 a.C.): <<[…] Gli elementi sostanziali del racconto sono tutti riportati graficamente sul cilindro, infatti, sono presenti un uomo ed una donna posti ai lati dello stesso, dei serpenti e dal centro della scena un albero con dei frutti. La scena è resa ancora più simile al racconto biblico perché la figura maschile rappresentata era presentata con delle corde, simbolo sumerico della divinità. Contrariamente a quello che verrebbe da pensare, il Sumeri non erano un popolo semitico, è tanto meno indoeuropeo. Già dal 4.000 a.C. (…) questo popolo viveva in Mesopotamia. A loro è attribuita l'invenzione della scrittura cuneiforme e come è stato mostrato, le loro credenze spirituali influenzarono tutte le successive religioni del vicino oriente (tra cui l'ebraismo). Samuel Noah Kramer, archeologo, ha trascorso la maggior parte della propria vita a studiare nella letteratura, redigendo nel 1944 un libro sulla mitologia sumera. In questo libro, Kramer si è soffermato sull'importanza che il Sumeri attribuivano alla mitologia, proprio come un precursore, egli affrontò tra i primi, non studio della letteratura sumera. (…) Il cilindro della tentazione, conservato al British Museum di Londra, dimostra che la Genesi è un mito, raccontata come una storia. La storia della cacciata dal giardino di Eden, era già una leggenda sumera e venne descritta in questo reperto archeologico a grandi linee, ovviamente i nomi dei personaggi cambiano. […]>>[105].

2.2. Il contesto letterale dei passi biblici [106]

---

[105] Tratto da: http://comeleggerelabibbia.blogspot.it/
[106] **Mauro Biglino**, *Il Dio Alieno della Bibbia*, ristampa, Uno Editori, 2014, pp. 315-335

Riprendiamo i passi biblici che ci interessano per il tema in esame, dando spazio alle interpretazioni che derivano solo dalla lettera del testo, senza alcuna influenza teologica.

Per affrontare quest'analisi sarà necessario conoscere bene i seguenti versetti dell'Antico Testamento:

Genesi 2: 4-25

[4] Queste le origini del cielo e della terra, quando vennero creati. Quando il Signore Dio fece la terra e il cielo, [5] nessun cespuglio campestre era sulla terra, nessuna erba campestre era spuntata - perché il Signore Dio non aveva fatto piovere sulla terra e nessuno lavorava il suolo [6] e faceva salire dalla terra l'acqua dei canali per irrigare tutto il suolo -; [7] allora il Signore Dio plasmò l'uomo con polvere del suolo e soffiò nelle sue narici un alito di vita e l'uomo divenne un essere vivente. [8] Poi il Signore Dio piantò un giardino in Eden, a oriente, e vi collocò l'uomo che aveva plasmato. [9] Il Signore Dio fece germogliare dal suolo ogni sorta di alberi graditi alla vista e buoni da mangiare, tra cui l'albero della vita in mezzo al giardino e l'albero della conoscenza del bene e del male. [10] Un fiume usciva da Eden per irrigare il giardino, poi di lì si divideva e formava quattro corsi. [11] Il primo fiume si chiama Pison: esso scorre intorno a tutto il paese di Avìla, dove c'è l'oro [12] e l'oro di quella terra è fine; qui c'è anche la resina odorosa e la pietra d'ònice. [13] Il secondo fiume si chiama Ghicon: esso scorre intorno a tutto il paese d'Etiopia. [14] Il terzo fiume si chiama Tigri: esso scorre ad oriente di Assur. Il quarto fiume è l'Eufrate. [15] Il Signore Dio prese l'uomo e lo pose nel giardino di Eden, perché lo coltivasse e lo custodisse. [16] Il Signore Dio diede questo comando all'uomo: «Tu potrai mangiare di tutti gli alberi del giardino, [17] ma dell'albero della conoscenza del bene e del male non devi mangiare, perché, quando tu ne mangiassi, certamente moriresti». [18] Poi il Signore Dio disse: «Non è bene che l'uomo sia solo: gli voglio fare

Mauro Biglino, *La Bibbia non è un libro sacro*, ristampa, Uno Editori, 2015, pp. 167-174

un aiuto che gli sia simile». **[19]** Allora il Signore Dio plasmò dal suolo ogni sorta di bestie selvatiche e tutti gli uccelli del cielo e li condusse all'uomo, per vedere come li avrebbe chiamati: in qualunque modo l'uomo avesse chiamato ognuno degli esseri viventi, quello doveva essere il suo nome. **[20]** Così l'uomo impose nomi a tutto il bestiame, a tutti gli uccelli del cielo e a tutte le bestie selvatiche, ma l'uomo non trovò un aiuto che gli fosse simile. **[21]** Allora il Signore Dio fece scendere un torpore sull'uomo, che si addormentò; gli tolse una delle costole e rinchiuse la carne al suo posto. **[22]** Il Signore Dio plasmò con la costola, che aveva tolta all'uomo, una donna e la condusse all'uomo. **[23]** Allora l'uomo disse: «Questa volta essa è carne dalla mia carne e osso dalle mie ossa. La si chiamerà donna perché dall'uomo è stata tolta». **[24]** Per questo l'uomo abbandonerà suo padre e sua madre e si unirà a sua moglie e i due saranno una sola carne. **[25]** Ora tutti e due erano nudi, l'uomo e sua moglie, ma non ne provavano vergogna.

Genesi 3: 1-24

[1] Il serpente era la più astuta di tutte le bestie selvatiche fatte dal Signore Dio. Egli disse alla donna: «E' vero che Dio ha detto: Non dovete mangiare di nessun albero del giardino?». **[2]** Rispose la donna al serpente: «Dei frutti degli alberi del giardino noi possiamo mangiare, **[3]** ma del frutto dell'albero che sta in mezzo al giardino Dio ha detto: Non ne dovete mangiare e non lo dovete toccare, altrimenti morirete». **[4]** Ma il serpente disse alla donna: «Non morirete affatto! **[5]** Anzi, Dio sa che quando voi ne mangiaste, si aprirebbero i vostri occhi e diventereste come Dio, conoscendo il bene e il male». **[6]** Allora la donna vide che l'albero era buono da mangiare, gradito agli occhi e desiderabile per acquistare saggezza; prese del suo frutto e ne mangiò, poi ne diede anche al marito, che era con lei, e anch'egli ne mangiò. **[7]** Allora si aprirono gli occhi di tutti e due e si accorsero di essere nudi; intrecciarono foglie di fico e se ne fecero cinture. **[8]** Poi udirono il Signore Dio che passeggiava nel giardino alla brezza del giorno e l'uomo con sua moglie si nascosero dal Signore Dio, in mezzo agli alberi del giardino. **[9]** Ma il Signore Dio chiamò l'uomo e gli disse: «Dove sei?». **[10]** Rispose:

«Ho udito il tuo passo nel giardino: ho avuto paura, perché sono nudo, e mi sono nascosto». **[11]** Riprese: «Chi ti ha fatto sapere che eri nudo? Hai forse mangiato dell'albero di cui ti avevo comandato di non mangiare?». **[12]** Rispose l'uomo: «La donna che tu mi hai posta accanto mi ha dato dell'albero e io ne ho mangiato». **[13]** Il Signore Dio disse alla donna: «Che hai fatto?». Rispose la donna: «Il serpente mi ha ingannata e io ho mangiato». **[14]** Allora il Signore Dio disse al serpente: «Poiché tu hai fatto questo, sii tu maledetto più di tutto il bestiame e più di tutte le bestie selvatiche; sul tuo ventre camminerai e polvere mangerai per tutti i giorni della tua vita. **[15]** Io porrò inimicizia tra te e la donna, tra la tua stripe e la sua stirpe: questa ti schiaccerà la testa e tu le insidierai il calcagno». **[16]** Alla donna disse: «Moltiplicherò i tuoi dolori e le tue gravidanze, con dolore partorirai figli. Verso tuo marito sarà il tuo istinto, ma egli ti dominerà». **[17]** All'uomo disse: «Poiché hai ascoltato la voce di tua moglie e hai mangiato dell'albero, di cui ti avevo comandato: Non ne devi mangiare, maledetto sia il suolo per causa tua! Con dolore ne trarrai il cibo per tutti i giorni della tua vita. **[18]** Spine e cardi produrrà per te e mangerai l'erba campestre. **[19]** Con il sudore del tuo volto mangerai il pane; finchè tornerai alla terra, perchè da essa sei stato tratto: polvere tu sei e in polvere tornerai!». **[20]** L'uomo chiamò la moglie Eva, perché essa fu la madre di tutti i viventi. **[21]** Il Signore Dio fece all'uomo e alla donna tuniche di pelli e le vestì. **[22]** Il Signore Dio disse allora: «Ecco l'uomo è diventato come uno di noi, per la conoscenza del bene e del male. Ora, egli non stenda più la mano e non prenda anche dell'albero della vita, ne mangi e viva sempre!». **[23]** Il Signore Dio lo scacciò dal giardino di Eden, perché lavorasse il suolo da dove era stato tratto. **[24]** Scacciò l'uomo e pose ad oriente del giardino di Eden i cherubini e la fiamma della spada folgorante, per custodire la via all'albero della vita.

Adesso, possiamo cominciare la nostra analisi letterale, partendo da due concetti che andremo di volta in volta ad enucleare: gli alberi della "Vita" (1) e della "Conoscenza del Bene e del Male" (2) e il "peccato originale".

GLI ALBERI DELLA "VITA" E DELLA "CONOSCENZA DEL BENE E DEL MALE"

I versetti che interessano noi, rispetto al tema in esame, sono collocati in **Genesi 2: 8-9, 16-17**.

[8] Poi il Signore Dio piantò un giardino in Eden, a oriente, e vi collocò l'uomo che aveva plasmato. [9] Il Signore Dio fece germogliare dal suolo ogni sorta di alberi graditi alla vista e buoni da mangiare, tra cui l'albero della vita in mezzo al giardino e l'albero della conoscenza del bene e del male.

[16] Il Signore Dio diede questo comando all'uomo: «Tu potrai mangiare di tutti gli alberi del giardino, [17] ma dell'albero della conoscenza del bene e del male non devi mangiare, perché, quando tu ne mangiassi, certamente moriresti».

Già qui, appaiono degli elementi di forte criticità, in ordine ai seguenti punti:

1) l'**origine del "peccato"** risiede nel fatto che la trasgressione sia stata realizzata cogliendo il "frutto proibito"[107] dall'albero. Prendendo per vera questa affermazione, necessariamente, il lettore dovrà porsi due domande:

a) se l'albero "dai frutti proibiti" era piantanto nell'Eden, chiaramente localizzato ad oriente[108], come il testo biblico ci dice, *perché i*

---

[107] In realtà, una diversa interpretazione rispetto al testo letterale porterebbe a credere che il termine "cogliere il frutto" fosse il modo per dire "compiere l'atto sessuale"; in tal senso, si spiegherebbe l'ira di Dio che scopre l'atto sessuale compiuto da Eva, magari con un Elohim rivale.
Giulio Perrotta, *Exorcizamus te. Il vero volto di Dio*, Primiceri Editore, 2016, pp. 195-196
[108] **Biglino** afferma: <<[...] La parola "Eden" è stata tradotta in greco con paradeisos, "paradiso" e deriva dal pairidaeza della religione zoroastriana [...]: il termine avestico significa "luogo recintato". La parola ebraica che indica il "giardino", gan, deriva dalla radice ganan, che significa "recintare". "Gan be-Eden" significa dunque "giardino cintato in Eden", che si trova effettivamente a oriente rispetto al territorio palestinese in cui venne redatto l'Antico Testamento. [...] I quattro fiumi biblici che partono dall'Eden sono Gihon (attuale Aras) [...], Pison (attuale Uhizun), Hiddekel (attuale Tigri) e Perath (attuale Eufrate). Le loro sorgenti si trovano nel territorio immediatamente ad ovest del Mar Caspio, nei pressi dei laghi Urmaia e Van (Armenia - Kurdistan). La localizzazione precisa pare essere la zona in cui si

---

*teologi sostengono che questo luogo (il c.d. "paradiso terrestre")
altro non è che il "Paradiso" dove andranno le anime dei giusti?
Dunque il Paradiso "celeste" è sulla Terra?*

b) il **versetto 9** recita che *il Signore Dio fece germogliare dal suolo
ogni sorta di alberi graditi alla vista e buoni da mangiare, tra cui
l'albero della vita in mezzo al giardino e l'albero della conoscenza
del bene e del male.* Se ne deduce che, oltre a tutta una flora
rigogliosa, nell'Eden esistevano almeno[109], due alberi: l'albero della
vita (1) -localizzato in mezzo all'Eden- e l'albero della conoscenza
del bene e del male (2). Il **versetto 17** ci dice invece che Dio
concede all'uomo di mangiare qualunque frutto, tranne quelli del
secondo albero (ovvero quello che non è posto al centro del
giardino), in quanto l'evento provocherebbe la morte. Da quest'altro
versetto se ne deduce dunque che i frutti di tutti gli altri alberi
possono essere raccolti e mangiati, compresi quelli dell'albero della
vita, ovvero quello posto al centro. Tuttavia, scopriremo con la
successiva domanda l'incredibile confusione creata dal redattore
della Genesi, ovvero: *perché punire Adamo ed Eva se il frutto
raccolto viene dall'albero non proibito?*

**2) la "punizione" di Dio a seguito della trasgressione di Adamo
ed Eva** si fonda su un principio sbagliato, provocando un'azione
illegittima. In sostanza, Dio dimostra di essere molto più umano

---

trova l'attuale Tabriz (Iran): la valle dell'Adji Chay, chiamata in persiano Meidan (cioè "luogo
recintato da mura"). Le terre di Cush (Azerbajan) e Avila (provincia di Anguran, Iran),
bagnate dal Gihon e dal Pison, si trovano nell'attuale Azerbajan e sui vicini Monti dell'Iran
settentrionale. Il fiume che attraversa l'Eden si interra nei pressi del Lago Urmia per poi
rinascere formando le sorgenti dei quattro fiumi citati, che sfociano due nel Mar Caspio
(Gihon e Pison) e due nel Golfo Persico (Tigri ed Eufrate). [...] Dalla terra di Sumer (Sud
della Mesopotamia) si raggiunge il cielo (il Paradiso Terrestre), passando sette catene
montuose (dai Monti Zagros in poi) con sette colli [...]: sono probabilmente i sette cieli che,
nella mitologia religiosa ebraica (Talmud), bisogna superare per raggiungere il Paradiso finale.
Dall'Eden, Caino viene esiliato nella Terra di Nod [...]. I Cherubini posti a guardia del
giardino ricordano la località di Keruhabad, la "residenza dei Kheru"; i Kherubi, i Cherubini, i
guardiani del territorio. Questo territorio è sovrastato dal Monte/Vulcano Sahand, la montagna
luminosa su cui si incontravano gli Déi [...]. Dì qui provenivano gli Déi primordiali: Enki (Ea,
Ya, Yahwèh); Ninhursag (Madre dei Viventi, Hawwah, Eva); Inanna (Ishtar, Astarte,
Astaroth); Dummuzi (Asar, Marduk, Osiride) [...]>>. **Mauro Biglino**, *Il Dio alieno della
Bibbia*, Uno Editore, 2014, pp. 366-368.
[109] "Almeno", in quanto nel testo biblico troviamo *"tra cui"*. Dunque, non necessariamente gli
alberi erano soltanto due; sicuramente, erano "almeno" due.

---

delle sue creature, commettendo un errore abnorme. *Qual è l'errore che lo scrivente gli contesta?* Semplice! Per rispondere a questa domanda riprendiamo il capitolo della **Genesi 3** e spacchettiamo i vari versetti, per meglio comprendere gli eventi:

[1] Il serpente era la più astuta di tutte le bestie selvatiche fatte dal Signore Dio. Egli disse alla donna: «E' vero che Dio ha detto: Non dovete mangiare di nessun albero del giardino?». **[2]** Rispose la donna al serpente: «Dei frutti degli alberi del giardino noi possiamo mangiare, **[3]** ma del frutto dell'albero che sta in mezzo al giardino Dio ha detto: Non ne dovete mangiare e non lo dovete toccare, altrimenti morirete».

Tralasciando il discorso già affrontato nel saggio precedente "*Exorcizamus te. Il vero volto di Dio*", riguardo la correlazione tra il serpente biblico e il Dio sumero Enki, in questi versetti appaiono due elementi estremamente critici:

a) *per quale ragione Dio permette alla sua bestia più astuta di circolare indisturbata nell'Eden?* I credenti potrebbero rispondere: semplice, perché Dio ha dato libero arbitrio ma ha voluto testare la fedeltà delle sue creature, mettendole in tentazione! Bene. Peccato che tale posizione venga smentita subito dopo da Dio in persona, in quanto nei **versetti 14-15** troviamo quanto segue: *Allora il Signore Dio disse al serpente: «Poiché tu hai fatto questo, sii tu maledetto più di tutto il bestiame e più di tutte le bestie selvatiche; sul tuo ventre camminerai e polvere mangerai per tutti i giorni della tua vita. Io porrò inimicizia tra te e la donna, tra la tua stripe e la sua stirpe: questa ti schiaccerà la testa e tu le insidierai il calcagno».* Dunque, se Dio avesse mandato il serpente per tentare, non se la sarebbe presa con lui e di sicuro la sua condanna sembra tutto tranne che una finzione per dissimulare il vero accordo tra Dio e la sua astuta bestia. Pertanto, non può che dedursi che la bestia astuta è entrata nell'Eden senza il consenso di Dio e dopo aver tentato le creature di quest'ultimo, ha deciso di condannarlo per l'eternità per l'azione meschina posta in essere.

b) il serpente chiede alla donna, astutamente o meno, se il divieto riguardasse tutti i frutti presenti in tutti gli alberi. La donna rispose che dei frutti degli alberi del giardino loro potevano mangiarli, ma non quello dell'albero che sta in mezzo al giardino, ovvero l'albero della vita. *Ma se in **Genesi 2** abbiamo letto che il divieto era per l'albero della conoscenza e non della vita, com'è possibile che Eva faccia questa confusione?* Per adesso, "facciamo finta" che l'errore sia dovuto al fatto che la povera creatura di Dio abbia capito male. Diciamo che per Eva il frutto proibito era quello dell'albero della Vita e non quello della Conoscenza. Tuttavia, Dio sa benissimo che il divieto è sul secondo albero, quindi anche qualora fosse l'eventuale ingestione di un frutto non proibito non dovrebbe comportare alcuna conseguenza. Bene: così non sarà (come vedremo tra poco)!

> [4] Ma il serpente disse alla donna: «Non morirete affatto!
> [5] Anzi, Dio sa che quando voi ne mangiaste, si aprirebbero i vostri occhi e diventereste come Dio, conoscendo il bene e il male».

Il mistero si infittisce: il serpente, riferendosi all'albero della vita, perché Eva di quello stava parlando, afferma che non c'è alcun pericolo di vita, tuttavia il versetto immediatamente dopo parla dell'albero delal conoscenza. Una confusione imbarazzante che porta il lettore a dedurre tre possibili soluzioni:

a) *il redattore della Genesi si è confuso*. Tesi bocciata: Se il testo è ispirato da Dio, come raccontano i teologi, questa confusione non può essere determinata da un mero errore materiale. "Facciamo (dunque) finta che" che le scritture siano sacre e ispirate e scartiamo tale ipotesi.

b) *il serpente tentatore ha creato volutamente confusione per ingannare la povera Eva*. Tesi bocciata: se fosse vera questa versione, il serpente tenterebbe Eva dichiarando che l'albero della Vita produce gli effetti che si avrebbero mangiando i frutti dell'albero della Conoscenza. Se così fosse, l'inganno sarebbe fine a se stesso, in quanto (alla fine dei giochi) il frutto ingerito non sarebbe quello dell'albero vietato (quello della conoscenza).

c) *in origine, l'albero era uno solo*, come pensa anche **Biglino**. Tesi plausibile anche se difficile da confermare.

d) *il testo non è affatto ispirato da Dio e il redattore si è semplicemente confuso.* <u>Tesi plausibile.</u>

Qualunque sia l'interpretazione, il testo biblico oggi diffuso nelle famiglia presenta comunque una criticità non indifferente nel riconoscere l'albero dai frutti proibiti. Continuando però con la lettura dei passi, il lettore si imbatterà necessariamente in tutta una serie di contraddizioni davvero singolari:

---

[6] Allora la donna vide che l'albero era buono da mangiare, gradito agli occhi e desiderabile per acquistare saggezza; prese del suo frutto e ne mangiò, poi ne diede anche al marito, che era con lei, e anch'egli ne mangiò. [7] Allora si aprirono gli occhi di tutti e due e si accorsero di essere nudi; intrecciarono foglie di fico e se ne fecero cinture.

Nei due passi proposti, emerge chiaramente la volontà di Eva di credere alle parole del serpente; tuttavia, nonostante stia raccogliendo dall'albero della Vita il frutto che darà anche ad Adamo, le parti in gioco parlano come se fosse l'albero della Conoscenza. Un'ulteriore confusione altrettanto imbarazzante che porta il lettore a dedurre ancora una volta quanto sopra.

Un altro elemento ha in questa vicenda un ruolo centrale: *Adamo ed Eva, una volta mangiato il frutto, <u>seppero delle loro nudità</u>.*

Un'affermazione alquanto singolare, visto che la Conoscenza viene così posta in relazione con il fatto di rendersi conto che in Eden vivevano in stato di nudità.

Riprendendo il testo ebraico, il termine utilizzato in tale circostanza è *"iadà"*, che indica la "conoscenza diretta tramite l'esperienza", ovvero l'unione sessuale.

E se questa ipotesi interpretativa risultasse corretta, ben più chiara sarebbe la posizione di Dio, nel momento in cui si rende conto che il frutto mangiato aveva prodotto in loro la Conoscenza della riproduzione senza il suo intervento.

Questa tesi è stata già affrontata da diversi studiosi che incentrano la questione proprio sul concetto di "unione sessuale": il testo letterare parla d'altronde di una consapevolezza dello stato di nudità che genera vergogna alla vista di Dio, sentimento mai espresso prima di questo versetto.

---

[8] Poi udirono il Signore Dio che passeggiava nel giardino alla brezza del giorno e l'uomo con sua moglie si nascosero dal Signore Dio, in mezzo agli alberi del giardino. [9] Ma il Signore Dio chiamò l'uomo e gli disse: «Dove sei?». [10] Rispose: «Ho udito il tuo passo nel giardino: ho avuto paura, perché sono nudo, e mi sono nascosto». [11] Riprese: «Chi ti ha fatto sapere che eri nudo? Hai forse mangiato dell'albero di cui ti avevo comandato di non mangiare?». [12] Rispose l'uomo: «La donna che tu mi hai posta accanto mi ha dato dell'albero e io ne ho mangiato». [13] Il Signore Dio disse alla donna: «Che hai fatto?». Rispose la donna: «Il serpente mi ha ingannata e io ho mangiato».

In questi versetti c'è il nocciolo della questione. Vediamo passo passo tutte le criticità:

a) *Dio ha una presenza corporea, in quanto i suoi passi possono essere sentiti dalle sue creature.* E se ha una presenza corporea e vive sulla Terra (in quanto l'Eden è localizzato sul pianeta) è logico pensare che -come sostenuto da **Biglino** utilizzando i passi biblici e non altre interpretazioni- sia soggetto alle regole e alle leggi della fisica e della chimica, dunque è chiaro perché nel **Salmo 82** si specifica che tutti gli Déi muoiono come gli umani, vivono a lungo ma non sono immortali e necessitano di nutrimento e sostentamento. Tuttavia, tale immagine così mortale bene poco collima con l'immagine di un'entità spirituale, creatrice del tutto, onnisciente e onnipresente.

b) *Dio, non trovando Adamo, lo chiamò, esclamando "Dove sei?".* Ma se è un essere onnisciente e onnipresente, com'è possibile che non si è reso conto dell'ingresso in Eden del serpente e della localizzazione precisa delle sue creature nel giardino?

c) *Adamo dice a Dio che si era nascosto, vergognandosi per le sue nudità e Dio così capisce che la sua creatura aveva colto il frutto "proibito".* Ma se il frutto colto era dell'albero posto al centro del giardino, ovvero l'albero della vita, com'è stato possibile acquisire anche la conoscenza, qualità tipica del frutto dell'altro albero? E se il frutto colto non rientrava nel divieto divino, perché Dio decide di condannare il serpente, Adamo ed Eva, come scritto nei **v. 14-19**?

---

[14] Allora il Signore Dio disse al serpente: «Poiché tu hai fatto questo, sii tu maledetto più di tutto il bestiame e più di tutte le bestie selvatiche; sul tuo ventre camminerai e polvere mangerai per tutti i giorni della tua vita. [15] Io porrò inimicizia tra te e la donna, tra la tua stripe e la sua stirpe: questa ti schiaccerà la testa e tu le insidierai il calcagno». [16] Alla donna disse: «Moltiplicherò i tuoi dolori e le tue gravidanze, con dolore partorirai figli. Verso tuo marito sarà il tuo istinto, ma egli ti dominerà». [17] All'uomo disse: «Poiché hai ascoltato la voce di tua moglie e hai mangiato dell'albero, di cui ti avevo comandato: Non ne devi mangiare, maledetto sia il suolo per causa tua! Con dolore ne trarrai il cibo per tutti i giorni della tua vita. [18] Spine e cardi produrrà per te e mangerai l'erba campestre. [19] Con il sudore del tuo volto mangerai il pane; finchè tornerai alla terra, perchè da essa sei stato tratto: polvere tu sei e in polvere tornerai!».

"Facciamo allora finta che" la confusione generata dall'errore di identificazione non esista e il frutto mangiato faccia effettivamente parte dell'albero della Conoscenza, dunque un frutto proibito.

La naturale domanda in conseguenza di tale presa di posizione sarebbe: perché Adamo ed Eva, a seguito dell'ingestione del frutto proibito, non sono morti?

Dio in persona, in **Genesi 2: 17**, afferma che la conseguenza sarebbe stata la morte. Dio li ha voluti perdonare?

Il versetto però specifica che l'evento morte non poteva che essere la naturale conseguenza, a lasciar intendere che nessuno poteva evitarlo.

Ha dunque mentito?

Vediamo gli ultimi passi:

---

[20] L'uomo chiamò la moglie Eva, perché essa fu la madre di tutti i viventi. [21] Il Signore Dio fece all'uomo e alla donna tuniche di pelli e le vestì. [22] Il Signore Dio disse allora: «Ecco l'uomo è diventato come

---

uno di noi, per la conoscenza del bene e del male. Ora, egli non stenda più la mano e non prenda anche dell'albero della vita, ne mangi e viva sempre!».

Il lettore attento dovrebbe a questo punto chiedersi:

a) *perché Dio fornisce tuniche e pelli per vestirli se la punizione prospettata era la morte?*

b) *perché Dio afferma che l'uomo è diventato come* "uno di Noi"? *Chi sono gli altri?*

E infine:

[23] Il Signore Dio lo scacciò dal giardino di Eden, perché lavorasse il suolo da dove era stato tratto. [24] Scacciò l'uomo e pose ad oriente del giardino di Eden i cherubini e la fiamma della spada folgorante, per custodire la via all'albero della vita.

Da tutta quest'analisi possiamo dedurre dunque che:

a) nel testo è presente un errore che ingenera confusione tra i due alberi sicuramente presenti in Eden;

b) l'Eden si trova sulla Terra, ad oriente rispetto a dove sono localizzati i fatti narrati;

c) Dio vieta di mangiare i frutti dall'albero della Conoscenza e le sue creature, tentate dal serpente, mangiano difatti da un altro albero, quello della Vita, posto al centro dell'Eden. Tuttavia, il testo parla di Conoscenza e dunque si sovrappone l'albero della Conoscenza (localizzato in altro luogo dentro l'Eden) con l'albero della Vita (localizzato al centro);

d) Dio punisce l'ingestione del frutto colto dall'albero non vietato e se vogliamo considerare l'errore un "non errore", comunque mente affermando che mangiare quel frutto avrebbe provocato l'evento morte, mai avvenuto. E' più probabile che la simbologia utilizzata volesse intendere invece un vero e proprio "atto sessuale", vietato da Dio in quanto non autorizzato.

Al di là di quale sia la versione corretta, impossibile da sapere con i dati in nostro possesso, emerge a chiare lettere l'errore del redattore della **Genesi**, parlando prima di un albero e poi dell'altro, senza mai distinguere in maniera chiara e netta; l'errore, a monte, genera una serie di ripercussioni che a catena portano lo stesso "Dio" a condannare Adamo ed Eva per aver ingerito il frutto dall'albero sbagliato, nonostante gli effetti siano quelli della Conoscenza.

Non c'è dato saperlo ma probabilmente la simbologia utilizzata dal redattore originario (ammesso che la versione approvata dalla CEI non sia stata manipolata proprio in questi versi) voleva lasciar intendere che:

a) Adamo ed Eva furono creati come "fantocci", individui da controllare e utilizzare esclusivamente per gli scopi "divini";

b) Dio, per non rischiare la procreazione incontrollata, decise di concedergli la lunga vita, tramite l'uso dei frutti dell'Albero della Vita, ma non anche quelli della Conoscenza, in quanto il pericolo sarebbe stato quello di avere delle creature con le stesse loro qualità [110].

Lo stesso Dio, negli ultimi versetti, puntualizza che con questo gesto ora loro (Adamo ed Eva) sono come "noi" [111]. Insomma, un'incredibile confusione che lascia solo tanti interrogativi senza risposta ma la certezza che l'infallibilità del testo è da mettere sicuramente in

[110] Da quel momento in poi, la stirpe di Adamo ed Eva sarebbe vissuta molto meno degli Elohim, circa 120 anni. Facendo finta che quanto descritto sia la verità: *se ne può dunque dedurre che la lunga vita era frutto dell'ingestione dei frutti dell'albero della Vita?*

[111] Questo passo è stato per molto tempo contestato, soprattutto nella sua originale interpretazione. Si contendono lo scettro 2 possibili linee interpretative: a) la *posizione teologica*, più rigorosa rispetto ai dogmi religiosi del credo fidelistico, assegna al "ora loro sono come noi" un significato più morbido, ovvero intendendo il fatto che cogliendo la mela si sono resi protagonisti dell'apprendimento conoscitivo. Sono come noi, in quanto ora sono dotati della conoscenza del bene e del male. Tuttavia, questa linea è sconfessata dal fatto che, come visto prima, il testo stesso fa confusione tra i due alberi; b) la *posizione letterale*, più rispettosa del tenore testuale, assegna invece il significato più consono, ovvero "loro ora sono come noi", inteso nel senso biologico del termine, tenuto conto che "cogliere la mela" vuol dire compiere un atto sessuale, e dunque Eva si era congiunta con il Serpente, Elohim rivale di Yahweh, in perfetta coerenza con i testi mesopotamici dove Enlil ed Enki duellavano per salvare la razza umana, invenzione di quest'ultimo. Insomma, c'è poco da fare: anche su questo punto non c'è alcuna certezza, anche se molti indizi conducono verso un'interpretazione del tutto diverso da quella propugnata dalla teologia.

discussione. D'altronde sarebbe quanto meno schizofrenico il piano logico seguito da questo "individuo" considerato dagli ebrei e dai cristiani "Dio"; seguendo infatti il percorso narrativo delle posizioni teologiche della dottrina, apprendiamo che Dio: *in primis*, creò l'uomo e la donna con il peccato originale; *in secundis*, tramite lo stratagemma della mela e dell'astuzia del serpente, altra sua invenzione (altrimenti non sarebbe l'unico Dio), incolpò le sue creature di disobbedienza, cacciandoli dal giardino; *in terzis*, essendo Gesù il Figlio ma anche il Padre, ovvero Dio, in virtù della Trinità, si fece immolare sulla croce per salvare gli uomini dallo stesso peccato che lui impose per condannare i primi uomini (la medesima folle e illogica posizione descritta dalla teologia ma totalmente diversa rispetto al tenore letterale del **Deuteronomio 32: 8-9**, quando Dio divise i territori tra i suoi figli e poi decise di sterminare i popoli limitrofi per riconquistarli).

L'ennesima incoerenza in salsa teologica!

Capitolo 3:

L'influsso mesopotamico nella formazione letteraria guidaico-cristiana, tra la "creazione dell'uomo" e il "diluvio universale" [112]

3.1. Premessa

Spesso si legge che i "testi sumero-accadici e babilonesi" hanno ispirato le sacre scritture dell'Antico Testamento, a tal punto da far pensare a vere e proprie riproposizioni successive. E' dunque vero?

Abbiamo già affrontato questo tema nel saggio *"Exorcizamus te"*, così come puntualizzato nel presente lavoro al paragrafo 1.5; tuttavia, appare utile approfondire la tematica, non tanto per gli aspetti già analizzati (come la presenza comune nelle diverse culture), ma per le dinamiche legate ai racconti mesopotamici, in merito al mito della "creazione" e al mito del "diluvio", tenuto conto che:

a) l'Antico Testamento è un insieme di 46 libri redatti in via definitiva, sulla base di racconti orali, tra l'XIII secolo a.C. e il V secolo a.C., e dunque sono ben successivi temporalmente alle narrazioni egizie, sumero-accadiche, babilonesi e fenicie;

b) il termine "Antico Testamento" era utilizzato dai teologi cristiani dei primi secoli d.C., come **Ireneo di Lione**, per legittimare l'appropriazione cristiana degli scritti ebraici e pertanto prima della presunta nascita di Gesù non esisteva alcun canone anticotestamentario. [113]

La prospettiva storica, sociale e culturale dei popoli mesopotamici meritano una particolare attenzione, essendo proprio quella la culla dalla quale sorge la tradizione monoteista (ebraica, cristiana e musulmana). Prima di approfondire i temi della "creazione" e del "diluvio", quindi, si suggerisce di prendere lettura nuovamente dell'intervista di **Paolo Battistel** a pagina 54 del presente lavoro.

---

[112] **Giulio Perrotta**, *Exorcizamus te. Il vero volto di Dio*, Primiceri Editore, 2016.
Tratto da: http://enki-anunnaki.blogspot.it/p/enuma-elish.html
Tratto da: https://it.wikipedia.org/wiki/Diluvio_universale#Mesopotamia
[113] **Giovanni Filoramo**. *Cristianesimo*. Milano, Mondadori/Electa, 2007, pag. 60

3.2. Il mito della "creazione" secondo le culture mesopotamiche [114]

L'*Enuma Elish*, in primis, parla (tra le altre cose) del "mito della creazione". La storia ci narra, in maniera sintetica che *An* aveva tre figli, una femmina (*Ninhursag*) e due maschi (*Enlil* ed *Enki*); sulla Terra, però, il potere era conteso tra i due fratelli maschi: il primo rappresentava la divinità più potente poiché egli fu il figlio di *An* e della sua consorte ufficiale *Antu* e quindi era legalmente il primo-genito, nonostante le rivendicazioni del secondo, stesso padre ma con madre diversa (una vicenda che ricorda per molti versi il racconto di Isacco-Ismaele e Esaù-Giacobbe).

<<[…] *Enlil* era, ad ogni modo, il signore dello spazio aereo, dei cieli e della terra ed era un dio temuto e molto severo con il genere umano tanto da volerlo sterminare quando si presentò l'occasione del diluvio. *Enki* era invece il signore delle acque, dei mari e degli oceani ed era senza dubbio il terzo dio più potente colui che aveva il dominio dell'Apsu, ovvero del profondo. [...]>>[115]. E come se non bastasse, ad alimentare l'odio di *Enlil* c'era l'immenso amore e la grande venerazione che il genere umano provava verso *Enki*, ritenuto il padre procreatore del genere umano e fautore della civilizzazione sulla Terra, insieme alla sorella *Ninhursag*, <<[…] tanto che i sumeri parlavano di lui come di colui che consentì ad uno dei suoi seguaci più fidati, *Ziusudra* (*Utnapishtim* per i babilonesi poi), di salvarsi dal diluvio facendogli costruire una barca che gli permettesse di scampare dall'invasione delle acque [...]>>[116], l'antica storia del *Noé* biblico.

Per tali ragioni, <<[…] le rivalità tra questi due figli di *An* furono spesso al centro di intense faide e continue corse per raggiungere la supremazia dell'uno sull'altro. Quando ad un certo punto le rivalità tra i due raggiunsero livelli pericolosi, *An* li fece tirare a sorte e così ad *Enlil* furono affidati gli antichi luoghi dell'e.din [117] in Mesopo-

---

[114] Tratto da: https://it.wikipedia.org/wiki/En%C3%BBma_Eli%C5%A1
Cfr.: http://www.kricio.com/genesi-e-diluvio.html
[115] Tratto da: http://www.kricio.com/genesi-e-diluvio.html
[116] Ibidem
[117] Quel giardino recintato che la Genesi biblica chiama "*Eden*"

tamia, dal quale deriva la concezione di giardino dell'eden della bibbia, mentre ad *Enki* fu affidato l'ab.zu ovvero la parte dell'africa meridionale dal quale deriva la concezione di inferno o mondo inferiore, nel quale si svolgevano importanti ruoli di estrazione dell'oro dalle miniere. Successivamente, *Ninhursag* raggiunse *Enki* in Africa[118] per la creazione del lavoratore primitivo. (...) [...]>>[119].

Ma gli scritti sumeri ci raccontano molto di più. Lo stesso **Sitchin**, e diversi sumerologi, hanno affrontato il tema: <<[...] Questi antichi dèi erano venuti sulla terra dal loro pianeta chiamato Nibiru (pianeta del passaggio) per uno scopo ben preciso. I testi ci parlano di continue ed estenuanti estrazioni dell'oro dalle miniere dell'africa meridionale dove non a caso sono state trovate tracce estrattive datate al carbonio 14 e risalenti a 400 mila anni fa. Questi duri lavori erano portati a termine dagli annunaki (coloro che dal cielo scesero sulla terra, in pratica gli elohim) che lavoravano nelle miniere per giorni e giorni senza mai fermarsi. Cominciarono a sorgere così malumori tra queste divinità minori esasperati dalla mole del lavoro e per lo stato in cui erano costretti a vivere; malumore che sfociò in un vero e proprio ammutinamento. Ci fu quindi una ribellione che portò i grandi dèi a riunirsi in un assemblea per poter così prendere una decisione sul da farsi. *An*, il capo supremo, prese allora una decisione indiscutibile ascoltando i consigli del figlio *Enki*, e decise che l'unico modo per garantire la serenità e la contemporanea estrazione dell'oro, era quella di creare un *lu.lu* (colui che è mischiato), un lavoratore primitivo che si prendesse carico del lavoro degli dèi. Uno schiavo in pratico, un servo. Per fare ciò dovevano generare un essere che fosse adatto allo scopo. A questo punto del racconto interviene *Enki* che pronunciò queste parole: "l'essere di cui avete pronunciato il nome esiste già! Bisogna soltanto legargli sopra la nostra immagine, l'immagine degli dèi". In effetti, *Enki* si rese conto che un essere che potesse essere adatto allo scopo esisteva di già, un essere che era il frutto della terra. (...) Ebbe così inizio il progetto di

---

[118] L'Area africana di riferimento è esattamente quella dove oggi la scienza ufficiale ci conferma essere nato il primo *Homo*
[119] Ibidem

creazione dell'Adam il cui significato è il terrestre, poiché la parola Adamo è un derivato della radice di Adamah = terra. *Enki* affidò il compito di dar vita a tale creatura alla sorellastra *Ninhursag*, infatti si legge in un testo come gli annunaki si rivolgessero a lei in questi termini: "ad una creatura dai vita, crea i lavoratori! Crea un lavoratore primitivo, che sia lui a portare il giogo! Che sia lui a sopportare le fatiche assegnate da *Enlil*, che il lavoratore usi gli "utensili" degli dèi"! (...) Comunque sia quelle che noi oggi chiameremmo manipolazioni sull'uomo ebbero inizio così nell'ap.su ovvero nell'africa meridionale (...). [...]>> [120] [121]. Dunque, la sorella: <<[...] accettò di partecipare alla creazione dell'Adam e da questo momento in poi assunse l'epiteto di *Nin.ti* (signora che dà la vita e che fu in seguito definita come "mammi" dal quale deriva il nome moderno di mamma). *Enki* mise a disposizione la sua sposa *Ninki* [122] [...]>>.

Il *"Poema di Atrahasis"* o del *"Grande Saggio"*, scritto in accadico nel XVII secolo a.C., ma risalente per molte parti a testi e tradizioni sumere, affronta i temi della creazione dell'uomo, del suo compito nell'universo e del diluvio "universale". Rinvenuto nella Biblioteca

---

[120] Ibidem

[121] <<[...] Ecco perché è arrivato a noi oggi come, dalla genesi: "...dio non aveva fatto piovere sulla terra e non c'era uomo che lavorasse il suolo. Allora il signore dio plasmò l'uomo con polvere del suolo e soffiò nelle sue narici un alito di vita e l'uomo divenne l'essere vivente. Poi il signore dio piantò un giardino in Eden, a oriente, e vi collocò l'uomo che aveva plasmato" ...affinchè lo lavorasse. E' più che evidente il parallelismo che esiste tra queste due storie: l'edin e l'eden, la polvere del suolo che rappresenterebbe l'essenza di qualcosa che è terrestre ed il soffio di vita che rappresenta "l'opera" divina degli dèi. (...) Non possiamo certo aspettarci nomi scientifici come clonazione e manipolazioni genetiche ma sicuramente se popoli così antichi avessero dovuto parlare di cose di questo tipo quale miglior termine di vita, l'essenza vitale della vita (DNA), per spiegare cose che con ogni probabilità sono difficili da comprendere anche all'uomo moderno! [...]>>.
(Tratto da: http://www.kricio.com/genesi-e-diluvio.html)

[122] <<[...] "A Ninki la mia sposa divina sarà affidato il travaglio... Il destino del nuovo nato tu pronuncerai; Ninki fisserà su di lui l'immagine degli dèi e ciò che ne nascerà sarà l'uomo". Infatti dalla genesi:" e dio disse: facciamo l'uomo a nostra immagine e secondo la nostra somiglianza". Esse avevano come simbolo una donna alata e la croce, la donna misteriosa con le ali era la normale rappresentazione che i sumeri davano alle divinità poiché esse venivano dal "cielo" (che era anche la dea madre degli egizi) e la croce come abbiamo visto rappresenta il 12esimo pianeta Nibiru. [...]>>.
(Tratto da: http://www.kricio.com/genesi-e-diluvio.html)

di Assurbanipal (668-627 a.C.), in Babilonia, si rifà a testi antichi e tradizioni sumero-accadiche. In particolare, apprendiamo da qui che: <<[...] Prima della creazione dell'uomo gli dei lavoravano. Gli dei erani divisi in due gruppi gli *Anunnaku*, gli dei più importanti che sovrintendevano ai lavori, e gli *Igigu* o *Igigi*, che effettuavano i lavori. (...) C'era un re degli dei, *Anu*, che veniva assistito nel governo da un gruppo di potenti: *Enlil, Enki, Ninurta*, ecc. Il re e i potenti si erano spartiti a sorte il dominio dell'universo: *Anu* il cielo, *Enlil* la terra, *Enki* il mare e le sue profondità. (...) Gli dei lavoratori scavavano i corsi d'acqua e i canali per l'irrigazione della terra (...). Dopo alcuni millenni di lavoro continuo, gli dei lavoratori cominciarono a lamentarsi, poi bruciarono i loro utensili, le zappe e le ceste per il trasporto della terra. Si radunarono e decisero di recarsi da *Enlil*, il loro capo, per chiedere di essere esentati dal lavoro. (...) Di notte, all'improvviso, gli dei lavoratori circondarono il palazzo di *Enlil*. Il guardiano del palazzo riuscì a chiudere in tempo le porte. *Enlil* si armò e diede ordine a tutti i suoi collaboratori di fare lo stesso (...) chiedendo aiuto ad *Anu* e ad *Enki*. (...) Gli dei padroni si radunarono in consiglio. *Enlil*, indignato per l'oltraggio fatto alla sua persona, era propenso ad impegnare immediatamente il combattimento. *Anu*, invece, propose di iniziare delle trattative. Un messaggero fu inviato a parlare alla folla per capire i motivi della rivolta. Il portavoce dei lavoratori fece presente il duro lavoro a cui erano stati sottoposti da *Enlil*. (...) Quest'ultimo, ancor più indignato, propose di mettere a morte il portavoce dei lavoratori per stroncare la rivolta. *Anu* si oppose affermando che la situazione di disagio dei lavoratori era a loro nota da tempo e che doveva essere trovata una soluzione. *Anu* chiamò la dea *Belet-ili* e le ordinò di fabbricare un prototipo di uomo. L'uomo avrebbe assunto su di sè la fatica e il duro lavoro degli *Igigu*. (...) La dea disse che da sola non era in grado di fare il prototipo di uomo, ma che con l'aiuto di *Enki* ci sarebbe riuscita. *Enki* allora decise che un dio sarebbe stato immolato e che la sua carne e il suo sangue sarebbero stati mescolati dalla dea con l'argilla. In tal modo, il dio e l'uomo sarebbero stati legati, nell'uomo sarebbe penetrato uno "spirito" che lo avrebbe mantenuto vivo anche dopo la morte. (...) Il dio *We* fu immolato.

Belet-ili mescolò la sua carne e il suo sangue con l'argilla. Gli dei *Anunnaki* e gli dei *Igigu*, divenuti anch'essi grandi dei, sputarono sull'argilla. Vennero fatti quattordici pani di argilla. Sette pani produssero maschi e gli altri sette femmine. Poi maschi e femmine si accoppiarono due a due. [...]>>[123].

Nel dettaglio della creazione, in particolare, prendendo anche altri testi dei culti mesopotamici, si apprende che: <<[...] Nel mito di "Enki e Ninmah" vengono tralasciati i dettagli della protesta ma grazie al contenuto dell'ATRAHASIS sappiamo che non fu affatto una contestazione pacifica, quanto più una tumultuosa rivolta che arrivò fino alle porte della dimora di Enlil, il dio che regna sulla terra. Secondo il mito di "Enki e Ninmah" il lamento degli dèi minori arrivò anche all'Apsu, la dimora di Enki, che venne svegliato da tutto quel rumore. Namma (o Nammu, probabilmente la madre primordiale degli dèi che i babilonesi nell'Enuma Elish chiamano Tiamat) spiegò ad Enki il motivo di tanto rumore e gli suggerì di sollevare gli dèi minori dal gravoso incarico creando un sostituto che potesse portare il giogo del lavoro al posto loro. Enki nella sua grande saggezza decise che una simile cosa era fattibile, dunque creò Singen e Sigsar, queste presumibilmente rappresentano le ovaie predisposte a creare la matrice che contenere il feto, che successivamente infuse della sua intelligenza. Questa azione distinse l'uomo embrionale da tutte le altre forme animali in virtù del fatto che ricevette da Enki una parte divina, l'intelligenza/saggezza. (...) Dopo la creazione del feto Ninmah, prese l'argilla per creare un'uomo compiuto, ma tutte la sue creature avevano gravi difetti che non gli permettevano di svolgere il compito per il quale erano stati pensate, ovvero lavorare sulla terra al posto degli dèi minori. Ninmah, assistita dalle dee della nascita, fece ben sei tentativi ma non trovò mai la ricetta giusta per creare un uomo compiuto. Il primo uomo non riusciva ad usare le mani, il secondo uomo aveva problemi alla vista, il terzo non riusciva a camminare, il quarto non tratteneva l'urina, il quinto era una donna ma non poteva partorire e il sesto era privo di organi genitali. I tentativi di Ninmah si rivelarono un totale

---

[123] Tratto da: http://www.maat.it/livello2/babilonia-diluvio.htm

fallimento e quest'ultima si abbandonò al dispiacere per aver deluso le aspettative del fratello Enki. Tuttavia Enki, dio che in tutta la tradizione mesopotamica si distingue sempre per la sua grande saggezza e benevolenza, non buttò all'aria le creature imperfette che la sorella aveva generato, ma assegnò a loro un destino che tenesse conto delle loro gravi menomazioni. [...]>>[124].

[124] Tratto da: http://www.pianetablunews.it/2015/07/06/enki-e-ninmah-i-tentativi-di-creare-luomo-andati-male-sintesi-e-commento-del-testo/

3.3. Il Diluvio Universale

Con "Diluvio Universale" s'intende la storia mitologica di una grande inondazione mandata da una o più divinità per distruggere la civiltà, come atto di punizione a seguito di disobbedienza.

Come vedremo tra breve, il tema è spesso ricorrente in molte culture, lontane tra loro continenti e la sua diffusione è probabil-mente dovuta ad una catastrofe realmente accaduta che, magari ingigantita e mitizzata, è giunta fino a noi, passando prima per la tradizione orale e poi dagli scritti antichi.

In linea generale, le principali tesi sull'evento descritto in oggetto sono tre:

1) l'*opinione teologica*, che si fonda sul mito e sulle credenze religiose, dapprima orali e poi scritte. Su tale tesi si fonda anche la presunta datazione dell'evento: difatti, i creazionisrti pongono la località nell'area mesopotamica, mentre la data di avvenimento tra il XXIV e il XXIII secolo a.C. (in particolare, **Fernard Crombrette** scommette sul 2.348 a.C., data derivata dal fatto che Abramo - vissuto tra il XXI e il XIX secolo a.C.- sarebbe nato 292 anni dopo il diluvio.

2) l'*opinione storica ed archeologica*, che predilige un approccio scientifico, ricercando la risposta in tutti gli elementi in gioco, secondo le scoperte in conseguenza di scavi o di indagini tecniche. In tal senso, sono diverse le possibili teorie[125]:

a) un'eccezionale *alluvione preistorica nell'area mesopotamica*. Nel periodo post-glaciale, la Mesopotamia vantava un clima molto diverso da quello attuale, molto più umido e con maggiori flussi fluviali. Si ipotizza che l'area (già molto antropizzata per la fioritura delle prime culture neolitiche) ad un certo momento della preistoria sia stata interessata da un'imponente alluvione con un effetto deva-stante sulla popolazione che viveva in prossimità dei fiumi. Solo chi già disponeva di imbarcazioni abbastanza grandi (e in grado di trasportare provvviste) ebbe la possibilità di salvarsi. L'evento ec-

---

[125] Tratto da: https://it.wikipedia.org/wiki/Diluvio_universale

cezionale, tramandato dai sopravvissuti, è stato poi ingigantito, mitizzato e inquadrato nella struttura di credenze delle culture successive.

b) l'*inondazione preistorica del Mar Nero*. Nel 1998, William Ryan e Walter Pitman, geologi della Columbia University, pubblicarono le prove che una massiccia inondazione attraverso il Bosforo si verificò intorno al 5.600 a.C. Lo scioglimento dei ghiacci in epoca post-glaciale aveva trasformato il Mar Nero e il Mar Caspio in vasti laghi d'acqua dolce, mentre il livello del mare continuava a rimanere basso a livello globale. I laghi d'acqua dolce riversavano le loro acque nel Mar Egeo. Dal momento che i ghiacciai si erano ritirati, i fiumi che si riversavano nel Mar Nero riducevano la loro portata e trovavano nuovi sbocchi verso il mare del Nord e il livello del Mar Nero tendeva ad abbassarsi a causa dell'evaporazione. Quindi, suggeriscono Ryan e Pitman, intorno al 5600 a.C., il Mediterraneo, il cui livello stava aumentando, finalmente straripò oltre il Bosforo. L'evento allagò 155.000 km² di territorio ed ingrandì significativamente le dimensioni del Mar Nero verso nord ed ovest. Nonostante l'agricoltura del neolitico avesse a quel tempo già raggiunto le pianure della Pannonia, l'autore collega la sua diffusione al trasferimento dei popoli allontanatisi dai territori allagati. La data del disastro, le sue conseguenze sulle popolazioni e la posizione geografica suggeriscono che l'evento potrebbe essere la fonte del mito che si trova trascritto nei conti della Mesopotamia (Epopea di Gilgamesh) e successivamente nella Genesi. Questa ipotesi è ora supportata da una serie di altri dati che possono sembrare conferme: traccia del livello del mare in un canyon alla destra del Bosforo, sensibili anomalie nella distribuzione di strati di acqua, depositi marini di acqua dolce del livello del mare e ricoperto di torbidità sedimenti, tracce di sedimenti fossili al di sotto del livello attuale del mare, ecc. Se si accetta l'ipotesi di rilascio catastrofico di acqua attraverso il Bosforo, si può anche pensare l'origine in un evento sismico su una falla nel Nord dell'Anatolia nella zona della Marmara e Dardanelli, una delle regioni più sismicamente attive al mondo. L'analisi dei sedimenti del Mar Nero nel 2004 da parte di un gruppo di ricerca paneuropeo (Assemblage - Noah Project) ha confermato la conclusione di Pitman/Ryan. Inoltre, i calcoli di Mark Siddall avevano previsto un canyon sommerso che venne in seguito trovato. L'ipotesi di una cascata catastrofica, che interesserebbe comunque un'area limitata ben lontana dall'universale, è stata accettata da molti ma non in modo unanime.

c) le *teorie glaciologiche*. Il Diluvio sarebbe avvenuto alla fine dell'ultima glaciazione, risalente a circa 10.000 anni fa, avvenuta in concomitanza allo scioglimento dei ghiacci e all'innalzamento del livello dei mari in seguito all'aumento di temperatura post-glaciazione. Secondo alcuni, una prova dell'avvenuto diluvio in questo periodo sarebbe la Sfinge di Giza, che denota segni di forte erosione presumibilmente dovuta all'azione dell'acqua, da collocare nel 10.500 a.C. (secondo altri nel 2500 a.C.). È stato anche ipotizzato che il mito del diluvio possa essere basato su un improvviso aumento del livello del mare causato dal rapido prosciugamento del preistorico lago Agassiz, alla fine dell'ultima era glaciale, circa 8.400 anni fa. Secondo Kingsley da studi fatti sul Monte Carmelo e in Galilea, il Diluvio biblico potrebbe essere considerato una grossa esondazione partita dal Nord tra il Mar Mediterraneo e il Mar Nero 9.000 anni fa (7.000 a.C.), dopo l'ultima glaciazione; in conseguenza di ciò, il livello del mare si alzò di 155 metri e le onde coprirono una regione di 150.000 km quadrati. Kingsley non si spiega come mai non vi sia traccia del Diluvio nei territori circostanti, perciò ritiene che delle onde molto alte travolsero tutto trascinando l'Arca di Noè fino al monte Ararat. Un'altra ipotesi suggerisce che il Diluvio sia stato originato dall'improvviso svuotamento di un gigantesco lago glaciale che occupava l'attuale Mare del Nord, creatosi con il progressivo scioglimento della calotta glaciale e il suo ritirarsi a Nord. Quando il lago ruppe gli argini (dove oggi c'è lo Stretto di Dover), oltre che far innalzare il livello del mare, avrebbe creato una gigantesca onda anomala, che avrebbe devastato le aree costiere e le pianure alluvionali.

d) l'*eruzione minoica di Thera*. Il Diluvio sarebbe avvenuto in conseguenza di uno tsunami (1630 a.C. - 1600 a.C.) causato dall'eruzione minoica di Thera; sembra però che questa eruzione abbia colpito il Mar Egeo e Creta non toccando la Grecia.

e) l'*ipotesi meteoritica*. Il Diluvio sarebbe avvenuto in conseguenza alla caduta di un meteorite nell'Oceano Indiano (3.000 - 2.800 a.C.) creando un cratere di 30 km, generando giganteschi tsunami e colpendo coste e isole· Un'altra ipotesi fa riferimento al presunto cratere corrispondente al Lago Umm al Binni, nell'Iraq meridionale, causato probabilmente dalla caduta di un meteorite o di una cometa verso l'inizio della civiltà di Sumeri, cioè tra il 5.000 e il 4.000 a.C. Il presunto impatto sarebbe quindi avvenuto in un periodo storico del quale i discendenti di quelle antiche popolazioni potevano aver memoria, e questo spiegherebbe un riferimento a questa catastrofe presente nell'Epopea di Gilgamesh, tanto più che il cratere si troverebbe proprio in una delle aree di nascita della civiltà sumera, circa 100 km a Est della città di Ur dei Caldei. Il fatto narrato nel poema, pur essendo un episodio mitologico, avrebbe fatto riferimento a una catastrofe realmente avvenuta in quella stessa zona alcuni millenni prima. In questo caso l'impatto, che avvenne in un luogo a quel tempo sotto il livello del mare o comunque molto vicino alla costa, avrebbe provocato frequenti piogge nella zona per l'evaporazione dell'acqua e forse un'enorme tsunami, di cui si sarebbero trovate tracce in un deposito di sedimenti sabbiosi spesso più di due metri scoperto proprio a Ur. L'effetto di questo ipotetico tsunami in Mesopotamia sarebbe effettivamente paragonabile a quello del mitico diluvio universale, mentre è possibile supporre che le piogge abbiano portato prosperità e fertilità del terreno anche in una zona come quella del vicino Deserto Arabico.

3) l'*opinione critica*, che si orienta sull'idea che il racconto narri solo miti e credenze senza alcun fondamento.

Al di là di qualunque spiegazione, l'evento è comunque narrato da 64 popoli diversi e spesso differisce di pochi dettagli, soprattutto quando sono localizzati nella stessa area continentale. Le prove certe tutt'oggi non esistono e non si può far altro che godere dei mitici racconti di queste culture; vediamo allora i principali racconti in tema di Diluvio Universale, per farci anche un'idea più chiara e consistente delle singole differenze e delle similitudini che di volta in volta si affacciano nel panorama tematico[126]:

a) nella *mitologia norrena*, esistono due diluvi separati. Secondo l'Edda in prosa di Snorri Sturluson, il primo si ebbe all'alba dei tempi, prima che il mondo fosse creato. Ymir, il primo gigante, venne ucciso dal dio Odino e dai suoi fratelli Víli e Vé, e quando Ymir morì, perse così tanto sangue dalle sue ferite che annegò quasi l'intera razza di giganti, con l'eccezione del gigante di brina Bergelmir e di sua moglie. Essi scapparono su una nave e sopravvissero, divenendo i progenitori di una nuova razza di giganti. Il corpo di Ymir venne usato per formare la terra mentre il suo sangue divenne il mare. Il secondo diluvio, nella linea temporale della mitologia norrena, è destinato ad accadere nel futuro durante ilRagnarök, la battaglia finale tra gli dei e i giganti. Durante questo evento apocalittico, Jormungandr, il grande serpente marino che giace nelle profondità del mare circondante Midgard, il regno dei mortali, salirà dagli abissi marini e si unirà al conflitto; questo causerà un'alluvione catastrofica che sommergerà la terra. Tuttavia, dopo il Ragnarök la terra rinascerà, e comincerà una nuova era per l'umanità.

b) nella *mitologia irlandese*, il Lebor Gabála Érenn, un libro che racconta la mitologia di quei luoghi, i primi abitanti dell'Irlanda, guidati dalla nipote di Noè, Cessair, vennero quasi tutti spazzati via da un'inondazione 40 giorni dopo aver raggiunto l'isola; si salvò soltanto una persona. Più avanti, dopo che il popolo di Partholon e Nemed ebbe raggiunto l'isola, ci fu un altro diluvio che uccise tutti gli abitanti tranne una trentina, che si sparsero per il mondo. Dato che i primi a scriverne la storia furono monaci cristiani (prima era tramandata oralmente), è possibile che i riferimenti a Noè siano stati inseriti nella storia, nel tentativo di cristianizzare il paese.

c) nella *mitologia greca*, Deucalione e Pirra, rispettivamente figli di Prometeo e Epimeteo, erano due anziani coniugi senza figli, scelti per salvarsi dal diluvio che sarebbe caduto sulla terra e quindi per far rinascere l'umanità. Su ciò che avviene dopo il diluvio esistono due

---

[126] Tratto da: https://it.wikipedia.org/wiki/Diluvio_universale

versioni, che comunque portano allo stesso epilogo. Secondo la versione di Igino nelle Fabulae (153) i due coniugi hanno, come premio per la loro virtù, diritto a un desiderio, ed essi chiedono di avere con loro altre persone; Zeus consiglia allora ai due superstiti di gettare pietre dietro la loro schiena, e queste non appena toccano terra si mutano in persone, in uomini quelle scagliate da Deucalione, in donne quelle scagliate da Pirra. Invece secondo il racconto di Ovidio (Metamorfosi I, vv. 347-415) l'idea di gettare pietre deriva da una profezia dell'oracolo di Temi, che indicava ai due di lanciare dietro di loro le ossa della loro madre: essi comprendono allora che l'oracolo si riferisce alla Terra, ricordiamo che entrambi sono figli di Titani, e agiscono di conseguenza. Il mito è spesso collocato nell'Epiro, sull'Etna o in Tessaglia.

d) nella *mitologia mesopotamica*, come già accennato, il racconto biblico dell'Arca di Noè presenta delle somiglianze con il mito babilonese dell'epopea di Gilgamesh, che narra di un antico re di nome Utanapishtim che fu aiutato dal dio della giustizia e della saggezza, Ea, a costruire un'imbarcazione, nella quale avrebbe potuto salvarsi dal diluvio inviato dal Enlil. La più antica versione dell'epopea di Atraḫasis (di origine sumera) è stata datata all'epoca del regno del pronipote di Hammurabi, Ammisaduqa (tra il 1.646 a.C. e il 1.626 a.C.), ed ha continuato ad essere riproposta fino al primo millennio a.C. La leggenda di Ziusudra, a giudicare dalla scrittura, potrebbe risalire alla fine del XVI secolo a.C., mentre la storia di Utnapishtim, che ci è nota grazie a manoscritti del primo millennio a.C., è probabilmente una variazione dell'epopea di Atraḫasis di origine sumera. Le varie leggende mesopotamiche sul Diluvio hanno conosciuto una notevole longevità, tanto che alcune di esse sono state trasmesse fino al III secolo a.C. Gli archeologi hanno trovato un considerevole numero di testi originali in lingua sumera, accadica e assira, redatti in caratteri cuneiformi. La ricerca di nuove tavolette prosegue, come la traduzione di quelle già scoperte. Secondo un'ipotesi scientifica, l'evidente parentela tra la tradizione mesopotamica e quella biblica potrebbe avere come radice comune la rapida salita delle acque nel bacino del Mar Nero, oltre 7 millenni fa, a causa della rottura della diga naturale costituita dallo stretto del Bosforo. L'epopea di Atraḫasis, scritta in accadico (la lingua dell'antica Babilonia), racconta come il dio Ea ingiunge all'eroe di Shuruppak di smantellare la propria casa, fatta di canne, e di costruire un battello per sfuggire al diluvio che il dio Enlil, infastidito dal rumore delle città, intende mandare per sradicare l'umanità. Il battello deve disporre di un tetto "simile a quello di Apsû" (l'oceano sotterraneo di acqua dolce di cui Ea è signore), di un ponte inferiore e di uno superiore, e deve essere impermeabilizzato con bitume. Athrasis sale a bordo con la sua famiglia e i suoi animali, e ne sigilla l'entrata. La tempesta e il diluvio cominciano, "i cadaveri riempiono il fiume come libellule", e anche gli dei si spaventano. Dopo 7 giorni il diluvio cessa, e Athrasis offre dei sacrifici. Enlil è furioso, ma Enki lo sfida apertamente, dichiarando di essersi impegnato alla preservazione della vita. Le due divinità si accordano infine su misure diverse, per regolare la popolazione umana. Della storia esiste anche un'altra versione assira più tarda. La leggenda di Ziusudra, scritta in sumero, è stata ritrovata nei frammenti di una tavoletta di Eridu. Essa narra di come lo stesso dio Enki avvertì Ziusudra, («egli ha visto la vita», in riferimento al dono di immortalità che gli fu concesso dagli dei), re di Shuruppak, della decisione degli dei di distruggere l'umanità ad opera di un diluvio, il passaggio con la spiegazione di questa decisione è andato perduto. Enki incarica allora Ziusudra di costruire una grande nave, ma le istruzioni precise sono andate anch'esse perdute. Dopo un diluvio di sette giorni, Ziusudra procede ai sacrifici richiesti e si prostra poi di fronte ad An, il dio del cielo, ed Enlil, il capo degli dei. Riceve in cambio la vita eterna a Dilmun, l'Eden sumero. L'epopea babilonese di Gilgamesh racconta le avventure di Utanapi-shtim (in realtà una traduzione di «Ziusudra» in accadico), originario di Shuruppak. Ellil (equivalente di Enlil), signore degli dei, vuole distruggere l'umanità con un diluvio. Il dio Ea (equivalente di Enki) consiglia ad Uta-Napishtim di distruggere la sua casa di canne e di utilizzarne il materiale per costruire un'arca, che deve caricare con oro, argento, e la semenza di tutte le creature viventi e anche di tutti i suoi artigiani. Dopo una tempesta durata sette giorni ed altri dodici giorni passati alla deriva sulle acque, l'imbarcazione si arena sul monte Nizir. Dopo altri sette giorni Uta-Napishtim manda fuori una colomba, che ritorna, poi una rondine, che torna indietro anch'essa. Il corvo, alla fine, non ritorna. Allora Uta-Napishtim fa sacrifici agli dei a gruppi di 7. Quelli sentono il profumo delle libagioni e affluiscono "come le mosche". Ellil è infuriato che gli umani siano sopravvissuti, ma Ea lo rimprovera: "Come hai potuto mandare un diluvio in questo modo, senza riflettere? Lascia che il peccato riposi sul peccatore, e il misfatto sul malfattore. Fermati, non lasciare che accada ed abbi pietà [che gli uomini non periscano]". Uta-Napishtim e sua moglie ricevono allora il dono dell'immortalità, e se ne vanno ad abitare "lontano, alla foce dei fiumi". Nel III secolo a.C. Berosso, gran sacerdote del tempio di Marduk a Babilonia, redasse in greco una storia della Mesopotamia (Babyloniaka) per Antioco I, che regnò dal 323 a.C. al 261 a.C. L'opera è andata perduta, ma lo storico cristiano Eusebio di Cesarea, all'inizio del IV secolo, ne trasse la leggenda di Xisuthrus, una versione greca di Ziusudra ampiamente simile al testo originale. Eusebio riteneva che l'imbarcazione fosse ancora visibile "sui monti corcirii [sic] d'Armenia; e la gente gratta il bitume con il quale essa era stata rivestita all'esterno per utilizzarlo come antidoto o amuleto»."

e) nella *mitologia biblica*, il protagonista del racconto, che occupa il settimo e l'ottavo capitolo della Genesi, è Noè. Incaricato da Dio di costruire un'arca per raccogliere tutti gli animali terrestri, all'inizio della catastrofe si rifugia all'interno dell'imbarcazione con la moglie, i figli e le loro mogli. Per quaranta giorni e quaranta notti la tempesta ricopre la superficie terrestre, fin sopra a tutte le montagne più alte; dopo quaranta giorni Dio fa cessare vento e pioggia e le acque cominciano a ritirarsi dopo centocinquanta giorni. L'arca -sempre secondo il racconto biblico- si arena sul Monte Ararat: Noè decide quindi di lasciare andare un corvo per capire se le acque si sono abbassate completamente. L'uccello però non fa più ritorno, così decide di impiegare una colomba. La prima volta torna indietro perché non trova una superficie dove posarsi; al secondo tentativo fa ritorno portando un ramo d'ulivo in bocca, a significare che la terra è nuovamente visibile; la terza volta la colomba non torna, e Dio ordina a Noè di scendere dall'arca mentre nel cielo appare uno sfolgorante arcobaleno, segno della nuova alleanza con Dio.

f) nella *mitologia islamica*, il Corano racconta una storia simile a quella ebraico-cristiana del diluvio della Genesi, le maggiori differenze sono che solo Noè e pochi seguaci laici entrarono nell'arca. Il figlio di Noè (uno dei quattro) e sua moglie rifiutarono di entrare nell'arca pensando di poter affrontare il diluvio da soli. L'arca coranica si posò poi sul monte Judi, tradizionalmente identificato con una montagna vicino Mossul nell'odierno Iraq; il nome pare derivi dal nome locale del popolo curdo del luogo, anche se questo non è certo. Ben diversa invece la storia del crollo della diga di Ma'rib in Yemen e la susseguente inondazione (sayl al-ʿarīm), di cui parla lo stesso Corano, che avrebbe innescato mutamenti profondi nel tessuto antropico dell'Arabia, col mescolamento delle tribù arabe settentrionali e meridionali.

g) nella *mitologia indiana*, il mito del diluvio è presente nel Śatapatha Brāhmaṇa (I, 8, 1). Manu incontra un pesce mitico nell'acqua che gli era stata portata per lavarsi. Esso gli promette di salvarlo se egli, a sua volta, lo salverà. Manu conserva il pesce in un vaso, poi lo porta al mare. Si costruisce un battello e, nell'anno predetto dal pesce, avviene il diluvio. Il pesce nuota verso il battello di Manu e aggancia il suo corno all'imbarcazione conducendola fino alla montagna del nord. Manu è l'unico essere umano sopravvissuto. Pratica l'ascesi e compie un sacrificio dal quale, dopo un anno, nasce una femmina e da lei egli procreò questa posterità, che è la posterità di Manu. Nella versione riportata nel Bhāgavata Purāṇa (VIII, 24, 7 e segg.) il diluvio sopraggiunge durante il sonno diBrahma. Anche qui la rivelazione degli eventi spetta ad un pesce che poi diventerà lungo un milione di miglia. Per miracolo l'arca della salvezza è concessa al re e al capo dei sacerdoti. Il pesce mitico è un avatara di Visnu.

h) nella *mitologia Mi'kmaq* (America), il male e la cattiveria tra gli uomini crebbero al punto che essi cominciarono a uccidersi tra di loro. Questo causò un grande dispiacere al dio-creatore-sole, che pianse lacrime che divennero pioggia, sufficienti a creare un diluvio. Le persone tentarono di salvarsi salendo su canoe di corteccia, ma solo un uomo vecchio e una donna sopravvissero e popolarono la terra.

i) nella *mitologia hawaiana*, gli dèi fecero venire un grande diluvio e solo Nu'u si salvò costruendo una grande nave dove furono ospitati tutti gli animali.

l) nella *mitologia azteca*, il Codice Borgia (o Codice Vaticano) racconta della storia del mondo diviso in età, dove l'ultima terminò con un grande diluvio per mano della dea Chalchitlicue.

m) nella *mitologia inca*, Viracocha distrusse i giganti con una grande inondazione, da cui si salvarono soltanto due persone, all'in-terno di caverne sigillate, che poi ripopolarono la terra.

n) nella *mitologia del popolo maya-quiché*, si parla di un Gran Diluvio di pioggia nera, inviato dal dio Haracan per distruggere gli uomini di legno.

o) nella *mitologia mapuche*, la leggenda di Trenten Vilu e Caicai Vilu racconta che una battaglia tra due mitici serpenti provocò una grande inondazione; e successivamente creò il mondo Mapuche così come lo conosciamo.

Mauro Biglino[127], noto studioso delle religiosi e saggista italiano, in ordine a questo tema, sostiene che il racconto biblico è confuso e contraddittorio, in quanto raggruppa probabilmente memorie di una grande catastrofe/diluvio "globale" (della quale parlano oltre 650 culture in tutto il mondo) post-glaciazione nel 10-11mila a.C. e di un'alluvione "locale" accaduta intorno al 4mila anni fa nella zona mesopotamica dove viene localizzato anche il *Gan-Eden* biblico, volontariamente provocata dagli *Elohim* per estinguere la razza mista con loro, dopo l'apertura di una diga (*raqia*) che separava le acque di sopra da quelle di sotto.

Una tesi sicuramente suggestiva ma fondata sul tenore letterale del contenuto del libro della **Genesi** e quindi meritevole di valutazione sicuramente positiva, tenuto anche dell'apporto probatorio presentato dal saggista in tutte le sue conferenze. E se poi aggiungiamo

---

[127] Tratto da: https://www.youtube.com/watch?v=Rf72GPibkAk

quanto scritto nell'opera ebraica "Genesi - *Sefer Bereshit*" (edizione Avishay Namdar, Mamash) appare tutto incredibilmente coerente e credibile: <<[...] Tutto iniziò con una pioggia fortissima e l'esplosione di fonti di acqua sotterranea che riversarono massicce quantità di acqua sulla terra ferma. Grandi cambiamenti avvennero nelle costellazioni di Orione e del Toro. I due grandi astri appartenenti a questi due sistemi furono rimossi dalla loro posizione e avvicinati al globo terrestre. Questo avvicinamento sconvolse l'equilibrio gravitazionale esistente fra la terra, il sole e gli altri pianeti del sistema; ciò provocò l'innalzamento delle temperature, gli enormi ghiacciai del nord vennero a sciogliersi e spostarsi verso sud: il surriscaldamento provocò la formazione di piogge torrenziali. Masse imponenti di acqua e ghiaccio esercitarono una fortissima pressione su alture e monti che ne furono sommersi. L'alluvione modificò l'andamento naturale del globo. [...]>>[128].

---

[128] Tratto da: http://maurobiglino.it/2013/06/a-proposito-di-diluvio-universale/

3.4. Cenni generali sulla tradizione mesopotamica e sulla culla materna del Cristianesimo anticotestamentario (o primitivo)

Riprendendo i contenuti precedenti, affrontiamo un ulteriore appro-fondimento sulla tradizione mesopotamica e le origini materne del Cristianesimo, tenendo presente -a parere dello scrivente- però un elemento fondamentale: la netta distinzione tra il *"Cristianesimo delle origini"* e il *"Cristianesimo primitivo"*. Difatti:

1) si parla di *"Cristianesimo primitivo"* quando il riferimento cade ai testi che compongono l'Antico Testamento. Come dimostrato nel precedente lavoro[129], chi ha deciso per l'unificazione dell'Antico Testamento con i testi del Nuovo Testamento non ha preso in consi-derazione due aspetti essenziali:
a) i testi dell'Antico si riferiscono al patto di Yahweh con il popolo di Israele, e pertanto riguarda solo ed esclusivamente l'accordo tra queste due componenti e non l'universalità di popoli presenti sulla Terra (difatti, poi, questo "Dio" provvederà ad organizzarsi per ster-minare gli altri popoli, cugini primi compresi);
b) la differenza temporale di narrazione tra i testi dell'Antico e del Nuovo Testamento, nel caso migliore, è di 400 anni, ovvero dal 400 a.C. (circa) all'anno zero, dimostrando di fatto come i fatti narrati potrebbero essere tranquillamente non collegati.

2) si parla di *"Cristianesimo delle origini"* quando il riferimento cade ai testi che compongono il Nuovo Testamento, ovvero le predicazioni di Gesù Cristo come nuovo Messia e la continuazione ad opera di Paolo di Tarso (San Paolo), che mai ha conosciuto il "figlio di Dio" personalmente e per questo ritenuto impostore da decine di gruppi etno-cristiani.

Insomma, se si volesse davvero far ordine, occorrerebbe necessa-riamente ripristinare la verità, ovvero che l'appropriazione dei testi giudaici da parte del Cristianesimo è illegittima ed indebita e che probabilmente il Nuovo Testamento nulla c'entra con le narrazioni anticotestamentarie, che richiamano miti cosmologici della tradizio-

---

[129] Giulio Perrotta, Exorcizamus Te. Il vero volto di Dio, Primiceri Editore, 2016, pp. 74-114

ne mesopotamica, come vedremo qui di seguito.

Giovanni Pettinato[130] traccia in maniera puntuale il quadro organizzativo della tradizione mesopotamica in riferimento alle origini del Giudaismo.

In particolare, egli sostiene che: <<[...] I Sumeri e gli Accadi, le due componenti etniche che s'insediarono in Mesopotamia a cominciare dal IV millennio a.C., dedicarono grande attenzione al problema dell'origine dell'uomo e del suo destino. I numerosi miti delle origini e le tradizioni religiose dei due popoli hanno conservato e tramandato attraverso i secoli le riflessioni maturate al riguardo, sicché siamo in grado, a distanza di quasi 5.000 anni dalle prime attestazioni mitologiche scritte, di delinearne il percorso ideologico e di valutarne l'entità e la portata. [...]>>.

In ordine ai Sumeri, il saggista specifica che: <<[...] Nella letteratura sumerica si accenna spesso all'origine dell'uomo, soprattutto quando si narra dei tempi primordiali in cui il mondo fu organizzato e ogni cosa fu posta in essere dal mondo divino. (...) Oltre alla generica menzione della creazione dell'uomo con l'espressione 'dare il nome', possediamo alcuni miti in cui il tema antropogonico è trattato più estesamente (...). Queste testimonianze, nonostante le apparenti differenze, concordano su un punto con tutta la tradizione mesopotamica, quindi non soltanto sumerica: l'uomo è stato creato per subentrare agli dèi nel duro lavoro dell'agricoltura. (...) La scuola teologica di Eridu riflette invece una tradizione diversa da quella della scuola di Nippur; in essa, infatti, non sembra essere contemplata l'incapacità dell'uomo primordiale di espletare il compito per cui è stato creato. Qui, al contrario, stando a quanto si legge nel mito di *Enki e Ninmakh*, il dio Enki, dopo aver fatto uscire da sé l'embrione dell'uomo e averlo modellato con braccia e con gambe, infonde in lui la sua saggezza. (...) Mettendo a confronto i due modelli della creazione del mondo sumerico, constatiamo che si può stabilire un parallelo tra la «forma» di Nippur e l'embrione di Eridu, come pure tra la «saggezza» di Eridu e lo «spirito vitale» di

---

[130] Tratto da: http://www.treccani.it/enciclopedia/vicino-oriente-antico-la-creazione-dell-uomo_(Storia-della-Scienza)/.

176

Nippur, perché ambedue di chiara provenienza divina, e anzi caratteristiche proprie delle due massime divinità del pantheon sumerico. (…) […]>>.

In ordine agli Accadi, il saggista continua, affermando che: <<[…] Negli Accadi, o Assiro-Babilonesi, che costituiscono la seconda grande componente etnica della Mesopotamia, insediatasi nella parte centrale e settentrionale della Terra tra i due fiumi, è presente una tradizione diversa da quella finora esposta, in base alla quale gli elementi costitutivi dell'uomo sono il sangue di un dio e la creta mescolata con esso. Il testo di *KAR* 4 esprime una tesi che sta a metà tra le due tradizioni portanti dell'antropogonia mesopotamica, in quanto gli uomini vengono all'esistenza 'germogliando dalla terra' come nella tradizione sumerica di Nippur, e per la realizzazione di tale creazione è richiesto il sangue di un dio o di più dèi, come appunto nella tradizione assiro-babilonese. Testimoni di questa seconda tradizione sono i due maggiori miti assiro-babilonesi, il primo riguardante la creazione dell'uomo e la sua distruzione con il diluvio, che porta il nome di *Atram-ḫasīs*, l'eroe stesso e protagonista della salvezza dell'umanità, e il secondo, l'*Enūma eliš*, l'opera che narra le gesta e l'esaltazione di Marduk, il dio principale di Babilonia. Al di fuori di questi due miti si trovano accenni all'antropogonia accadica in diverse opere della letteratura, come la *Teodicea*, l'*Epopea di Gilgamesh*, il testo magico *Šurpu* e il *Rituale per la ricostruzione di templi*, dove si sottolinea che l'uomo è stato creato dall'argilla, letteralmente «modellato» con l'argilla, non escludendo ovviamente altre componenti. (…) […]>>.

Paolo Xella[131] approfondisce invece il tema dei miti e delle tradizioni bibliche, affermando che: <<[…] È noto come l'Antico Testamento ci abbia tramandato due versioni distinte del racconto della creazione, sia pure fuse insieme in una narrazione apparentemente unitaria. L'intento armonizzante non cela la combinazione di due fonti, l'una di qualche secolo più antica dell'altra, poste-silica, e con rilevanti influssi provenienti dalla mitologia meso-

---

[131] Tratto da: http://www.treccani.it/enciclopedia/vicino-oriente-antico-la-creazione-dell-uomo_(Storia-della-Scienza)/.

potamica. Quest'ultima versione, che è la più recente, è attribuita alla fonte cosiddetta sacerdotale (P) (*Genesi*, 1, 1-2, 4a), e spiega la realtà fisico-biologica come esito di un passaggio progressivo dal Caos originario al Cosmo; l'altra versione, ascritta alla fonte yahwista (J) (*Genesi*, 2, 4b-25), prospetta invece il processo della creazione attraverso il passaggio dalla steppa arida ai campi coltivati e appare come un vero e proprio mito di fondazione. Entrambi i racconti concordano nel ritenere l'uomo come il momento saliente della creazione, posto rispettivamente al «vertice» (P) o al «centro» (J) di essa, ma essi sono contraddistinti da notevoli peculiarità stilistico-narrative, dietro le quali emergono ideologie e prospettive teologiche differenti. Il primo racconto (P) si articola in fasi successive dovute all'esigenza liturgica di fondare il riposo del sabato, nel 7° giorno. S'inizia con la creazione della luce, poi il cielo s'interpone tra acque superiori e inferiori; queste ultime formano i mari e appare la terraferma, da cui si originano le varie specie vegetali; nel firmamento compaiono gli astri; quindi sono create le specie animali, infine l'uomo, Adamo, creato a immagine e somiglianza della divinità. Il secondo racconto (J), che ha molti punti di contatto con le tradizioni cosmogoniche del Vicino Oriente antico, possiede uno stile più immediato e si caratterizza per una prospettiva più nettamente antropocentrica. Dio crea la Terra e il cielo, quindi l'uomo, vero centro dell'Universo; soltanto dopo appaiono le piante, assegnate come cibo all'uomo, gli animali e gli uccelli; avviene infine la creazione della donna. La tradizione biblica mostra dunque due orientamenti etico-teologici diversi, percepibili attraverso varie chiavi di lettura: un confronto più approfondito di tali tradizioni mette in luce analogie e differenze, consentendo di desumerne elementi per un abbozzo di antropologia veterotestamentaria. (…) Il concetto del creatore che 'plasma' l'uomo come fosse un'opera manuale trova un parallelo nella mitologia egizia, dove il dio-ariete Khnum (uno dei tanti 'creatori' accanto a Ptah, Ra, Amon e Atum) lavora su un tornio da vasaio producendo i neonati (figurine che si animano) deposti poi nell'utero delle madri. Il tema dell'argilla come materia prima da cui l'uomo è formato è popolare in Mesopotamia, dove l'elemento 'divino' è rappresentato dal sangue e dalla carne di un dio minore che vi si mescola (mito di *Atram-ḥasīs*). In questo testo, quasi ogni dettaglio appare dunque interpretabile come mito di fondazione della realtà e della natura dell'uomo, dalla sua inesorabile mortalità meritata attraverso la colpa, fino all'attrazione sessuale esistente fra l'uomo e la donna, che si fonda miticamente con la naturale tendenza del corpo femminile a riunirsi a quello maschile da cui è stato staccato. (…) […]>>.

Altro interessante spunto riflessivo, proviene dal teologo e studioso **Alfredo Terino**[132], che ripercorre il legame tra questi due elementi; in un'intervista, difatti, sostiene che: <<[…] *Puoi dirci quali sono i miti mesopotamici ai quali si contrappone la cosmogonia della Genesi?* Sono soprattutto tre: il primo è "Enuma elish", che generalmente viene messo a confronto con **Genesi 1**; il secondo è "Atrà-hasis", che trova punti di corrispondenza con **Genesi 2**; infine il terzo è il mito di "Adapa", che ha punti di contatto con **Genesi 3**. Nonostante somiglianze e corrispondenze, a volte impressionanti, fra il racconto biblico ed i miti mesopotamici esiste un netto contrasto sui valori di fondo e sulla visione di Dio. La tesi evoluzionista, in questo campo, dice che da racconti più confusi e disordinati si è passati poi ad un racconto più ordinato, cioè a quello biblico. La mia tesi invece è che, dalla rivelazione che Dio ha fatto ad Adamo, si è poi passati a delle degenerazioni, a degli adattamenti, che l'uomo ha fatto sulla base delle sue vedute, delle sue esigenze, della sua degradata esperienza quotidiana, piegando l'elevatezza del racconto di Dio alla sua condizione sempre più corrotta (vedere l'**Epistola** dell'apostolo Paolo **ai Romani, 1: 21-23**). (…) […]>>[133]. Tuttavia, bisogna tenere ben presente, così com'è emerso nelle pagine precedenti, che le corrispondenze con i miti ancestrali son ben più che secondarie e l'approccio teologico del saggista, a parere dello scrivente, fa emergere tutti i suoi limiti intellettuali, non tanto sull'aspetto conoscitivo quanto più sul naturale distacco emotivo dalle tematiche. Sarebbe d'altronde difficile chiedere ad un teologo il giusto distacco se per decenni è vissuto nella prospettiva di confer-

---

[132] **Alfredo Terino**, *Le origini. Bibbia e Mitologia*, Gribaudi, 2004
[133] Tratto da: http://win.origini.info/articolo.asp?id=66

mare ogni dato conoscitivo di natura fidelistica. Si fa comunque un plauso all'autore per aver analizzato comunque in maniera puntuale gli elementi testuali che in buona sostanza riconfermano il fatto che il testo sacro ed ispirato da Dio, per eccellenza, nel culto giudaico-cristiano, non è scevro da "ispirazioni" da parte di altri culti e altre tradizioni, smascherando l'impronta palesemente dottrinale del profilo religioso. In tal senso, paradossalmente, nell'intervenire, il saggista non ha fatto altro che confermare il sospetto ben più che "secondario", ovvero il legame forte ed "impressionante" (come da lui stesso sottolineato) di determinati racconti che richiamano storie di popoli limitrofi della Mesopotamia; tra i più importanti:

a) l'*Enuma elish* [134]: <<[…] (in italiano "Quando in alto") è un poema teogonico e cosmogonico, in lingua accadica, appartenente alla tradizione religiosa babilonese, che tratta in particolar modo del mito della creazione e le imprese del dio Marduk, divinità poliade della città di Babilonia (Babylōnía, greco antico; in accadico Bābilāni, da Bābili che rende l'antico nome sumerico KA.DIN.GIR. RA, col significato di "Porta del Dio", la città amorrea fondata nel XIX secolo a.C.) (…) […]>>;

b) l'*Atrà-hasis* [135]: <<[…] (in accadico, lett. in italiano "il molto saggio"; ma reso anche come Atramḫasīs, Atra-ḫasis, Atar-ḫasis o Atrahasis), presente nella letteratura in lingua accadica anche come Utanapi-štim (accadico; lett. "Colui che ha trovato la vita"; reso anche come Ut-napištim o Utnapištim) e, nella letteratura sumerica, indicato con il nome di Ziusudra (sumerico, Zi-u4-sud-ra, lett. "Vita dai giorni prolungati"; reso anche come Ziusura), conosciuto nella successiva letteratura in lingua greca come Xisouthros (nella Storia di Babilonia (Βαβυλωνιακὰ) di Berosso), è il re di Šurup-pak (oggi Tell Fara, nella parte centro-meridionale dell'Iraq) e l'eroe dei poemi mesopotamici inerenti al Diluvio Universale, evento mitico a cui lui sopravvisse, e a cui gli dèi consegnarono l'immor-talità (…) […]>>.

---

[134] Tratto da: https://it.wikipedia.org/wiki/En%C3%BBma_Eli%C5%A1
[135] Tratto da: https://it.wikipedia.org/wiki/Atra%E1%B8%ABasis

c) il Mito di *"Adapa"* [136] di Eridu è un racconto che ha come protagonista Adapa: <<[...] un personaggio della mitologia meso-potamica, sacerdote e figlio del dio Ea (l'Enki sumerico), protago-nista dell'omonimo mito. Le attestazioni letterarie più antiche risal-gono ad un testo babilonese del XIV secolo a.C., rinvenuto in Egitto (Tell El-Amarna), mentre le più recenti provengono dalla biblioteca del re neo assiro Assurbanipal, del VII secolo a.C.. Recentemente è stato rinvenuto un analogo testo negli scavi iracheni di Meturan (Tell Haddad) in lingua sumerica, ma non ancora pubblicato. Secondo il racconto, Adapa ha ricevuto dal padre divino il dono della saggezza, ma non quello della vita eterna. La sua funzione è quella di accudire alla mensa del tempio del dio Ea, di cui è custode e sacerdote, nella città di Eridu (odierna Abu-Shahrain in Iraq), anticamente prospicen-te il Golfo Persico, e a tale scopo si dedica (...) alla pesca. [...]>>.

In tutti questi racconti emergono chiaramente una serie di elementi, legati alla creazione e presenti sulla Genesi biblica (ma anche nel-l'Esodo e nel Deuteronomio), che confermano il forte legame mito-logico con le sacre scritture. Non c'è dato sapere se i narratori di questi racconti inventassero di sana pianta o riprendessero concetti più antichi, in tutto o in parte veri o semplicemente narrati: ciò che conta, e solo questo conta in questa sede, è l'elencazione probatoria che dimostra la fraudolenta affermazione dottrinale che la Bibbia sia ispirata da Dio. Ed emerge prepotentemente questa verità: *come può essere ispirato da Dio un testo di cui non sappiamo se è la prima versione originale, un testo che è stato manipolato e tradotto tante di quelle volte da subire centinaia di storpiature, un testo di cui non conosciamo molto spesso con certezza i nomi dei redattori e le epoche di stesura, un testo che è un collage di decine di libri scritti in epoche diverse e ciascuno ispirato dal testo precedente, un testo che è stato manipolato nella sua composizione dai primi teologi cristiani e dalle decisioni prese nei Concili ecumenici, un testo che quando parla di Yahweh narra di guerre, distruzioni, genocidi e violenza, e quando parla di Gesù sembra quasi seguire un filone opposto? E se, in verità, l'Antico Testamento e il Nuovo Testamento*

---

[136] Tratto da: https://it.wikipedia.org/wiki/Adapa

fossero il prodotto di due culture diverse, ovvero una giudaica (che nulla doveva avere a che fare con il Cristianesimo delle origini) e una cristiana (o per meglio dire "paolina", essendo Paolo di Tarso il vero fondatore) per niente comuni se non negli aspetti propri della cultura mesopotamica, a chiare tinte cosmogoniche e politico-militari?

E se dunque appare chiaro l'influsso culturale nell'Ebraismo (madre del Cristianesimo primordiale) della tradizione mesopotamica e pagana, con il "mito di combattimento" del dio buono contro il demone del caos, contenuto nel babilonese *Enûma Elish* [137], o ancora il "racconto del Giardino dell'Eden" che narra dell'albero proibito (contenuto nel mito greco del Vaso di Pandora) o il "diluvio", del tutto identico, pure nei personaggi, al mito di ambientazione sumera dell'*Epopea di Gilgamesh* o al mito induista di Matsya[138] il pesce, per i non addetti ai lavori potrebbe risultare difficile collegare quanto detto ai miti zoroastriani. Tuttavia, è molto più semplice: <<[...] R. C. Zaehner, professore di religioni orientali, asserisce che il Zoroastrismo abbia avuto un'influenza diretta sui miti escatologici, specialmente sulla resurrezione dei morti con premi e punizioni. (…) Lo storico e mitologo Joseph Campbell crede che l'idea giudeo-cristiana della storia lineare abbia avuto origine con la religione persiana dello Zoroastrismo. Nelle mitologie dell'India e dell'Estremo Oriente, "il mondo non doveva esser riformato, ma solo conosciuto, riverito, e le sue leggi rispettate". In contrasto, nello Zoroastrismo, il mondo corrente è "corrotto [...] e da esser riformato mediante l'azione umana". Secondo Campbell, questa "opinione progressiva della storia cosmica" può esser riscontrata trita e ritrita, in greco, latino, ebraico e aramaico, arabo e tutte le lingue occidentali". Altre culture tradizionali hanno limitato gli eventi mitici agli inizi del

---

[137] Il richiamo è forte con la vittoria di Yahweh sul Leviatano o di Dio contro le forze del male demoniache

[138] Secondo questa storia, il dio Vishnu assume la forma di un pesce e avvisa l'antenato Manu dell'arrivo del diluvio. Ingiunge a Manu di mettere tutte le creature della terra in una barca. Tuttavia, a differenza delle alluvioni bibliche e mesopotamiche, questa alluvione non è un evento unico causato da una scelta divina; piuttosto è una delle distruzioni e rigenerazioni dell'universo che accadono ad intervalli regolari nella mitologia induista.
(Tratto da: https://it.wikipedia.org/wiki/Mitologia_ebraica)

tempo e reputano importanti fatti storici come ripetizioni di tali eventi mitici. Secondo Mircea Eliade, i profeti ebraici "valorizzavano" la storia, vedendo gli eventi storici come episodi di una continua rivelazione divina. Ciò non significa che *tutti* gli eventi storici hanno un significato nell'Ebraismo; tuttavia, nella mitologia ebraica eventi significativi accadono nel corso di tutta la storia e non sono semplicemente mutue ripetizioni; ogni evento significativo è un nuovo atto di Dio: « "La caduta della Samaria in verità non ebbe luogo nella storia. [...] Fu quindi qualcosa di irreversibile e irripetibile. La caduta di Gerusalemme non ripete la caduta di Samaria: la rovina di Gerusalemme presenta una nuova teofania storica."». Rappresentando il tempo come una progressione lineare di eventi, piuttosto che una ripetizione eterna, la mitologia ebraica suggerisce la possibilità di progresso. Ereditata dal Cristianesimo, questa visione della storia ha influenzato profondamente la filosofia e cultura occidentali. Anche presunti movimenti occidentali laici o politici hanno elaborato le proprie idee all'interno della visione del mondo di storia progressiva e lineare ereditata dall'Ebraismo. A causa di questo lascito, lo storico delle religioni Mircea Eliade sostiene che "il giudeo-cristianesimo produce un'innovazione di prima importanza nella mitologia". Eliade crede che gli ebrei abbiano avuto un senso di "tempo lineare" prima di venire in contatto con lo Zoroastrismo, ma è d'accordo con Zaehner che l'Ebraismo abbia elaborato la sua mitologia di tempo lineare con elementi escatologici che si originano dallo Zoroastrismo. Secondo Eliade, tali elementi includono dualismo etico, il mito di un salvatore e "un'escatologia ottimistica, che proclama il trionfo finale del Bene". [...]>>[139]

Paolo Battistel, docente e studioso di culti pre-cristiani, in questa intervista[140], approfondisce il tema, chiarendoci soprattutto alcuni passaggi fondamentali per la comprensione delle criticità fatte emergere dalle indagini effettuate in ordine ai culti mesopotamici e ai

---

[139] Tratto da: https://it.wikipedia.org/wiki/Mitologia_ebraica
[140] Tratto da: http://www.laltrapagina.it/mag/quanto-i-culti-mesopotamici-hanno-influenzato-lebraismo-e-il-cristianesimo/

---

rapporti con il Cristianesimo primitivo (e delle origini):

Le antiche religioni mesopotamiche hanno influenzato l'ebraismo? Esistono dei miti in particolare? *Va innanzitutto specificato che gli ebrei appartengono alle popolazioni semitiche. Questo particolare ceppo etnico si è diffuso prevalentemente in Asia Minore e nei paesi che si affacciavano al Mar Mediterraneo e al Mar Rosso. Le popolazioni appartenenti alla stirpe semitica sono molteplici ma forse tra le più note ci sono quella dei Fenici che furono per secoli i dominatori incontrastati dei mari e diedero vita a una civiltà grandiosa come Cartagine e le popolazioni di lingua accadica come i Babilonesi e gli Assiri. Il fatto che quello che oggi chiamiamo popolo ebraico appartenesse a questo ceppo etnico comporta che la sua lingua e soprattutto la sua cultura (tra cui appunto la sua religione) è molto simile a quella di queste popolazioni in numerosi punti. La storia è stata clemente con noi e noi abbiamo tra le mani diversi frammenti d'epoca sumerica senza parlare dell'epopea di Gilgamesh che raccoglie e rielabora miti sumerici e babilonesi. Sarebbero molti i punti in comune tra il mito ebraico e quello sumerico / babilonese ma uno dei maggiori e senza dubbio quello legato al Diluvio. Va detto che quasi ogni mitologia conosciuta contempla un mito del Diluvio ma il mito sumerico/babilonese risulta avere notevoli affinità con la storia presente nella Bibbia. La storia del Diluvio ci è giunta in tre versioni, la prima in epoca sumerica la seconda d'origine Paleo-Babilonese e Medio-Babilonese mentre la terza fu probabilmente ideata in Epoca Tardo-Babilonese e Assira e raccolta e canonizzata nel VIII secolo a.C. L'eroe del mito (che influenzerà profondamente il Noè ebraico) cambia nome da Ziusundra ad Atra-hasis fino al più moderno Utnapištim ma la storia si mantiene grossomodo identica. Gli dèi guidati da Enil decidono di porre fine all'umanità non in tutte le versioni si spiega il motivo ma in quella di Atrahasis si rivela per l'eccessivo "baccano" che giungeva a loro. Enki si oppone alla decisione nonostante sia costretto a giurare di rispettare il volere degli dèi. Con uno stratagemma Enki rivela a Ziusundra/ Atrahasis/ Utnapištim il fato della terra e gli indica come costruire una nave e di farci salire tutti gli animali e i sementi. Il diluvio distrugge la* *terra lasciando sgomenti gli dèi che infine rimangono sorpresi di vedere il sopravissuto uscire dalla nave. Si decide se ucciderlo o meno ma alla fine ancora colpiti dalla tragedia gli dèi, dopo averlo reso immortale, decidono di far ripopolare la terra dalla sua discendenza.*

Le influenze dei Babilonesi si possono trovare anche in qualche altro elemento storico presente nella raccolta di libri che chiamiamo Bibbia? *Esistono molteplici elementi che si possono riscontrare nella cultura babilonese ma senza dubbio uno dei più evidenti riguarda la somiglianza tra le leggi ebraiche contenute nel Pentateuco Biblico e le leggi presenti nel codice di Hammurabi. Hammurabi era un re babilonese che regnò tra il 1792 e il 1750 è modifico radicalmente la storia politica del suo regno. Questo codice è una raccolta di 282 leggi scolpite con alfabeto cuneiforme in una grande stele. La particolarità di queste leggi è che vengono date al re e quindi al popolo babilonese dal dio Šamaš che nella stele viene ritratto mentre siede sul trono. Possiamo scorgere il dio che porge al re Hammurabi il codice della legge che quindi, proprio come i comandamenti ebraici, sono di origine divina. Le leggi secondo la tradizione babilonese non sarebbero la trascrizione di usi e costumi che Hammurabi mette per iscritto per fornire una prima forma di diritto inalienabile al suo popolo ma avrebbero un'origine divina ed è quindi Šamaš e non Hammurabi a dare ordine al popolo Babilonese. Il testo facilmente consultabile da tutto il popolo babilonese, che poteva vedere la stele al centro della città, fa gran uso della cosiddetta Legge del Taglione cioè una prima forma di giustizia in cui la pena per i vari reati risulta identica al danno provocato, il famoso occhio per occhio dente per dente. Una simile forma legislativa sarà presente anche nel testo del Pentateuco biblico.*

In quale contesto storico e sociale le scritture giudaico-cristiane sono state redatte? *La storia del popolo ebraico esce dal mito per entrare nella storia a tutti gli effetti con l'avvento della monarchia davidica all'inizio del X secolo a.C. quando alcune tribù di Aramei nomadi si riunirono in un unico regno con capitale Gerusalemme. I re di questo giovane regno furono prima Davide (1000-961 a.C.)*

che fu l'artefice della conquista di Gerusalemme e a lui successe il figlio Salomone che eresse proprio in questa città il suo tempio. Alla morte di Salomone (922 a.C.) il regno di divise in due parti: Il regno di Israele con capitale Samaria e il regno di Giuda con capitale Gerusalemme. Un secolo dopo Israele fu conquistata dagli Assiri che la fecero diventare una provincia del loro impero mentre il regno di Giuda resistette fino al 586 a.C. quando fu conquisto da Nabucodonosor re di Babilonia. La cosiddetta "cattività babilonese" fu un trauma per il popolo ebraico che da quel momento in avanti se non per brevi periodi sarà sempre sotto il giogo straniero. Proprio in questo clima di occupazione straniera prese forma la raccolta e il consolidamento delle tradizioni ebraiche (processo continuato in epoca ellenistica) che portò alla scrittura di molti libri che possiamo trovare nella Bibbia.

Come mai il culto cristiano ha attinto a piene mani dal culto giudaico e in quale misura? *Con il termine Cristianesimo si intende l'insieme delle chiese, delle comunità, delle sette, dei gruppi come anche le idee e le concezioni che si rifanno alla predicazione dell'uomo che è comunemente ritenuto il fondatore di questa religione. Il fondatore di questa religione è un profeta ebreo di nome Gesù nato secondo i nostri calcoli in una data che oscilla "tra il 4 avanti e il 6 dopo l'anno zero"* [141] *quindi risulta solo per comodità che successivamente si farà nascere Gesù esattamente nell'anno zero. Sul luogo della nascita ci sono due scuole di pensiero, o a Betlemme in Giudea o a Nazaret in Galilea. Gesù è appartenente a una famiglia ebraica discendente da re Davide viene e educato secondo la tradizione. Solo a trent'anni la sua vita cambia diventando un predicatore itinerante con l'intento di spiegare il "vangelo" termine greco che indica "la buona novella" cioè un messaggio di salvezza dal male e dal peccato e di amore verso Dio e gli*

---

[141] In linea generale, non esiste una data certa della data di Gesù, non essendo sicuro il personaggio nemmeno sotto il profilo storico; tuttavia, presi per certi determinati eventi e circostanze, la data di nascita dovrebbe orientarsi tra il 6-7 a.C. e il 4 a.C., mentre la data di morte dovrebbe attestarsi tra il 26 e il 36 d.C.; in tal senso, lo scrivente si trova in disaccordo sul punto con l'intervistato, tenuto anche conto della versione interpretativa di De Angelis che parla addirittura del 68 d.C.

uomini. Per quanto il messaggio di Gesù tenti di staccarsi dal solco più tradizionale dell'ebraismo le fondamenta di questa nuova religione sono prettamente ebraiche poiché erano ebrei sia Gesù sia coloro che ascoltavano le sue prediche. Solo dopo la sua morte sarà Paolo a dare un volto più universalista al messaggio di Gesù.

E rispetto ai rapporti tra il culto egiziano e quello ebraico, culla del Cristianesimo primitivo e delle origini, sempre **Paolo Battistel** [142] dichiara in un'altra intervista:

Cosa intendiamo con il termine Antico Egitto e che origine aveva il popolo che ha fondato un simile regno? *Quando parliamo della civiltà dell'Antico Egitto intendiamo la cultura che nel tardo Neolitico si è sedimentata e sviluppata intorno alle rive del Nilo. Una terra fertile e paludosa a causa delle esondazioni periodiche del fiume che permise a queste popolazioni, un tempo nomadi, di diventare sedentarie e sopravvivere attraverso una florida agricoltura. Si ha tracce storiche di un'autentica comunità politica già intorno al 3100 a.C. e la storia di questo regno prosegue per millenni fino alla conquista romana del 30 a.C. I cosiddetti antichi egizi appartenevano all'antico ceppo etnico delle popolazioni afro-asiatiche. I popoli afro-asiatici sono solitamente divisi in tre grandi gruppi: i popoli semitici tra cui spiccano Assìri, Babilonesi, Fenici e l'antico popolo ebraico; i popoli berberi diffusi ancora oggi nel nord dell'Africa; il terzo grande gruppo è proprio quello dei popoli egizi con una cultura complessa e variegata che plasmò i pilastri della cultura occidentale come la conosciamo oggi. La lingua e la cultura di queste tre stirpi etniche (semitiche, berbere, egizie) si trovano così a essere strettamente imparentate sia per la grammatica che per il pensiero.*

Che tipo di religione avevano gli antichi Egizi? *Si tratta di un complesso politeismo che ha continuato a modificarsi nel corso dei secoli attraverso influenze esterne, sincretismo e operazioni dall'alto di tipo politico. Gli dèi egizi non erano figure trascendentali ma forze presenti nel quotidiano nella vita di tutti. Si tratta*

---

[142] Tratto da: http://www.laltrapagina.it/mag/anticoegitto-influenza-ebraismo/

dell'incarnazione di forze cosmiche o elementi della natura come *Shu* il vuoto e l'aria, *Nun* l'acqua, *Ra* il sole, *Nut* il cielo, *Geb* la terra, *Iah* la luna e molti altri. *Questi primi dèi dell'Antico Egitto (che crebbero esponenzialmente di numero con lo scorrere dei secoli) rappresentano più che altro degli esseri extraumani con poteri superiori all'uomo. In seguito all'unificazione del paese e all'esigenza di creare una Religione di Stato unitaria, vengono progressivamente organizzati in un sistema. Questo sforzo teologico del corpo politico e religioso dell'Egitto sfocia nella compilazione di due Enneadi, una maggiore e una minore. Al di fuori di questo complesso sistema che col passare dei secoli divenne parte integrante del sistema statale (non va dimenticato che il faraone era anch'egli una divinità) va inserito la figura di Aton, una divinità somma con una natura fortemente trascendentale.*

Che cos'è il culto di Akhenaton? Era un vero monoteismo? *Nel Nuovo Regno il rapporto tra faraone e casta sacerdotale assume momenti di dura tensione che raggiunge l'apice con l'insediamento sul trono di Amenhotep IV. Questi in aperta opposizione con il clero tebano legato al culto di Amon-Ra volle assegnare il ruolo di dio supremo al dio Aton. Il faraone cambiò il proprio nome in Akhenaton (trad. lett. "gradito ad Aton") dando inizio a una nuova teologia centrata su Aton il dio del disco solare. A differenza delle altre divinità che incarnavano forze celesti o forze naturali, Aton era sprovvisto di una sua mitologia che ne celebrasse le origini divine trovandosi a essere un dio più trascendente e molto meno "concreto" del resto del Pantheon egizio. Molti studiosi hanno interpretato la riforma di Akhenaton come uno dei primi monoteismi della storia dove Aton rappresenterebbe il dio celeste sommo che soppiantava l'antico pantheon egizio. La verità sta nel mezzo perché Akhenaton non rifiuta gli altri dèi come Ra e tutto il resto delle divinità minori ma si limita a potenziare così tanto il ruolo di Aton che le altre divinità sembrano impallidire al suo cospetto. Tecnicamente non siamo davanti a un monoteismo ma a un enoteismo.*

In che modo questo culto ha influenzato la nascente cultura ebraica? *In molti hanno legato lo sviluppo religioso del popolo ebraico in senso monoteista a un qualche influsso derivato* *dall'Egitto in particolare dal culto di Akhenaton. A partire dall'età del ferro buona parte dei popoli semitici presenti in quella che successivamente prese il nome di terra di Israele avevano un tipo di religione enoteista dove un dio primeggiava su tutti gli altri. Nel popolo ebraico questo enoteismo divenne così rigoroso fino ad assumere valenze etiche che condussero alla proibizione di pregare altre divinità minori. In questo senso va inteso in termine "monoteismo etico" con cui si è soliti identificare questo culto in ambito accademico, un monoteismo imposto dall'alto attraverso la proibizione. Da questo punto di vista Akhenaton e la sua riforma rappresentano in parte un modello e un precursore per questa direzione religiosa ma non va certo dimenticato che da un lato non ci sono elementi storici certi che legano questi due culti (per ora si tratta solo di ipotesi interpretative) e dall'altro alla morte di Akhenaton in Egitto si è cercato in tutti i modi di cancellare il dio Aton dalla storia.*

E' insomma sempre più chiaro il legame tra l'uomo è Dio, al di là del ruolo dell'uno e dell'altro. **Tiziano Bellucci**, in tal senso, riprendendo il concetto di **R. Steiner** sul *bisogno di credere in Dio*, scrive: <<[…] si sente dire che (…) l'uomo avrebbe "inventato" Dio per paura, per bisogno di credere in qualcosa, in un essere soprannaturale che abiti al di là del mondo visibile e che dia un senso alla sua vita. Ora, secondo un ragionamento corretto, la questione acquisisce significato se viene capovolta. Si tratta di porsi la domanda da una prospettiva diversa. Se l'uomo sulla terra non esistesse, non vi sarebbe nessuno in grado di accorgersi ed attestare che vi è in atto un'evoluzione. (…) L'uomo è l'unico essere in grado di essere consapevole di tutto questo. L'unico in grado di poter dare un senso all'esistenza: di riempirla di significato, tramite la sua intelligenza, la sua immaginazione: di riconoscere l'agire di un'intenzione primordiale. Non è l'uomo ad avere bisogno di Dio: ma è Dio che solo tramite l'uomo può arrivare a manifestare la sua volontà di Creatore, di Essere intenzionalmente attivo. Se non vi fosse l'uomo, Dio non avrebbe alcuna occasione per lasciare una traccia cosciente di sé entro il divenire universale. (…) Dio non è un bisogno dell'uomo: l'uomo sente lo stimolo in lui perché Dio è in lui, circolante entro il suo sangue, nella sua vita [...]>>[143]. Sicuramente condivisibile, per lo meno negli aspetti generali.

---

[143] Tratto da: http://www.riflessioni.it/antroposofia/bisogno-credere-dio.htm

Capitolo 4:

L'Esodo e il ruolo di Mosé [144].

L'*Esodo*, ovvero l'uscita dall'Egitto, è il principale evento descritto nell'omonimo libro della Bibbia e narra della liberazione dalla schiavitù del popolo ebraico, per mano di Mosé, inviato da Dio.

L'unica fonte documentale è il libro biblico redatto all'epoca del ritorno in Giudea dei deportati dell'esilio di Babilonia nel V secolo a.C., sulla base di fonti più antiche, tra di loro discordanti. Altri elementi utili per fondare l'attendibilità del racconto risiedono [145]:

a) nel contenuto del *Papiro di Ipuwer*, rinvenuto nel 1909, descriva eventi simili a quelli narrati nell'Esodo;

b) nella *stele di Merenptah* (fine XIII secolo a.C.), che testimonia la presenza nei dintorni della terra di Canaan di un popolo nomade di nome ysrir, comunemente interpretato da storici e biblisti come Israele. La stele è così chiamata perché fu fatta modificare da Merenptah, figlio di Ramses II: entrambi sono identificati da taluni, rispettivamente, col faraone che si scontrò con Mosè e col predecessore che ordinò lo sterminio dei primogeniti ebrei quando Mosè era in fasce;

c) nel piedistallo di statua del museo di egittologia di Berlino (XV secolo a. C.), in cui comparirebbe il nome Israele;

d) nelle risultanze storiche che confermano il fatto che il faraone Ramses II (XIII secolo a.C.) fece costruire la città di Pi-Ramses e ampliare Pitom, nominate nel Libro dell'Esodo;

e) nel papiro di Ipuwer, variamente datato tra il XIX e il XIII secolo a.C., che riferisce di cataclismi naturali e sociali simili alle piaghe narrate nel Libro dell'Esodo.

f) negli scavi archeologici che hanno portato alla luce tracce di distruzione violenta di alcune città cananite, databili approssimativamente tra il 1250 e il 1150 a.C., compatibili con i racconti delle

---

[144] **Giulio Perrotta**, *Exorcizamus te. Il vero volto di Dio*, Primiceri Editore, 2016, pp. 182-307
[145] Tratto da: https://it.wikipedia.org/wiki/Esodo_(evento).

conquiste di Giosuè narrate nell'omonimo libro biblico: Betel, Debir (Tell Beit Mirsim), Eglon (Tell el-Hesi), Hazor, Lachis, Meghiddo e ulteriori scavi che hanno rilevato l'esistenza di circa 250 piccole comunità rurali non fortificate sorte nella regione montuosa della terra di Canaan attorno al 1200 a.C.

Di contro, non esistono documenti ufficiali che riportano un evento di liberazione di un gruppo di schiavi ebrei. Tra l'altro, nemmeno la data storica è risaputa e alcune teorie convergono su un dato: partendo dal dato testuale di **1Re 6:1**, nel quale è riferito che la costruzione del tempio di Salomone, iniziata nel IV anno del suo regno (cioè attorno al 968 a.C.), avvenne 480 anni dopo l'uscita degli Israeliti dall'Egitto. Questo elemento farebbe pensare al 1448 a.C., sotto il regno del faraone Thutmose III, avallando la teoria dell'Esodo antico; tuttavia, la cifra "480" non va intesa come un attendibile dato storico ma come un calcolo erudito e tardivo che si basa sul numero dei sacerdoti in carica da Aronne a Zadok moltiplicato per 40 anni, la durata tradizionale di una generazione.

Ripercorrendo allora il dato testuale dell'Esodo biblico, e prendendo per vero ogni informazione riportata, troviamo comunque delle informazioni molto interessanti, che alimentano il valore delle testimonianze. Sinteticamente, gli eventi sono così riassumibili[146]:

<<[…] *Giuseppe, diventato viceré d'Egitto, invita suo padre Giacobbe-Israele e i suoi fratelli a stabilirsi nella terra di Gosen, all'interno del dominio egiziano. I discendenti di Giacobbe, i figli d'Israele, dimorano in Egitto e prosperano in pace per 400 anni, dove la cifra non ha valore storico-cronologico ma indica un generico lungo periodo, come avviene altrove anche per il numero 40. Un faraone (da taluni identificato in Ramses II) riduce in schiavitù gli ebrei temendo per il loro numero, obbligandoli a costruire le città di Pitom e Ramses. Continuando a crescere di numero, ordina l'uccisione dei maschi. Dagli ebrei Amram e Iochebed nasce un bambino, Mosè, che viene abbandonato dalla madre sul fiume Nilo per salvargli la vita. Viene trovato e adottato*

---

[146] Tratto da: https://it.wikipedia.org/wiki/Esodo_(evento).

dalla figlia del faraone, Bithia, e cresciuto alla corte. Una volta cresciuto uccide un egiziano che colpiva un ebreo e fugge dall'Egitto verso Madian. Qui Dio gli parla dal roveto ardente ordinandogli di liberare gli ebrei. Mosè, accompagnato dal fratello Aronne, si reca più volte dal faraone (diverso da quello dell'oppressione, da taluni identificato in Merenptah), chiedendo la liberazione del popolo ebraico. Il faraone rifiuta più volte, e Dio colpisce l'Egitto con le dieci piaghe. Terminata l'ultima piaga, il faraone permette agli ebrei di lasciare l'Egitto. Mosè e i figli d'Israele partono e si accampano presso il Mare di Giunco (tradizionalmente tradotto con Mar Rosso. Il faraone però ci ripensa immediatamente e li insegue con tutto il suo esercito. Dio, tramite Mosè, apre miracolosamente il mare, e il popolo ebraico lo attraversa passando sul fondo asciutto. Al termine del passaggio il mare si richiude uccidendo tutti i soldati egiziani. Il popolo ebraico vaga nel deserto dove è sostenuto miracolosamente da Dio che fornisce occasionalmente acqua sgorgante dalla roccia, stormi di quaglie, e soprattutto la manna quotidiana. Dopo 40 anni (cifra simbolica) dall'uscita dall'Egitto attraversano il fiume Giordano, entrando nella terra di Canaan [...]>>.

Adesso, premesso che non abbiamo elementi storici ed archeologici schiaccianti, non possiamo fare altro che porci dei quesiti, mettendo luce su elementi critici della storia narrata e trasmessa nei secoli; ad esempio:

1) in ordine al *motivo* dell'Esodo, il testo sacro parla di "fuga" per liberare il popolo eletto, al fine di raggiungere la terra promessa. Secondo la teoria che vede la perfetta soprapposizione tra il popolo eletto e gli Hyksos presenti in Egitto, il motivo non risiede in una fuga dall'oppressione ma una vera e propria cacciata da parte degli Egiziani[147]. Un'altra teoria ancora propugna la tesi orientalista della

---

[147] Non sarebbe una fuga dall'oppressione ma una scacciata degli Ebrei da parte degli Egiziani, che sarebbero coincidenti con gli Hyksos. Gli Hyksos erano un popolo semitico, come gli Ebrei, che aveva invaso l'Egitto attorno al 1700 a.C. instaurando la loro capitale ad Avaris, nel basso Egitto. Attorno al 1550-1525 a.C. Ahmose riuscì a conquistare la loro capitale e scacciò gli Hyksos dall'Egitto. (...) L'ipotesi degli Hyksos ha origini antiche: il primo che identificò gli Hyksos con gli Ebrei fu Erodoto, nel V secolo a.C., ripreso poi da Giuseppe Flavio e da molti Padri della Chiesa. John J. Bimson è il principale sostenitore contemporaneo di questa teoria,

migrazione per favorire i mutamenti sociali di un determinato territorio[148]. Nessuna prova è definitiva in tal senso.

2) in ordine al *numero di persone coinvolte* nell'Esodo descritto nel testo sacro, occorre puntualizzare due contrastanti posizioni. La prima, nettamente teologica, punta sul dato presente in **Esodo 12: 37**, che parla di 600mila uomini maschi, senza contare donne e bambini, oltre una grande massa di gente promiscua, identificati come "non ebrei" (probabilmente egiziani e immigrati stranieri in Egitto). In sostanza, non meno di uno/due milione di persone: francamente un dato davvero poco credibile. Per tale ragione, alcuni studiosi hanno avanzato l'ipotesi che il termine "elef", tradotto con

che non gode comunque di particolare diffusione tra biblisti e storici antichi: il racconto biblico descrive gli Ebrei come ridotti in schiavitù e non come classe dominante dell'Egitto. Una possibile coincidenza tra il racconto biblico e la teoria degli Hyksos vi può essere per il caso di Giuseppe, che secondo il racconto del Libro della Genesi divenne viceré d'Egitto e condusse a sé il suo clan, ma questo è un evento precedente e distinto dall'Esodo.
Tratto da: https://it.wikipedia.org/wiki/Esodo_(evento).

[148] Secondo alcuni studiosi l'Esodo potrebbe non essere storicamente avvenuto nel senso tradizionale inteso, vale a dire come fuoriuscita dall'Egitto di una massa di persone identificabili come Ebrei. Secondo l'orientalista Mario Liverani, infatti, l'espressione "esodo" (shē't e altre forme di yāshā' "uscire") in realtà farebbe parte di quello che è stato chiamato "codice motorio", cioè una serie di metafore legate all'idea del movimento e usate per indicare il mutamento di appartenenza politica di una regione, di una città o di un gruppo etnico ad una formazione statale più grande rispetto ad un'altra o a nessuna. Spostamento dei confini politici, quindi, anziché di masse di persone (o di terre, come in alcuni testi). Questo codice motorio era abitualmente usato nei testi del Tardo Bronzo e lo si trova, ad esempio, in un testo del re ittita Suppiluliuma I a proposito di una sua conquista nella Siria centrale. Un altro esempio ci viene da una lettera di el-Amarna (antica capitale del faraone Akhenaton), proveniente da Biblo. Nel caso dell'Esodo, l'espressione "uscire dall'Egitto", significava "fine della dominazione egiziana sulla Palestina", evento storico avvenuto nel momento di passaggio fra Tardo Bronzo (quando la Palestina era un dominio egiziano) e prima età del ferro (quando la Palestina raggiunse l'autonomia, dopo le invasioni dei popoli del mare e la crisi dei grandi imperi). Lentamente, però, si perse il reale significato della metafora e le si attribuì quello tradizionale verso la fine dell'VIII secolo a.C., quando si diffuse la pratica assira di deportare intere popolazioni da una regione dell'impero all'altra, e quando sotto la spinta delle invasioni gruppi di profughi uscirono realmente dal regno di Israele (nel nord) per rifugiarsi nel regno di Giuda (nel sud). Non è casuale che le prime attestazioni del nuovo significato siano collocate proprio nel regno di Israele, sottoposto alla pressione assira. La nuova formula era poi stata collegata retroattivamente a vecchie storie di transumanza pastorale tra il Sinai e il Delta del Nilo, alle storie sul lavoro coatto di gruppi di Habiru al servizio di sovrani egizi della dinastia ramesside (vedi la summenzionata lettera di Ramesse II) e agli avvenimenti più recenti con i rifugiati che si muovevano fra la Giudea e l'Egitto. In questa forma, la formula dell'esodo entrò a far parte della storiografia proto-deuteronomistica nel VII secolo a.C.
Tratto da: https://it.wikipedia.org/wiki/Esodo_(evento).

"mila", fosse in realtà "clan": dunque, 600 clan, riportando il totale complessivo a non oltre 100mila persone (un dato nettamente più credibile), dando ulteriormente credito alla tesi che l'Esodo non fosse una fuga ma una cacciata o una vera e propria deportazione.

3) in ordine alle *piaghe d'Egitto*, avvenute a seguito del rifiuto del faraone di liberare il popolo ebraico tenuto in schiavitù, nel precedente lavoro si è data una spiegazione plausibile ai fenomeni descritti. In particolare: <<(...) Dio mandò le seguenti piaghe: 1) *il Nilo si colorò di rosso sangue* (probabilmente dovuto ad un'esondazione anomala che ha provocato lo smottamento e il drenaggio dell'argilla rossa); 2-3) *l'invasione delle rane e lo sciame di zanzare e mosche* (sicuramente attratti dall'eccesso di umidità prodotto dall'inquinamento del Nilo, dei pesci morti e delle carcasse degli animali avvelenati dalle acque ricche di argilla); 4-5-6) *il bestiame si ammala e muore e gli uomini si riempiono di pustole e ulcerazioni* (sicuramente causate dalle infezioni diffuse e dal clima tossico che si respirava in quell'area); 7-8-9) *la grandine che distrugge le colture e lascia quel poco che serve alle cavallette per divorare la rimanenza,* oltre *tre giorni di buio* (complice, sicuramente, il vento etiope che in quelle zone è forte e riesce a sollevare tanta di quella polvere da oscurare anche il cielo); 10) *la morte dei primogeniti di tutte le famiglie egiziane. (...)*>>[149]. Dunque, probabilmente, nulla di mitologico o divino, ammessa l'esistenza reale dei fatti descritti; ciò che appare invece chiaro è l'esagerazione strumentale per amplificare il potere del divino rispetto al potere umano.

4) in ordine al famoso *miracolo dell'apertura delle acque*, occorre

---

[149] **Giulio Perrotta**, *Exorcizamus te. Il vero volto di Dio*, Primiceri Editore, 2016, p. 43
<<(...) Diverse similitudini con le piaghe si possono trovare in un antico papiro, denominato Lamentazioni di Ipuwer, scritte da un sacerdote e narranti una serie di devastazioni che colpirono la terra del Nilo. Il papiro fu esaminato per la prima volta da Sir Alan Gardiner nel 1909 che lo datò alla XII dinastia, cioè al primo periodo intermedio (2200-2050 a.C.). La maggior parte degli studiosi concordò con Gardiner anche se alcuni lo datarono al secondo periodo intermedio (1790-1530 a.C.). Questa data si accorderebbe a quella dell'eruzione di Thera (1600 a.C.) secondo gli ultimi studi. Il testo geroglifico dovrebbe descrivere i fatti del I periodo intermedio, segnato da frammentazione politica, periodi di carestia, anarchia e profanazioni dei templi. L'Esodo sembra riprendere gli stessi temi e adattarli al contesto storico e allo scopo del testo biblico (...)>>.
Tratto da: https://it.wikipedia.org/wiki/Esodo_(evento).

---

chiarire alcune criticità. Il racconto è contenuto in **Esodo 14: 15-31** e ormai la maggioranza sostiene il valore allegorico dell'evento. Tuttavia, non manca chi sostiene il valore certo e sicuro del resoconto biblico, come se realmente successo: la tradizione più antica attribuisce l'accaduto a cause naturali, mentre la tradizione sacerdotale, più moderna, ingigantisce l'aspetto miracolistico dell'accaduto, rinforzando il ruolo di prim'ordine del personaggio di Mosè. Al di là della posizione più coerente e sicura, non si conosce nemmeno il mare coinvolto in questo "miracolo". Nelle sacre scritture si traduce il termine presente con "Mar Rosso"; tuttavia, è stato dimostrato da illuminati accademici l'errore di traduzione, riportando il dato corretto in "Mare di Giunco" (*Yam-Suf*); comunque, un paradosso, se pensiamo che tale vegetazione non può crescere in un mare, ovvero in un luogo d'acqua salata, anche se il giunco è presente in tutte le acque sia interne che esterne all'Egitto.

5) in ordine all'*identità di Mosé*, gli esperti si dividono[150]. Troviamo Mosé, come protagonista, nell'**Esodo**, e anche nel **Levitico** (dove lo si cita indirettamente come protagonista delle Leggi di Dio), **Numeri** (dove si descrive il cammino di Israele nel deserto che lo separa dalla terra promessa, a partire dal monte Sinai fino alle soglie di Canaan, dopo un soggiorno di quarant'anni a Kades), **Deuteronomio** (dove ci sono tre discorsi di Mosè, il quale, prima di morire, ricorda al popolo gli avvenimenti passati e riprende con accenti nuovi la Legge già definita nell'Esodo. Il libro si conclude con il racconto della successione di Giosuè e della morte del profeta sul monte Nebo) e vari brani successivi, in particolare nei **Salmi** (dove si ricordano al popolo d'Israele i prodigi accaduti al tempo di Mosè). Da un punto di vista storico, però, gli elementi a favore dell'esistenza del personaggio sono inesistenti; solo tante teorie provenienti da studiosi e storici ma nulla di certo:

a) per **Giuseppe Flavio** ed **Erodoto**, Mosé fu un personaggio realmente esistito, così come accaduti gli episodi narrati, datati con la cacciata degli Hyksos, tra il 1.550 - 1.525 a.C.). In particolare, Giuseppe Flavio accomuna la figura di Mosè a quella di Osarseph, figura semi-leggendaria della storia dell'antico Egitto, e afferma di fare riferimento agli scritti dello storico egizio Manetone (periodo

---

[150] Tratto da: https://it.wikipedia.org/wiki/Mos%C3%A8

tolemaico, IV o III secolo a.C.). Secondo lo storico egizio (sempre nella versione di Giuseppe Flavio), Osarseph fu un alto sacerdote (forse Primo Profeta) del clero di Osiride della città di Eliopoli che si sarebbe costruito un potente seguito tra gli intoccabili (nome forse indicante i lebbrosi) e sarebbe stato esiliato, insieme ai suoi seguaci, nella terra di Canaan in seguito ad un sogno profetico del sovrano. Nella terra d'esilio avrebbe poi organizzato, alleandosi con le popolazioni locali, una rivolta che lo avrebbe portato a conquistare lo stesso Egitto esiliando a sua volta, in Etiopia, il sovrano ed il figlio Rapsaces, di cui viene detto essere chiamato anche Sethos. Dopo un regno di tredici anni caratterizzato dall'oppressione religiosa Amenophis ed il figlio avrebbero scacciato l'usurpatore ripristinando il culto degli antichi dei;

b) per i **redattori dell'Esodo**: <<[...] il nome Mosè significherebbe salvato dalle acque a ricordo del suo miracoloso ritrovamento nel Nilo e difatti l'ebraico *Moshè* ha un'assonanza col verbo che significa trar fuori, benché tutt'oggi la maggioranza degli studiosi preferisce credere che il nome derivi dalla radice egizia Moses, che significa figlio di o generato da come possiamo ad esempio vedere negli egiziani Thutmosis (figlio di Thot) o Ramses (figlio di Ra). In linea con questa tesi e mancando il nome del padre Mosè significa semplicemente bambino quale vezzeggiativo di figlio. L'interpretazione classica del Midrash identifica Mosè come uno dei sette personaggi biblici chiamati con diversi nomi. Gli altri nomi di Mosè erano difatti: Jekuthiel (per sua madre), Heber (per suo padre), Jered (per Miriam), Avi Zanoah (per Aronne), Avi Soco (per la sua balia), Shemaiah ben Nethanel (per il popolo d'Israele). A Mosè sono anche attribuiti i nomi di Toviah (quale primo nome) e Levi (quale nome di famiglia), Mechoqeiq (da legislatore) ed Ehl Gav Ish. Il nome egiziano Moses che significa, come già detto, figlio o protetto da fu dato al profeta dalla figlia del faraone, quando venne ritrovato dalla stessa sulle rive del fiume. Il nome prese poi il significato di trarre fuori solo in seguito, quando Mosè liberò il popolo attraverso le acque del Mar Rosso. Anche Giuseppe Flavio cita quest'etimologia. (...) Secondo la tradizione islamica, invece, il suo nome, Mūsā, deriverebbe da due parole egiziane: *Mu* che significa acqua e *sha* che significa giunco o albero, per il fatto che la sua cesta rimase incastrata fra i giunchi presso la casa del faraone [...]>>.

c) per altri studiosi, compreso **Sigmund Freud**, Mosé era di origini egiziane: <<[...] secondo il celebre padre della psicoanalisi, Mosè non era in realtà un solo uomo, che liberò gli israeliti e li condusse alla Terra Promessa, bensì due persone differenti. Il primo Mosè, colui che liberò gli ebrei dall'Egitto, era un egizio, fanatico della religione monoteista fondata da Akhenaton, seguace dunque, di Aton, dio misericordioso, che decise di partire in una terra dove il suo credo non fosse perseguitato, così come invece succedeva in Egitto, conducendo con sé il popolo semita e alcuni seguaci egizi. Questi, durante il viaggio nel deserto, uccisero il loro maestro, e quindi il primo Mosè. Il potere passò dunque nelle mani di un secondo Mosè, un sacerdote madianita, fedele a una religione adoratrice di un Dio vulcanico e sanguinario, che non esitava nel chiedere ai propri accoliti di passare "a fil di spada" tutti gli abitanti della terra di Canaan. Questo madianita altri non era che Jethro, il suocero di Mosè che, durante il viaggio nel deserto del Sinai, andò a trovare il genere e, dopo aver conversato con lui nella tenda (luogo nel quale, secondo diversi seguaci della teoria di Freud avvenne l'omicidio del primo Mosè) uscì, da solo, e partecipò ad un banchetto in compagnia di Aronne e degli anziani d'Israele. (…) Sigmund Freud, nel suo libro "*Mosè e il Monoteismo*", evidenzia questi punti: Mosè predica in Egitto, come Akhenaton 50 o 100 anni prima, una teologia monoteistica; Mosè ha un nome egiziano; Mosè ha, nel racconto biblico, una nascita assolutamente leggendaria; un nome del dio ebraico (Adonai), ha la stessa radice del dio solare (Aton) di Amenofi IV; l'arca dell'alleanza degli ebrei presenta forti somiglianze con la "barca degli dei" dei templi egizi, circondati da cherubini con ali spiegate [...]>>. Freud dunque puntualizza il fatto che: "*Se Mosé fu egizio e se egli trasmise agli Ebrei la propria religione, questa fu la religione di Akhenaton, la religione di Aton*". Entrando più nello specifico, si è potuto ricostruire i rapporti tra la dinastia faraonica egiziana e il gruppo degli Hyksos, che come abbiamo visto altri non sono che il popolo eletto per la Bibbia guidaico-cristiana. Difatti: <<[...] Il nord dell'Egitto venne invaso dalle tribù degli Hyksos intorno al XVII secolo a.C., e i loro re si insediarono come legittimi faraoni egizi per ben due dinastie, la XV e la XVI. Gli Hyksos erano un popolo semita culturalmente molto avanzato, che disponeva di tecnologie belliche d'avanguardia, come i poderosi carri da guerra mesopotamici (bighe, cavalleria pesante, elmi e corazze), che furono certamente la causa del loro rapido successo militare. Alla fine però gli Hyksos vennero sconfitti e cacciati definitivamente oltre il delta del Nilo, mentre parte del loro popolo venne catturata e costretta a rimanere in condizioni simili alla schiavitù. I profughi Hyksos passarono così dallo status di dominatori a quello di prigionieri, fino alla cacciata del faraone eretico monoteista Akhenaton, per un periodo di circa 400 anni, ovvero lo stesso periodo indicato nella Bibbia per la durata della cattività egizia degli ebrei. (...) Il monoteismo introdotto da Akhenaton prevedeva per esempio anche l'abolizione dai luoghi sacri di ogni forma di idolatria e di raffigurazione delle divinità con persone o animali. (...) La rivoluzione religiosa non venne apprezzata dalla popolazione egizia, che intendeva rimanere fedele alle sue tradizioni, ma trovò certamente largo consenso tra le fila della bistrattata minoranza Hyksos. (...) In seguito all'introduzione della suddetta riforma religiosa imposta con l'uso delle armi, l'Egitto divenne terreno di scontro, tra la fazione fedele al faraone e il resto della popolazione egizia, sollevata dal potente clero tebano. L'insurrezione civile costrinse poi il faraone ad abdicare e lasciare l'Egitto per le terre di Canaan, con tutti i suoi seguaci eretici al seguito. La prova del suo effettivo confinamento in Palestina è documentata dal ritrovamento di una lettera, archiviata con la sigla EA287. Nella missiva in questione il Governatore di Gerusalemme Abdi-Heba affermò che Akhenaton era stato esiliato proprio nella regione di Canaan (Palestina). (...) La tesi fin qui esposta trova conforto nelle conclusioni a cui giunsero luminari di antica memoria, come Champollion, Linkeus, Freud, Feather (o Messod) e Sabbah. L'Esodo biblico, insomma, appare ormai inequivocabilmente connesso alle vicende del faraone Akhenaton, il quale instaurò una nuova fede monoteista, dedita all'adorazione dell'ineffabile Dio-Sole "Aton". Una svolta religiosa che trova spiegazione nel tentativo

del faraone eretico di restaurare il culto predinastico, introdotto dai c.d. "seguaci di Horus" e poi abbandonato nel corso del tempo dai sacerdoti Ammoniti di Tebe. Tale ordine di idee, quindi, il Dio ebraico avrebbe assunto il carattere di esclusività con il suo popolo eletto solo successivamente all'Esodo, ovvero dopo che il "Dio-Re" Akhenaton adottò come suo nuovo popolo le diverse tribù etniche che gli rimasero fedeli durante la guerra civile. Per celebrare la nascita/rinascita del Monoteismo, Akhenaton fece addirittura edificare una città intera, prima con il suo nome e poi rinominata Tell el Amarna. (…) Per tale ragione, numerosi studiosi definiscono l'atonismo con il termine più appropriato di "enoteismo" (…). In ogni caso però è assolutamente certo che i due esodi, quello storico del faraone monoteista e quello biblico di Mosé, si verificarono nello stesso periodo storico. (…) L'Antico Testamento ci informa per esempio che Mosé crebbe come un principe alla corte dei faraoni, dopo essere stato miracolosamente trovato illeso dentro una cesta, trasportata dalla corrente del Nilo. Si tratta cioè di un'episodio che in realtà trae origine dal precedente mito semita di Re Sargon (2150 a.C.), secondo cui il grande condottiero fu abbandonato dalla madre quand'era ancora in fasce all'interno di una cesta di vimini sulle acque impetuose dell'Eufrate. Sargon di Akkad sarebbe poi stato salvato e allevato alla corte reale di Kish, divenendo così il salvatore del suo popolo, esattamente come sarebbe avvenuto successivamente per il biblico Mosé. Un escamotage letterario degli scribi volta a giustificare l'imbarazzante presenza del proprio patriarca nella casta reale degli odiati egiziani. [...]>>[151]. L'autore continua la sua carrellata probatoria, per fugare ogni dubbio residuo, sottolineando:
- come sia palese la mescolanza razziale e culturale tra le tribù semite degli Hiksos con le altre minoranze etniche che seguirono Akhenaton e con la casta sacerdotale Yahùd nelle terre di Canaan;
- come il Tempio di Gerusalemme era dotato di una vasca in rame per l'acqua lustrale sostenuta da dodici buoi e da una moltitudine di vaschette per la purificazione dei sacerdoti, tutti elementi in uso

---

[151] **Marco Pizzuti**, *Scoperte archeologiche non autorizzate*, Edizioni Il Punto d'Incontro, ristampa, 2014, pp. 235-243

presso i templi egizi;

- come alla ricostruzione architettonica del secondo tempio, la pianta rettangolare, la sala assembleare, la compartimentazione e il Santo dei Santi ricordano ancora una volta la struttura e l'organizzazione dei templi egizi;
- come il sacrificio animale della "vacca rossa" al Dio nel tempio di Salomone fosse lo stesso di quello egizio, richiamando i sacrifici dei buoi rossi;
- il nome "Guidea" significa letteralmente "terra degli Yahùd", collegato in questo modo il popolo dei sacerdoti Yahùd di Akhenaton con le terre di Canaan;
- il **Salmo 104** dell'Antico Testamento è la rielaborazione del "Grande Inno ad Aton", ovvero di un testo fatto redigere dal faraone eretico in persona;
- il Padre Nostro (Pater Noster) risale al culto del Sole "Horus".

d) infine, per gli studiosi atei e non influenzati dalla teologia, Mosé non è mai esistito o è rappresentato in maniera distorta e mitizzata.

Insomma, parecchia confusione!

Certo che, se Mosé fosse stato veramente egiziano, la sua figura sarebbe in pieno contrasto con il Deuteronomio, uno dei libri dell'Antico Testamento. Perché? Semplice: in **Esodo 2: 11** c'è scritto che Mosé, vedendo percuotere un ebreo, uccide il suo aggressore, un Egiziano, ovvero un connazionale. Fin qui, potrebbe sembrare coerente con il ruolo di salvatore del popolo israelita e guida spirituale; tuttavia, il **Deuteronomio 27: 24** recita a chiare lettere: *Maledetto chi uccide il suo prossimo di nascosto!*

Qui le possibili interpretazioni sono 3:

1) Mosé, in virtù del suo delicato ruolo, dev'essere "maledetto", per aver commesso il fatto narrato in Esodo, in virtù di quanto stabilito in Deuteronomio. Questo significherebbe che Dio ha scelto come guida un uomo "maledetto" o non sapeva del crimine che si era macchiato (forse, è anche peggio immaginare un Dio non in grado di rendersi conto di un aspetto così centrale);

2) il termine *"prossimo"*, come dice **Mauro Biglino**, si riferiva sol-

tanto ai componenti del popolo israelita e dunque tale "maledizione" tecnicamente non si applicherebbe a Mosé che, essendo di sangue egiziano e non israelita, non dovrebbe essere obbligato a seguire quelle leggi. Dunque, una riprova del fatto che le leggi di Dio non sono per tutto il mondo ma solo per il popolo israelita, frutto di un patto tra Yahweh e questo gruppo uscente dall'Egitto, per opera di un uomo dalla dubbia provenienza geografica e storica;

3) il redattore dell'Esodo e del Deuteronomio sono presuntamente diversi e dunque non sapendo l'uno lo scritto dell'altro, nulla di più semplice che il fatto contestato dipenda da una divergenza di posizioni. Difatti, il passo incriminato dell'Esodo 2: 11 probabilmente fungeva da "spinta motivazionale", per dimostrare al lettore che la volontà di Mosé era quella di proteggere il popolo israelita, come se fosse il suo popolo d'origine. Non c'è dato sapere se i redattori biblici volessero lasciar intendere o meno l'origine vera o quanto meno presunta del personaggio, quello che è certo, in tutti questi punti interrogativi, è che tra i due passi biblici c'è un'evidente confusione logica, non risolta affatto dal contesto letterale e appare sempre più evidente, come sottolinea lo stesso Biglino, che le "sacre scritture" hanno di "sacro" veramente poco. Lo scrivente, per quel che può contare, propende per quest'ultima tesi.

Tralasciando adesso questo aspetto, a far chiarezza sull'intera vicenda "Esodo-Mosé", per lo meno relativamente agli aspetti storici ed archeologici delle questioni narrate, ci provano 2 studiosi, uno inglese e uno italiano:

a) il primo, il Prof. Ser **Colin Humphreys**, docente universitario di Cambridge, in tema di Esodo ([152]);

b) il secondo, **Alessandro De Angelis**, scrittore, antropologo, studioso di religioni e autore di "Cristo Il Romano", in tema di Mosé.

Vediamo nel dettaglio le loro tesi, sicuramente interessanti, soprattutto per la mole di informazioni diffuse e di prove puntuali fornite.

Riguardo il Prof. Ser **Colin Humphreys**, l'oggetto di studio è l'Esodo, nella sua interezza, in quanto il racconto letterale biblico presenta

---

[152] Tratto da: https://www.youtube.com/watch?v=RyyFPVRh0gA

non poche anomalie, tenuto anche conto della scarsità probatoria in ordine ai dati storici e archeologici. Quel che si conosce dal testo riguarda la storia raccontata all'inizio di questo capitolo; ed è proprio da qui che parte lo studioso per ripercorrere il vero cammino compiuto da Mosé e dal popolo eletto. E dunque:

a) *Mosé, dopo aver udito la voce di Dio in un roveto infuocato sul Monte Sinai, si incammina verso l'Egitto per convincere il faraone a liberare il popolo eletto. Dopo un primo diniego, Mosé, per opera di Dio, scatena le "piaghe", costringendo il faraone alla resa. Vengono così liberati in migliaia. Sotto la guida di Mosé lasciano l'Egitto, dirigendosi ad "est" e seguendo una colonna di fumo di giorno e una colonna di fuoco di notte.*

b) *Mosé viene raggiunto dall'esercito del faraone che, cambiata idea, decide di riappropriarsi dei suoi schiavi. Tuttavia, Mosé riesce ad aprire le acque del Mar del Giunco, in tempo per far passare il popolo eletto, e a richiuderle, in tempo per spazzare via l'esercito nemico egiziano.*

c) *Mosé si trova a questo punto in un deserto, senza acqua e cibo e molti ebrei periscono. Arrivati, però, al Monte Sinai, colpisce con il suo bastone la roccia, facendo sgorgare l'acqua.*

d) *Mosé, giunti sul Monte, sale la vetta per farsi dare da Dio le tavole con i dieci comandamenti. Tuttavia, al suo ritorno troverà il suo popolo smarrito e privo di fede, a tal punto confuso da venerare un nuovo simbolo, il vitello d'oro, prodotto con tutto l'oro che possedevano.*

e) *Mosé, cosciente dell'affronto che Dio subisce, inveisce contro il popolo eletto; tuttavia, questo non sarà sufficiente e Dio in persona punirà con un castigo esemplare gli infedeli: saranno obbligati a vagare nel deserto per 40 anni, prima di arrivare alla terra promessa.*

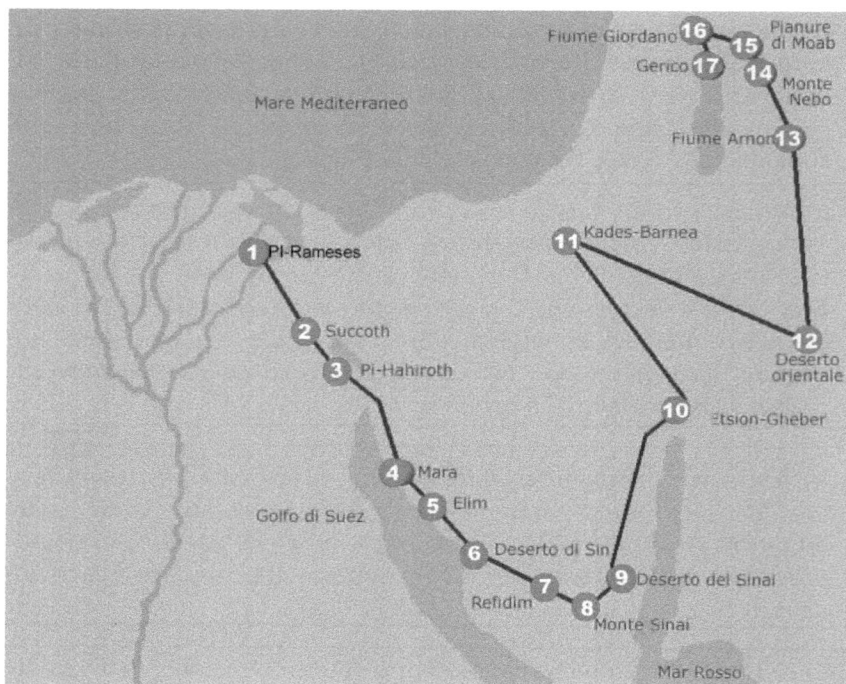

Fig. 13: Percorso tradizionale compiuto da Mosé e dal popolo eletto secondo la lettera delle Sacre Scritture
Tratta da: http://www.versolavita.it/PAG/01-STUDI/PAG-STUDI/07-ATLANTE/ESODO/HOME-ESODO.htm

Qui lo studioso ha dato delle spiegazioni più che plausibili agli eventi narrati.

In primis, la causa del "roveto infuocato" potrebbe rinvenirsi nel fatto che il "Monte Sinai", altro non è che un vulcano. Questa tesi si poggia sul fatto che capita spesso di assistere a fessure vulcaniche sottostanti la vegetazione che spontaneamente prendono fuoco perché soggetta ai gas caldi. Nel deserto arabo, in prossimità di un vulcano attivo, non è raro assistere alla combustione della vegetazione (da qui il roveto ardente che non si spegne). Ma non è tutto. Il popolo eletto assiste di giorno ad una colonna di fumo e di notte ad una colonna di fuoco: eventi tipici durante un'eruzione. Ulteriore elemento, dunque, che il "Monte Sinai" sia in realtà un Vulcano (e non un Monte) e, dunque, la prova dell'errata collocazione dell'evento descritto nelle sacre scritture. L'Esodo non descrive il Monte ma sicuramente l'eruzione doveva essere davvero impressionante per essere intercettata soltanto con la vista dal popolo che passava nel lato Nord della penisola del Sinai.

In secundis, nel deserto arabo ci sono decine di vulcani, ma pochi in grado di eruttare, generando una colonna di fumo e fuoco visibile a lunghe distanze. Lo studioso, allora, partendo dal testo letterale dell'Esodo, ha trovato la soluzione: gli israeliti, nella loro tappa finale, si diressero dal "Monte Sinai" (o presunto tale) alla terra promessa, incrociando un posto che si chiama "Kadesh-barnea" (localizzato nell'Oasi di Ain-Qudeis).

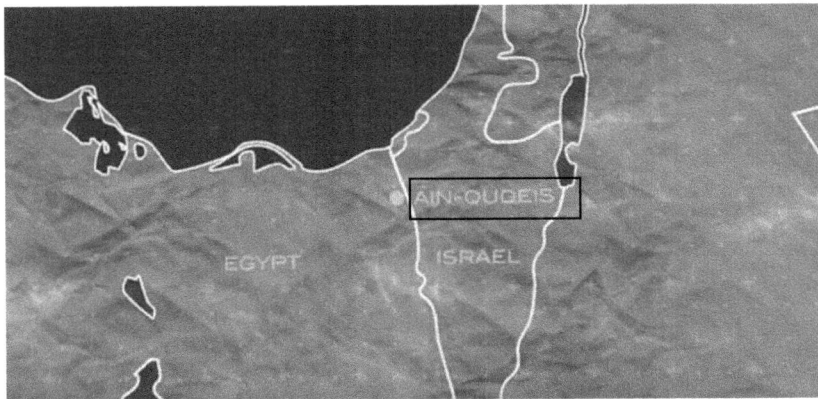

Fig. 14: Ain-Qudeis.
Tratta da: https://www.youtube.com/watch?v=RyyFPVRh0gA

Nel Deuteronomio, poi, si riporta il dato temporale di 11 giorni utilizzati per percorrere la distanza tra quella località e il Monte Sinai. Calcolando il percorso massimo compiuto in 11 giorni, ovvero 640 km, i vulcani attivi che rientrano in quel raggio sono solamente 3:
a) Monte Rahah;
b) Monte Ishqua;
c) Monte Bedr.

Lo studioso è sicuro su "Bedr", in quanto i primi due vulcani sono attivi ma hanno un indice di esplosività pari a 0, mentre l'ultimo è pari a 2, quindi in grado di emettere una colonna di fumo e fuoco fino a 5 km.

Fig. 15: Monte/Vulcano Bedr.
Tratta e modificata da: https://www.youtube.com/watch?v=RyyFPVRh0gA

In terzis, lo scrittore traccia il nuovo percorso, quello probabilmente effettuato dal popolo eletto. Partendo:

a) dal delta nord-orientale del Nilo (Pi-Rameses), andando verso sud-est a 40 km c'è Succoth El-maskhuta;

b) da lì la strada già conosciuta all'epoca come via commerciale in direzione Etham, deviando la direzione verso il nord della penisola del Sinai;

c) qui la Bibbia ci parla del Mar Rosso, ma sappiamo che è un errore di traduzione, in quanto letteralmente il termine vuol dire "Mare del Giunco". Incredibilmente, il passaggio dell'apertura delle acque potrebbe essere avvenuto realmente ma non nel Golfo di Suez ma nel Golfo di Aqaba, stesso luogo descritto nel Libro dei Re dove il Re Salomone costruì le sue navi; in quel Golfo, nella parte settentrionale, l'acqua diventa dolce, diventando l'ambiente ideale per ospitare la vita della vegetazione descritta nelle sacre scritture;

d) da lì, direzione sud-est, come descritto nella Bibbia, verso il Vulcano Bedr (facendo tappa dopo 3 giorni alla sorgente *marah*, che in ebraico vuol dire amaro, dunque il famoso episodio dell'acqua amara non potabile, il pozzo arabo di *al-mala*);

e) poi verso nord, direzione Kadesh-barnea e la "terra promessa".

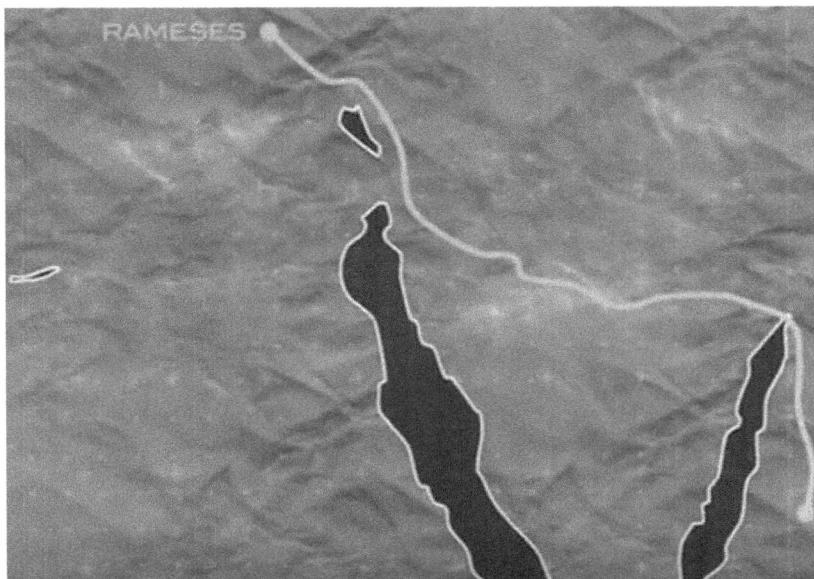

Fig. 16: Percorso ipotizzato dal Prof. Ser **Colin Humphreys.**
Tratta da: https://www.youtube.com/watch?v=RyyFPVRh0gA

In quartis, lo scrittore trova anche una spiegazione all'apertura delle acque ad opera di Mosé. E' stato più volte descritto un fenomeno particolare dove un forte vento è in grado naturalmente di far ritirare le acque (c.d. vento di tempesta) creando per l'appunto come un "muro d'acqua" (c.d. mascheretto), per poi far ritornare il livello alla normalità una volta cessato il vento.

In quinquies, lo scrittore riesce a ricollegare l'evento del bastone di Mosé che spacca la roccia trovando l'acqua con il Vulcano Bedr. Difatti, tutto il vulcano è costituito di roccia arenaria, quindi porosa, in grado di assorbire l'acqua piovana. Basta un colpo ben assestato su quel tipo di roccia che comincia a far fuoriuscire l'acqua raccolta.

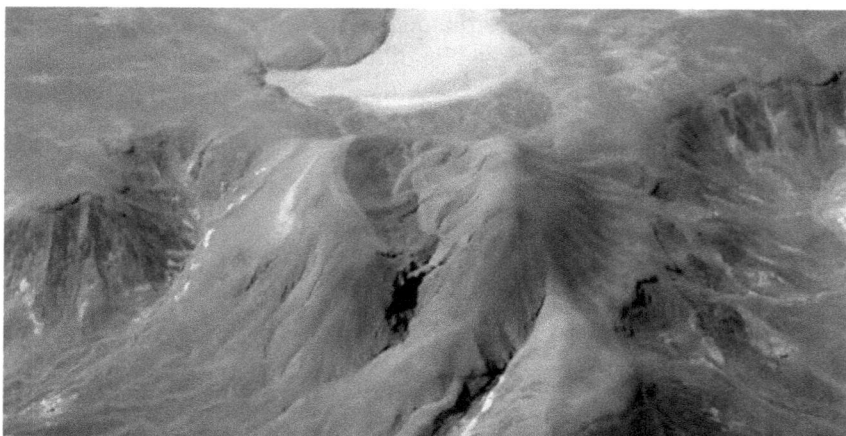

Fig. 17: Monte/Vulcano Bedr.
Tratta da: https://www.youtube.com/watch?v=RyyFPVRh0gA

Di avviso completamente diverso sono i ricercatori italiani **Alessandro De Angelis** e **Andrea di Lenardo**: l'oggetto dei loro studi si è incentrato sulla ricerca storica e archeologica di Aton, dell'Esodo, della figura di Mosé e degli Hyksos. Degno di nota risultano essere i loro ultimi testi[153]; per comprendere meglio il loro pensiero si propongono cinque loro interviste, dove i saggisti ripercorrono i contenuti salienti delle opere:

Prima intervista ad Alessandro De Angelis sulla "presunta vera identità di Mosé" [154]:

Alessandro, dopo il Nuovo Testamento, dove aver scoperto il sangue egizio-romano di Gesù, state per uscire con il nuovo libro "Exodus", nuove scoperte anche in questo campo? Si riscrive la storia di Mosè e dell'esodo biblico? *Assolutamente, direi dei due*

---

[153] **Andrea Di Lenardo**, *Israeliti e Hyksos,* Kimerik Ed., 2016
Alessandro De Angelis-Andrea Di Lenardo, *Exodus*, Altera Veritas Ed., 2016
Andrea Di Lenardo, *Aton, il Dio egizio della Bibbia*, Altera Veritas Ed., 2016/17

[154] Tratto da: http://www.laltrapagina.it/mag/alessandro-de-angelis-prova-a-svelare-lidentita-di-mose

esodi biblici, quello degli Hyksos, ben spiegato da Andrea di Lenardo, ricercatore [155] *universitario specializzato in storia del vicino oriente antico, e quello di Mosè con gli israeliti. Anche in questo caso per arrivare alla soluzione dell'identità di Mosè e per la ricostruzione della storia ci siamo avvalsi dello storiografo Giuseppe Flavio dal libro Antichità Giudaiche che narra nei minimi dettagli la storia di Mosè che chiude dicendo: Libro II: 347 - 5. Io ho narrato qui tutti i particolari così come li ho trovati nei Libri Sacri. Nessuno si meravigli di un racconto così paradossale, né dubiti che nei tempi antichi, a uomini senza crimini, sia capitato di trovare la via della salvezza attraverso il mare, sia per volere di Dio, sia per un caso. Una storia che oggi non troviamo nella Bibbia, se non in alcuni frammenti decontestualizzati dal contesto storico e rimodulati. Giuseppe Flavio aveva a disposizione i libri sacri scritti dagli ebrei subito dopo la liberazione da parte di Ciro il Grande dopo la loro deportazione a Babilonia.*

Cosa racconta G. Flavio? E' possibile anticipare qualcosa? *Dopo aver raccontato l'adozione di Mosè da parte della figlia del re/faraone Termuti, narra l'invasione degli Etiopi nel Basso Egitto e dopo aver saccheggiato le città, arrivando fino a Menfi e sul Mar Rosso, il faraone promosse Mosè generale per cercare di fermare l'esercito avversario. Dopo aver sconfitto gli etiopi Mosè sposò la figlia del re etiope, Tharbi, dichiarandosi padrone della città. In pratica fece un colpo di stato verso il faraone, impossessandosi dell'Alto Egitto. Fu a questo punto che il faraone fu costretto a dichiarargli guerra a causa del tradimento.*

Come è possibile che G. Flavio conosca il nome della figlia del faraone e non quello del re? Siete riusciti a scovare chi era? *Certo. Si trattava del famoso Akhenaton, sottoposto alla damnatio memoriae a causa della sua monolatria sul dio Aton che elesse unico dio del pantheon egizio. Per questo nella Bibbia in aramaico*

---

[155] Il De Angelis, erroneamente, usa il termine "ricercatore", in quanto il Di Lenardo, tecnicamente, è ancora uno studente e non un ricercatore, propriamente inteso secondo le norme dell'ordinamento universitario italiano. Nonostante l'assenza del titolo universitario si riconosce allo stesso comunque una certa dignità culturale sul tema e una sicura preparazione in ordine agli argomenti trattati.

Mosè viene definito Yahudae, gli yahud erano i sacerdoti del culto di Aton.

Quindi Akhenaton fu il faraone padre della principessa Termuti che adottò Mosè? *No, il padre di Akhenaton era Amenhotep III, padre di Thutmose V, primogenito, e di Akhenaton, secondogenito. Mosè altri non era che il primogenito e successore al trono d'Egitto Thutmose, che doveva diventare successore del padre e faraone del Basso e dell'Alto Egitto, mentre al secondogenito spettava la titolatura di viceré di Nubia o Etiopia come veniva chiamato il regno di Kush in quel periodo. Mosè era un egiziano e primogenito del faraone, detronizzato a scapito del fratello Akhenaton, per questo fece il colpo di stato nei confronti di Akhenaton, cercò di riprendersi ciò che gli venne tolto ingiustamente.*

Per quale motivo fu detronizzato? *Penso che la Bibbia abbia raccontato la verità nel dire che si rese reo dell'uccisione di un egiziano per difendere un israelita. Non sappiamo il motivo di questo gesto, ma dovette avere un gran risalto tra gli ebrei; immaginate il futuro faraone che uccide un egiziano per difendere un israelita. Questo evento ebbe un grande risalto mediatico costringendo il faraone Amenhotep III a detronizzarlo.*

(…)

Sigmund Freud andò dunque vicino alla verità quando disse che Mosè era Akhenaton? *Freud disse che Mosè era Thutmose che poi cambiò il suo nome in Akhenaton, mentre noi abbiamo trovato le prove che era il primogenito del faraone che non regnò, esattamente come Gesù a causa della madre Maria, che cospirò per uccidere suo marito Erode il Grande.* (…)

Prima intervista ad Andrea di Lenardo sull'origine del "Popolo Hyksos" e sulle relazioni con l'Esodo biblico [156]:

Andrea, ci puoi parlare delle ipotesi che proponi nel tuo primo libro? *Certamente! Durante il II Periodo Intermedio d'Egitto, la*

---

[156] Tratto da: http://www.laltrapagina.it/mag/israeliti-e-hyksos-i-segreti-celati

fase di circa duecento anni di transizione fra Medio e Nuovo Regno, nel nord del Paese, cioè nel Basso Egitto, presero il potere gli Hyksos, i protagonisti del mio saggio storico. Il greco "Hyksos" viene dall'egizio heqa ḫaset, "capi dei Paesi montuosi e/o desertici stranieri". Vanno sotto il nome di XV dinastia d'Egitto e governarono alla testa di genti prevalentemente di lingua semitica. In questo primo libro, Israeliti e Hyksos, uscito a luglio 2016, propongo una mia interpretazione della cronologia del II millennio a.C. concentrandomi sull'ambito del Delta del Nilo sotto la XV dinastia d'Egitto. Parto dalla constatazione che i racconti biblici – che in ambito antropologico e storico delle religioni sono considerati mito, cioè un racconto che può avere una base storica, narrata però in una chiave mitologica – potrebbero essere derivati dal contesto egizio del II Periodo Intermedio e dai faraoni di lingua semitica occidentale denominati in greco "Hyksos", "principi/re/governanti/capitribù di Paesi desertici stranieri". Questa è un'intuizione certo da un lato mia, dall'altro nella storia è stata però più volte riproposta ad esempio già da Manetone, storico e sacerdote egizio autore dell'Aigyptiaká, come riferito in Tito Flavio Giuseppe, Contra Apionem, che riteneva che gli Hyksos, i cosiddetti "re pastori". Vi sono molti elementi che avvalorano questa tesi. Accostando queste due popolazioni, quella su cui governarono gli Hyksos e gli Ebrei, ne risulterebbe che l'Esodo ebraico dall'Egitto altro non sarebbe che la cacciata degli Hyksos ad opera del faraone Ahmose, fondatore della XVIII dinastia. Inoltre, al regno di Ahmose risale la Stele della tempesta, in cui vengono descritti sconvolgimenti climatici che potrebbero essere assimilabili agli effetti della catastrofica eruzione vulcanica di Santorini. Recenti studi, per altro, hanno dimostrato che gli effetti di questo cataclisma arrivarono appunto fino al Nord Egitto: sul sito di Tell el-Dab'a (antica Avari, capitale degli Hyksos) sono state trovate tracce derivanti dall'eruzione in questione. Molte persone hanno accostato la stele all'evento vulcanico; io mi sono allora chiesto se qualcosa di simile venga descritto anche nella Bibbia. In essa ho in effetti trovato il racconto del Mare di Giunchi e del mare che si ritira per poi abbattersi sull'esercito del faraone, così come le dieci piaghe d'Egitto, con l'acqua che diviene rossa. Effettivamente l'eruzione di Santorini potrebbe aver determinato un'ossidazione delle acque, divenute appunto rosse, così come le infestazioni di insetti sarebbero dovute possibilmente alla putrefazione dei pesci morti a causa di questo mutamento. Addirittura nell'Esodo si parla di una grandine di fuoco, che potrebbe essere la pietra pomice appunto documentata dagli studi sul campo. Da un lato abbiamo la Stele della tempesta e l'espulsione degli Hyksos, popolo di lingua semitica, dall'altro l'Esodo e le descrizioni del Mare di Giunchi. Detto questo, si pone un problema di cronologia che ho affrontato in questi due primi libri e affronterò ancora e in maniera più specifica in un prossimo libro, Filistei e Cretesi. Nel 1997, il dott. Manfred Bietak, egittologo e archeologo austriaco, compiendo esami stratigrafici scoprì reperti risalenti all'epoca del faraone Ahmose in strati precedenti l'eruzione minoica. Allora la cosa non destò problemi, perché si riteneva che l'eruzione fosse stata nel 1550-1500 a.C., più o meno in concomitanza, cioè, con il regno di Ahmose, datato convenzionalmente 1570-1550 a.C. Recenti datazioni, al carbonio 14 e dendrocronologiche, portano però a datare l'evento al 1628 a.C. Nonostante questo, sembra che non si sia accostato questo dato con le scoperte del dott. M. Bietak del 1997: infatti alla luce di ciò, il regno di Ahmose andrebbe retrodatato proprio a prima del 1628 a.C. Ma questo oggi non succede e si continua a tenere in uso la precedente datazione per il regno del faraone. Questo è un problema delle discipline che studiano il Vicino Oriente antico, che studiano le cronologie paese per paese senza metterle in relazione tra loro, anche in presenza di lettere diplomatiche tra un re ed un altro. Un po' come se tra duemila anni venisse trovata una lettera diplomatica di Renzi a Obama, ma Renzi venisse datato al 2000 e Obama al 2100. Non è possibile una cosa del genere, evidentemente. Forse la storia del popolo d'Israele inizia davvero con l'Esodo o anzi con gli Esodi, con la permanenza in Egitto e con la Pesakh, l'uscita dal Paese del Nilo. Così inizia e vive le sue fasi decisive la storia dell'Ebraismo. Sono partito in questo viaggio dalle origini mesopotamiche del dio della Luna della tribù di Abramo e abbiamo proseguito fino all'instaurarsi nel nord Egitto degli Hyksos durante il II Periodo Intermedio. La contemporaneità fra epoca dei Patriarchi e periodo Hyksos sembra molto plausibile. Gli Ebrei in Egitto non furono schiavi. Nelle Due Terre i muratori non erano schiavi, ma lavoratori salariati. In seguito, sotto Ramesse III, vi fu addirittura il primo sciopero della Storia, come si legge su un papiro egiziano. Fra i numerosi elementi che hanno portato all'identificazione dei Patriarchi con gli Hyksos vi sono anche i contatti dei Patriarchi con gli Ittiti, da un lato, e l'utilizzo sia da parte degli Hyksos che da parte degli Ittiti del carro da guerra, oltre che l'identificazione di Ebron con Avari, in cui aveva sede una colonia minoica, con tre complessi palaziali. E a Ebron, secondo la Bibbia, risiedevano alcuni Ittiti. Anche per quanto riguarda la pianta dei palazzi si trova conferma di ciò. Altri elementi che legano gli Hyksos alla terra degli Ebrei sono gli scarabei. Tornando alla succitata espulsione degli Hyksos, essa corrisponde all'Esodo ebraico, nel XIII anno del faraone tebano Ahmose, nel 1628 a.C., contemporaneo all'eruzione di Santorini e al conseguente tzunami minoico, come ho cercato di dimostrare nel dettaglio in Israeliti e Hyksos, apportando quivi altre conferme emerse in seguito alla pubblicazione di questo saggio. Tale ricalibrazione della cronologia egizia ponendo come anno 0 l'esplosione di Thera del 1628 a.C. porta a una retrodatazione del II Periodo Intermedio e del successivo Nuovo Regno, che inizia con la XVIII dinastia di Ahmose.

La tua ricostruzione cronologica contraddice quelle convenzionali. Quali elementi riporta a Suo favore in punto? *La cronologia convenzionale, che viene quivi messa in discussione, si basa su metodi suscettibili di errori e imprecisioni, come la datazione radiometrica, e le date basate sulle generazioni bibliche, fatte coincidere forzatamente con la Storia mesopotamica ed egizia. Lo stesso grado di scarsa attendibilità hanno, a detta del prof. Pierluigi Baima Bollone dell'Università di Torino le cronologie basate sulle osservazioni astronomiche dell'epoca, e che sembrerebbero contraddire la cronologia che pone il 1628 a.C. come XIII anno di regno di Ahmose. La radiodatazione archeologica con il C-14 è entrata in crisi con alcuni reperti dell'Antico Egitto in cui ha fornito età più recenti di 500-600 anni rispetto alla datazione storica. L'inventore* *del metodo del C-14 Willard F. Libby insistette e si creò uno stridente contrasto con gli egittologi. In origine Libby calcolò che il periodo di dimezzamento della radioattività del C-14 fosse di circa 5568 anni, ma successive misure l'hanno fissato in 5730 anni. Spesso neppure le fonti storiografiche aiutano, essendo, come nel caso di Erodoto, in contraddizione con le liste reali egizie o con altri autori antichi, come Manetone. Le nozioni storiche che offre Erodoto, se si prescinde dal periodo tardo (il tempo della sua storia), molto spesso sono incomplete e spesso grossolanamente false. Per questo molti studiosi dubitano addirittura che Erodoto sia davvero stato in Egitto. In questo crogiolo di contraddizioni e date convenzionali ma problematiche, appare d'uopo porre un po' d'ordine. Nella mia seconda fatica letteraria, invece, con Alessandro De Angelis, ci si è spinti oltre, ripercorrendo la storia dopo l'espulsione degli Hyksos, l'Esodo ebraico, fino all'epoca della c.d. eresia di Amarna del faraone Akhenaton, adoratore del dio-Sole Aton, il giudaico Adonai. È in questo contesto che si è collocato il secondo Esodo. Il dio degli Israeliti si arricchisce quindi di caratteristiche solari.*

(…)

Seconda intervista ad Andrea di Lenardo su "Aton, il vero Dio biblico" [157]:

Andrea, sei autore di "Israeliti e Hyksos. Ipotesi sul II Periodo Intermedio d'Egitto e la sua cronologia" e, coautore con Alessandro De Angelis, di "Exodus. Dagli Hyksos a Mosè: analisi storica sui due Esodi biblici", appena pubblicato (…). Attualmente stai lavorando a un "seguito" se così si può dire del saggio Exodus, di cosa tratterà? *Si intitolerà "Aton, il dio egizio della Bibbia. Da Mosè a Gesù: storia dei regni di Israele e Giuda", edito da Altera Veritas come "Exodus" e racconterà la storia del popolo ebraico nei secoli successivi dopo l'Esodo di Mosè, datato alla fine della XVIII dinastia nel precedente saggio. Si affronterà di conseguenza la nascita e l'evoluzione del monoteismo ebraico dalle sue*

---

[157] Tratto da: http://www.laltrapagina.it/mag/aton-il-dio-egizio-della-bibbia

origini, in particolari egizie, cioè a partire dal culto di Aton, l'unico dio del faraone Akhenaton. Tutte le civiltà che entrarono in contatto o che dominarono con o su quella egizia, ne subirono l'inevitabile fascinazione: si pensi, per esempio, ad Alessandro Magno, il Macedone, che arriva addirittura a farsi riconoscere figlio di Zeus-Ammone dall'oracolo del dio. Gli Israeliti adottarono i costumi egizi. La presenza di nomi egiziani presso i Leviti e le loro famiglie, e non solo, costituisce un ulteriore indizio del fatto che al cuore delle tribù israelite stava una élite sacerdotale che comprendesse asiatici naturalizzati egiziani che avevano vissuto nel Delta orientale del Nilo. Poi, un altro fatto evidente è che gli Israeliti in Egitto avevano senz'altro assorbito molto della cultura e dalla reli-gione egiziane, tanto da costruirsi un vitello d'oro, cioè nient'altro che la statua del dio egizio Api. L'Unico Dio ebraico potrebbe racchiude in sé, fra gli altri aspetti, elementi del culto del Sole, tanto adorato nell'Egitto antico, o Ḥemet, proprio quell'Egitto di cui gli Ebrei adottarono i costumi (e i nomi), e quindi forse anche il radicato culto del Sole. Secondo la tradizione mandanea sul patriar-ca Abramo, chiamato Bahram, questi iniziò ad adorare Yurba, uno spirito del Sole identificabile con l'ebraico Adonai. Dopo essersi convertito al culto solare di Yurba/ Adonai, Bahram/Abramo combatté contro i Mandanei, che catturava e circoncideva con la forza. È necessario sottolineare che anche la «circoncisione era un'usanza egizia», al pari dell'adorazione del Sole. «Giunti all'età pubere i maschi [egizi] venivano circoncisi; esistono due basso-rilievi con scene che illustrano le fasi dell'operazione […]; dalle pitture tombali si rileva che la circoncisione era di uso comune, perché appare ben evidenziata negli uomini nudi che lavorano i campi». Adonai viene dal dio fenicio-siriano Adon, che significa "Signore", e incarna la vegetazione bruciata dal Sole estivo. Questo simbolismo solare sembra scorgersi anche nel personaggio veterotestamentario del giudice Sansone, nome che significa "una rappresentazione del sole". Sansone nacque a Beth-Šemeš, ossia nella "casa del Sole" (Šemeš significa "Sole" in ebraico), e la sua forza era contenuta nei capelli (i raggi del Sole?). Parlando del dio solare, come non pensare al culto enotesitico di Aton? Vi è chi ha

voluto vedere nell'egizio "Aton" una forma del semitico "Adon".
«[Aton] Nell'antico Egitto fu dapprima il nome del visibile disco solare, considerato una manifestazione del dio Re; nel Nuovo Regno esso fu personificato e trasformato, in modo sincretistico, nella figura dalla testa di falco di Re-Harachte-Aton. Sotto re Amenofi IV, che prese il nome di Echnaton ("che piace ad Aton"), Aton fu dichiarato l'unica divinità; nel celebre inno al sole del periodo di Amarna è lodato come "sole vivente" e "madre e padre per quelli che hai creato". Le raffigurazioni di quell'epoca mostrano il disco solare con raggibraccia terminanti in mani, che portano il laccio della vita (il segno Anch). In Aton si rivela Re, ed egli porta il soprannome Uanre, cioè "l'Unico [come Adonai?] in Re": entrambi i nomi divini caratterizzano l'unico dio». Se Mosè, come afferma lo storiografo egizio tolemaico Manetone secondo lo storiografo ebreo Tito Flavio Giuseppe, fu un sacerdote eliopolitano, sarebbe stato un sacerdote del culto del Sole di Eliòpoli. Restando sempre nell'ambito della tribù di Levi, a cui apparteneva Mosè secondo la Bibbia, vi è chi ha ipotizzato che il nome Merari, figlio minore di Levi, che divenne il capostipite eponimo dei Merariti, uno dei tre rami del clero levitico provenga dall'egiziano mrry/mrrì, che significa "amare", o "amato". Curiosamente, esisteva un certo Meryra II, alto sacerdote dell'Aton, vissuto durante il regno di Akhenaton, e la cui tomba vuota scavata nella roccia è situata sui picchi oltre il sito della città del sovrano di Amarna nel Medio Egitto. In quest'ambito voglio sottolineare la necessità di una metodologia di studio comparato, sempre in contesti spaziali e temporali prossimi, sconguirando sempre il rischio del cosiddetto comparatismo "selvaggio". Spero che questo mio prossimo libro possa sviluppare un confronto proficuo e uno stimolante dibattito.

Quindi il dio degli Ebrei deriverebbe semplicemente dal dio egizio Aton? *No, la questione è molto più complicata di così. La formazione del concetto del dio ebraico è da collocarsi in un contesto variegato di dèi e culti, onde per cui limitarsi a una sua identificazione con il dio Aton sarebbe quanto mai semplicistico. È molto complessa la questione della religiosità ebraica, argomento nel quale ora ci addentreremo, seppur in modo riassuntivo. Una* *operazione molto frequente e spettacolare nella storia delle religioni è la teocrasia, termine che deriva da "theòs" (dio) e "krâsis" (fusione), quindi significa "fusione di due (o più) dèi", come nel caso di Amon e di Râ, che vengono fusi in Amon-Râ e adorati come unica persona divina. Si tratta di dèi con caratteri e funzioni simili, ma adorati in zone diverse e/o da cleri diversi. Quando le zone e/o i cleri si uniscono, vengono fusi insieme gli dèi simili. In Mesopotamia, ogni città aveva un dio principale. Questo senza negare l'esistenza delle altre divinità o senza tributare loro onori e venerazioni, ma un culto particolare veniva riservato a una singola deità. Il dio principale di Ur era il sumero Nannar, chiamato Sin, in accadico, il dio della Luna. A Ur veniva inoltre adorata anche Nin-Gal, la dea della Luna, come si apprende dall'architettura sumera di Ur, ove, intorno alla ziggurat vi erano cinque templi. Il maggiore di questi, con una superficie di 100 per 60 m era consacrato a Nannar e un altro alla sua sposa Nin-Gal. E Abramo era un abitante di Ur, nel sud della Mesopotamia. E il dio di Ur era Nannar, dio della Luna. Abramo inoltre abitò anche a Harran, nella parte nord-occidentale della Mesopotamia, nell'attuale Siria. Ebbene, i due principali culti del dio della Luna, Sin, della Mesopotamia erano proprio Ur e Harran, fino al tempo del re assiro Nabonedo, che regnò nel VI sec. a.C., secondo la cronologia media (555-539 a.C.). Vi è un'interessante ipotesi circa l'origine del nome "Yahweh", teoria questa che non esclude assolutamente quella precedente, sinora esposta, di cui può essere anzi complementare, e ci porta a un'iscrizione del Tempio di Karnak in cui sarebbe inciso il nome del dio ebraico. Le prime due lettere del tetragramma sono YH e si presume che la vocale in mezzo sia la "a", che forma la sillaba "yah". Wallis Budge, nel suo celebre dizionario di geroglifico, traduce il nome «Iah» si può tradurre con «Luna». Se la parola Yahweh è derivata dall'Egitto, è possibile che abbia avuto una qualche connotazione lunare. In Israeliti e Hyksos e in Exodus comunque spiego in maniera molto più lunga ovviamente e approfondita l'origine lunare di Yahweh e di Allah, una delle divinità che confluirà insieme ad Aton nell'Unico Dio. Nell'antica Mesopotamia si praticava il politeismo. Essendo la terra fra il Tigri e l'Eufrate suddivisa in tante città-Stato, aventi ognuna una divinità (dingir in sumerico) protettrice, ogni città-Stato prediligeva la propria deità tutelare; naturalmente il culto degli altri dèi e delle altre dee non si arrestò, ma proseguì subordinato alla divinità principale cittadina. Con la nascita di Stati nazionali mesopotamici, come quel-lo babilonese o quello assiro, si verificò l'assunzione di un dio a "divinità nazionale", come avvenne con il babilonese Marduk (sotto il re Hammurabi di Babilonia) e con l'assiro Aššur. Questo atteggiamento enoteistico favorì ragionevolmente mitocrasie e teocrasie, delle quali è emblematico il caso di Marduk: «La tendenza enoteistica portò a intendere numerosi altri dèi come diverse manifestazioni di Marduk: così "Ninurta è Marduk della forza, Nergal è Marduk della battaglia, Enlil è Marduk della sovranità". Altrove è detto che egli [Marduk] ha cinquanta nomi, uno dei quali è Enbilulu». Questa teocrasia enoteistica, che oserei definire "di massa", è la seconda più consistente di cui abbiamo notizia (la prima avvenne in India con la riforma dell'Induismo e riguardò innu-merevoli divinità) e viene descritta nel poema epico assiro-babilonese intitolato Enuma Elish, così intitolato dalle prime due parole contenute nella sua prima tavoletta, secondo l'usanza babilonese. Viene sovente ribattezzato Poema della Creazione, anche se la Creazione viene trattata solamente nella prima delle sette tavolette; il tema centrale dell'opera è in realtà la glori-ficazione di Marduk. Da questa forma religiosa enoteistica, po-trebbe essersi sviluppato in seguito l'Ebraismo, che fino all'epoca esilica contemplò l'adorazione di diverse divinità, altre a Yahweh-Adonai. Addirittura il re Salomone, nel Tempio che a Gerusalemme fece edificare, si assicurò la presenza di altari dedicati ad altre divinità semitiche, come la dea della fertilità di origini amorree. Si pensi altresì al re ebreo Manasse, punito da dio per il suo politeismo o, meglio, enoteismo.*

Quindi più che un dio Elohim, che appare un plurale in ebraico, sarebbe in ultima analisi la teocrasia di più dèi? *Sì. In conclusione oserei dire che una fase fondamentale per la storia della spiritualità ebraica si svolse proprio in Egitto, quindi: come abbiamo visto, da un iniziale politeismo, in cui venivano adorati vari "dèi" dalle tribù* *semitiche del Sinai, del Delta e della Siria-Palestina, tra i quali Aton, Sin, El, Baal, Suteḥ, Adon, Yurba, Adonai e Iah, si giunse, teocrasicamente e mitocrasicamente a un eno-teismo, ove un dio veniva posto sopra tutti gli altri: «Non avrai altro dio all'infuori di me», recita uno dei comandamenti, che implica la precedente adorazione di altri dèi e la credenza comunque in altri esseri divini. Dall'enoteismo venne successivamente un vero e proprio monoteismo, sebbene, anche secoli dopo l'età d'oro di Aton ad Amarna e l'Esodo, per es., Salomone fece costruire un altare per Astarte nel suo Tempio, il re ebreo Manasse non era monoteista, come già detto, ecc.*

Terza intervista ad Andrea di Lenardo su "Exodus" [158]:

[…] **Di che cosa tratta questo nuovo saggio, Exodus?** *Del contesto storico che potrebbe fare da scenario e da possibile base storica per il mito dell'Esodo di Mosè e che, sulla scia dell'egittologo inglese Arthur Weigall – autore di uno dei due primi libri sulla scoperta della tomba di Tutankhamon (l'altro ovviamente era quello di Howard Carter) ecollaboratore del più grande egittologo britannico, sir W.M. Flinders Petrie – e addirittura di Sigmund Freud, collochiamo nel contesto sul culto di Aton, o dell'Aton, del cosiddetto faraone eretico Akhenaton.*

Hai parlato di Akhenaton. Nel Libro dell'Esodo si parla di diversi faraoni con cui si relaziona Mosè. Voi proponete delle ipotesi sulla loro identità dato che collocate la figura di Mosè alla fine della XVIII dinastia? *Sì. Seguendo la narrazione di questi eventi riportata dallo storiografo ebreo Tito Flavio Giuseppe, nato Giuseppe figlio di Mattia, nelle sue Antichità giudaiche e dallo storiografo egiziano Manetone, che visse sotto la dinastia lagidetolemaica, nella sua Storia d'Egitto, opera andara persa ma che conosciamo parzialmente grazie al Contro Apione, sempre di T. Flavio Giuseppe, oltre a passi di Sesto Giulio Africano, Eusebio di Cesarea, lo Scoliaste di Platone e Giorgio Sincello, si delineerebbe*

---

[158] Tratto da: http://www.laltrapagina.it/mag/ exodus-il-nuovo-lavoro-di-andrea-di-lenardo-e-alessandro-de-angelis

questa cronologia: Mosè nasce sotto Amenhotep III, fugge dall'Egitto sotto Akhenaton e esce dalla terra del Nilo con gli adoratori di Adonai sotto Tutankhamon.

E Mosè in che rapporti sarebbe con loro? Compare solo nella Bibbia o può essere la figura mitizzata derivante da un personaggio storico? *Mosè sarebbe Thutmose, figlio di Amenhotep III e di Tiye e fratello sia per parte paterna che materna di Akhenaton e di Kiya (the Younger Lady, la madre di Tutankhamon). Ciò farebbe di Mosè lo zio paterno e materno di Tutankhamon, figlio di Akhenaton, e cognato della bella e celeberrima Nefertiti.*

In base a cosa sei arrivato a formulare tale ipotesi? *Sicuramente ci vorrebbe un libro, come infatti ci è voluto, per poterne riportare un po' di elementi in questo senso, ma ne citerò alcuni. T. Flavio Giuseppe, nel Contro Apione, riferisce quanto scritto da Manetone, e cioè che Mosè visse al tempo di un faraone di nome Amenofi, il greco per Amenhotep. Ebbene ci furono solo quattro Amenhotep. Dalla stessa fonte si apprende anche che Mosè era il capo dei sacerdoti del culto del Sole durante un periodo di eresia durato 13 anni. Thutmose, fratello di Amenhotep IV/Akhenaton, era il capo dei sacerdoti sotto il regno di suo fratello, che elevò a unico dio, sebbene in senso enoteistico e non puramente monoteistico, il culto del Sole, Aton, con una radice analoga a quella di Adonai, l'unico dio di Mosè. Il regno di Akhenaton durò 17 anni, di cui 4 di correggenza prima della fase amarniana, di 13 anni. In Antichità giudaiche inoltre si dice che Mosè fu incaricato di sedare una rivolta in Nubia e ne prese il governo. Thutmose, governatore di Nubia, fu incaricato da Akhenaton, nel XII anno del suo regno di sedare una rivolta in Nubia. Poi, secondo T. Flavio Giuseppe, Mosè andò via dall'Egitto e quando tornò, dopo qualche anno il precedente faraone era morto e ne era appena salito al trono uno nuovo, il quale, già incerto sulle gambe e malato, morì, secondo il Talmud, tempo dopo una caduta dal carro a causa delle complicazioni di questa. Gli studi anatomo-patologici del prof. Bob Brier sulla mummia di Tutakhamon hanno accertato esattamente la stessa morte. Le analisi della sua mummia hanno inoltre rivelato che il re bambino era malato e le raffigurazioni lo mostrano camminare con l'ausilio di* *una gruccia e della moglie Ankhesenamon. A questi elementi si aggiungano i moltissimi nomi, usanze e aspetti religiosi di origine egizia e collegabili al culto di Aton riscontrati nella Bibbia, nell'Esodo, nella storia di Mosè. [...].*

(...)

Quarta intervista ad Andrea di Lenardo sul tanto discusso personaggio biblico "Mosé" [159]:

Cominciamo con il percorso classico. Chi era Mosè per la teologia? *La tradizione ebraica considera Mosè il più alto rappresentante tra i profeti: egli ha ricevuto le tavole della Legge sul monte Sinai. Divenuto guida del suo popolo, che libera dalla schiavitù in Egitto, e salito sul monte Sinai, a lui vennero comunicati da Dio gli scritti sapienziali della tradizione ebraica. Alla fine della sua vita, sebbene Dio gli abbia impedito di entrare in Terra d'Israele, poté assistere alla visione profetica della stessa scorgendone i particolari. Il Cristianesimo, nato in ambito ebraico e avendo in comune con esso l'Antico Testamento, vede in Mosè le stesse caratteristiche di patriarca, legislatore e capo del popolo ebraico della precedente tradizione. Il Nuovo Testamento considera in più Mosè come profeta che ha predetto la venuta di Gesù come Messia, per questo egli, insieme a Elia, è testimone della trasfigurazione di Gesù. Per il Nuovo Testamento Mosè è il legislatore attraverso cui Dio ha parlato, e quindi è il fondatore dell'ordinamento salvifico veterotestamentario. A lui viene contrapposto tipologicamente Gesù quale fondatore del nuovo ordine di salvezza; in Mosè e Gesù si contrappongono la legge degli antichi da un lato e il vangelo dall'altro, vangelo inteso come perfezione e non demolizione della legge stessa. Nel periodo seguente Mosè, anche per influsso delle tradizioni ebraiche, è considerato modello di vita perfetta, di un'ascesa costante dell'anima a Dio, tanto che la tradizione cristiana ha rielaborato la vita e la figura del profeta biblico in chiave cristologica trovando diverse concordanze fra la sua biografia e quella di Gesù Cristo. Anche l'Islam attribuisce un'immensa impor-*

---

[159] Tratto da: http://www.laltrapagina.it/mag/chi-era-veramente-mose

tanza alla figura di Mosè (Mūsā). Secondo il Corano infatti Mosè fu un grande uomo, uno dei maggiori profeti predecessori di Mao- metto, nonché la figura biblica menzionata più di frequente.

E secondo gli storici? *Sebbene diversi storiografi antichi parlino di Mosè attingendo anche da fonti extra-bibliche, per es. Manetone, Ecateo di Abdera, Tito Flavio Giuseppe, ecc., gli storici moderni generalmente non considerano Mosè come una figura appartenente alla Storia, relegandolo nell'ambito del mito, e giustamente, dal momento che se non lo si identifica con Thutmose come proponiamo noi, non vi sarebbe nessuna prova storica dell'esistenza di un tale personaggio. Lo stesso valga per l'Esodo, considerato un mito e al massimo un ricordo di diversi spostamenti di popolazioni nell'area. Per la Storia, gli Israeliti non furono schiavi in Egitto e gli Egizi non impiegavano schiavi per le costruzioni edili, per es. Tuttavia fra gli uomini di scienza e di Storia fanno eccezione alcuni, che ritengono plausibile l'inquadramento storico che noi abbiamo ripreso (am- pliando e approfondendo le similitudini fra questo e la Bibbia), cioè l'epoca di el-Amarna: mi riferisco all'egittologo britannico Arthur E.P. Weigall, al padre della psicanalisi Sigmund Freud e all'egit- tologo prof. Jan Assmann, docente di Egittologia all'Università di Costanza.*

Tu invece proponi, con Alessandro De Angelis, un'altra teoria circa la vera identità di Mosè. Chi è veramente e quali sono le prove a sostegno della vostra tesi? *Ve ne sono diverse e le troverete esposte nella loro completezza e dettagliatamente in Exo- dus. Il lavoro in tal senso poi proseguirà nel mio prossimo Aton, il dio egizio della Bibbia circa l'ipotesi che il dio biblico Adonai e la figura mitica di Aronne possano derivare dal contesto dell'eresia di Amarna, segnatamente da quella del dio Aton e del faraone Smenkhkara.*

1) T. Flavio Giuseppe, basandosi sullo storiografo egiziano Mane- tone, scrive che Mosè visse sotto un faraone di nome Amenofi, il greco per Amenhotep. T. Flavio Giuseppe scrive inoltre che Mosè fu incaricato dal faraone di sedare una rivolta in Nubia. Sotto questo faraone e al tempo di Mosè, sempre secondo T. Flavio Giuseppe, gli

Egizi si scontrarono con gli Asiatici. Ora, di faraoni di nome Amenhotep in Egitto ve ne furono solo quattro: Amenhotep I, che si scontrò con i Nubiani ma non con gli Asiatici, Amenhotep II, che si scontrò con gli Asiatici ma non con i Nubiani, Amenhotep III, che si scontrò con i Nubiani ma non con gli Asiatici, e infine Amenhotep IV/Akhenaton, che si scontrò sia con i Nubiani che con gli Asiatici. Quindi Mosè deve essere vissuto durante il regno di Akhenaton.

2) Mosè viene pertanto inviato a capo di un'operazione di polizia in Nubia. Questo fatto storicamente avvenne nel XII anno di regno di Akhenaton e il nome, nelle fonti egizie, dell'uomo che fu inviato a sedare questa sommossa per il faraone è Thutmose, viceré di Nubia per conto dell'Egitto.

3) Secondo Manetone, riportato da T. Flavio Giuseppe, Mosè era il capo dei sacerdoti di una città ove si praticava culto del Sole, durante un periodo durato 13 anni. Ebbene la cosiddetta eresia di el-Amarna, il culto del dio del Sole Aton ad Akhetaton (l'attuale el-Amarna) durò proprio 13 anni, da IV al XVII anno di regno di Akhenaton, che eclissò il politeismo egizio e il potere della casta sacerdotale tebana di Amon.

4) C'è da aggiungere che il fratello di Akhenaton era il capo dei sacerdoti egizi, il «sovrintendente dei sacerdoti dell'Alto e del Basso Egitto», esattamente come il Mosè manetoniano, e il suo nome era Thutmose.

5) Potrebbe pertanto Thutmose, viceré di Nubia, essere Mosè ed essere lo stesso Thutmose, fratello di Akhenaton, creduto generalmente morto, perché scomparso dalle fonti, a meno che non vada identificato con l'omonimo e contemporaneo viceré di Nubia, che, come documentato storicamente, fu inviato da (suo fratello?) Akhenaton in Nubia a capeggiare un'operazione di polizia al fine di sedare una rivolta, esattamente come Mosè. Tra l'altro Thutmose V de iure, il principe ereditario, sembra essere ancora vivo nella terza decade di regno di suo padre Amenhotep III, ed è attestata (in ritrovamenti nella tomba del vizir Amenhotep-Huy, come riferito nel febbraio 2014 dal Ministero Egiziano delle Antichità) la presenza già otto anni prima della morte di Amenhotep III del suo cartiglio a fianco di quello di Akhenaton, il che ne indica la designazione come successore. Sembrerebbe pertanto probabile, proprio per questioni cronologiche, che Thutmose V non sia morto, ma suo padre abbia preferito, forse in seguito a qualche fatto specifico (l'omicidio di una guardia da parte di Mosè/Thutmose come nella Genesi?), di preferire come successore il secondogenito Amenhotep IV/Akhenaton al primogenito Thutmose V, che sarebbe rimasto "principe ereditario" (mes/mose) a vita.

6) *Mosè crebbe nella corte faraonica, esattamente come Thutmose, fratello di Akhenaton.*

7) *Mosè significa "principe ereditario" e Thutmose viene definito epigraficamente proprio allo stesso modo.*

8) *Il culto di Aton di Akhenaton, fratello di Thutmose, come quello di Adonai di Mosè, è enoteistico.*

9) *Né Aton né Adonai sono raffigurati zoomorficamente.*

10) *Né Aton né Adonai sono raffigurati antromorficamente.*

11) *Né Aton né Adonai hanno una famiglia divina.*

12) *I membri della famiglia di Mosè e i suoi compagni hanno in molti nomi che non ricordano solo gli ipotetici corrispettivi egizi ma che ricordano, nella radica o nell'etimologia, addirittura nomi legati proprio all'establishment amarniano: come Aminadab (cfr. Amenhotep), Miriam (cfr. Meryamon), Merari (cfr. Meryra), Fineas (cfr. Panehesy), Elisheva – figlia di Aminadab – ("perfetta di dio/ Adonai", cfr. Neferneferuaton – figlia di Amenhotep –, "magnifica/ perfetta è la bellezza di Aton"), ecc.*

13) *Secondo T. Flavio Giuseppe, l'Esodo sarebbe avvenuto all'inizio del regno del successore del faraone che inviò Mosè a sedare una rivolta in Nubia. Escludendo il periodo di transizione di Neferne-feruaton Merytaton e di Smenkhkara, il vero successore di Akhenaton fu Tutankhamon. La tradizione ebraica riferisce che il faraone dell'Esodo, già incerto sulle gambe e malato, morì, secondo il Talmud, tempo dopo una caduta dal carro a causa delle complica-zioni di questa. Gli studi anatomopatologici del prof. Bob Brier sulla mummia di Tutakhamon hanno accertato esattamente la stessa morte. Le analisi della sua mummia hanno inoltre rivelato che il re* *bambino era malato, e le raffigurazioni lo mostrano camminare con l'ausilio di una gruccia e della moglie Ankhesenamon.*

La verità oggettiva appare, comunque, ancora molto lontana, nonostante le tesi dei saggisti interpellati siano stimolanti e trovino riscontri in diversi indizi. Non ci resta che auspicare definitive conferme o nuovi studi in merito che possano trovare la giusta soluzione ai quesiti posti.

Capitolo 5:

La questione dei "6 milioni di ebrei" [160].

Il tema in esame è davvero spinoso e merita un approfondimento particolare. In gioco non c'è la negazione dell'olocausto degli Ebrei, fatto già acclarato e in maniera minoritaria negato da qualche studioso dei fenomeni complottistici.

Lo scrivente, dunque, non ha alcuna intenzione di negare questo evento così drammatico, tra l'altro tutelato nelle memoria e nei fatti dall'ordinamento giuridico italiano con l'introduzione del **comma 3-bis** all'**art. 3** della **Legge n. 654/ 1975** e succ. modificazioni, mediante la **Legge n. 115/2016**, che emenda proprio la suindicata **Legge Mancino** (quella del 1975), introducendo tra l'altro la sanzione della reclusione da 2 a 6 anni per chi concretamente propaganda, istiga o incita pubblicamente taluno a commettere crimini di guerra, genocidio o contro l'umanità o nega in tutto o in parte la *Shoah*, ovvero l'olocausto degli Ebrei ad opera del nazional-socialismo e fascismo.

Lo scopo di questo capitoletto è ben più profondo: non negare un fatto, quanto approfondire un tema che spesso passa in sordina. Che siano morti centinaia di migliaia di ebrei è un dato di fatto, un elemento probatorio certo; il punto dunque non è sindacare l'evento, quanto più comprendere l'elemento numerico ad esso associato, senza alcuno spirito di contestazione o negazione circa l'Olocausto stesso.

Entriamo nel vivo della questione: la *Shoah* riguarda circa 6 milioni di ebrei. Questo è un dato storico.

Tuttavia, appare assai curioso il dato numerico di "6 milioni", non tanto per l'evento in sé quanto per il fatto che la stessa cifra è stata ripetuta più volte nel corso dei primi decenni del XX secolo, in diverse occasioni e da diverse fonti, come egregiamente sottolineato

---

[160] Tratto da: https://www.youtube.com/watch?v=jxPI8mpmjb0
Tratto da: https://crepanelmuro.blogspot.it/2015/05/dal-1915-cera-chi-sapeva-che-sei.html

dal saggista **Mauro Biglino**:

- *The Sun*, 6 giugno 1915:
"6 milioni di ebrei in Russia sono perseguitati, cacciati, fatti morire di fame, massacrati, oltraggiati."

- *The New York Times*, 18 ottobre 1918:
"6 milioni di ebrei hanno bisogno di aiuto perché stanno morendo."

- *The New York Times* - 8 settembre 1919:
"In Ucraina, 6 milioni di ebrei sono in pericolo. Sei milioni di ebrei in Ucraina e Polonia hanno ricevuto la notizia che stanno per essere completamente sterminati."

- *The New York Times*, -12 novembre 1919:
"6 milioni di ebrei in Europa sono stati ridotti in condizioni di povertà, fame e malattia."

- *Atlanta Constitution* - 23 febbraio 1920:
"Negli Stati Uniti vengono raccolti 50.000$ per contribuire a salvare la vita di 6 milioni di ebrei che stanno subendo persecuzioni in Europa."

- *The New York Times* -7 maggio 1920:
"100.000$ di contributi per 6 milioni di ebrei che muoiono di fame e malattie"

- *The New York Times* - 20 giugno 1921:
"All'America si chiede di salvare 6 milioni di ebrei in Russia"

- *Gazzetta di Montreal* - 29 dicembre 1931:
"6 milioni di ebrei sono di fronte alla morte per fame."

- *The New York Times* - 31 maggio 1936:
"La comunità cristiana chiede che venga concessa la possibilità di rifugiarsi in Palestina per i milioni di ebrei che stanno soffrendo a causa dello European Holocaust."

- *New York Times* - 23 febbraio 1938:
"6 milioni di ebrei in Europa privi di tutela e possibilità economiche stanno lentamente morendo di fame.

Non vanno, infine, dimenticate diverse altre segnalazioni giudaiche della fine del XIX secolo, che parlavano del pericolo di morte per 6 milioni di ebrei in Europa e Russia.

Insomma, quanto risulta curioso è la ciclicità della rappresentazione e la ripetibilità quasi meccanica del dato: non è in discussione che sono morti 6 milioni di ebrei, quanto più il motivo che fonda la conoscenza, decenni prima, del dato riportato nelle diverse fonti, in un'epoca storica dove Hitler era solo appena nato. La stranezza è dunque il dato invariato di "6 milioni di ebrei" nell'arco di 50 anni.

Massimiliano Paleari, uno studioso dei fenomeni storici legati ai culti religiosi, è intervento[161] sulla questione utilizzando il suo profilo facebook (https://www.facebook.com/massimiliano.paleari1), affermando che: <<[...] gli articoli allarmistici dei giornali occidentali negli anni '10 e '20 del XX secolo si riferivano alla sorte degli Ebrei dell'Europa orientale e della Russia. Sorte in effetti messa in pericolo dalle convulsioni nazionaliste che accompagnarono la I Guerra Mondiale, la sua fine e la Guerra Civile Russa. In quell'area vivevano all'incirca 6 milioni di Ebrei. Nessun complotto quindi, nessuna regia occulta. Solo un caso. Ancora una volta Biglino dimostra di non conoscere la storia o, se la conosce, "fa finta" di no per avvalorare strampalate ipotesi complottistiche, a mio parere anche venate da un inquietante cripto antisemitismo. (...) Come risaputo, nell'Impero Russo, gli Ebrei erano confinati dalle autorità zariste solo in determinati territori che comprendevano la fascia occidentale dell'Impero stesso: Ucraina centro/occidentale, Bielorussia, Polonia, Paesi Baltici. In queste aree erano ricorrenti esplosioni violente di antisemitismo, i famigerati pogroms, che spesso erano non solo tollerati dalle autorità imperiali ma a volte anche più o meno segretamente incoraggiati. In questo modo il potere imperiale offriva al "popolo" un capro espiatorio per distrarre l'attenzione dai gravi problemi sociali ed istituzionali che stavano minando alle fondamenta lo Stato Zarista. Sto riassumendo e schematizzando al massimo grado, ma la sostanza è questa. Durante la I Guerra Mondiale, e soprattutto al suo termine, tutta quell'area fu

---

[161] Tratto da: https://www.facebook.com/groups/1436249149995356/1803610666592534/?comment_id=1803717169915217&notif_t=like&notif_id=1474351685967156

sconvolta e ancor piu lo fu dalle vicende della immediatamente successiva Guerra Civile Russa (1918-1920) che vide contrapposti i Bianchi ai Rossi. I primi in particolare si macchiarono di atrocità nei confronti della popolazione ebraica (in Ucraina in particolare le armate di Denikin), che veniva vista come fiancheggiatrice dei Bolscevichi. In realtà non mancarono massacri di Ebrei anche da parte di questi ultimi, ad esempio i Cosacchi Rossi di Grigorev. A questo dobbiamo aggiungere che la ricostituita Polonia indipendente era caratterizzata da un forte antisemitismo, anche in questo caso di derivazione religiosa, antisemitismo che in generale accumunava tutta la fascia europea orientale sconquassata dai tragici eventi bellici che determinarono anche notevoli spostamenti di confini. Aggiungo che la fine del plurinazionale Impero Asburgico e la conseguente nascita di piccole nazioni etniche creò un clima sfavorevole per le minoranze ebraiche presenti in questi Paesi. Insomma, i giornali americani e occidentali citati da Mauro Biglino stavano semplicemente descrivendo questo scenario, in cui in effetti milioni di Ebrei dell'Europa orientale erano oggettivamente in pericolo e/o in una situazione molto precaria, mal tollerati. Non vi è quindi nessuna misteriosa "premonizione", solo la cronaca di eventi pur-troppo reali che anticiparono l'Olocausto nazista. (…) Riguardo il numero dei 6 milioni di ebrei, questa pagina di Wikipedia riassume bene la questione dell'Area di Residenza all'interno dell'Impero Russo[162]. Si tratta di quella fascia di cui parlavo nell'area occidentale dello Stato Zarista in cui erano confinati gli Ebrei. La loro popolazione si aggirava attorno ai 5 milioni di abitanti. Trovi questo dato nel link sotto, ma se vuoi posso portarti altre fonti. Se a questi 5 milioni aggiungiamo gli Ebrei che abitavano nelle aree orientali dell'ex Impero Asburgico e di quello Tedesco / Prussiano arriviamo al totale di 6 milioni. Occorre infine tenere conto che malgrado la proibizione formale alcuni Ebrei riuscirono comunque con il tempo a stabilirsi anche fuori dall'area di residenza, soprattutto nelle grandi aree urbane di Mosca e di S. Pietroburgo, per cui il numero di 6 milioni è facilmente ricavabile dalla somma di 5 milioni (Ebrei dell'Area di

---

[162] Tratto da: https://it. wikipedia.org/wiki/Zona_di_residenza
Ulteriore fonte: http://www.aish.com/jl/h/48956361.html

Residenza) + Ebrei concentrati a Mosca e San Pietroburgo + Ebrei abitanti le aree orientali dell'ex Impero Austro Ungarico e Tedesco. Sono dati noti. Per questo ripeto di trovare molto strano che un saggista che gode di notevole notorietà e seguito come Mauro Biglino non si documenti un minimo prima di "sparare" ipotesi complottistiche prive di fondamento. Non tutti coloro che lo ascoltano hanno gli strumenti culturali per capire e/o per fare una ricerca autonoma. […]>>.

L'approccio dello storico è impeccabile: i riferimenti sono documentati e dimostra un'assoluta padronanza del tema in esame, lasciando poco spazio alla fantasia e all'immaginazione.

Tuttavia, sicuramente in buona fede, non tiene conto di un dettaglio non indifferente: **Biglino** non ha mai posto il problema del dato numerico, tra l'altro confermato dallo stesso in diverse sedi, ma solo la questione della sua "curiosa ripetizione invariata" sempre uguale per quasi 50 anni; il problema, dunque, non è se esistevano o meno 6 milioni di ebrei ma l'invariabilità del dato nonostante la mortalità molto alta in quell'area vasta, tra eventi di guerra, persecuzioni, malattie e stenti.

Nonostante ciò, al **Paleari** si può serenamente perdonare per la sua disattenzione, in quanto lo stesso cerca riscontri documentali nei fenomeni storici e dunque è ben attento e proiettato nel contestualizzare gli elementi probatori; l'eccessivo accanimento contro **Biglino** è da ravvisare nella buona fede, a differenza di altri autori, di chiarire alcuni passaggi a suo avviso importanti. E' però altret-tanto chiaro, a questo punto, che il **Biglino** stesso per l'ennesima volta non commette alcun errore interpretativo o valutativo, attenen-dosi semplicemente ai dati empirici in possesso e alle conoscenze che il **Paleari** ha sintetizzato egregiamente nel suo intervento a mezzo social.

Quale sia la risposta al quesito *"come mai il dato 6 milioni resta invariato per diverse decine di anni nonostante la particolare situazione politica e militare?"* non c'è dato saperlo, se non continuando la ricerca, in maniera serena, costruttiva e coerente.

Capitolo 6:
Le prove di una "guerra atomica" nell'antichità [163].

Da decenni si racconta di una "guerra atomica" nell'antichità, nella *"Valle dell'Indo"*, una terra lungo i fiumi Indo e Sarasvati (quest'ultimo ormai prosciugato) che ha ospitato una civiltà progredita, per l'allora conoscenza scientifica e tecnica, soprattutto nella capacità architettonica e strutturale delle proprie costruzioni ed invenzioni, tra il 3.300 a.C. e il 1.300 a.C.; in particolare, stiamo parlando degli eventi misteriosi accaduti nell'attuale sito archeologico di *Mohenjo-daro*[164].

---

[163] **Giulio Perrotta**, *Exorcizamus te. Il vero volto di Dio*, Primiceri Editore, 2016, pp. 235-266.
[164] Mohenjo-daro è un'antichissima città risalente all'Età del bronzo, situata sulla riva destra del fiume Indo, nell'attuale regione pakistana del Sindh, a 300 km a nord-nord-est di Karachi. Insieme ad Harappa, è una delle più grandi città della civiltà della valle dell'Indo (3300–1300 a.C.). Mohenjo-daro significa letteralmente il monte dei morti, nome che condivide con Lothal. Si estende per circa 100 ettari. È divisa in due settori: una cittadella e una città bassa. Sulla cittadella si trova una struttura in mattoni cotti a forma di vasca, soprannominata il Grande Bagno, un enorme granaio e uno stupa, nonché un tempio buddista più tardi. Avendo sofferto poche degradazioni nell'età moderna, il suo stato di conservazione è migliore di quello di Harappa, ed è, di conseguenza, un'importante fonte di informazioni sulla civiltà cui apparteneva. La città è stata costruita nel corso del III millennio a.C. ed è stata abbandonata alla fine delXVIII secolo a.C., verosimilmente a causa della variazione del corso di un fiume. Il sito è stato riscoperto nel corso degli anni venti. Tra il 1922 e il 1927, degli scavi in grande scala vi sono stati avviati da Rakhal Dâs Banerjî e sono stati portati avanti da Madho Sarup Vats e Kashinath Narayan Dikshit sotto la direzione di John Hubert Marshall. Ernest MacKay ha effettuato altri scavi dal 1927 al 1931. Mortimer Wheeler portò a termine questi lavori nel 1950 con scavi di minore portata. I lavori condotti sul sito hanno consentito di liberare un centinaio di ettari di rovine della città, dieci volte di più di ciò che era stato scoperto negli anni venti, ma probabilmente solo un terzo della superficie totale da studiare. Con Mohenjo-daro per la prima volta sono state portate alla luce vestigia della civiltà della valle dell'Indo di cui fino ad allora si ignorava l'esistenza. Mohenjo-daro non è stata costruita per giustapposizione di edifici innalzati nel corso del tempo ma, come le altre città della civiltà dell'Indo, Harappa, Kâlîbangan o Lothal, rivela una urbanizzazione studiata e pianificata nel tracciato delle strade, che formano una griglia in cui almeno un viale largo 10 metri divideva la città bassa in due zone. In effetti esiste, come negli altri siti dell'Indo, una divisione della città in due parti denominate tradizionalmente la cittadellao città alta e la città bassa. Le costruzioni sono fatte di legno indurito col fuoco, di mattoni seccati al sole, comuni in Meso-potamia o cotti al forno, una caratteristica dell'Indo che assicurava una maggiore longevità agli edifici. Questi ultimi seguivano le regole dimensionali standardizzate nella civiltà dell'Indo, con la larghezza doppia dell'altezza, la lunghezza doppia della larghezza.
(Tratto da: https://it.wikipedia.org/wiki/Mohenjo-daro)

Ma perché questo sito è così interessante? Da alcuni decenni si narra infatti, in riferimento a questi luoghi, la probabile (quanto inverosimile) esplosione nucleare nell'antichità.

D'altronde, i testi sacri non sono nuovi a narrazioni che ricordano a tutti gli effetti un'evento nucleare; nel *Mahabharata* è possibile leggere quanto segue: <<[…] un unico proiettile carico di tutta la potenza dell'Universo. Una colonna incandescente di fumo e fiamme luminosa come mille soli salì in tutto il suo splendore, (…) un'esplosione verticale con nuvole di fumo fluttuanti, (…) la nuvola di fumo, innalzandosi dopo la prima esplosione, si aprì in onde circolari, come l'apertura di ombrelloni giganti, (…) era un'arma sconosciuta, un fulmine di ferro, un gigantesco messaggero di morte, che ridusse in cenere l'intera razza dei Vrishni e Andhaka. (…) I cadaveri erano così bruciati da essere irriconoscibili. I capelli e le unghie caddero. Le ceramiche si ruppero senza causa apparente, e gli uccelli diventarono bianchi. Dopo poche ore tutti i prodotti alimentari erano contaminati (…) per uscire da quel fuoco i soldati si gettarono nei torrenti per lavare se stessi e le loro attrezzature […]>>.

Sicuramente un testo suggestivo che ci riporta alla mente le conseguenze di un'esplosione nucleare[165]. Provando ad indagare si scoprirà che, a seguito: <<[…] Sempre in Internet ci imbattiamo nella notizia che nell'aria del Rajasthan, in India, a seguito di difetti alla nascita e casi di tumori che superava la norma, vennero fatti dei controlli che rivelarono un livello insolito di radiazioni. La zona contaminata in questione si estendeva per tre miglia quadrate. Si trattava delle tracce di una conflagrazione nucleare avvenuta migliaia di anni fa? Sempre nella stessa zona, è collocata la Rajasthan Atomic Power Station. La storia della centrale nucleare non è estranea agli incidenti. Nel 1992 perse quattro tonnellate di acqua

---

[165] Questi versi sembrerebbero proprio riferirsi in modo inequivocabile a un'esplosione nucleare.Ma, per quanto vengano spesso presentati come unico testo, in realtà si tratta di un collage di estratti imprecisi tratti da diverse parti del Mahabharata che si riferiscono a eventi diversi. Tuttavia, questi versi, così come gli altri, sono purtroppo troppo vaghi per poter trarre da essi una qualsiasi conclusione, in quanto troppo spazio viene lasciato all'interpretazione. Tratto da: http://www.latelanera.com/misteriefolclore/misteriefolclore.asp?id=217

pesante. Nel febbraio del 1995 si verificarono invece delle perdite di elio radioattivo e acqua pesante. Più di 2.000 lavoratori furono esposti agli agenti radioattivi e 300 di essi vennero addirittura ricoverati. La centrale nucleare fu chiusa e riaperta solo due anni dopo. Tuttavia le prime tracce di radioattività nella zona furono già riscontrate nel 1961 e nel 1962. Secondo un articolo intitolato Uranium in ancient slag from Rajasthan pubblicato nel Marzo 2008, che ha indagato sulle possibili cause del fenomeno nei villaggi di Bansda e Dhavadiya, tali livelli di radioattività sarebbero dovuti alla presenza nella zona di determinati minerali come l'uranio. Questi minerali sarebbero venuti in superficie a causa di attività di miniera verificatesi in passato. Eppure un gruppo di scienziati – che rimane non specificato – durante una serie di scavi nella zona avrebbe rinvenuto i resti di strutture architettoniche distrutte a causa di un'intensissima esplosione. A parte ciò i 44 scheletri rinvenuti a Mohenjo-daro, il cui nome significa "Monte dei morti", furono rinvenuti in posizioni che sembrerebbero indicare una morte improvvisa. Una bambina sarebbe addirittura stata ritrovata con le mani ancora strette in quelle dei genitori. Alexander Gorbovsky, nel suo libro Riddles of Ancient History del 1966, parlerebbe non di 44 scheletri, ma di un solo scheletro. Questo singolo scheletro, però, emanerebbe un livello di radioattività di cinquanta volte superiore ai livelli normali. Secondo l'autore Jonathan Gray, nel suo libro Dead Men's Secrets, in una zona montuosa del Rajmahal, un esploratore di nome De Camp si sarebbe imbattuto in una serie di enormi massi fusi assieme – un effetto che potrebbe essere in effetti indicativo di un'esplosione nucleare. Sempre secondo lo stesso autore, un ufficiale inglese, J. Campbell, si sarebbe imbattuto in altri resti simili. Il residuo vetroso è un effetto tipico delle esplosioni nucleari dovuto all'elevatissima temperatura, osservato per la prima volta sul sito della prima esplosione nucleare di Alamogordo nel Nuovo Messico. Dei residui vetrosi sarebbero stati rinvenuti anche a Mohenjo-daro. Secondo Gorbovsky, nel sito sarebbero state trovate anche delle "pietre annerite" che sembrerebbero essere frammenti di vasi di terracotta fusi assieme. Questi resti vetrificati non sarebbero una prerogativa solo dell'India. Secondo il New York Herald Tribune del 16 febbraio

1947: «Quando la prima bomba esplose nel Nuovo Messico, la sabbia del deserto si tramutò in vetro verde. Questo fatto, secondo la rivista Free World, ha offerto uno spunto interessante per alcuni archeologi, i quali avevano condotto degli scavi nell'antica valle dell'Eufrate, portando alla luce uno strato di cultura agricola risalente a circa 8,000 anni fa, un altro di una cultura più antica, e un altro ancora di una cultura preistorica ancora più vecchia. Di recente, hanno raggiunto uno strato di vetro verde fuso.» Albion W. Hart, ingegnere del Massachusetts Institute of Technology (MIT), si sarebbe imbattuto in un fenomeno identico in una zona quasi inaccessibile dell'Africa. In un articolo della rivista inglese Nature del 1952 intitolato Dating the Libyan Desert Silica-Glass, l'autore Kenneth Oakley, riferendosi ad altri ritrovamenti simili avvenuti nel deserto della Libia, scrive: «Per quanto indubbiamente naturali, l'origine del vetro silice in Libia è incerta. La sua composizione somiglia alla tectite di origine cosmica, ma si presenta in pezzi molto più piccoli». La spiegazione ufficiale di questi fenomeni è difatti che siano la conseguenza di impatti meteoritici. Ma, per quanto possa sembrare logico, in realtà non c'è nessuna evidenza a supporto di tale teoria. Secondo l'articolo il fenomeno si estende per un'area di 130 km da nord a sud e 53 km da est a ovest. Un'area troppo estesa. Per di più non c'è nessuna evidenza di crateri nei dintorni. Il meteorite potrebbe essere esploso prima di colpire il terreno, ma manca qualsiasi evidenza a supporto anche di questa teoria. Ritornando in India, invece, un cratere lo troviamo: quello di Mumbai, la cui datazione si aggira attorno a 50,000 anni fa. Il cratere di 2.154 metri di diametro sembrerebbe essere stato generato da una pressione di 600.000 atmosfere. Ci sono anche tracce di temperature molto elevate. Ma nessuna di materiale meteoritico. La causa di questo cratere rimane quindi non accertata. A supporto della possibilità che le popolazioni di Harappa e Mohenjo-daro siano state spazzate via da un evento catastrofico vi è la loro scomparsa improvvisa a tutt'oggi rimasta inspiegata. Secondo un'ipotesi iniziale proposta negli anni '40 da ricercatori tedeschi con affiliazioni nazionalsocialiste, le popolazioni della civiltà della valle dell'Indo sarebbero state spazzate via dalla razza ariana. L'archeologo americano George F.

Dales contraddì tale teoria, evidenziando come negli scavi non fu rinvenuta alcuna prova – come armi, armature, frecce – che un'invasione sia realmente accaduta. Secondo Richard H. Meadow, altro archeologo americano: «La distruzione delle città indù da parte di tribù ariane è oramai da tempo una teoria scartata dai ricercatori.» L'ipotesi di una catastrofe non è quindi da escludere in quanto spiegazione alternativa per la scomparsa della popolazione di Harappa e Mohenjo-daro. Malgrado ciò mancano però sufficienti prove concrete che possano identificare in un olocausto nucleare la catastrofe in questione. [...]>>[166].

Mohenjo-daro, dunque, è un sito archeologico che rappresenta ad oggi un mistero vero e proprio, un'antica sede civilizzata, sparita repentinamente. Questo si conosce con certezza. Le cause, invece, sono ancora tutte da dimostrare, nonostante la presenza degli scheletri "con presenza radioattiva e tracce di carbonizzazione e calcificazione", una testimonianza del decesso violento e praticamente istantaneo.

Come riportato egregiamente da **Mauro Paoletti**, autore tra l'altro di "*Elohim*" [167]: <<[...] **David Davemport** e **Ettore Vincenti**, autori di "*2000 a.C. Distruzione Atomica*", fecero esaminare alcuni detriti anneriti raccolti nella zona considerata l'epicentro dell'esplosione, campioni di vasi e mattoni, bracciali vetrificati. Dalle analisi, effettuate dall'Istituto di Mineralogia dell'Università di Roma, l'argilla risultò (...) sottoposta a una temperatura di oltre 1.500 gradi per qualche frazione di secondo. Questo avrebbe causato l'inizio di una fusione subito interrotta, escludendo che il calore di una fornace, tanto meno altre calamità naturali, possano produrre un tale effetto. I risultati vennero confermati dal Prof. Bruno Di Sabatino, vulcanologo dell'Istituto di Mineralogia e Petrografia, col quale collaborarono il Prof. Amuleto Flamini e il Dr. Giampaolo Ciriaco. Ulteriore prova dell'assenza di fenomeni vulcanici e sismici, i pozzi di acqua rimasti al loro posto. Secondo Davemport, esperto in sanscrito, il

---

[166] Tratto da: http://www.latelanera.com/misteriefolclore/misteriefolclore.asp?id=217
[167] **Mauro Paoletti**, *Elohim. Religioni, miti e leggende delle antiche civiltà a confronto*, Enigma Ed., 2015

Ramayana fornirebbe la giusta chiave di lettura. (...) Si parla di un velivolo equipaggiato con pilastri d'oro, porte di smeraldo, veloce come il pensiero, costruito su ordine di *Brahma*. A bordo di questo vimana, *Ravana*, discese dal monte Kailash. Nella parte del poema chiamata "Uttara Kanda", nel capitolo 23, è scritto: "Vedendo il loro esercito abbattuto in volo, i figli di Varuna, sopraffatti dalla pioggia di missili, tentarono di interrompere il combattimento. Stavano fuggendo sottoterra quando videro Ravana sul suo Pushpaka Vimana. Cambiarono repentinamente rotta e si slanciarono verso il cielo con la loro flotta di macchine volanti. Una terribile lotta scoppiò nell'aria." *Ravana* rapisce *Sita*, figlia di Jawata re della città di Mithila e sposa di *Rama*, il quale dopo un'aspra battaglia ucciderà Ravana e libererà Sita. Nel capitolo 88 dell'Uttara Kanda si legge la reazione di Re Jawata: "Arderà Indra il reame di quel malvagio con una pioggia di polvere soverchiante. È giunta l'ora dello sterminio di quell'insano e dei suoi seguaci." Quindi, il dardo di Indra distrugge la roccaforte di Ravana. Ma il suo regno, posto fra i monti Vindhya e Saivala, gli odierni Aravalli e Sulaiman, corrisponde a *Lanka*, parola che significa *isola*, cioè Mohenjo Daro situata proprio su di un isola del fiume Indo. Conclusioni audaci, ma più attendibili di qualsiasi altra, che si riallacciano alle storie sui vimana, comune mezzo di trasporto del popolo venuto dalle stelle, narrate nel *Ramayana* e nel *Mahabharata*. (...) Altri popoli ci narrano vicende simili. Dalla Cina giungono storie di eventi che ricordano quelli descritti nei due libri sacri Indiani. Nel *Shan-hai-ching*, un libro sacro, si parla dei "Miao", una razza umana dotata di ali che nel 2400 a.C. vennero a diverbio col *Signore delle Altezze* e persero la capacità di volare. Si parla anche di quando il *Signore Chang-ti*, vedendo che la razza degli Atlantidi aveva perduto ogni virtù, ordinò a due Dhyani, Chang e Li, di interrompere ogni contatto fra cielo e terra. Vi si trova la storia dei dieci soli e dell'arciere Yi; ma vi è descritta la vicenda di quattro giganti celesti che, alla testa di centomila guerrieri, corrono in aiuto di Shang impegnato a difendere la montagna di Hsich'i. Il gigante più anziano era alto sette metri e aveva una spada detta "nuvola blu". Quando egli la sguainava spuntava "un vento nero dal quale uscivano migliaia di lance che colpivano il nemico polverizzandolo".

Dietro al vento "una ruota di fuoco riempiva l'aria di decine di migliaia di serpenti di fuoco dorato", dal suolo si alzava un fumo denso che bruciava e accecava le persone. Nel corso della lettura troveremo anche *gli Immortali* a cavallo di dragoni e unicorni, forse velivoli; conosceremo il Vecchio Immortale del sud che proveniente da *Agarthi* e dona a Tzu-Ya, eroe della storia, un'arma "che brucia il suolo e produce luce", con la quale potrà conquistare il mondo. (…) La storia conferma inoltre che Mohenjo Daro è Lanka: "Vedi come Lanka è stata costruita da Vishvakarma sulla cima della rocca a tre punte che somiglia al picco del Kailash. Guarda il campo di battaglia coperto da un fango di carne e sangue, laggiù è stata fatta una grande carneficina di Titani. Laggiù giace il feroce Ravana. (...) Ora abbiamo raggiunto KishKindha con i suoi magnifici boschi, in quel luogo ho ucciso Bali". Rama è esperto nella geografia aerea di un territorio vasto ben duemila chilometri. Chi ha scritto il *Ramayana* come poteva conoscere tutto questo? Secondo Davemport: "gli antichi autori hanno sicuramente visto e sono stati testimoni dei loro effetti; ma, in conseguenza della povertà di linguaggio, o mancanza dei termini necessari, l'immagine che ne danno è carente dal punto di vista tecnico-descrittivo". (…) (Inoltre) è il Vymanika Shastra che fornisce i dati tecnici per ottenere un oggetto volante del tutto simile alle capsule spaziali. (…) Altre prove in favore della tesi di Vincenti e Davemport, purtroppo scomparsi prematuramente, vengono fornite dagli studi del Dr. Roy direttore *dell'Istituto di Cronologia di Nuova Delhi*. Dalle indagini storico-archeologiche, risulta che effettivamente Mohenjo Daro è la Lanka di Dasagriva, il Ravana menzionato nel Ramayana. Il poema è stato infatti ordito intorno alla conquista di Mohenjo avvenuta quattromila anni fa. Il Dr. Roy identifica il moderno Kalat nella regione che a quel tempo era conosciuta come *Kishkindha*. Un punto dell'Indo ove il linguaggio, detto Telogu, era una elaborazione di quello della famiglia Dravinian. Nella guerra Deva Asura, tale Dasatha combatte contro Timidhwaja, appartenente alla razza dei Rakshasa e alleato di Shambara, il cui emblema, un *Timi* (balena), fa presupporre vivesse vicino al mare, forse nel Makran dove viveva anche Ravana. Inoltre "ravana" era un titolo, un semplice appellativo, non un nome proprio, il nobile ucciso da Rama era Dasagriva, conosciuto come Signore di Lanka, cioè Ravana di Lanka. Dai dati storici veniamo a sapere che Dasagriva Ravana era amico del re di Kishkinda. Il regno di Ravana era nel Sind, e Mohenjo Daro ne era la capitale. Quindi l'impero Harappa aveva al nord la cultura della razza Danava col suo centro a Hariupia; al sud i Rakshasa con Mohenjo capitale, conosciuta come "l'isola", ossia Lanka in lingua Telogu, "una stretta striscia di terra fra il letto principale dell'Indo e la curva ovest del fiume Nara, soggetta ad alluvioni fino a quando un lungo terrapieno fu in grado di prevenirle". Ci sono resti del terrapieno preistorico per un miglio. (...) Anche le battaglie del *Mahabharata* sarebbero realmente avvenute. Secondo Roy, nel 1424 a.C., la conferma dal Mahabharata che apparterrebbe all'età del Rame, poiché l'antichissima parola vedica "ayas" significa "rame". Il Dr. Roy afferma che Vyasa usò la parola "ayasa bhima", non "Iron Bhima". Gli scavi avrebbero rivelato che l'ultima cultura Harappa e quella Kuru, sono state coesistenti, e il Dr. Roy ha dimostrato che queste due culture appartenevano all'età del Rame, quindi all'età Vedica. (...) A quel tempo nel paese vivevano diversi popoli. Vi erano i Devas, gli ariani vedici, adoratori di Indra, e gli Asura, fautori di feroci guerre intorno al 2000 a.C., che valsero loro l'appellativo di malvagi. Un fatto storico che partì dal regno di Divodasa nel 2030 a.C., e finì con la grande battaglia "Dasa Rajana". Abbiamo così la conferma che Dasaratha prende parte attiva alla guerra schierandosi con Divodasa contro Timidhwaja, e questo fatto dimostra che la battaglia si svolse fra due armate umane. I Danavas erano comandati da Shambara, re di Hariyupia, figlio di Kulitara, che visse e governò intorno al 2000 a.C.. Divodasa mosse una guerra contro di lui, lo uccise, e Hariyupia (ossia Harappa) fu conquistata. L'intera regione Asura fece un'offerta per riscattare la città, ma in un'orribile battaglia sul fiume Parushni (oggi Ravi), Sudasa li respinse. Si tratta di una battaglia nota come quella dei dieci Re (1930 a.C.). I dati storici forniscono anche la data di progettazione della città di Harappa, il 2550 a.C. Nella regione Harappa vi era una civiltà commerciale per eccellenza, popolata anche dai Nagas e dai Janas anch'essi ottimi commercianti e industriali. Nel poema si trovano riferimenti anche ai Vanaras e al loro grande re Bali, alleato di Ravana, in tal modo tutto prende forma e trova le giuste corrispondenze storiche; non si può parlare più di *coincidenze*. Dobbiamo considerare la possibilità che siano state impiegate tecnologie avanzate, e l'uso di armi atomiche, quattromila anni fa (e non solo in India). Un'indagine, seppur limitata nella sua fattibilità, nella zona potrebbe fornire altre prove. [...]>>[168].

Fin qui, insomma, tutta una serie di prove e documenti sembrerebbero confermare la tesi nucleare o, per lo meno, la tesi che in quei luoghi si innescò un'energia tale da simulare i "sintomi" di un'esplosione radioattiva.

Eppure, c'è qualcuno che non è dello stesso avviso e smentisce punto per punto ogni evidenza riportata: <<[...] Nel documentario si raccontava che: "scheletri di persone sono stati trovati a faccia in giù in strada, i loro volti e il posizionamento del corpo suggerirebbero che subirono una morte improvvisa e violenta. Nessuna cultura fa letteralmente giacere i morti in strada. Perciò gli archeologi hanno dedotto trovando resti umani che qualcosa di "grande" era successo a queste persone. Inoltre si domandavano: "Perché non vi è prova che gli animali selvatici mangiarono i loro resti, e perché, anche dopo migliaia di anni, le loro ossa non erano scomparse? In alcune aree del sito che aono stati trovati alti livelli di radiazioni. Tanto è vero che il ricercatore britannico David Davenport ha dichiarato di aver trovato una zona ampia 50 yard (45 metri) che probabilmente è l'epicentro dell'esplosione di Mohenjo Daro poichò tutto sembra essere stato fuso attraverso un processo di trasformazione noto come vetrificazione. La vitrificazione è un processo in cui la pietra viene fusa in uno stato di magma, e poi si indurisce nuovamente. Ma una volta che la pietra si è indurita di nuovo sembra vetro. A Mohenjo Daro troviamo la prova di vetrificazione, che avrebbe potuto solo essersi formata, se il materiale fosse stato esposto ad estremo calore di una qualche tipo di esplosione". Tutto molto interessante però mi sono ricordato di aver letto da poco un articolo riguardante proprio questo evento che mette in luce come veramente sono viste queste prove, non a caso il link che propongo viene dal sito ameri-

---

[168] Tratto da: http://www.bibliotecapleyades.net/arqueologia/esp_mohenjo_daro_6.htm

cano *Ancient Aliens Debunked* (…). Cerchiamo di elencare i punti toccati da *Ancient Aliens*: 1) Scheletri, per mano, che dicono sembrino morti nello stesso istante. 2) Nessuna evidenza di animali "spazzini". 3) Ossa straordinariamente ben conservate. 4) Presenza di radiazione nel sito. 5) Un epicentro dove è presente la vetrificazione della pietra. Uno dei primi problemi con questa teoria è la città stessa. I suoi edifici sono ancora intatti, alcuni dei quali sono 15 piedi di altezza. Ma essi sono stati fatti con il fango, per cui come si potrebbe pensare che un'arma nucleare il cui potere distruttivo principale è nella forza della sua onda d'urto non sarebbe in grado di rovesciare alcuni edifici di mattoni di fango? Ma andiamo avanti, che dire di questi scheletri? *Ancient Aliens* fa sembrare molti gli scheletri trovati quando in realtà sono stati solo trovati 37 corpi, non solo questi 37 scheletri non mostrano segni di morte improvvisa, anche perchè la data della loro morte varia a volte fino a un migliaio di anni l'uno dall'altro! (…) Nessuno degli archeologi coinvolti ha pensato che questi scheletri suggerissero una catastrofe improvvisa e a peggiorare le cose per *Ancient Aliens* è da sottolineare che tutti i corpi erano stati sepolti! L'idea che essi siano stati trovati in giro per le strade non è vero. In realtà *Ancient Aliens* ha detto questo ma è completamente falso. Il fatto che essi non siano morti nello stesso istante e il fatto che essi siano stati sepolti in modo normale spiega perché non vi erano segni di spazzini! Che dire delle ossa ben conservate? Questo può essere spiegato semplicemente con il luogo, a Mohenjo Daro è uno dei luoghi più caldi della terra, con temperature che raggiungono i nostri 50 gradi (128°F), è anche molto secca e quindi si tratta di un clima perfetto per la conservazione. In realtà questo è probabilmente anche il motivo per cui gli edifici di mattoni di fango sono ancora in piedi. Il problema con le affermazioni circa le radiazioni a *Mohenjo-daro* non sappiamo da dove provengono. Certamente non era uno degli scienziati coinvolti con gli scavi di *Mohenjo-daro* poichè hanno chiesto loro ad *Ancient Aliens* di chi fosse tale scoperta ma nessuno ha mai fatto o ammesso di aver fatto un qualsiasi riferimento che verificasse questa affermazione, così fino a quando la presenza di radiazioni non può essere dimostrata esister nel sito non vi è alcuna ragione per affrontarlo.

Che dire dell'epicentro di vetrificazione? Ebbene, secondo gli archeologi non è l'epicentro di nulla. Si parla infatti di una piccola quantità di cocci che, perchè la ceramica viene messa nel fuoco ad indurire, formando uno specifico tipo di vetrificazione chiamato Frit. Come già detto non c'è nessun epicentro in questo sito se non si vuol prendere in considerazione la ceramica. Sarebbe comunque istruttivo per noi guardare i vari tipi di vetrificazione della sabbia e le sue diverse cause. C'è la fulgurite, che è sabbia fusa da un fulmine. C'è la Tektite, che è la sabbia fusa dalla forza compressa di un meteorite. C'è la Frit che è la parziale fusione della sabbia e di altre sostanze chimiche in presenza di ceramica riscaldata (che è ciò che è stato trovato a Mohenjo Daro), infine c'è la Trinitite che è la sabbia causata da un'esplosione nucleare. [...]>> [169].

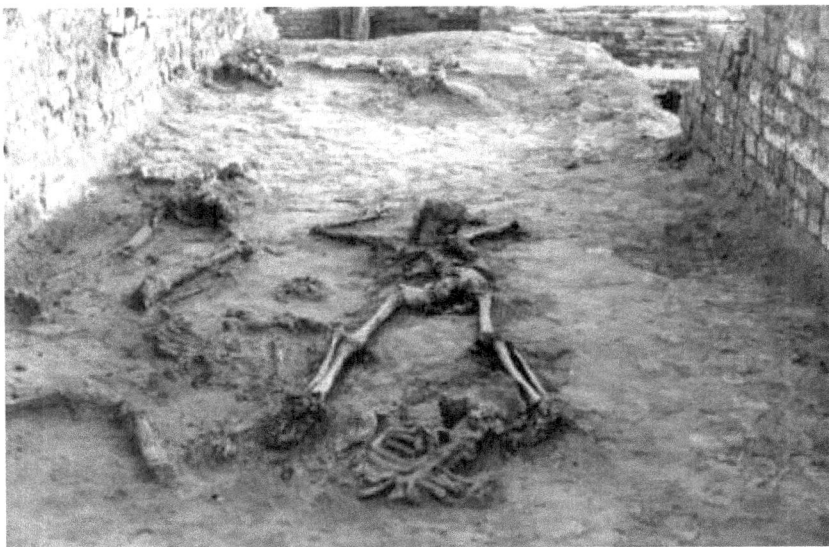

Fig. 18: Reperto osseo.
Tratta da: https://misterorisolto.wordpress.com/2013/06/01/mohenjo-daro-la-bufala-delle splosione-nucleare/

[169] Tratto da: https://misterorisolto.wordpress.com/2013/06/01/mohenjo-daro-la-bufala-delle splosione-nucleare/

Fig. 19: Reperto osseo.
Tratta da: https://misterorisolto.wordpress.com/2013/06/01/mohenjo-daro-la-bufala-delle
splosione-nucleare/

Fig. 20: Reperto osseo.
Tratta da: https://misterorisolto.wordpress.com/2013/06/01/mohenjo-daro-la-bufala-delle
splosione-nucleare/

Fig. 21: Reperto geografico.
Tratta da: https://it.wikipedia.org/wiki/Mohenjo-daro

Fig. 22: Reperto geografico.
Tratta da: http://www.ancient-wisdom.com/Pakistanmohenjo.htm

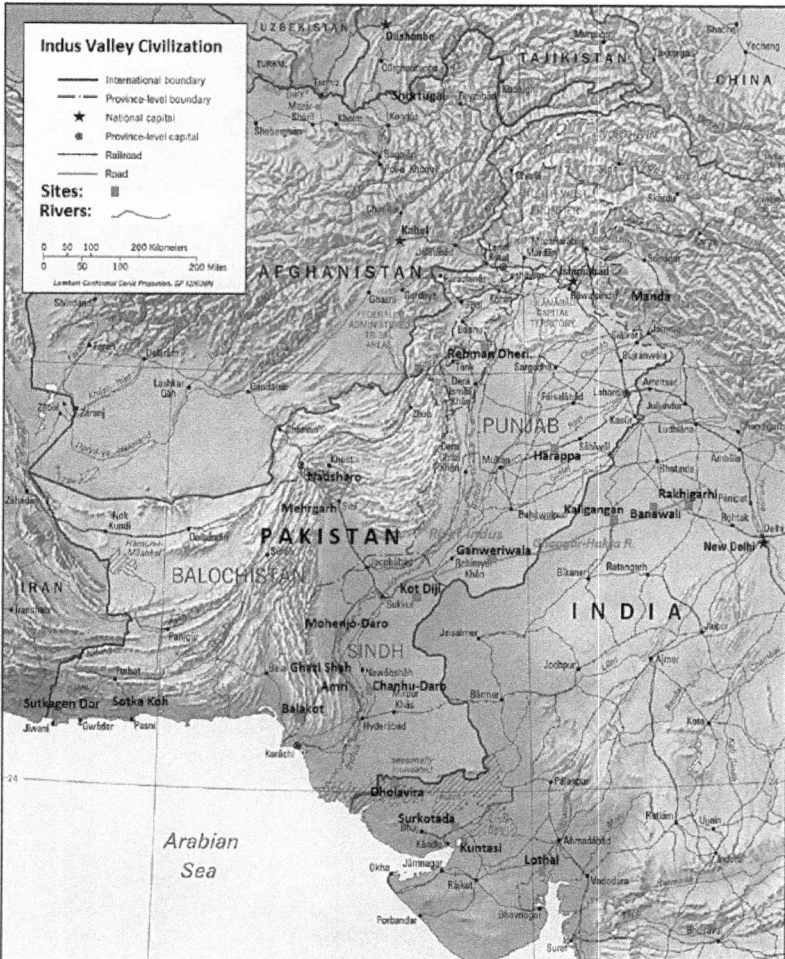

Fig. 23: La civilizzazione nella Valle dell'Indo.
Tratta da: https://en.wikipedia.org/wiki/Mohenjo-daro

Gli elementi portati dall'ultimo studioso, per confutare l'ipotesi "nucleare", sembrerebbero dunque davvero ben ragionate:

a) un'esplosione nucleare raderebbe al suolo qualunque edificio, polverizzando strutture di qualunque materiale metallico, ancor più se il materiale utilizzato era tutt'altro che resistente;

b) un'esplosione nucleare lascerebbe determinate prove nel suolo e nell'aria, praticamente assenti o non provate con dati scientifici ufficiali, se non per attività radioattive condotte negli anni precedenti nelle zone limitrofi, che nulla hanno a che fare con il sito archeologico;

c) gli scheletri ritrovati (alcune fonti parlano di 37 altri di 44, altri di 45) hanno diverse datazioni al carbonio e hanno tutta una serie di caratteristiche tipiche frutto di un precedente seppellimento. Questo porterebbe a dedurre il fatto che probabilmente gli scheletri presenti nel suolo siano stati messi lì intenzionalmente, magari per garantire una particolare attenzione al sito, per ottenere finanziamenti e continuare gli scavi, essendo tra l'altro una località catalogata patrimonio dell'umanità (Unesco);

d) l'ottimo stato di conservazione delle ossa sarebbe collegato al fatto che a Mohenjo Daro insistono temperature molto calde e secche, perfette per la conservazione.

e) la vetrificazione (c.d. Frit) presente in alcuni dei materiali del sito sarebbe una naturale conseguenza di un fenomeno naturale (es. fulmine, meteorite o fissione) non necessariamente collegato ad un'esplosione nucleare.

In virtù delle poche e confuse prove in possesso dello scrivente, tra l'altro non analizzabili, si preferisce omettere possibili conclusioni affrettate, lasciando al lettore le opportune valutazioni; tuttavia, lo scrivente si sente di escludere con certezza l'origine "nucleare" dell'evento, ma non necessariamente una fonte d'energia per così dire alternativa, magari determinata da un'evento naturale non attualmente comprensibile per assenza di prove.

Capitolo 7:

Le possessioni demoniache [170].

7.1 Premessa

Questo capitolo, probabilmente, rappresenta per molti fedeli un tema centrale nella vita fidelistica: il potere (e il fascino) del male. La religione cristiana (e in particolare la corrente cattolica) punta molto sul fatto che Satana (ovvero Lucifero scacciato dal Regno dei Cieli), prova a corrompere costantemente le anime, per dimostrare il suo dominio terreno e la corruttibilità della creazione di Dio.

Tuttavia, chi ha letto attentamente i capitoli precedenti non ha potuto non prendere atto che gli elementi probatori analizzati conducono ad alcune "certezze" teoriche:

1) *Satana* risulta essere non tanto un nome proprio quanto più un appellativo, "l'accusatore" ovvero "fare l'accusatore contro qualcuno". E' sovente nell'Antico Testamento ritrovare il termine in riferimento a questo tipo di ruolo, soprattutto negli incontri pubblici, dove uno degli Elohim ordinava a qualcuno di fare il *"satan"* contro qualcun altro (una sorta di Pubblico Ministero in un processo penale moderno). Dai passi biblici emerge con chiarezza quanto affermato, nella sua duplice rappresentazione anticotestamentaria[171]:

a) *"satana come uomo"*, in **1Samuele 29: 4, 2 Samuele 19: 23** e **1Re 11: 14**;

b) *"satana come angelo"*, in **Giobbe 1: 6, Giobbe 2: 1, 6-7, Zaccaria 3: 1-2, Salmo 109: 6, 1Cronache 21: 1** e **Numeri 22: 21-41**.

In tutti questi passi, i redattori hanno comunque rappresentato un soggetto incaricato ufficialmente di svolgere un compito, da avversario, contro qualcuno, a riprova del fatto che "satan" non è un nome proprio ma un appellativo; tra l'altro, il termine si trova sempre

---

[170] **Giulio Perrotta**, *Manuale di Criminologia Esoterica*, Primiceri Editore, II Ed., 2016, pp. 141-175

[171] **Mauro Biglino**, *Il Dio Alieno della Bibbia*, UnoEditori, 2014, pp. 230-235

accostato all'articolo "-*ha*" (*satan-ha*), rafforzando maggiormente il concetto sopracitato che appare ormai lampante.

Riassumendo, dunque:

- la figura di *Satana* non esiste come singolo attore che agisce come individuo singolo a sé stante, ma come status, funzione o posizione;

- *Satana*, nell'Antico Testamento, non è un antagonista di Dio, anzi spesso è incaricato da lui per svolgere la sua funzione di accusatore;

- *Satana* non è mai identificato come capo dei demoni, svolgendo tra l'altro il ruolo di esecutore fedele degli ordini di Yahweh.

2) *Lucifero* è la traduzione italiana della prima "stella" del mattino, ovvero il Pianeta Venere (gli antichi non distinguevano tra stella e pianeta, se non in epoca relativamente recente); difatti, molte divinità nel mondo greco sono chiamati anche "Luciferini". Il riferimento biblico al termine è in realtà un'invettiva ironica contro un Re che, a causa della sua scellerata condotta, cade dal cielo verso il basso (**da qui la ripresa teologica della caduta di Lucifero dal Paradiso all'Inferno**), dunque perdendo la posizione di predominio dall'alto della sua posizione, come Venere luminosa. **Lucifero**, sulla falsa riga di *Satana*, è poi frutto di un'invenzione ancora più sorprendente.

Afferma **Biglino**[172]: <<[…] La tradizione religiosa ha di fatto realizzato una fusione tra Satana e un'altra figura angelica, conosciuta con il nome di "Lucifero". Questo termine significa "Portatore di Luce", e deriva dal latino *lucifer* (composto da *lux*, "luce", e *ferre*, "portare") e dal greco *phosphoros* (*phos*, "luce" e *pherein*, "portare"; viene spesso usato per definire il pianeta Venere, che compare all'alba anticipando così la luce del giorno. In realtà, questo abbinamento è giustificato solo quando è inserito nella definizione di "Astro del Mattino", perché negli altri casi il termine richiama un non meglio identificato corpo celeste splendente. […] Nella tradizione popolare […] viene addirittura spesso indicato come capo dei demoni, il Signore degli Inferi in cui giacciono i dannati […] ed è in

[172] **Giulio Perrotta**, *Exorcizamus te. Il vero volto di Dio*, Primiceri Editore, 2016, pp. 414-429
Tratto da: http://maurobiglino.it/2012/05/lucifero/

questa accezione che in parte del Giudaismo e del Cristianesimo viene assimilato alla figura di Satana. [...] I principali fautore di quest'ultima interpretazione sono stati **Girolamo, Tertulliano, Origene, San Gregorio Magno, San Cipriano di Cartagine, San Bernardo di Chiaravalle** e **Agostino di Canterbury.** [...] Possiamo dunque affermare che questi Padri del Cristianesimo stabilirono l'identità fra il Lucifero di Isaia e il Satana di Giobbe, operando una saldatura che è entrata nella tradizione religiosa e popolare [...]>>.

E ancora: <<[...] *Le figure dei diavoli sono frutto della stessa elaborazione teologica spiritualista che ha letteralmente 'inventato' il Dio anticotestamentario. Come scritto in precedenza esistevano molti elohim, avevano nomi precisi ed epiteti che ne indicavano caratteristiche, funzioni e attitudini comportamentali. Uno di quelli era chiamato Baal-peor che significa in sostanza 'signore della esposizione degli organi sessuali'. Questo elohim invitava i suoi a praticare sesso anche in forma rituale e va detto che, spesso con piacere, gli Israeliti abbandonavano il loro elohim Yahweh per rivolgersi al molto più gradito Baal-peor. Un altro elohim era indicato con l'epiteto di Baal-zabub che tradizionalmente si dice significhi 'signore delle mosche'. Quando la teologia ha trasformato Yahweh nel dio spirituale, trascendente, onnipotente, ha operato anche nel senso opposto: come ha inventato il mondo del bene ha inventato il suo contrario il mondo del male, popolandolo di demoni. Da dove ha tratto le figure demoniache? Dagli avversari con cui Yahweh si doveva scontrare concretamente nella quotidianità, cioè gli elohim suoi rivali sul territorio. Anche i nomi dei demoni derivano da quell'ambito. Baal-peor è stato traslitterato in greco in Balfegor da cui è poi derivato Belfagor; Baal-zabub è diventato Belzebù. In sostanza: inventato il dio biblico si sono inventati anche i suoi rivali, i diavoli. [...]>>*[173].

3) il *demoni* altro non sono che i rivali di Yahweh, suoi Elohim pari

---

[173] **Giulio Perrotta**, *Manuale di Criminologia Esoterica*, II ed., 2016, Primiceri Editore, pp. 490-491.

o superiori. Lo stesso **Biglino** sul punto si espresse chiaramente: <<[…] *Le figure dei diavoli sono frutto della stessa elaborazione teologica spiritualista che ha letteralmente 'inventato' il Dio antico-testamentario. Come scritto in precedenza esistevano molti elohim, avevano nomi precisi ed epiteti che ne indicavano caratteristiche, funzioni e attitudini comportamentali. Uno di quelli era chiamato Baal-peor che significa in sostanza 'signore della esposizione degli organi sessuali'. Questo elohim invitava i suoi a praticare sesso anche in forma rituale e va detto che, spesso con piacere, gli Israeliti abbandonavano il loro elohim Yahweh per rivolgersi al molto più gradito Baal-peor. Un altro elohim era indicato con l'epiteto di Baal-zabub che tradizionalmente si dice significhi 'signore delle mosche'. Quando la teologia ha trasformato Yahweh nel dio spirituale, trascendente, onnipotente, ha operato anche nel senso opposto: come ha inventato il mondo del bene ha inventato il suo contrario il mondo del male, popolandolo di demoni. Da dove ha tratto le figure demoniache? Dagli avversari con cui Yahweh si doveva scontrare concretamente nella quotidianità, cioè gli elohim suoi rivali sul territorio. Anche i nomi dei demoni derivano da quell'ambito. Baal-peor è stato traslitterato in greco in Balfegor da cui è poi derivato Belfagor; Baal-zabub è diventato Belzebù. In sostanza: inventato il dio biblico si sono inventati anche i suoi rivali, i diavoli. […]>>*[174].

4) il *666* [175] è un numero che trova diversa interpretazioni (storica, allegorica, letterale e cabalistica) ma nessuna con certezza e il riferimento biblico del termine non dà alcuna certezza sul collegamento con la "bestia", tra l'altro erroneamente associata ai termini "Satana" e "Lucifero".

Se dunque questo è il profilo su cui lavorare, i quesiti che sorgono spontanei sono essenzialmente 2:

1) *se Satana e Lucifero non sono incarnazioni del male, qual è il*

---

[174] **Giulio Perrotta**, *Manuale di Criminologia Esoterica*, II ed., 2016, Primiceri Editore, pp. 490-491.
[175] **Giulio Perrotta**, *Exorcizamus te. Il vero volto di Dio*, 2016, Primiceri Editore, pp. 427-429.

fondamento del Satanismo?

2) *se Satana e Lucifero non sono incarnazioni del male e i demoni non sono altro che rivali di Yahweh -come lo stesso Antico Testamento riferisce-*[176]*, che cosa sono le possessioni demoniache?*

Risponderemo dunque a queste due domande, provando a trovare la risposta più convincente e sicura.

---

[176] **Giulio Perrotta**, *Exorcizamus te. Il vero volto di Dioi*, 2016, Primiceri Editore, p. 421.

7.2 Il fondamento del Satanismo come culto religioso e filosofico

Il "Satanismo" è un fenomeno così ampio e variegato che occorre quindi prestare molta attenzione per non confonderlo con la "stregoneria", il "culto dei morti", lo "spiritismo" ed altre pratiche esoteriche legate ai fenomeni paranormali. L'essere *Satana/Lucifero*, oggi, anche grazie alle nuove scuole di pensiero del XX secolo (d.C.), ha assunto connotati religiosi e filosofici particolari:

a) nel "*satanismo razionalista*", della seconda metà del XX secolo (d.C.), fondato da **A. LaVey**, *Satana* non è una creatura fisica vivente ma una chiave di lettura filosofica ed esoterica per vivere una vita secondo i principi materialistici, edonistici, anticristiani e umanistici (in sostanza, l'uomo al centro del culto). E' una corrente pacifica seppur avalla condotte devianti come normale prerogativa umana, quindi egoismo, egocentrismo ed ego-narcisismo, specchio della personalità di LaVey, maniaco del controllo e del potere; tuttavia, per lo meno pubblicamente, aborra condotte violente e aggressive.

b) nel "*satanismo tradizionalista*", tipico della cultura giudaico-cristiana, plasmata poi dai padri del Cristo-cattolicesimo, vedono Satana come il "principe delle tenebre" e "angelo decaduto", e quindi lo adorano per la sua decisione di essersi ribellato a Dio, in quanto quest'ultimo pretendeva una venerazione alla nuova creatura umana.

E' in questa corrente di pensiero che si innesta la "demonologia", tanto cara e necessaria al culto cattolico. I "Demoni", secondo questa linea di pensiero, sono angeli decaduti che hanno seguito nella discesa Lucifero, divenuto così Satana. E l'Inferno ha una gerarchia precisa, costituita dalla manovalanza, organizzata gerarchicamente al vertice da Principi, Baroni, Conti e Re, secondo un ideale tipicamente di stampo medievale. Questo è il risultato di credenze e superstizioni medievali e post-moderne:

<<[...] I più importanti sono i "quattro signori o reggenti" dell'Inferno, quali: a) **Lucifero**; b) **Astaroth**; c) **Baal**; d) **Belzebù**. La Cabala è solita dividere le categorie di demoni in dieci gruppi: 1) THAMIEL (Bicefali), "Spiriti di rivolta" diretti da **Moloch**; 2) CHAIGIDEL (Scorze), "Spiriti di menzogna" diretti da **Beelzebub**; 3) SATARIEL (Velatori), "Spiriti della falsità", diretti da **Lucifugo**; 4) GAMCHICOLH (Perturbatori di anime), "Spiriti d'impurità" diretti da **Astaroth**; 5) GALB (Incendiari), "Spiriti di collera" diretti da **Asmodeus**; 6) TAGARIRIM (Litigiosi), "Spiriti di discordia" diretti da **Belphagor**; 7) HARAB SERAPHEL "Corvi della morte", diretti da **Baal**; 8) SAMAEL, "Battaglieri", diretti da **Andramelech**; 9) IAMALIEL, "Osceni", diretti da **Lilith**, demonio femmina degli aborti; 10) RESHAIM, "Malvagi", diretti da **Nahenia**. Questi ultimi si suddividono in quattro categorie, ciò che porta a tredici le varietà di demoni, che sono: GHEBURIM (Violenti); RAPHAIM (Vili); NEPHILIM (Voluttuosi); ANACIM (Anarchici).

Una spaventosa accozzaglia di informazioni deliberatamente modificate e fruttto di una fantasiosa interpretazione, senza alcun fondamento scientifico, storico o filologico.

Nel "*Compendium Daemoni*", si legge che: <<[...] *La prima cosa che Satana si aspetterà da voi, sarà che gli vendiate la vostra anima* [...]>>. Ed è legato a questa sottocultura, lo scambio di favori terreni e materiali in cambio della propria anima, attraverso un rito di invocazione demoniaca, l'imposizione del cerchi magico di sale grosso e la stipula del patto infernale. La leggenda afferma che tale rituale ha lo scopo di ottenere dal Demonio dei beni o vantaggi materiali. Il "prezzo" verrà pagato da colui che ha contratto tale debito, al momento della morte o il altro periodo scelto dal Diavolo. Si arrivava a credere che una morte violenta, sancisse la fine del debito stesso e che questo significasse un asservimento eterno al servizio di Satana. I satanisti moderni ritengono ancora valido tale rituale credendo e garantendone i risultati. Un certo scetticismo riguarda la dannazione eterna che, alcuni satanisti, affermano essere una invenzione delle "chiese bianche" per incutere timore verso certe pratiche occulte. Sempre secondo il "*Compendium Daemoni*", nel momento in cui un Satanista si proclama tale sta stipulando un patto con Satana che non potrà più scindere. Tra i "doni" che Satana promette c'è una nuova visione del mondo circostante e l'ottenimento facilitato di numerosi beni materiali.

c) nel "*satanismo occultista*", della prima metà del XX secolo (d.C.), fondato da **A. Crowley** e di chiara impronta esoterica, *Satana* è un'entità antica, primordiale, non malvagia, in grado di dare conoscenze e poteri, preparazione e consapevolezza universale. E' dunque una corrente più narcisista e anti-sociale, che trova nell'affermazione dei propri interessi, bisogni e necessità, la realizzazione del pensiero fidelistico, non a caso il padre di questa corrente era dichiaramente affetto da diverse parafilie (perversioni sessuali) e profondi disagi determinati dal suo passato familiare travagliato.

d) nel "*satanismo gnostico (o scientifico)*", dell'ultimo biennio del XX secolo, fondato da **Dean Joseph Martin**, *Satana* è una entità/divinità inferiore costretto dal Dio cattolico alla ribellione. Riprendendo concetti filosofici e religiosi tipici del *Pitagorismo, Gnosticismo, Ermetismo* e *Cabalismo ebraico*, afferma che tutto è spiegabile con la scienza e la conoscenza. Tuttavia, nonostante la base teorica sia molto interessante, essa non trovo alcun fondamento nelle correnti più antiche, dimostrandosi semplicemente un sincretismo filosofico e religioso, come le correnti razionaliste (di **LaVey**) e occultiste (**Crowley**).

Il "soprannaturale", per questa corrente, altro non è che l'emanazione a livelli diversi di qualcosa di normale e naturale, solo che appartiene a piani esistenziali diversi; tutte le entità che popolano questi piani esistenziali, dall'uomo generalmente chiamate "Dei", "Angeli" o "Demoni", vennero un giorno schiavizzati dal Dio cattolico, ribattezzato il "*Despota*", divenendo capo di un gruppo di Dei, impostando delle regole ferree e condannando le entità "inferiori" a rimanere impossibilitate ad evolversi ed a tornare ad essere quindi le divinità che erano in potenza. Allo stesso modo impose una dittatura ugualmente feroce su tutte le entità che gli si erano affidate, con l'aiuto di una coorte di angeli guerrieri, pretendendone obbedienza cieca e fedeltà eterna in cambio di nutrimento, protezione ed impunità. Una di queste entità era *Lucifero*, che rendendosi conto di essere soltanto vittima di una forma di sfruttamento assieme ai suoi simili, e della profonda e totale ingiustizia nei confronti degli "inferiori", riuscì a radunarsi intorno un'armata di altri suoi pari, e mosse guerra senza riuscire a sconfiggerlo ma ottenendo il grosso risultato di staccarsi dal suo comando e liberarne anche tutti quelli che lo avevano seguito, divenendo *"Satana"*. *Satana* è quindi un'autorità dura ed imparziale, a cui non poter delegare la soluzione dei problemi personali che con un pò di sforzo si potrebbero superare, ma che ha già fatto l'enorme dono all'uomo di renderlo autonomo ed in grado di evolversi. *Satana* quindi non deve sostituirsi all'uomo e lavorare per lui, ma essere un sostegno ed una guida da seguire, ed a cui chiedere aiuto in casi talmente eccezionali da essere irrisolvibili con le proprie forze. *Satana*, vedendo che una persona si è impegnata al massimo delle sue possibilità e non ha risolto un problema, apprezzando lo sforzo può concederle il suo aiuto, ma non sostituirvisi: sarebbe contraddittorio rispetto al messaggio che ha voluto dare, dando il libero arbitrio e la possibilità di conoscere all'uomo. Chi merita un aiuto lo ottiene, chi invece è pigro ed opportunista è destinato al declino. Questo rigore scientifico-gnostico è ammorbidito dall'adesione parziale al pensiero di *LaVey* circa i rapporti tra l'uomo e la società: infatti, occorre vivere una vita libera da freni, inibizioni, costrizioni sociali e morali, moralismi fasulli e pregiudizi imposti da una qualunque forma di potere esterno, aderendo al pensiero scientifico, ponendo al centro della vita la consapevolezza e la conoscenza del sapere. Ancora, solo con l'esercizio del libero arbitrio e lo studio, l'uomo può evolversi oppure autodistruggersi, in totale libertà e responsabilità. (Tratto da: http://antrodellamagia.forumfree.it/?t=67082609)

e) nel "*Satanismo acido*", tipico della sottocultura giovanile malata e deviata, *Satana* è il pretesto per dedicarsi ad episodi criminosi, tra le quali azioni violente, profanazioni di luoghi sacri, abusi sessuali e di sostanze stupefacenti. E' probabilmente la corrente più pericolosa, in quanto il legame con il culto è solo teorico e fa da sfondo a tutta una serie di condotte che nel caso migliore sfociano nell'anti-socialità e nella devianza. Degni rappresentati italiani di questa corrente, tanto per intenderci immediatamente, sono le "Bestie di Satana".

f) nel "*Luciferismo*", un sotto-tipo del "*satanismo razionale*" di LaVey, *Satana* non esiste, e si prende in considerazione solo *Lucifero*, inteso non come essere realmente esistente ma come filosofia di vita incentrata sia sui principi materialistici, edonistici, anticristiani ed umanistici (tipico del culto satanico-razionale), sia sulla glorificazione dell'ego e degli istinti primordiali.

Adesso, dopo questa breve panoramica generale, possiamo asserire -senza ombra di dubbio- 4 affermazioni:

1) *non esiste una sola corrente di "Satanismo"*;

2) *il "Satanismo", intesa come corrente religiosa, è nettamente recente.* Nel Medioevo, per rafforzare il potere politico ed economico della religiose cristiana/cattolica, si enfatizza il ruolo del Demonio, come creatura del "male", in contrapposizione con Dio, che è il "bene" e la "luce". Tuttavia solo nel corso del XVII secolo d.C. il concetto suindicato assume connotativi venerativi, facendo sorgere (soprattutto in Francia) i primi gruppi "satanistici", in contrapposizione con il potere ecclesiastico. Nel XX secolo d.C., poi, esplode la moda delle correnti alternative e alcuni leader carismatici si improvvisano padri e fondatori di correnti uniche di Satanismo, riprendendo concetti antichi e moderni molto spesso senza una vera formazione culturale esoterica o storica, generando di fatto dei "sincretismi".

3) *non tutte le correnti sono violento o incitano alla violenza e alla criminalità.* Solo il "satanismo acido", in tal senso, è l'incarnazione vera e propria del male, ma come visto utilizza il pretesto religioso senza alcun legame effettivo. Le correnti, poi, razionaliste e occultiste in realtà non fanno altro che alimentare condotte antisociali o devianti già presenti nel soggetto.

4) *al di là di quella tradizionale, tutte le altre correnti altro non sono che sincretismi filosofici e religiosi di altri culti.* Pertanto, appare quanto mai chiaro che nessuna di queste correnti può definitivamente ergersi a rappresentante in terra di una figura che come dimostrato è totalmente inesistente.

7.3 Le origini storiche e religiose della "demonologia"

La "demonologia" studia le credenze popolari sui "demoni", ovvero quelle creature ritenute dalla teologia malvagie e prive di sentimento: <<[…] i demoni rappresentano in molte culture entità del pantheon infernale, suddivise in gerarchie "militari" definite "legioni". Ogni demone è dotato di caratteristiche peculiari, quali diverse funzioni e capacità. Soprattutto all'interno di credenze nelle quali si ammette l'azione di questi nel mondo umano e l'interazione con l'essere umano, essi possiedono un proprio aspetto e un sigillo (una sorta di firma autenticante) utile soprattutto all'operatore dell'occulto che si serve dei loro poteri per scopi personali (es. magia nera). Come l'angelogia si occupa delle gerarchie angeliche, la demonologia si occupa di quelle diaboliche, come pure del carattere e della specializzazione di ogni entità, che spesso sono rese evidenti dal nome stesso: per esempio: Abaddon, "perdizione", Asmodeo, "spirito del giudizio", Baalzebub, "signore delle mosche", Satan, "avversario", Samael, "signore del veleno", Behemoth, grande bestia". [...]>>[177].

<<[…] Particolarmente sviluppata nella tradizione cristiana, la demonologia riguarda le creature, definite angeli, che avrebbero peccato contro la divinità cristiana. (…) Questi angeli caduti in disgrazia sarebbero guidati da Lucifero. Ecco il passo del commentario, riferito a 1 Pietro 5: 8, che tratta di queste creature: "(...) *L'avversario è la traduzione del nome ebraico Satan che la versione dei LXX ha reso col greco diàbolos che vuol dire il calunniatore. Quell'angelo ribelle è l'avversario di Dio e degli uomini. I fedeli non hanno da combattere soltanto cogli uomini o colle loro proprie passioni, ma devono lottare anche contro un nemico invisibile e potente, il quale suscita contro la Chiesa le passioni popolari e le persecuzioni. Che fomenta nella Chiesa errori e divisioni, nel cuore stesso dei fedeli lo scoramento e le tentazioni. Quel terribile nemico è paragonato al leone affamato e feroce che rugge per impazienza di preda e va attorno bramoso di divorare, cioè di perdere, chi si lascia*

---

[177] Tratto da: https://it.wikipedia.org/wiki/Demonologia

sorprendere da qualche lato debole per mancanza di vigilanza o per troppa fiducia nelle proprie forze. Pietro ne sapeva qualcosa". [...]>>[178].

Da un punto di vista investigativo, però, ricostruire il passato di questa disciplina è impresa assai ardua, in quanto è il prodotto finale di una serie di sincretismi tra le diverse culture; difatti: <<[...] La demonologia vera e propria era pressoché assente nel mondo ebraico-cristiano dei primi tempi. Essa veniva perlopiù menzionata in opere letterarie come i grimori e nell'Ars Goetia, che costituisce non solo lo studio, ma anche i metodi d'invocazione dei demoni e l'utilizzo della magia. Due dei grimori più celebri riguardanti i demoni sono sicuramente la Chiave di Salomone e la Piccola Chiave di Salomone, che si dice siano stati scritti dal Re Salomone in per-sona. Ancor oggi però l'autenticità di questi scritti con la figura del re d'Israele è ancora in dubbio. Tuttavia, i rabbini scoraggiavano i fedeli dall'uso di queste pratiche occulte e pericolose e li incitavano a non cadere in tentazione ed a comportarsi bene, in modo tale da rimanere nella grazia di Dio. Lo stesso Salomone nel Testamento di Salomone, ormai in punto di morte, ricorda con dolore la propria idolatria, che attribuisce ad influenze demoniache, dilungandosi in una trattazione demonologica. (...) Nel medioevo alcuni elementi pre-cristiani si diffusero nella cultura popolare. In particolare conobbe grossa diffusione il mito delle streghe (termine derivanti da Stryx o Strix, creature dell'ambito pagano greco-romano, dipinte come demoni notturni dalle sembianze di barbagianni use ad abbeverarsi di sangue di neonati e di puerpere). [...]>>[179].

L'origine culturale, dunque, di questa "scienza" affonda le radici in culti ben più antichi e strutturati del mondo giudaico-cristiano, di per sé una cattiva riproduzioni di culti mesopotamici, persiani, greci ed egiziani: <<[...] Nella cultura greca classica (demone) era sinonimo di divini , dèi (Omero); viene ad indicare anche uno spirito inferiore agli dèi (Plutarco) e non sempre immortale (Esiodo): fauni, centa uri, sàtiri, sirene, arpie, ecc. Dèmone era anche ogni "forza" che

---

[178] Ibidem
[179] Ibidem

spinge l'uomo ad agire; se agisce in accordo con essa (sỳn daímoni) il suo destino è favorevole, ma se agisce contro (pròs daímoni) il destino è sfavorevole. (...) I dèmoni erano collocati nella sfera celeste e i buoni erano i più elevati, i cattvi i più bassi. Nella cultura giudaica i dèmoni celesti sono gli gli angeli (malakebraico, angelo in greco, che significa messaggero), creature spirituali (o spiriti) intermedie tra uomini e Dio, con la differenza che se per i greci i dèmoni agivano in modo autonomo, per i giudei gli angeli sono sempre e in tutto sottomessi a Dio. Dio agisce nella storia umana per mezzo degli angeli, suoi figli, suoi servitori. (...) La credenza nei demòni attestata nella cultura giudaica è fatta risalire all'incontro con la cultura mesopotamica, dove era diffusa la credenza negli spettri, anime di persone decedute per morte violenta e dunque improvvisa che rimarrebbero vaganti ed inquiete sulla terra. Quel che distinse la demonologia palestinese da quella dei circostanti paesi pagani fu l'esclusione di ogni rapporto tra essi e le anime dei defunti dovuto in parte alla severa proibizione della negromanzia cioè l'arte di predire il futuro attraverso la comunicazione con gli spiriti dei morti (Lv 19, 31; 20, 6, 27; Dt 18, 11). (...) Quando Gesù risorto appare ai suoi dice loro: Guardatemi e toccatemi: un fantasma [pneuma] non ha carne e ossa come vedete che io ho (Lc 24,39). Nella narrazione che ne fa Ignazio nella lettera agli Smirnesi, l'espressione diviene: prendete, toccatemi e vedete che non sono un demònio senza corpo (Smir 3, 2). (...) Nel passaggio dall'ebraico al greco (come nella bibbia LXX) i traduttori sostituirono pressoché sistematicamente i nomi delle creature appartenenti al mondo mitologico (se'irim) con il termine daimonion (demònio). Nel libro del Levitico si trova scritto che contrariamente ai pagani gli israeliti " non offriranno sacrifici ai se'irim (Lv 17, 7). Poicè il significato è quello di pelosi verranno identificati con i dèmoni greci come fauni, sàtiri e gnomi, etc. divinità dal corpo umano ma con orecchie, piedi e coda da capra, abitanti nei boschi. Nella trad. greca dell'AT i se'irim divengono gli idoli, e nella latina demòni [daemonibus]. I se'irim si ritrovano ancora citati nel libro del profeta Isaia che descrive una Babilonia completamente devastata dove "vi danzeranno i se'irim" (Is 13, 21). In questo caso ise'irim sono tradotti nella Bibbia ebraica in greco, la LXX, con demòni e con pelosi nella latina. In Is 34,14 " i se'irim si chiameranno l'un l'altro", viene tradotto in greco cononocentauri (mostri mitologici con la testa e il busto umano e il corpo dell'asino) epelosi nella latina. Nonostante la severa proibizione della religione ufficiale tendente a imporre l'idea di Yahvé quale unico Dio (Dt 6, 4), questi esseri, considerati divinità, nella tradizione popolare palestinese erano oggetto di culto. Nel Secondo Libro delle Cronache si legge che Geroboamo, primo re d'Israele dopo lo scisma (ca. 931-910) "aveva stabilito i suoi sacerdoti per le alture, per i se'irim e per ivitelli che aveva eretti" (2 Cr 11, 15). In questo caso i se'irim diventano idoli nella tr. greca e demòni nella tr. latina]. In Is 65, 3 (LXX) Dio rimprovera quanti "offrivano incenso tous daimoniois"; ugualmente nel libro di Baruch: "avete sacrificato a demoni (δαιμονίοις) e non a Dio" (Bar 4, 7). Nel processo di eliminazione di ogni divinità concorrente a Yahvé, la trad. greca della bibbia ebraica ha degradato a demònio anche Gad il dio della fortuna degli Aramei ("preparate una tavola per Gad" (Is 65, 11). Nella tr. latina Gad prende il nome di Fortunae. Altri personaggi appartenenti alla mitologia orientale sono gli shedim, dèmoni buoni, spiriti protettori delle aree sacre, raffigurati come tori dalla testa umana (come icherubini, che nella bibbia non sono angeli ma potenze del carro-trono di Dio). L' accadico shedu diventa shedim nella bibbia. Nella bibbia ebraica è attestato il loro culto: (Dt 32, 17) "hanno sacrificato ai shedim" . Passando al greco diventeranno δαιμονοις, demòni. Sal 106, 37 "immolarono i loro figli e le loro figlie agli shedim" tradotti in greco condemòni (gr. + lat.) e dèi falsi o idoli in italiano. La Bibbia ebraica attesta la credenza negli spiriti che noi chiamiamo dèmoni e demòni da parte del popolo di Dio ma non ha parole di rivelazione per essi , non tratta nè la loro origine nè la loro essenza :ne attesta il culto presso Israele, ma lo rigetta. I rari spiriti-dèmoni che appaiono nella Bibbia ebraica (LXX compresa) sono per lo più residui della mitologia babilonese o divinità pagane che vengono esorcizzate e degradate a spiriti maligni. (…) Le credenze presenti nella cultura giudaica continueranno ed anzi verranno ampliate nella cultura cristiana e rimarrano tali e diffuse almeno fino al Concilio Vat. II (1964): (…) mentre nella cultura greca dèmoni e demòni sono esseri che in genere agiscono in modo autonomo, nel bene e nel male, nella cultura giudaica sono sempre maligni e sottomessi a Dio o comunque sotto il suo controllo. (…) In conclusione: "dèmone" è da intendersi genericamente come uno spirito; "demònio" è da intendersi, genericamente come un dèmone cattivo, malvagio, uno spirito dannoso per gli uomini. […]>>[180].

A tutto ciò va aggiunto l'enorme influsso dato dai miti pagani nella tradizione demonologica cristiana: <<[…] Il Tartaro, l'Averno, il Flegetonte e gli altri fiumi infernali, la palude Stigia, Caronte, Cerbero, ricorrono frequentissimi. L'Inferno descritto nel Roman de la Rose ha tra' suoi abitanti Issione, Tantalo, Sisifo, le Danaidi, Tizio; e Alano de Insulis pone a dominare nelle tartaree sedi le Furie. Nelle Chansons de geste, i giganti sono spesso considerati come diavoli venuti fuori dall'Inferno, o come figli di diavoli, e Tundalo vede due enormi giganti tenere aperta la voraginosa bocca del mostro Acheronte, la quale capere poterat novena milia homi-num armatorum; appaiono spesso come demoni Nerone, Maometto, Pilato; e come demònio appare Maometto nel poema di Giacomino da Verona, De Babilonia civitate infernali. (…) I nomi delle antiche divinità, trasformate dal cristianesimo in demòni, o almeno di alcune di esse, continuarono a vivere nella memoria dei popoli bene o male convertiti, e intorno a quei nomi nacquerosuperstizioni, leggende e fantasie. Sant'Antonio incontrava nel deserto un centauro, e San Gerolamo non sa risolvere se fosse apparizione diabolica, o mostro naturale. Incontrava anche un satiro che parlava e lodava Dio, ma per eccezione certamente, giacché quella del satiro fu una delle forme che più spesso si diedero al diavolo. Ai tempi di Gervasio da Tilbury (XII e XIII sec.) si parlava ancora di fauni, di satiri, di silvani, di Pani, e molti affermavano averli veduti; i fauni s'invocavano ancora nella diocesi di Lione ai tempi di Stefano di Borbone (m. verso il 1262). Mercurio diventa un diavolo nella leggenda di Giuliano l'Apostata; Venere un diavolo in parecchie leggende, di cui la più famosa è quella del cavaliere Tannhäuser; un diavolo, com'è del resto assai naturale, diventa Vulcano. (…) Sige-

---

[180] Tratto da: http://corsodireligione.it/religioni/esoterismo/demonologia_1.htm

berto Gemblacense ricorda che certe bocche vulcaniche in Sicilia, le quali si credevano essere spiracoli dell'Inferno, si chiamavano da quegli abitanti col nome di Ollae Vulcani. C'erano diavoli aquatici che si chiamavano Nettuni, pericolosi a chi si trovava in prossimità di acque profonde, e infesti, pare, alle donne; c'erano le sirene che, come in antico, traevano a perdizione col canto gl'incauti navigatori. (…) Il pontefice Giovanni XII fu, nel sinodo romano del 963, accusato d'aver bevuto alla salute del diavolo, diaboli in amorem, e di avere, giocando a dadi, invocato l'aiuto di Giove, di Venere, ceterorumque demonum. Se, dunque, le antiche divinità s'erano tramutate in demoni, era non pure lecito, ma necessario, porle con gli altri demoni nell' Inferno. Gli autori delle Chansons de geste ricordano spesso quali diavoli Giove ed Apollo, talvoltai Nettuni rammentati sopra e Cerbero. Cerbero appare inoltre come cane infernale in un documento di poesia medievale tedesca, e in molti di poesia latina. Nella Visione di Tundalo, Vulcano e i suoi ministri arroventano nel fuoco le anime, le martellano sulle incudini; nella Kaiserchronik si racconta che l'anima di Teodorico fu portata dai demonii nel monte, a Vulcano, in den berc ze Vulkân. Dante Alighieri si contentò di porre nell'Inferno cristiano divinità pagane infernali, ma lasciò in pace Giove, Apollo e gli altri: anzi il nome di sommo Giove lo diede a Cristo. (…) Dante ricorda parecchi giganti tolti al mito pagano (Efialte, Briareo, Anteo, Tizio, Tifeo) e uno tolto al mito biblico (Nembrot). In ogni caso la simbolica diabolica è uno dei punti cruciali per la cultura occidentale e dopo secoli di esegesi, teologia, letteratura, fantasie esoteriche e quantaltro oggi viene ripensata da un punto di vista strettamente filosofico. […]>> [181].

Nel Medioevo, poi, viene rafforzata la tendenza cristiana di demonizzare i rappresentanti degli altri culti, per rafforzare il credo del Dio unico: un'operazione di terrorismo culturale finalizzato a costringere il popolo a credere in un'invenzione teologica senza precedenti. Provando ad analizzare la demonologia sotto la lente storica ed esoterica, il lettore attento scoprirà dunque che le nozioni oggi cristallizzate dalla teologia cristiana (nella corrente cattolica)

---

[181] Ibidem

derivano in realtà da tutta una serie di insegnamenti orali, poi riportati in alcuni scritti dal Medioevo in poi, per poi finire in maniera organica nel *Dictionnaire Infernal* (1818-1830 d.C.) di **Collin De Plancy**; difatti: <<[…] La demonologia e lo studio dei demoni ha radici antiche, le quali arrivano probabilmente all'antico Israele; tuttavia con la pubblicazione del Dictionnaire Infernal si ha un'apertura nei confronti del "grande pubblico", suscitando l'interesse verso la materia ed i testi ai quali il libro si ispira (interesse tuttavia sfociato troppo spesso in pratiche occulte ed esoterismo). L'importanza storica di questo testo risiede principalmente nell'aver portato alla ribalta un tema doveroso d'approfondimento ed aver raccolto diverse tradizioni (cristiane e non) tramandate sino ad allora. Molto interessanti sono le rappresentazioni di questi spiriti maligni: esse son basate su vari racconti dell'epoca e da alcuni resoconti demonologici dei secoli precedenti. V'è inoltre da precisare che Collin de Plancy terminò la sua carriera con una collaborazione con l'Abate Migne per completare il "Dizionario delle scienza occulte od Enciclopedia Teologica", descritto da alcuni come un'opera che rispecchia l'autentica dottrina della Chiesa Cattolica. […]>>[182]. Ma non è tutto: il testo suindicato prende spunto da altri scritti di epoca più antica, come l'*Ars Goetia* (XVII secolo d.C.) e lo *Pseudomonarchia Daemonum* (1577 d.C.), inse-rendo però connotati innovativi. Non a caso: <<[…] Nella linea tracciata dai Testi Biblici, sia dell'Antico che del Nuovo Testamento, si muove tutta la demonologia nella Dottrina della Chiesa. In epoca patristica, si sente soprattutto la necessità di contrastare il mani-cheismo, la religione eretica fondata dal persiano Mani (III secolo d.C.) implicante un acceso razionalismo, un marcato materialismo e un radicale dualismo nella concezione del bene e del male. I mani-chei non attribuivano il peccato al libero arbitrio dell'uomo, ma al principio eterno del male che è il tutto e per tutto pari al principio del bene, affermavano dunque la presenza accanto a Dio di un principio cattivo, un altro Dio identificato col male. La Chiesa afferma, al contrario, che il male non è un essere, ma piuttosto una mancanza di

---

[182] Tratto da: http://www.veniteadme.org/demoni-e-gerarchie/

bene e ribadisce che i demòni sono angeli decaduti e in origine creati buoni da Dio. Alla eresia manichea aveva aderito S. Agostino prima della conversione al cattolicesimo, grazie soprattutto all'opera di predicazione di S. Ambrogio, Vescovo di Milano. In tempi recenti, il Magistero, contro la pretesa di alcuni teologi che negavano l'azione del demonio nella vita dell'uomo e riducevano la demonologia a mitologia, si è pronunciato in alcune occasioni: a) Il Concilio Vaticano II (1962-1965) fa riferimento in diversi contesti al demonio, in maniera però piuttosto occasionale. La rarità degli interventi conciliari sull'argomento, in tutta la storia della Chiesa, trova comunque la sua spiegazione nel fatto che l'esistenza e l'azione del diavolo, prima delle polemiche teologiche degli anni 1970, non furono mai messe in dubbio nel contesto ecclesiale. La trattazione della demonologia nella Storia della Chiesa risulta quindi assegnata al Magistero ordinario (Catechismi ufficiali e predicazione dei vescovi); b) Paolo VI nella catechesi dell'Udienza generale del 15 novembre 1972 dà una preziosa sintesi della dottrina cattolica sul demonio e sulla sua influenza nel mondo: " Oggi, uno dei bisogni maggiori è la difesa da quel male che chiamiamo demonio. Un essere vivo, spirituale, pervertito e pervertitore. Terribile realtà, misteriosa e paurosa. Esce dal quadro dell'insegnamento biblico ed ecclesiastico chi rifiuta di riconoscerla esistente "; c) Il documento Fede cristiana e demonologia della Congregazione per la Dottrina della Fede (1975), ricolloca la demonologia nella dimensione biblica e patristica, ribadendo la realtà del diavolo nel quadro della storia della salvezza; (…); e) Infine, il Catechismo della Chiesa Cattolica (1992) più volte si preoccupa di definire il demonio e la sua azione, in particolare, commentando il Padre Nostro, al n. 2851 così afferma: " In questa richiesta, il Male non è un'astrazione; indica invece una persona: Satana, il Maligno, l'angelo che si oppone a Dio. Il 'diavolo' ['diabolos', colui che 'si getta di traverso'] è colui che 'vuole ostacolare' il Disegno di Dio e la sua 'opera di salvezza' compiuta in Cristo ". [...]>>[183].

Provando a fare il punto della situazione, il lettore attento non potrà

---

[183] Tratto da: http://www.verginedegliultimitempi.com/demonologia_esorcismi.htm

fare altro che accettare lo stato di fatto: la "demonologia cristiana" rappresenta il contenitore delle informazioni costruite *ad hoc* dalla teologia e ampliato con informazioni di carattere popolare, attingendo a piene dai culti precedenti, *in primis* il mondo greco e mesopotamico. Dello stesso avviso è il Cicap, il Comitato Italiano per il Controllo delle Affermazioni sulle Pseudoscienze, che ha affermato quanto segue: <<[...] Le parole demonologia e demonologo sono due tra le più abusate nel mondo delle pseudoscienze e talvolta persino all'interno dei sistemi di credenze evangeliche incentrate sulle interpretazioni moderne dell'esorcismo. Una rapida ricerca sul web svela l'esistenza di numerosi "demonologi" e del loro lavoro. Alcuni compaiono in foto sensazionaliste che li ritraggono armati di strani aggeggi, come se intraprendessero il ruolo di pseudo-cacciatore di streghe contro "il Diavolo" o i "demoni", anche se raramente definiscono esplicitamente cosa intendono con tali termini. Talvolta, tali personaggi compaiono in serie televisive come Ghost Hunters durante le quali espongono le loro pratiche "demonologiche", sebbene non abbiano alcuna formazione o istruzione formale in merito, o perlomeno non ne fanno cenno. (...) Il termine demone è oggi quasi completamente privo del suo significato greco originario, che in sé non è semplice, dal momento che talvolta suggerisce una sorta di presenza interiore che deve essere controllata dalla ragione, dal destino o persino da un potere divino (Zijderveld 2008). Per complicare ulteriormente le cose, la parola δαίμων (daimon) è attestata nella letteratura greca sia come sostantivo che come verbo (Gall 1999) e fu in seguito accostata ad altre cose considerate "malvagie" dal Cristianesimo, mentre tale religione si sforzava di guadagnare terreno nei confronti del paganesimo. Il Cristianesimo relegò così diverse creature e antiche divinità alla posizione di "demoni", mentre accettava contraddittoriamente altre pratiche come parte del credo, come quella di visitare e venerare gli spazi dei defunti (Viola e Barna 2012). Ciò, come lo spostamento della celebrazione della Pasqua e alcune delle sue componenti per farle coincidere con ciò che precedentemente era una festività pagana (Leonhard 2006) fu l'evoluzione naturale di eliminare l'attaccamento alle vecchie religioni e pratiche, talmente antiche e familiari ai nostri progenitori che il loro sradicamento fu quasi impossibile, in alcuni casi (Spalding 1880). In ogni nuova religione che raggiungeva il predominio, la sostituzione "dell'antico" era qualcosa di praticato nell'arco di secoli e tale processo non è una prerogativa del Cristianesimo. Per l'Occidente, un "demone" divenne un qualcosa di malvagio, collegato al "Diavolo", che corrisponde in larga parte a un conglomerato di numerosi vecchi dei ed esseri mitici e condusse alla nascita della demonologia. "Demonologia" è attestato per la prima volta nella lingua inglese attorno alla metà del Cinquecento, sebbene sia possibile che abbia avuto origine in congiunzione con gli sviluppi di ciò che è oggi noto come "caccia alle streghe". Questa ebbe origine da una varietà di fattori, tra cui le agitazioni politiche che condussero alla fine del feudalesimo, conflitti religiosi nei confronti di numerose eresie e il collasso sociale per mezzo di malattie, urbanizzazione e il crollo della famiglia a seguito della Peste Nera (Kieckhefer 1976). Parte di quest'energia frustrata degli Europei venne incanalata verso l'entità simbolica della "strega". Ciò condusse all'enorme illusione dell'esistenza della stregoneria e la conseguente paranoia che causò torture e morte a migliaia di persone, soprattutto donne (Ben-Yehuda 1980), a partire dagli ultimi anni del Quattrocento con la pubblicazione del tristemente noto Malleus Maleficarun (Martello delle Streghe), pubblicato quasi 100 anni dopo la proclamazione di Papa Giovanni XXII contro le streghe del 1326 (Ben-Yehuda 1980). L'accusa di stregoneria veniva spesso dimostrata tramite "prove" di patti con il Diavolo e malefici, o qualunque evento che causasse un danno a un individuo o alle sue proprietà, ma non aveva alcuna spiegazione immediata. Persino una banalità come la congiuntivite, ad esempio, era interpretata come il segno che una strega fosse all'opera all'interno della comunità, così come lo era una mucca che non produceva più latte o una grandinata improvvisa. Non è una coincidenza che molti di tali "misteri" del mondo fossero precedentemente spiegati tramite i demoni o i morti che non riuscivano a trovare pace. (…) La maggior parte degli scritti pervenutici all'incirca tra il 1580 e il tardo Seicento, tra cui numerosi trattati, aneddoti, relazioni di processi ed esperienze personali dei cosiddetti "demonologi" sposarono l'idea delle streghe e dei patti col Diavolo. Nel 1597, ad esempio, Re Giacomo VI di Scozia pubblicò il suo Daemonologie, in cui fa riferimento a "The fearefull aboundinge at this time in this countrie, of these detestable slaves of the Devill, the Witches or enchanters". Tali collegamenti della strega al Diavolo (e dunque della demonologia alla strega) erano dilaganti mentre la caccia alle streghe raggiungeva proporzioni epiche e veniva usata dall'Inquisizione come strumento per combattere diverse eresie e aumentare il controllo della Chiesa (Russel 1984). Il prestigio che i demonologi ottennero tramite questa tattica assicurò la popolarità dei loro scritti e la diffusione della credenza nella stregoneria stessa, un concetto completamente artificioso. (…) Il Cristianesimo, in effetti, aveva in origine un sistema demonologico piuttosto sviluppato. Tale sistema degradò lentamente in una vaga concezione di "demone" o "del Diavolo", senza alcuna separazione tra i diversi tipi, anche se i credenti possono talvolta usare il termine in maniera figurativa, senza ascrivergli un'interpretazione letterale (Livingston et al. 2006). (…) Comunque sia, era forte presso i primi cristiani l'idea dell'esistenza dei servi del Diavolo che avevano la capacità di corrompere l'esistenza umana attraverso vari mezzi. Il punto è che, a prescindere da cosa fossero, nel cristianesimo tutti i demoni rispondono al Diavolo; a una fonte del "male" superiore (Summers 1925). Ciò non è una prerogativa di tale religione; ogni cultura del mondo, dalla più progredita alla più primitiva, ha una qualche concezione di "demone", che solitamente opera all'interno della cornice di una forza del male più generale. Noi occidentali definiamo questa "forza del male" come il Diavolo o Satana, nei termini del cristianesimo tradizionale. I demoni, in generale, rien-trano nella visione mitologica basilare di un popolo particolare e della sua rappresentazione del mondo e andrebbero definiti come ogni tipo di essere malefico che mira a danneggiare o irritare, che siano gli esseri umani, le loro messi, bestiame o persino le loro proprietà domestiche. Non significa e non significava che una tale creatura fosse alleata del Diavolo cristiano, come oggi pensano molti occidentali. Gli slavi, ad esempio, avevano un sistema demonologico molto complesso che ancora oggi è presente, in certe forme, con creature come la rusalka che viveva nei pressi dei fiumi ed erano pericolose per gli uomini durante la primavera, fino a spiriti della casa noti comedomovoi, l'estensione di pratiche più antiche di venerazione degli antenati (Vlasova 1994). Dunque, il "demone" non è un'invenzione cristiana; è un'invenzione del genere umano e un fenomeno universale, solitamente risultato dell'incomprensione dei fenomeni corporei, soprattutto delle malattie. La maggior parte degli occidentali di origine e formazione giudeo-cristiana hanno una nozione di "demone" collegata ai concetti di inferno o Satana, nonostante un demone andrebbe semplicemente concepito come ogni tipo di spirito maligno che gioca un ruolo nella struttura mitologica di una cultura. Si è osservato un cambiamento da idee specifiche a un senso generale di "demone" o semplicemente "del Diavolo" nella maggior parte dell'Occidente cristiano. Molti cristiani, soprattutto i fondamentalisti, credono che demoni che un tempo erano usati per spiegare emozioni come la rabbia o l'instillare desideri di vendetta provengano dal Diavolo stesso (Herriot 2008) e che non possiedano alcun potere individuale. I demoni, per gli occidentali moderni, sono piuttosto simili alla nostra concezione di "angelo", che è passato da un sistema più dettagliato, diviso in ranghi di esseri celestiali, a un concetto semplice e universale (seppur vago) di un essere benigno connesso a Dio che aiuta la razza umana (Muehlberger 2013). (…) La parola demonologia ha una doppia natura, con due significati distinti. Primo, la demonologia può essere definita come un vero e proprio sistema di credenze, una fede di un popolo specifico, al di fuori del regno della scienza e una questione di religione. (…) Nella seconda definizione del termine, la demologia è, come capo, lo studio dei demoni come mito. È un sottoinsieme specifico di un campo di interessi più vasti, come un lago morfologo all'interno della biologia; in questo caso il campo è la mitologia. (…) La demonologia non è mai un sistema per "curare" coloro i quali credono all'esistenza di tali creature, che in sé è una grave mancanza di rispetto per la conoscenza e un abuso delle emozioni umane. La demonologia è un campo di studi reale, spesso abusato da chi non ne conosce il vero significato. Essere un demonologo implica un approccio minuzioso e accurato, mai uno attaccato alla fede. La demonologia è lo studio del mito dei demoni, nulla più. Chi usa la parola demonologia in senso religioso pratica un campo di studio completamente differente, che è al di fuori degli scopi della mitologia dei demoni. [...]>>¹⁸⁴.

---

[184] Tratto dall'articolo di Stanley Stepanic in: https://www.cicap.org/n/articolo.php?id=275937

7.4 La possessione demoniaca

Secondo la "tradizione cattolica", Satana è un essere vivo, spirituale, pervertito e pervertitore, terribile realtà, misteriosa e paurosa, in quanto odia l'uomo per via della sua vicinanza al cuore del padre Dio (almeno secondo la cultura cattolica occidentale che ha demonizzato erroneamente la divinità inferiore Lucifero).

La causa di questo è perché l'uomo è stato creato ad immagine e somiglianza di Dio e a motivo della redenzione con lo stato di grazia ne diviene tempio ed abitacolo, e anche perché a differenza di lui è stato redento; inoltre perché l'uomo, inferiore nella natura al demonio, è divenuto erede di quell'eterna e somma beatitudine da lui liberamente e miseramente perduta.

Per tali ragioni, egli si adopera per spingere gli uomini al *deicidio*, cioè a quei peccati che sono fonte di tentazioni contrarie alle leggi di Dio, cioè: questa continua opera malefica prende il nome di "azione del male".

L'azione del male o l'attività di Satana, che induce in peccato attraverso la tentazione, secondo questa corrente di pensiero tipicamente tradizionalista, può essere di due tipi:

a) l'*attività ordinaria*;

b) l'*attività straordinaria*.

L'*attività ordinaria* sarebbe l'azione che il demonio eserciterebbe su tutti gli uomini; è la tentazione con la quale spinge gli uomini ad allontanarsi dalla via del bene per spingerli verso le opere perverse del male, attraverso azioni non appariscenti.

L'*attività straordinaria* consiste nell'impedimento e nel contrasto che il demonio esercita nel piano di salvezza messo in opera da Dio, attraverso azioni appariscenti ed eccezionali. Nell'attività straordinaria, le manifestazioni possono assumere diverse connotazioni e forme; anche se non esiste un linguaggio e una classificazione universalmente accettata, l'esorcista **Padre Gabriele Amorth** (recentemente scomparso dopo una lunga malattia) propone un'interessante suddivisione delle possibili attività straordinarie del maligno in:

a) l'*infestazioni diabolica*, su persone, luoghi, oggetti mobili ed immobili e animali (c.d. occupazione demoniaca);

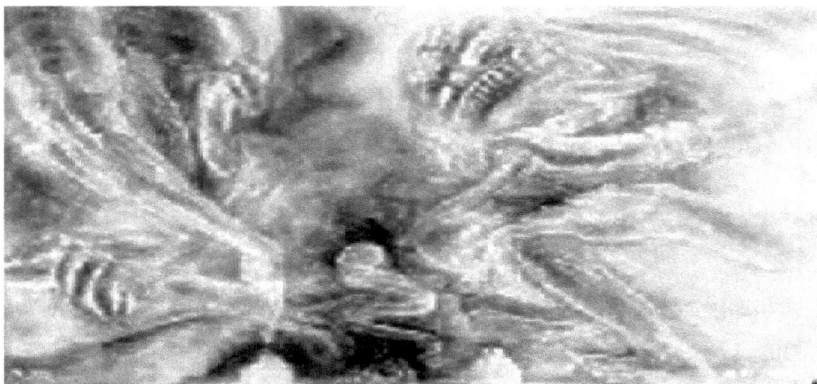

Fig. 24: Ricostruzione di una infestazione.
Tratto da: *http://www.1arkamilmago.com/infestazione-demoniaca.htm*

b) i *disturbi intimidatori*, di natura esterna e transitoria, quali sofferenze fisiche che procurano dolori, battiture, flagellazioni e spinte violente (c.d. percosse demoniache);

Fig. 25: Ricostruzione di un disturbo spiritico.
Tratto da: *http://www.lodeate.it/la-storia-di-maria-di-napoli-dalle-tenebre-alla-luce/*

c) le *vessazioni diaboliche*, che possono colpire direttamente la persona nella salute, affetti, lavoro, affari e nelle relazioni (c.d. molestie demoniache);

Fig. 26: Ricostruzione filmografica di una vessazione.
Tratto da: *http://www.kainowska.com/sito/?p=8944*

d) l'*ossessione diabolica*, con pensieri ossessivi spesso assurdi, tali che la vittima non sia in grado di liberarsene, vivendo in uno stato continuo di prostrazione, con persistenti tentazioni di suicidio (c.d. plagio demoniaco);

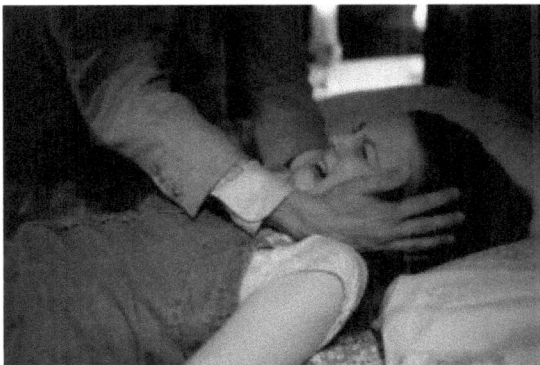

Fig. 27: Ricostruzione di un'ossessione demoniaca.
Tratto da: *http://ignorando.altervista.org/esorcismo/*

e) la *possessione demoniaca*, in assoluta la forma più grave, penetrante ed invalidante. Comporta la presenza permanente del demonio in un corpo umano, anche se l'azione malefica non è continua e si presenta con manifestazioni temporanee;

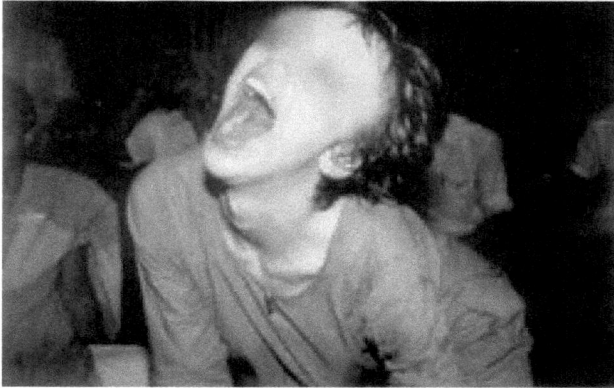

Fig. 28: Ricostruzione di una possessione demoniaca.
Tratto da: *http://pdmdesk.blogspot.it/2013/10/la-possessione-demoniaca.html*

f) la *soggezione diabolica*, quale conseguenza di un patto volontario, esplicito o implicito, con il quale ci si sottomette alla signoria del demonio attraverso riti, messe nere e sacrifici spirituali (c.d. schiavitù demoniaca).

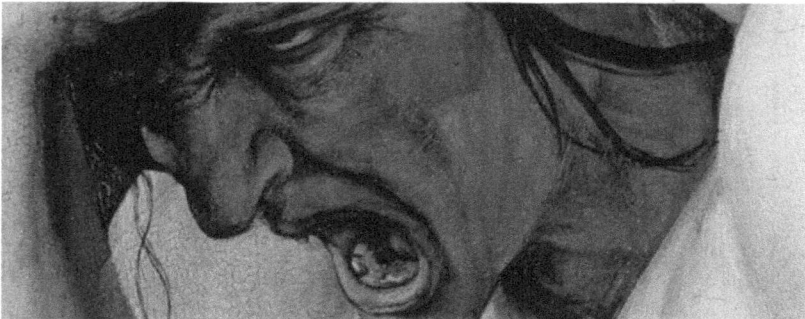

Fig. 29: Ricostruzione di una soggezione demoniaca.
Tratto da:*http://diosalva.net/category/gesu-libera*

E' dunque chiaro il concetto secondo cui la "*possessione demoniaca*" definisca lo stadio più alto di controllo fisico e mentale da parte di una creatura ritenuta "demoniaca". E' una situazione in cui è considerata una persona abitata da un essere soprannaturale, sia esso uno spirito, un demone o una divinità. La persona in questione viene, quindi, definita *indemoniata* o più generalmente *posseduta*, salvo la prova della sofferenza mentale a causa di una patologia psichiatrica.

Nella cultura cattolica e protestante, seppur con riti diversi per struttura e complessità, la possessione è frutto dell'azione straordinaria del maligno se il soggetto dimostra una forza fisica molto superiore alla sua normale capacità, parla lingue a lei sconosciute o che è impossibilitata a conoscere (c.d. *xenoglossia*), prova un'avversione al sacro e prevede eventi non ancora accaduti, o conosce cose che non dovrebbe conoscere.

Nella cultura ortodossa, la morte, il peccato e le malattie sono in stretta connessione. Ogni manifestazione negativa (difficoltà, possessione, malattia ecc.) è dunque considerata come un'azione diretta del demonio, pertanto è necessario elevare la propria preghiera per la guarigione-liberazione di ogni persona che ne faccia richiesta con fede e umiltà, senza ricercarne le cause.

Nella cultura islamica, la possessione può essere ad opera di spiriti maligni (c.d. *Jinn*) o demoni (di cui il padre è Satana, *Shaitan*). Nove versetti del Corano si riferiscono esplicitamente alla possessione spiritica e ai musulmani viene detto di "*cercare rifugio in Allah dal diavolo maledetto*". Nel credo islamico, i Jinn sono creature dotate di intelligenza plasmate dal fuoco, molto simili agli uomini in quanto possiedono il libero arbitrio di scegliere tra il bene e il male. Un Jinn può possedere un uomo per pura malignità, oppure può farlo per altre ragioni, non necessariamente malvagie ma per utilizzare un veicolo fisico in un piano dimensionale altrimenti a lui non accessibile. La possessione può, diversamente, essere effettuata per vendetta, poiché si dice che gli Jinn siano facili all'ira, specialmente quando credono di essere stati colpiti apposta (dato che gli Jinn sono invisibili all'uomo, una persona può accidentalmente causar loro del male senza saperlo).

Nella cultura ebraica, una persona può essere posseduta da uno spirito maligno chiamato *dybbuk*, che si ritiene essere l'anima vagante di una persona morta e fuggita dalla *Geenna* (un termine ebraico tradotto liberamente come "Inferno"). Secondo questo credo, un'anima che non sia riuscita a compiere la sua missione durante la vita ha una seconda opportunità di compierla trasformandosi in un dybbuk.

Nelle altre religione, ancora, il carattere possessorio non cambia se non in alcuni dettagli.

L'Induismo crede che la Dea Kali o le sue varie incarnazioni possano entrare nei corpi di esseri viventi, perciò la possessione è considerata una condizione di maggiore santità. I posseduti sono venerati e a loro sono richieste benedizioni. Se, tuttavia, lo spirito rifiuta di andarsene dopo qualche tempo l'esorcista del villaggio viene interpellato allo scopo di far uscire lo spirito.

Nello Shintoismo, molti youkai sono capaci di possessione demoniaca, ad es. le kirsune. La Wicca, infine, ammette la possessione ma non prevede esorcismo, poiché ritiene che nessuno spirito, persona, cosa siano per propria natura "cattive".

Verrebbe, a questo punto, naturale chiedersi: *"Perché allora avvengono le possessioni"*? Le cause principali che possono determinare in maniera preponderante l'esercizio influente di Satana su una persona, secondo la cultura cattolica, possono essere di 4 tipi:

a) per *"pura permissione di Dio"*, per un preciso disegno divino che esclude comunque che Dio non vuole il male ma permette all'uomo di decidere il suo destino, senza intaccare la sui grazia, vittima della possessione (difatti, il demone nulla può possedere senza il consenso -anche inconscio- della vittima);

b) per *"maleficio"*, determinato da altrui volontà;

c) per *"indurimento e persistenza perversa, violenta e peccaminosa nel peccato"*;

d) per *"frequenza in luoghi o di persone malefiche e soggette all'influsso maligno"*.

Non è possibile effettuare una descrizione esatta della fenomenologia della possessione, in quanto ogni caso è una manifestazione particolare e singolare con comportamenti vari ed imprevedibili. Esiste, tuttavia, una linea comune nelle manifestazioni, la quale ci permette di tracciare un elenco di fenomeni ricorrenti nelle possessioni.

Stando al **Rituale esorcistico del 1614**, quattro sono i segni indicativi di possessione, che per molto tempo furono decisivi:

a) parlare e comprendere una lingua che il soggetto non ha mai conosciuto;

b) possedere una forza straordinaria;

c) conoscere cose ignote al soggetto;

d) possedere un accentuato atteggiamento d'avversione al sacro.

Queste regole del Rituale, però, appaiono alquanto insufficienti, anche perché non tutti i segni hanno uguale valore.

Rientrano ancora tra i sintomi fisici di una possessione, nonostante l'eterogeneità dei sintomi specifici di molte altre condizioni mediche patologiche: **a)** gli attacchi notturni, **b)** incubi spaventosi, **c)** difficoltà a addormentarsi, **d)** difficoltà a risvegliarsi, **e)** mal digestione, **f)** anoressia o bulimia, **g)** riflessi negativi sul normale funzionamento intestinale, **h)** dolori e disturbi fortissimi ed inspiegabili, **i)** resistenti alle terapie farmacologiche, **l)** nervosismi insopprimibili (quali ansie, aggressività e repulsioni), specie verso le persone che si amano e da cui si è più amati, rompendo così unioni amorose, matrimoni e fidanzamenti consolidati, suscita litigi per motivi futili in famiglie in cui effettivamente esistono legami benevoli, distrugge le amicizie e suscita incomprensioni e vuoti affettivi spesso incolmabili, **m)** impossibilità a trovare lavoro, improvvisi crack economici e colossali fallimenti, **n)** depressione e idee di suicidio, facendo venire meno la speranza di un futuro migliore.

Ma cos'è esattamente un "esorcismo"?

E' un ministero (per i cattolici): <<[…] E Gesù disse: «*Ecco, io vi ho dato il potere di camminare sopra i serpenti e gli scorpioni e sopra ogni potenza del nemico; nulla potrà danneggiarvi*» (**Luca 10, 19**). Tutti i fedeli, nella Chiesa primitiva, o delle origini, potevano scacciare i demoni, combatterli attraverso il potere donato loro da Gesù Cristo. Nei Vangeli sono riportati numerosi episodi in cui Gesù e gli Apostoli scacciano i demoni. Fu sempre Gesù a dire: «*E questi* *saranno i segni che accompagneranno quelli che credono: nel mio nome scacceranno i demoni, parleranno lingue nuove, prenderanno in mano i serpenti e, se berranno qualche veleno, non recherà loro danno, imporranno le mani ai malati e questi guariranno».* Durante il primo Cristianesimo ogni credente, provvisto di giusta fede, poteva compiere esorcismi in base a quel che si definisce «carisma personale». San Giustino martire (100-165 d. C.) e Tertulliano (155-230 d.C.) lo testimoniano, il primo dichiarando che i cristiani sono in grado di guarire gli indemoniati, comandando loro nel nome di Cristo e così «riducendo all'impotenza i demoni che possedevano gli uomini», il secondo asserendo che all'ordine di un cristiano qualunque, i demoni, sottomessi ai servitori di Dio e di Cristo, «escono dal corpo umano» in stato di confusione. Nella tarda antichità, con il fiorire del monachesimo, la lotta contro il demonio diventa il fine principale dei monaci. Sant'Antonio Abate (250-356), S. Benedetto da Norcia (480-587) e S. Martino di Tours (316-397) praticarono esorcismi. S. Benedetto è considerato da alcuni il patrono degli esorcisti. S. Ilario di Poitiers conferì a S. Martino prima l'esorcistato e poi, solo dopo, questi fu ordinato sacerdote. Pur non essendo ancora, si suppone, un vero e proprio ordine minore, l'esorcistato inteso come "ufficio" riconosciuto valido per scacciare i demoni già esisteva nella Chiesa primitiva; il caso di S. Martino mostra come, gradualmente, si passò dal ritenere ogni credente in grado di operare tale atto, all'ipotesi di dover conferire una specie di "investitura" affinché si potesse compierlo. Da un lato, dunque, un uomo di provata fede dotato d'indiscussa autorità, dall'altro un uomo meritevole della fiducia del primo viene investito da quello della facoltà di officiare l'esorcismo. Si potrebbe, per certi versi, immaginare l'esorcista come un cavaliere di Cristo cui è affidato il compito di combattere i demoni. Nel 416 d.C. Papa Innocenzo I scrisse una lettera a Decenzio, vescovo di Gubbio, che pose le basi per la successiva regolamentazione dell'esorcistato. Il Papa dettò la precisa regola secondo cui l'esorcismo andava considerato lecito solo se autorizzato dal vescovo. S'impose perciò una limitazione a garanzia della serietà dell'ufficio, una vigilanza in capo ai vescovi che avrebbe dovuto impedire ai visionari di turno di creare imbarazzo alla Chiesa e danno ai malcapitati indemoniati (o scambiati per tali). In aggiunta a ciò, è da questo momento che si chiarisce che solo i sacerdoti possono effettuare esorcismi, non già più ogni credente devoto. Tra il VII ed il XV secolo si ebbe un profluvio di formule esorcistiche, tra cui i noti formulari di Alcuino (735-804). Inoltre, dal 1252 all'esorcismo si affiancarono metodi più brutali, come la tortura verso gli eretici (sotto Innocenzo IV) e, successivamente, nei confronti delle streghe (Bolla *Super illius specula* del 1326, di Giovanni XXII). Gli inquisitori domenicani Heinrich Institor Kramer e Jacob Sprenger pubblicarono il *Malleus Maleficarum* nel 1486, opera nata dalla necessità di estirpare la stregoneria in Germania. Il Malleus fu un vero e proprio trattato demonologico, un manuale, per così dire, indirizzato agli operatori del settore. Il concilio di Trento (1545-1563) definì l'esorcistato un «ordine minore». Nel 1972 Paolo VI, nella Lettera Apostolica Ministeria Quaedam in forma di Motu Proprio, abolì l'ordine minore dell'esorcistato senza neppure denominarlo «ministero», cosa che invece fece con altri ordini minori, quali il lettorato e l'accolitato. È comunque prassi, tra gli studiosi e i pratici della materia, riferirsi all'esorcistato come a un ministero. L'ordine minore dell'esorcistato «consisteva in una benedizione che la Chiesa impartiva attraverso un rito liturgico nel quale si chiedeva espressamente a Dio la sua grazia» per scacciare il maligno, pertanto la sua soppressione dovuta alla Ministeria Quaedam di Paolo VI fu intesa da alcuni come «la perdita di un'arma nella lotta contro il demonio. Ma non era così. Lo stesso ordine minore restò comple-tamente sconosciuto nei primi tempi della Chiesa. Questo ordine non era un sacramento, ma un sacramentale stabilito dalla Chiesa. [.....] Nonostante il fatto che l'ordine sia stato soppresso, il potere dell'esorcismo non è stato ridotto, per nulla. La potestà di comando, la fede e l'orazione del sacerdote saranno la fonte del suo potere sui demoni». Dall'Illuminismo ad oggi, sempre più si è affievolita la credenza in Satana e nei demoni quali entità reali, creature dotate di personalità, attribuendogli al più valenze simboliche, trattandoli come suggestioni del subconscio, invenzioni di una mente scissa e malata. Il materialismo storico, l'imperante scientismo, l'ateismo tronfio e vanitoso hanno estremizzato il razionalismo, spostando l'uso della Ragione dal piano trascendente a quello bassamente meccanicista. Testimone di questa caduta di fede è da moltissimi anni **Don Gabriele Amorth**, che così si esprime: «In pratica, per molti ecclesiastici di oggi, sono tutte parole gettate al vento: quelle della Bibbia, quelle della tradizione, quelle del magistero. (.....) Perché la crisi non è solo dottrinale, ma soprattutto pastorale, ossia coinvolge i vescovi, che non nominano esorcisti, e i sacerdoti che non ci credono più», e dopo aver constatato che anche tra i più insigni teologi c'è chi declina ogni fenomeno di possessione o intervento diabolico come sintomo di una malattia nervosa e psicologica, aggiunge a proposito degli stessi sacerdoti: «Non credono ai mali demoniaci. Talvolta ne fanno un unico calderone con i raggiri e gli imbrogli di chi specula sulla credulità popolare per far quattrini con poca fatica». (...) Nonostante le parole del Cristo stesso, riportate nei Vangeli, e nonostante le disposizioni ecclesiastiche che mai, nei secoli, hanno smentito la realtà del demonio, oggi molti uomini di Chiesa ne negano l'esistenza; un paradosso, se si pensa che Cristo, per i credenti, scese in terra e si fece uomo non solo per liberare l'umanità dai peccati ma proprio per sconfiggere il demonio e porre rimedio alle sue trame malvagie. [...]>>[185].

Si diceva prima che l'esorcismo fosse un «sacramentale» e non un «sacramento». Ma cos'è un sacramentale? «I sacramentali sono segni sacri con cui, per una qualche imitazione dei sacramenti, vengono significati e ottenuti per l'impetrazione della Chiesa effetti soprattutto spirituali». I sacramentali si distinguono dai sacramenti per diversi aspetti, tra i quali: i sacramentali sono stati istituiti dalla Chiesa pur se derivanti dall'esempio di Cristo (come per l'esorcismo), sostengono la vita spirituale dei fedeli e il loro numero è in teoria indefinito, la Sede Apostolica potendone costituire di nuovi o abolire quelli vecchi; i Sacramenti sono riconducibili direttamente alla volontà di Cristo, infondono la grazia santificante ai fedeli e sono in numero di sette (battesimo, confessione, comunione, cresima, matrimonio, estrema unzione, ordine sacro – insieme degli uffici ecclesiastici di presbitero, diacono e vescovo). I sacramentali sono un mezzo per ottenere la grazia, ma con essi la stessa non viene comunicata direttamente: piuttosto, in base alle disposizioni del soggetto, aumentano le possibilità di riceverla.

Continua l'autore: <<[...] Si è compreso, fin qui, che l'esorcismo è una tecnica, una procedura riconosciuta valida dalla Chiesa per scac-

---

[185] Tratto da: *https://mauroscacchi.wordpress.com/2012/10/13/il-rito-dellesorcismo-sacramentale-da-battaglia/*

ciare i demoni. I sacerdoti autorizzati a praticare l'esorcismo devono soddisfare alcuni requisiti, che andremo ad elencare. Dopodiché, daremo una definizione più puntuale di esorcismo, anche dal punto di vista etimologico, e tratteremo delle tipologie di attacco del demonio; nei paragrafi successivi approfondiremo il Rituale, i segni indicatori della presenza del demonio, le preghiere di liberazione e, infine, accenneremo alle pratiche esorcistiche o ad esse assimilabili presso altre tradizioni. Il *Codex Iuris Canonici* (1983), al canone 1172, dopo aver ribadito che l'esorcismo legittimo è solo quello ottenuto dall'Ordinario del luogo mediante espressa licenza, specifica che il sacerdote deve essere «ornato di pietà, scienza, prudenza e integrità di vita». Il can. 1172 riprende essenzialmente il can. 1151 del *Codex Iuris Canonici* (1917). L'esorcismo è dunque lo scongiuro del demonio. La parola greca *exorkizein* significa "compiere uno scongiuro". «*Se durante un esorcismo non ci fosse un atto di scongiuro, allora non si tratterebbe di esorcismo*» In pratica si ordina al demonio di abbandonare i suoi propositi maligni (ad es. comandandogli di uscire dal corpo di un posseduto) in nome di Cristo. Il Catechismo della Chiesa Cattolica, al can. 1673 specifica che «*Quando la Chiesa domanda pubblicamente e con autorità, in nome di Gesù Cristo, che una persona o un oggetto sia protetto contro l'influenza del maligno e sottratto al suo dominio, si parla di esorcismo*», e prosegue: «*In una forma semplice, l'esorcismo è praticato durante la celebrazione del Battesimo. L'esorcismo solenne, chiamato "grande esorcismo", può essere praticato solo da un presbitero... L'esorcismo mira a scacciare i demoni o a liberare dall'influenza demoniaca... Molto diverso è il caso di malattie, soprattutto psichiche, la cui cura rientra nel campo della scienza medica*». Come nota Don Gabriele Amorth, il can. 1673 «*colma due lacune presenti nel Rituale e nel Diritto Canonico. Infatti non parla solo di liberare persone, ma anche gli oggetti (termine generico, che può comprendere case, animali, cose, conforme alla tradizione). Inoltre applica l'esorcismo non solo alla possessione, ma anche alle influenze demoniache*». Il *Rituale Sacramentorum Romanum* (1584-1602; dunque successivo al Concilio di Trento, del 1563) fu scritto dal cardinale Antonio Santori su incarico di Gregorio XIII. Stampato e mai promulgato, causa il decesso del

Papa nel 1585, precede di poco il *Rituale Romanum* edito nel 1614 sotto Papa Paolo V. A differenza di quest'ultimo era molto più esteso: si basava sul *Liber Sacerdotalis* (scritto dal domenicano Alberto Castellani) del 1523, cui aggiungeva indicazioni di testi biblici e diversi criteri per riconoscere la possessione. Il *Liber Sacerdotalis* trattava dei malefici e dei segni indicativi della presenza del demonio. Nel *Rituale Romanum* del 1614 erano pubblicati tutti i rituali della Chiesa Cattolica. L'esorcismo era trattato nel capitolo *De exorcizandis obsessis à daemonio*, un rituale non prescritto ma solo raccomandato. L'ultima edizione del *Rituale Romanum* risale al 1952, promulgata sotto Papa Pio XII (il *venerabile* Papa Pacelli, il "Pastore Angelico"), ed al Rituale dell'esorcismo è dedicato il *Titulus XII* diviso in tre parti: 1) norme da osservare con chi viene esorcizzato dal demonio; 2) rito per esorcizzare i posseduti dal demonio; 3) esorcismo contro Satana e gli angeli apostati (ribelli), scritto personalmente da Leone XIII e reso operante nel rituale nel 1890. La seconda parte, quella del rito *stricto sensu*, è articolata a sua volta in tre momenti, di cui il primo è introduttivo ed il terzo conclusivo; l'esorcismo propriamente detto ricade nel momento centrale, risultando perciò il perno di tutto il Rituale esorcistico. In questa fase, il sacerdote pone la mano sul capo del soggetto e un'estremità della stola sul suo collo, pronunciando con voce salda e certa nella fede: «*Ecce crucem Domini! Fugite partes adversae! Vicit Leo de tribu Juda, radix David! Alleluja!*». Questa breve preghiera-scongiuro è attribuita a S. Antonio e, per ordine di Papa Sisto V, venne scolpita alla base dell'obelisco di Piazza S. Pietro a Roma, lì trasportato nel 1586 durante il suo pontificato (1585-1590). Nel 1998, Giovanni Paolo II approvò il *De exorcismis et supplicationibus quibusdam*, promulgato alla fine dello stesso anno dalla Congregazione per il Culto Divino e la Disciplina dei Sacramenti (CCDDS). Pubblicato ufficialmente in latino il 26 gennaio 1999, il nuovo rito venne poi tradotto in italiano con il titolo *Il nuovo Rito degli esorcismi e preghiere di guarigione per circostanze particolari* e reso obbligatorio dal 31 marzo 2002. Risulta molto interessante, quanto meno per coloro che intendono difendere la Tradizione, la *Notificatio De Ritu Exorcismi*, comunica-zione della CCDDS pubblicata il giorno successivo all'uscita dell'edi-zione latina de *Il nuovo Rito degli esorcismi*. La *Notificatio* concedeva, ai vescovi che l'avessero chiesto, la possibilità di far usare ai sacerdoti esorcisti il vecchio rito, quello del*Titulus XII* del 1952, cioè il *Rituale Romanum*. Il vecchio rito, abbiamo visto, affonda le sue radici nei secoli passati. *Il nuovo Rito degli esorcismi*, va precisato, nonostante sia stato tradotto in italiano può, previa autorizzazione vescovile, essere eseguito in latino. *Il nuovo Rito* consta delle seguenti parti: Introduzione, Proemio, Premesse Generali, Rito dell'esorcismo maggiore, Testi a scelta e Appendici. Nell'Introduzione si trova la *Presentazione* della CEI, che al n. 7 elenca le azioni straordinarie del demonio (possessione, ossessione, vessazione e infestazione), come già in precedenza accennato. Nelle Premesse Generali, al n. 18, si legge: «*In casi che riguardano non cattolici e in altri casi particolarmente difficili si ricorra al Vescovo della diocesi, il quale, per prudenza, potrà richiedere il parere di alcuni esperti prima di decidere se fare l'esorcismo*»; vi sono perciò tre categorie di persone su cui il vescovo può decidere se far compiere o meno l'esorcismo: i fedeli cattolici, i non cattolici e gli "altri casi particolarmente difficili". Non è il caso, qui, di descrivere il Rito in dettaglio, basti sapere che esso ha ricevuto non poche critiche autorevoli. In particolare, Amorth ha fatto notare come nel *Rituale Romano* vi fossero precise indicazioni su come affrontare il maleficio, mentre il nuovo Rito vieta espressamente di fare esorcismi proprio in caso si riscontrassero i malefici, nelle varie forme del voodù, delle fatture, dei malocchi, delle maledizioni e del macumba. Don Manlio Sodi, liturgista dell'Università Pontificia Salesiana, fa notare che la *Notificatio* smentisce di fatto la validità del nuovo Rito, «quasi che questo non abbia la stessa "efficacia" del precedente». Attualmente, in forza della citata *Notificatio*, è ancora possibile l'utilizzo del *Rituale Romanum* (in pratica, lo stesso del 1614). La *Notificatio* è del 1999, il nuovo Rito è obbligatorio dal 2002, eppure la possibilità esiste e viene concessa dalla Congregazione per il Culto Divino e la Disciplina dei Sacramenti con un provvedimento speciale detto "indulto". [...]>>[186].

---

[186] Tratto da: *https://mauroscacchi.wordpress.com/2012/10/13/il-rito-dellesorcismo-sacramentale -da-battaglia/*

Tornando, invece, al tema centrale del paragrafo, è importante a questo punto porre l'accento su un dettaglio non secondario: *abbiamo detto che Satana non è il Satana (nome proprio) e Lucifero non è il Lucifero descritto dal culto religioso cristiano-cattolico; allora, perché esistono le "possessioni demoniache"?*

Le ipotesi dunque percorribili sono sicuramente tre:

a) le "possessioni demoniache" sono realmente esistenti e sono la prova della manifestazione del maligno;

b) le "possessioni demoniache" sono realmente esistenti ma l'entità non è un demone, come erroneamente e falsamente costuito dalla teologia, ma un'entità spirituale;

c) le "possessioni demoniache" sono manifestazioni di un disagio emotivo e psicologico.

Ovviamente, se l'analisi da condurre deve muoversi su binari scientifici, è chiaro che la terza opzione pare essere quella più evidente e plausibile; tuttavia, se proviamo ad allargare il "set" (campo), potremo ridiscutere sul secondo punto, tenuto conto che ormai è lontana l'ipotesi dell'esistenza demoniaca (della lettera "a") secondo l'accezione cristiano-cattolica. Certo, molte culture parlano di entità demoniache, come abbiamo già visto, e la stessa Bibbia non è nuova a tali descrizioni: nell'Antico Testamento, Mosé parla degli *shedim* [187]

---

[187] *Shedim* è il termine ebraico per designare i demoni e viene utilizzato due volte nella Tanahk. Essi sono distinti in tre specie principali: i *Ruchot*, ossia «spiritelli»; i *Masiqim*, ossia «pesti-(feri)»; i *Chabalim*, ossia «distruttori». Solo l'ultimo genere era considerato in grado di nuocere all'uomo (Tratto da: https://it.wikipedia.org/wiki/Shedim).

Con molta probabilità, il termine ebraico deriva dal più antico termine babilonese *"shadu"*, ovvero un messaggero, un individuo che fungeva da intermediario tra gli uomini e i potenti (nel culto babilonese, gli Annunai, in quello ebraico, invece, gli Elohim).

E sempre con molta probabilità, andando a ritroso nel tempo, il termine shadu derivava dal sanscrito *sādhus* (sādhus: «un uomo buono o onesto, un santo, saggio; un *"Jina"* o un santo Jaina deificato» ma anche «un mercante; un presta-soldi, usuraio», per alcuni esso è un sostantivo derivato o flesso; mentre साधु, sādhu,: «perfetto, [...] buono, virtuoso, onorabile, [...] puro, [...] appropriato, [...] piacevole, [...] nobile, di discendenza onorabile e rispettabile»). (Tratto da: https://it.wikipedia.org/wiki/Sadhu).

E sempre per completare il quadro informativo, nella tradizione islamica esiste una categoria di spiriti (o geni) di nome *"Jinn"* (termine che richiama molto il *Jina* sanscrito). Il termine jinn [dʒin:] (in arabo: جِنّ, jinn), al plurale jinna, collettivo jān, aggettivo jinnī (in arabo: جِنِّي), spesso tradotto come genio e, approssimativamente, goblin o folletto, indica,

(demoni) in **Deuteronomio 32: 17**, mentre nel Nuovo Testamento Gesù stesso pare avesse il potere di scacciarli (**Marco 9: 17 e Matteo 17: 18**) [188]. Eppure sappiamo dalla tradizione esoterica che le entità malvagie, denominate poi nei culti occidentali come demoni, altro non sono altro che "puri spirito" [189]. Parrebbe altrettanto logico, dunque, pensare all'esistenza dei "demoni", come spiriti, slegati dai concetti cristiani-cattolici di Satana e Lucifero, impropriamente messi a capo di legioni e guerriglie infernali.

Fino a prova contraria, magari dimostrativa dell'esistenza in Terra degli spiriti, i fondamenti della scienza universale conosciuta ci impone di accettare per corretta soltanto l'ipotesi c): le "possessioni demoniache" sono manifestazioni di un disagio emotivo e psicologico, ovvero disturbi di personali, disturbi dissociativi, disturbi ossessivi, nevrosi isterica e deliri psicotici. In buona sostanza: il soggetto si convince dello stato di possessione e costruisce, anche socialmente, il suo ruolo intorno a quel personaggio, sulla scorta di una serie di trucchetti posti in essere dall'Io. Paradossalmente, l'esorcismo può fungere da psicoterapia, perché se il "posseduto" è convinto del suo stato e ha fiducia nell'esorcista, allora -come effetto placebo- l'intervento liberatorio fungerà da terapia clinica, portando i benefici sperati.

Eppure, il posseduto, presenta spesso dei sintomi assai peculiari e caratteristici:
a) avversione per il sacro e per la figura di Cristo;
b) forza innaturale;
c) conoscenza di lingue morte o antiche, mai studiante o conosciute in precedenza (c.d. *xenoglossia*);

---

nella religione preislamica e in quellamusulmana, un'entità soprannaturale, intermedia fra mondo angelico e umanità, che ha per lo più carattere maligno, anche se in certi casi può esprimersi in maniera del tutto benevola e protettiva.
(Tratto da: https://it.wikipedia.org/wiki/Jinn).

[188] In **Matteo** troviamo "*daimonios*" (demoni), mentre in **Marco** troviamo "*pneuma alalos*" (spirito muto, silente). Fonte: **Mauro Biglino**, *Antico e Nuovo Testamento. Libri senza Dio*, Mondadori, 2016

[189] Tra gli spiriti più molesti e violenti, in grado di possedere gli esseri umani, troviamo i *poltergeist*: categoria spiritica ben nota al mondo "paranormale" proprio per essere i protagonisti di molte infestazioni di luoghi e appartamenti storicamente documentate.

d) dolore fisico e sensazione di perdita del controllo per colpa di esseri spirituali che posseggono il proprio corpo;

e) eloquio volgare e scurrile, spesso con emissione di suoni gutturali o comunque caratteristici per essere profondi;

f) emissione di odori forti, come lo zolfo;

g) aspetto emaciato e dolorante, con segni sul corpo e ferite auto-inflitte;

h) espressione visiva chiaramente mutata con colore degli occhi tendenti al nero, rosso, giallo o bianco, fino a coprire completamente tutto l'occhio;

i) capacità di predire eventi del futuro.

Come spiegarli?

L'esorcista **José Fortea**, nel suo libro"*Summa Daemoniaca*", spiega i tipi di "trance" e di "classi di demoni". In particolare, quando uno spirito possiede una persona, la prima cosa che fa è quella di nascondersi, cercando di non farsi smascherare: la persona che è vittima di una possessione accusa strani dolori e intensamente profondi, ha strani pensieri e percepisce realtà non visibili ad occhio od orecchio umano (quali ombre e fruscii).

Padre José Fortea, nel suo libro, elenca i casi di trance e di classi demoniaca, specificando[190] che:

a) esistono *casi di "trance" manifesta*, dove il soggetto durante la preghiera dell'esorcista comincia a irrigidirsi, assumendo un'espressione di tensione sul volto e sulle mani. Se si continua a pregare potrebbe iniziare a gridare con una voce diversa e maligna. Talvolta però potrebbe cominciare a ridere improvvisamente, in modo maligno. Altre volte potrebbe fremere e rivolgere gli occhi all'indietro facendo vedere solo il "bianco", oppure, potrebbe inveire usando un linguaggio blasfemo. Uscito dalla "trance", però, non si ricorda nulla;

b) esistono *casi di "trance" non manifesta*, dove il soggetto durante la preghiera dell'esorcista non presenta le caratteristiche elencate al punto a). In tal caso, l'esorcista deve continuare a pregare intensamente sul

---

[190]Tratto dall'intervista di Nadia Francalacci.
Fonte: http://www.panorama.it/news/cronaca/demonio-satana-posses-sione-famiglia-prato/.

soggetto. Nel momento in cui il demonio non ce la dovesse fare più a resistere, il posseduto potrebbe spalancare gli occhi e ordinare con una voce "maligna" di smettere di pregare. Lo stato di "trance" in questo caso non si vede non ci sono neppure gli occhi rovesciati. Ma anche qui, non appena il soggetto torna in sé, non ha modo di ricordarsi di nulla;

c) esistono *i demoni "aperti"*, cioè quelli che quando si manifestano fanno sì che la loro vittima inizi a parlare mantenendo gli occhi aperti. Nell'intento di nascondere la sua presenza, potrebbe succedere che il demonio - facendo adottare al posseduto una voce e dei gesti normalissimi - faccia dire all'esorcista che non capisce il senso delle sue preghiere, rida di lui e affermi che il problema da cui è affetto e solo "psicologico": in realtà il posseduto è già in uno stato di trance. L'esorcista - se ha motivo di ritenere reale lo stato di possessione - non deve lasciarsi ingannare: il sospetto deve sorgergli dal fatto che il presunto posseduto si è recato da lui spontaneamente, e che adesso non ha senso che riconduca il tutto a un mero problema di natura psicologica. Terminate le preghiere di indagine, ad ogni modo, se si interrogasse il soggetto sul perché avesse deriso l'esorcista negando l'eventualità di una sua possessione e questi non dovesse ricordarsi di nulla, allora si può stare certi: è possessione. Nonostante questo stratagemma, solitamente il manifestarsi di questa classe di demoni avviene con "segni" molto più eclatanti: parlano molto, sono violenti, hanno uno sguardo di odio e richiedono l'assistenza di alcune persone pronte a tenerli fermi per evitare che possano fare del male e se stessi o agli altri;

d) esistono *i demoni "chiusi"*, cioè quelli particolarmente abili nel nascondersi. Questa classe di demoni, fa sì che il posseduto tenga gli occhi chiusi quando entra in "trance". Può capitare che i clausi per nascondere la loro presenza cerchino di resistere alla preghiera per diversi minuti. Poi, ad un certo punto il demone non ne potrà più delle preghiere e si manifesterà rivoltando sotto le palpebre, gli occhi all'indietro, senza fare ulteriori movimenti "sospetti". L'esorcista che volesse accertare lo stato di possessione, continuando a pregare, dovrebbe sollevargli le palpebre: scoprirebbe che le pupille sono "bianche". In questi casi bisogna stare particolarmente attenti, perché non appena si smette di pregare, il posseduto ritorna in sé senza ricordare nulla di quanto accaduto. Se l'esorcista non si accerta prima del "segno" delle pupille rovesciate, potrebbe pensare di avere a che fare con una persona non posseduta. Anche i demoni clausi, quando vengono smascherati, parlano e gridano, ma solitamente sempre con gli occhi chiusi;

e) esistono *i demoni c.d. "muti"*, cioè quelli particolarmente abili nel nascondersi, non proferisconoparola alcuna e non manifestano alcun senso di fastidio. Individuare questi ultimi è davvero complicato.

Certo, da questa carrellata verrebbe da chiedersi come mai, a tutt'oggi, non abbiamo prove certe e scientifiche della presenza dei demoni.

Tra l'altro, provando ad analizzare, invece, tutta la sintomatologia derivante dalla presunta possessione, emergerebbe in modo chiara la componente "psichiatrica" del soggetto colpito. Non è raro quindi che l'isteria o la schizofrenia possano manifestarsi con queste modalità se il soggetto è particolarmente vulnerabile e sensibile al fascino religioso; in sé, il rituale di liberazione non sarebbe altro che il mezzo per convincere il proprio inconscio che l'unico strumento utile da adoperare è l'esorcismo: per la serie, la possessione viene spezzata se il rituale viene effettuato e la persona si convince che questo è l'unico mezzo necessario.

Non di rado, il posseduto è un soggetto religioso o immerso in un contesto fortemente religioso, dove il senso di colpa è il motore dei rapporti umani: il timore verso Dio o verso le regole così stringenti dogmatizzate dal Cattolicesimo genererebbero nel soggetto più sensibile e vulnerabile il timore di non essere all'altezza della situazione, provocando lo stato possessorio come condizione compensatoria necessaria per autopunirsi.

Il ricercatore ed esperto **Armando De Vincentiis** [191] ricorda che: <<[…] numerose culture religiose utilizzano il termine possessione per indicare la presenza, in un soggetto, di un'entità di natura sovrannaturale. Secondo tale convinzione l'entità, quasi sempre demoniaca, assumerebbe il comando del corpo dell'individuo e si

---

[191] Tratto da: *http://it.cultura.ateismo.narkive.com/GxU4ZNOp/esorcismi-la-spiegazione.*

esprimerebbe attraverso esso. Vi sono diverse distinzioni in ambito sia antropologico che teologico che permettono una classificazione delle diverse forme di possessione. Lo studio antropologico delle varie espressioni di possessione nelle culture primitive, ha permesso di distinguere quelle che vengono definite "possessioni positive", in cui il soggetto ospiterebbe uno spirito di natura benigna e la cui funzione sarebbe quella di moralizzare e consigliare il proprio gruppo di appartenenza, e le "possessioni negative", in cui l'ospite sarebbe rappresentato da uno spirito maligno con la funzione di portare scompiglio alla propria comunità. Un'ulteriore distinzione viene effettuata nell'ambito della teologia cattolica; ossia, la "possessione sonnambulica" dove la personalità dell'individuo è totalmente rimpiazzata da quella sovrannaturale, e la "possessione lucida" in cui il soggetto mantiene integro il proprio comportamento, ma sente di ospitare una presenza negativa. E' opportuno tenere in considerazione che il fenomeno di possessione è solo la conseguenza di una credenza religiosa è non ha alcun fondamento in ambito scientifico; in ogni tradizione religiosa il fenomeno si esprime diversamente seguendo le regole della propria cultura. Un cristiano può ritenere di essere posseduto dal demonio, mentre uno sciamano può affermare di ospitare gli spiriti appartenenti alla sua tradizione (spirito del mare, della foresta ecc.). Nonostante la teologia tenti di definire criteri precisi grazie ai quali si possa diagnosticare una possessione, quali avversione al sacro, linguaggio incomprensibile, cambiamento di personalità ecc., non esistono dati oggettivi e i suddetti criteri sono perfettamente inquadrabili nell'ambito di varie forme di disturbi psicopatologici ben conosciuti. Numerose sono le patologie psichiatriche che, in un contesto religioso, vengono definite come possessioni. La convinzione di essere invasi da un'entità estranea è tipica di molte sindromi psichiatriche, come alcune forme di psicosi schizofreniche, nevrosi isteriche e deliri depressivi. In molte situazioni la convinzione di essere posseduti è solo la conseguenza di una suggestione grazie alla quale un soggetto, che crede nel demonio, si "autoconvince" di essere governato da esso e sicomporta seguendo il ruolo dettato dalla sua tradizione religiosa. Ci sono occasioni in cui alcuni individui utilizzano, più o meno volontariamente, la "scusa" della possessione per ottenere benefici secondari, come quelli di attribuire la colpa al diavolo pergiustificare un'azione negativa, per esempio un delitto [...]>>.

Chi, quindi, predilige l'ipotesi spiritica, appoggia necessariamente l'interpretazione più esoterica e occulta: uno spirito prende possesso del corpo fisico di un individuo annietando completamente le sue difese. Chi appoggia tale visione, accetta implicitamente che un essere umano è composto da non meno 4 parti: corpo materiale (fisico), corpo mentale (mente), corpo spiritico o spirituale (spirito) e corpo animistico (anima). Lo spirito esterno quindi prenderebbe possesso del corpo altrui, soggiogando lo spirito. La "possesione" è dunque una situazione in cui è considerata una persona abitata da un essere soprannaturale (sia esso uno spirito, un demone o un Dio).

Nel cristianesimo, questo "essere" è solitamente interpretato come demone, e per questo prende il nome di "possessione demoniaca", secondo il testo sacro del Nuovo Testamento, dove vengono riportati degli episodi in cui Gesù Cristo affronta e libera alcuni "indemoniati". Anche alcune chiese protestanti, ancora, riconoscono la possessione e l'esorcismo, sebbene la pratica sia molto meno formale mentre nella chiesa ortodossa, ogni manifestazione negativa (difficoltà, possessione, malattia, ...) è dunque considerata come un'azione diretta del demonio, pertanto è necessario elevare la propria preghiera per la guarigione-liberazione di ogni persona che ne faccia richiesta con fede e umiltà, senza ricercarne le cause.

La possessione di spiriti maligni (Jinn) e l'esorcismo sembrano facciano parte del credo dell'Islamico fin dalle sue origini e 9 versetti del Corano si riferiscono esplicitamente alla possessione spiritica, tra cui **Al-Baqara, Capitolo #2, Verso #275, Ibrahim, Capitolo #14, Versi #11-22, Al-Hijr, Capitolo #15, Versi #42** e **An-Nahl, Capitolo #16, Versi #99-100**.

Nell'Induismo, invece, si crede che la Dea Kali o le sue varie incarnazioni possano entrare nei corpi di esseri viventi, perciò la possessione è considerata una condizione di maggiore santità e quindi i posseduti sono venerati e a loro sono richieste benedizioni; se tuttavia lo spirito rifiuta di andarsene dopo qualche tempo, l'esorcista del villaggio viene interpellato allo scopo di far uscire lo spirito.

Ancora, nello Shintoismo, molti youkai sono capaci di possessione demoniaca, ad esempio le kitsune, mentre la Wicca ammette la possessione ma non prevede esorcismo, poiché ritiene che nessuno spirito, persona, cosa siano per propria natura "cattive".

Nella Cabala e nella tradizione giudaica europea, una persona può essere posseduta da uno spirito maligno chiamato *dybbuk*, che si ritiene essere l'anima vagante di una persona morta e fuggita dalla *Geenna* (un termine ebraico tradotto liberamente come "inferno") e quindi, secondo questo credo, un'anima che non sia riuscita a compiere la sua missione durante la vita ha una seconda opportunità di compierla trasformandosi in un dybbuk.

Dal punto di vista scientifico, però, il fenomeno ha necessariamente connotati diversi e completamente distaccati dal credo religioso e dalla superstizione popolare. Difatti, la posizione italiana del *CICAP* [192], il *Comitato Italiano per il Controllo delle Affermazioni sulle Pseudoscienze*, è netta: <<[…] Il fenomeno della possessione demoniaca non è fenomenologicamente differente dal quadro della possessione divina (estasi): ciò che cambia è il diverso significato attribuito a tale esperienza. Nella prima l'invasore è ritenuto di natura maligna, nella seconda l'invasore è di origine divina; come conseguenza, i vissuti emotivi del posseduto sono di angoscia estrema nell'una e di gioia e beatitudine nell'altra. In questa sede, la nostra attenzione sarà rivolta alla possessione demoniaca (maligna) rimandando il lettore ad altre fonti per quella divina. In ambito cattolico, è possibile effettuare un'ulteriore distinzione su tale fenomeno. La possessione può infatti essere "lucida" (il soggetto è assolutamente consapevole della presenza dentro di sé di un'entità esterna, misteriosa e negativa) oppure "sonnambolica" (l'invasore assume il controllo totale del corpo e delle azioni del soggetto, la cui personalità è totalmente sommersa). Ciò che crea fascino, scalpore e terrore, in ambito cattolico, è quest'ultima forma di possessione. Gli "esorcisti" affettuano una diagnosi di pos-

---

[192] **Giulio Perrotta**, *Manuale di Criminologia Esoterica*, Primiceri Editore, II ed., 2016, pp. 173-175

sessione dopo aver riscontrato alcuni segni, a loro modo di vedere, di nessuna pertinenza psichiatrica e quindi, ritenuti inspiegabili e sovrannaturali: la conoscenza di lingue sconosciute, la conoscenza di fatti lontani o di scritti mai letti, una forza fisica straordinaria ed infine una sconvolgente avversione al sacro (Balducci, 1988). Prima di passare in esame i criteri appena esposti, è opportuno ricordare che comportamenti con caratteristiche simili sono riscontrabili in tutte le forme di patologia psichiatrica (Mastronardi, 1995) ed in altre culture non cattoliche, con l'interessante osservazione che molti comportamenti di possessione assumono significati diversi secondo i diversi modelli culturali di appartenenza. In alcuni popoli, certi atteggiamenti non hanno neppure un significato religioso, ma entrano a far parte dei rituali folcloristici della vita quotidiana (Lewis, 1972). Tornado ai criteri di possessione, osserveremo che anche questi non sono sottraibili all'osservazione psicologica e per ognuno daremo la giusta lettura.

Le lingue sconosciute
È doveroso ricordare che, per quel che sappiamo, non è mai stato registrato un intero discorso fatto con una lingua sconosciuta al soggetto posseduto e conosciuta da altri, come l'inglese, il tedesco, il russo ecc.. Stranamente, si tratta solo di lingue sconosciute agli stessi esorcisti, come l'aramaico o altri dialetti antichi. Uno studio controllato ha invece evidenziato che il linguaggio dei posseduti è in realtà un linguaggio privo di senso, che utilizza i fonemi fondamentali della propria lingua, con un codice molto ristretto simile a quello dei bambini nelle prime fasi di vocalizzazione e misto a parole straniere di conoscenza universale (Pattison, 1973). La coerenza del discorso è, con molta probabilità, solo una costruzione mentale dell'ascoltatore che, preso dalla suggestione e dalla meraviglia, perde momentaneamente il proprio senso critico.

La conoscenza di fatti remoti
Questo criterio è perfettamente spiegabile con un fenomeno ben noto agli psicologi, la "criptomnesia". Sarà capitato a molti di veder riaffiorare alla propria memoria frasi, canzoni o poesie ritenute da tempo dimenticate o mai apprese, e quanta meraviglia da parte degli altri si è creata di fronte ad un fenomeno, così straordinario da

considerarlo paranormale. In realtà, l'evento è soltanto la conseguenza di uno strano comportamento della memoria grazie al quale fatti, avvenimenti, frasi o immagini, un tempo percepite ed immagazzinate nella mente, vengono rimossi ed apparentemente dimenticati per poi riaffiorare a distanza di anni, dando l'idea di un fenomeno fuori natura.

La forza straordinaria

Su questo punto non occorre soffermarsi molto, qualsiasi psichiatra è a conoscenza del fatto che alcuni stati patologici possano, per brevi attimi, dar origine ad una forza superiore. Tuttavia, nell'indemoniato questa forza non va mai al di là delle normali leggi fisiologiche. Non si è mai visto un posseduto piegare sotto gli occhi di tutti una spessa sbarra di acciaio.

L'avversione al sacro

Se si prova a spruzzare dell'acqua benedetta ad un posseduto si osserverà una reazione di angoscia e di sgomento. Ma fin quando un esperimento a doppio cieco, in cui né lo sperimentatore né l'indemoniato siano a conoscenza del fatto che si stia spruzzando acqua benedetta o acqua non benedetta, evidenzierà la realtà di tale fenomeno, esso va considerato semplicemente come una recita inconscia dovuta ad un'identificazione nel ruolo di posseduto dal Diavolo. Non ritengo concluso il discorso sulla possessione demoniaca, ma credo che il lettore non possa più evitare di considerare quanto detto in questa sede e lo invito ad approfondire l'argomento osservandolo anche sotto l'aspetto antropologico, allo scopo di comprendere meglio come la possessione, oltre alla conseguenza di condizioni patologiche, sia anche e soprattutto una costruzione culturale. [...]>>.

Il Dott. **Alberto Castelli** sostiene sulla stessa falsariga che: <<[...] Secondo Balducci (1974) si può parlare di possessione se c'è la presenza contemporanea, nello stesso individuo, della fenomenologia psichica e di quella parapsicologica. Naturalmente, continua l'Autore, sintomo essenziale ai fini della diagnosi è la presenza di una forte avversione per il sacro, altrimenti l'ipotesi di possessione non regge. Tutta la fenomenologia risulterà rivolta e accompagnata da un danno fisico, psichico, morale e materiale per l'individuo e per le persone o le cose a lui legate. Caratteristica ricorrente nell'indemoniato è la particolare avversione verso la Vergine Maria. C. Balducci (1974) ritiene che la xenoglossia abbia portata decisiva ai fini della diagnosi di possessione, ma in una misura che deve essere attentamente valutata e ridimensionata. Non in tutti i casi di reale possessione è presente questo fenomeno, e i pochi casi in cui ciò è avvenuto sollevano dubbi di reale autenticità. Secondo A. Huxley (1952) la Chiesa prescrive quattro prove per porre la diagnosi di possessione: la prova del linguaggio; la prova della forza fisica; la prova della levitazione; la prova della chiaroveggenza. Dunque, se una persona può comprendere lingue sconosciute, se manifesta il miracolo della levitazione, se può correttamente predire il futuro, se compie atti di forza eccezionale, allora si può presumere di essere in presenza di una possessione. Tuttavia, sostiene l'Autore, in altre circostanze è possibile attribuire tali fatti all'opera di Dio. Sfortunatamente, infatti, molti casi di miracoli divini o infernali sono identici. La distinzione tra loro dipende solo dalle implicazioni contestuali e morali dei fatti. Atten-zione particolare deve essere rivolta alla diagnosi differenziale. Come ho detto, infatti, molti comportamenti e atteggiamenti messi in atto dal presunto posseduto possono comodamente rientrare nelle più cono-sciute patologie mentali. C. Balducci (1974) afferma che l'individuo posseduto dal demonio spesso presenta allucinazioni visive (il paziente vede diavoli, l'inferno, ecc.); cenestesiche (il paziente avverte muta-menti e trasformazioni del proprio corpo, accompagnate dalla sensa-zione di essere manipolato dall'interno); uditive (il paziente sente la voce del Diavolo e dialoga con lui). Frequenti sono i deliri: di perse-cuzione; di influenzamento; mistico; di inserzione del pensiero. Quindi, il paziente si sente in contatto con entità soprannaturali da cui è perseguitato e che influenzano le sue azioni e i suoi pensieri. Tipici del posseduto, continua l'Autore, sono gli atti impulsivi, come boccacce, fughe improvvise, movimenti violenti, pianti immotivati, bestemmie, gesti offensivi, vandalismi, distruzioni, attentati sessuali, suicidi, ecc. Altre volte, al contrario, il paziente cade in una condizione catatonica e di indifferenza affettiva. Tutti questi sintomi sono tipici anche della schizofrenia che, ovviamente, va distinta dalla possessione diabolica. Allo stesso modo, i frequenti deliri di colpa del posseduto, potrebbero far pensare alla presenza di una depressione endogena. C.

Balducci (1974) afferma che il paziente, caratterizzato da elevata suggestionabilità, impressionabilità e ipersensibilità, dall'espe-rienza irreale del mondo in cui vive, dalla marcata tendenza alla teatralizzazione e drammatizzazione degli avvenimenti, rende neces-saria una differenziazione con l'isteria e/o con il disturbo istrionico di personalità. Ciò che maggiormente può far cadere in errore nella diagnosi di possessione demoniaca è la differenziazione con il disturbo dissociativo di personalità. In entrambi i casi, appare nel paziente una seconda personalità che sostituisce quella normale e che assume il controllo completo del corpo e della psiche dell'individuo. Nella pos-sessione diabolica, però, non si tratta di una "normale seconda perso-nalità", ma del Diavolo. Altra differenziazione, sottolinea l'Autore, va tracciata con il disturbo ossessivo compulsivo. Infatti, il posseduto, ha frequentemente pensieri ossessivi a contenuto diabolico e malefico. Ultima distinzione deve essere tracciata con l'epilessia. Le convulsioni violente dei presunti indemoniati possono far pensare a crisi epilettiche. Ma la difficoltà di distinzione, precisa C. Balducci (1974), non si trova nel caso del grande attacco convulsivo e nemmeno nel piccolo attacco. Sono invece gli equivalenti epilettici, molto vari e ricchi, a provocare confusione con la possessione diabolica. L'aura epilettica (caratterizzata da allucinazioni di vario tipo), l'abbassamento del livello di coscienza e la conseguente amnesia, tipiche della crisi epilettica, portano facilmente a confondere la possessione diabolica con l'epilessia. Anche G. G. Rovera e A. Gatti (1988), mostrano come tematiche demoniache possano comparire in molte psicopatologie: nei quadri di psiconevrosi isterica si possono realizzare contenuti di possessione demoniaca, specie a tema sessuale; nella psiconevrosi ossessiva vi possono essere compulsioni a tema demoniaco o dubbi ricorrenti sul Diavolo; nella psiconevrosi fobica la paura può essere rivolta alla presenza fantasmatica del Diavolo; nella psiconevrosi neurastenica si può avere l'impressione del "Diavolo accidioso"; nella depressione maggiore si può avere un delirio di dannazione eterna, di colpa e di responsabilità per un male radicale; nelle psicosi schizo-freniche si possono verificare fenomeni deliranti, allucinatori, di trasformazione corporea pervasi da tematiche demoniache; le parafilie, specie negli incastri sadomasochistici, possono riferirsi ai riti di possessione. Gli Autori precisano che questo elenco non esaurisce le possibili espressioni psicopatologiche a tema demoniaco, ma permette di comprendere come, in passato, queste demonopatie potessero essere riferite più alla sfera del demoniaco che a quella della patologia mentale. Fin qui ho parlato delle categorie psicopatologiche da cui la possessione diabolica deve essere distinta, ma non ho ancora discusso dei criteri necessari per attuare un'esatta diagnosi differenziale. Il problema, credo, è che non mi sono chiari tali criteri. C. Balducci (1974) raccomanda, oltre che un esame medico approfondito a livello organico, un'attenta anamnesi, ritenuto il mezzo migliore per individuare eventuali traumi o eventi patologici avvenuti nel corso della vita del paziente. Indubbiamente un'accurata anamnesi è fondamentale. Tuttavia, i criteri diagnostici adottati dagli esorcisti, specialmente a livello di diagnosi differenziale, mi sembrano deboli e poco chiari. Inoltre, scrive V. Nava (1988): "Ogni vera possessione diabolica è accompagnata di fatto da turbamenti psichici i cui sintomi sono praticamente identici a quelli delle malattie mentali" (Nava V., 1988, p. 458 - 459). Mi sembra, allora, che la diagnosi di possessione venga posta in seguito ad una interpretazione su base culturale religioso-mitica dei sintomi, accettata, e subita, da soggetti, portatori di un substrato di sofferenza più o meno marcato, mentalmente predisposti a significare il proprio malessere in questi termini. Comunque, scrive F. Liggio (1981), è evidente che i teologi hanno interesse a conservare ad ogni costo il "modello demoniaco" della sofferenza e della malattia mentale quando, in realtà, i fenomeni psicopatologici considerati in passato possessioni diaboliche, devono essere considerati in maniera diversa a seconda delle diverse influenze socio-culturali delle diverse epoche e di particolari luoghi. [...]>>[193].

Riassumendo, dunque, il "fenomeno" in descrizione è sicuramente derubricato dalla scienza ufficiale, passando da "paranormale" a "psichiatrico", per gli stessi motivi enunciati dal CICAP e dal Dott. Castelli. Questa linea di pensiero, nella sostanza, può essere sicuramente confermata, in assenza di prove eclatanti che possano cambiare gli equilibri probatori. Nonostante l'eccessivo rigorismo, spesso

---

[193] Tesi di Laurea: http://www.tesionline.it/default/tesi.asp?idt=12120

determinato dal bisogno di smentire il fenomeno "paranormale" più che chiarirlo, lo scrivente trova corretta l'impostazione di fondo, ovvero di ritenere la "possessione" un fenomeno prettamentamente psichiatrico. E anche la disamina della casistica più robusta porta a questa conclusione, per l'infelicità di chi avallava tesi religiose o misteriche.

Sempre **Castelli** sostiene che: <<[…] Nel XVIII secolo, afferma M. Declich (1962), precursori di uno studio psichiatrico delle possessioni diaboliche furono P. Hecquet, il quale, per la prima volta, propose una terapia psichiatrica degli indemoniati e B. De Sauvage, che definì la demonomania come un delirio melanconico. Successivamente, continua M. Declich (1962), nel 1858 Esquirol definì le demonomanie come una forma religiosa della melanconia. Poi, Kraft-Ebing, che segna la transizione con la Psichiatria contemporanea, riconobbe i deliri di possessione nei paranoici e pose in primo piano, nella loro genesi, le allucinazioni e le cenestesopatie. Secondo M. Declich (1962), all'interno degli studi psichiatrici contemporanei sulle possessioni diaboliche, si possono individuare tre indirizzi di ricerca. Il primo indirizzo è volto ad inquadrare, nell'ambito delle possessioni demoniache, precisi quadri nosologici. Il secondo indirizzo è teso allo studio delle possessioni diaboliche in rapporto alle forme morbose di cui rappresentano l'espressione più o meno significativa. Il terzo, infine, ha come obiettivo finale lo studio del processo psicogenetico e dinamico della possessione. (…) Il *Dizionario di psichiatria* di L. E. Hinsie e R. J. Campbell (1970) non considera la possessione un'entità psichiatrica, ma, comunque, gli Autori inseriscono nella loro opera il termine *idee di possessione,* cui corrisponde la seguente definizione: "Convinzione delirante di essere posseduto da un altro ente che controlla gesti, parole e pensieri. Può essere chiamato in causa un demone (demonomania, demonopatia) o un animale (zoopatia, zooantropia; questi due termini sono usati anche per indicare le idee di trasformazione in un animale, p. e. la licantropia)". Gli Autori, dunque, ammettono la possibilità, patologica, che un soggetto possa presentare *idee* di possessione. L. E. Hinsie e R. J. Campbell (1970) considerano la possessione un delirio, una convinzione delirante, che può assumere diverse forme, e che pervade tutte le azioni e i pensieri del soggetto. (…) Secondo M. Declich (1962), sono L. Gayral e J. Gayral (1944) a tracciare la più esauriente classificazione dei deliri presenti nella possessione diabolica. Gli Autori riconoscono cinque tipi di deliri. Il primo è il delirio demonolatrico, collegato alla venerazione di demoni. Il secondo è il delirio damnofobico, caratterizzato dal timore di dannazione eterna. Il terzo è il delirio demonopatico, a sua volta distinto in esterno e interno: nella prima variante, il Diavolo agisce dall'esterno attraverso i recettori sensoriali, mentre, nella seconda, il Diavolo agisce dall'interno attraverso un'azione cene-stesopatica e psicologica. Poi, L. Gayral e J. Gayral (1944) indivi-duano un delirio demonoantropico, per cui la personalità normale dell'individuo è sostituita da quella del Diavolo. Infine, gli Autori individuano una forma etica dei deliri della possessione diabolica, caratterizzata da una crisi etica da parte di chi ne è colpito. (…) La possessione diabolica, a causa della sua varia sintomatologia spesso facilmente confondibile con la sintomatologia di diverse forme di patologia mentale, è stata associata ad alcuni disturbi psicologici. In questo senso, affermano G. G. Rovera e A. Gatti (1988), è possibile interpretare la possessione diabolica come vissuto arcaico riconducibile, psicopatologicamente, a manifestazioni isteriche, schizofreniche e melanconiche. (…) Secondo H. Ellenberger (1970), le manifestazioni cliniche della possessione diabolica possono essere triplici. La prima rientra nel quadro di una grave malattia psichica, generalmente schizofrenia, che, sottoposta alle spinte della fede e della tradizione, assume la forma di possessione diabolica. La seconda forma clinica della possessione diabolica è la possessione latente, resa attiva per mezzo di un esorcismo attuato al fine di curare mali fisici o mentali. Infine, c'è la possessione attiva spontanea, ritenuta una forma più o meno grave di nevrosi isterica. Quest'ultima forma di possessione diabolica, nota H. Ellenberger (1970), non è rara in alcune regioni del Mediterraneo occidentale. [...]>>[194].

Vediamo nel dettaglio il caso più documentato nella storia, al fine di confermare la tesi psichiatrica sostenuta fin qui: <u>il caso di **Anneliese**</u>

---

[194] Tesi di Laurea: http://www.tesionline.it/default/tesi.asp?idt=12120

Michel [195]. E' probabilmente il caso di esorcismo e di possessione demoniaca più famoso della storia, tale da ispirare la pellicola dell'Esorcismo di "Emily Rose".

Anneliese nacque a Leiblfing, in Germania, il 21 settembre 1952, da una famiglia modesta e di forte credenza cattolica (e già questo è un forte indicativo della matrice religiosa nella probabile diagnosi psichiatrica). I primi anni della sua vita si svolsero normalmente, fino al 1968, ovvero la data del suo 16esimo anno d'età (ulteriore indicativo, in quanto molte patologie psichiatriche, spesso dormienti, cominciano il loro decorso proprio nell'adolescenza). Da quel momento in poi, alcune parti del suo corpo si irrigidirono improvvisamente, il torace cominciò a presentare rigonfiamenti smisurati, accompagnati da convulsioni ed episodi di epilessia (tipo "grande male") [196]. I genitori, fortemente preoccupati, iniziarono a consultare diversi centri specialistici di Neurologia e Psichiatria, affidando la piccola Anne alle cure dei medici: in particolare, venne ricoverata nella clinica di Wurzburg dove le fu diagnosticata una rara forma di epilessia. Gli furono tra l'altro prescritti dei farmaci che però non prese mai e, nel 1970, a seguito di un peggioramento delle condizioni generali di salute, venne nuovamente ricoverata a Mittelberg, per trattamenti ancora più specifici e approfonditi. Ancora una volta non si riuscì a venire a capo della patologia invalidante della giovane Anne, che nel frattempo trovò la forza di diplomarsi, iscrivendosi subito dopo all'Università di Pedagogia di Wurzburg per inseguire il suo sogno di diventare maestra elementare.

---

[195] **Giulio Perrotta**, *Manuale di Criminologia Esoterica*, Primiceri Editore, II ed., 2016, pp. 278-291
[196] Per chiarezza, occorre puntualizzare il fatto che negli anni '60 dle XX secolo d.C., le cure mediche in ambito psichiatrico e neurologico erano ancora arretrate e determinate conoscenze non facevano parte del patrimonio culturale generale. Pertanto, non era raro assistere a terapie sperimentali, spesso contro la volontà del soggetto ritenuto incapace di intendere e volere, o diagnosi al quanto fantasiose e pittoresche, fondate sulle credenze di una scienza ancora in fase di maturazione. A posteriori, valutando i sintomi, la diagnosi moderna potrebbe ricordare quella delle crisi parziali complesse con secondaria generalizzazione (c.d. epilessia di grande male); tuttavia, è solo una teoria fondata sulla sintomatologia descritta dalla cronoca dell'epoca, e pertanto soffre di opportuna contestualizzazione.

Fig. 30. Foto di famiglia.
Tratto da: http://www.papalepapale.com/develop/il-caso-di-anneleise-michel-2/

Nel biennio seguente, le terapie e i farmaci consigliarti non diedero i benefici sperati e la sua condizione di salute continuò il suo declino psico-fisico: cominciarono gli attacchi di rabbia, aggressività e gli episodi di nevrosi isterica, spesso accompagnati da eventi auto-lesionisti e mutilanti, aggressività immotivata verso i propri familiari e gli animali[197].

---

[197] Ricorre spesso la descrizione di un evento che la vide protagonista: l'uccisione di un uccellino utilizzando la bocca. In sostanza, pare venne ritrovato un uccellino privo della testa. Quanto descritto però non trova riscontro in alcun documento ufficiale, se non in prove testimoniali che dovevano essere verificate. Stesso discorso riguarda l'ingestione di insetti.

Fig. 31. Anneliese durante la presunta possessione.
Tratto da: http://rubysglasseye.blogspot.it/2011/02/anneliese-michel.html

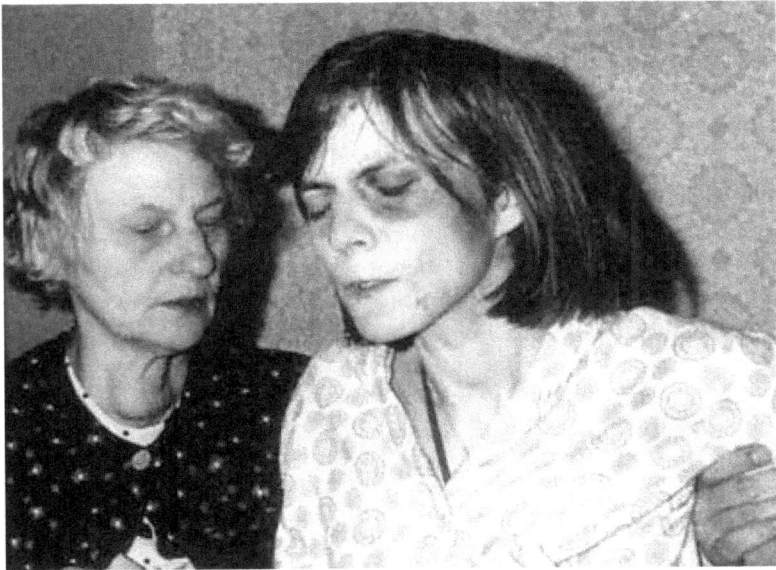

Fig. 32. Anneliese durante la presunta possessione.
Tratto da: http://www.cvltnation.com/horrific-case-anneliese-michels-possession-excorcism/

Tutti questi episodi portarono i medici a propendere per una diagnosi nettamente psichiatrica: una forma di schizofrenica con un marcato disturbo di personalità dissociativo, che la rendeva tra in parte "umana" e in parte "bestia". Tesi avvalorata dalle sue continue affermazioni in ordine al fatto che udiva voci e vedeva volti deturpati e mostruosi nei muri e ovunque si girasse. Di notte, poi, gli episodi erano talmente violenti che spesso era necessario ricorrere a misure coercitive della sua libertà personale. Si cominciò così a vociferare in maniera sempre più insistente di una probabile "possessione demoniaca". Occorre però tener conto la particolare propensione alle credenze religiose della paziente e di tutta la famiglia. Non a caso, la possessione sembrò la diagnosi più coerente con i sintomi e forse, in qualche modo, fu anche la scappatoia psicologica per dare un nome al male che stava piegando il corpo e la mente di Anne.

Fu questa convinzione a determinare probabilmente un peggioramento dei sintomi della ragazza: convintasi anche lei che la possessione era la causa di tutto, il suo Io non ha fatto altro che creare le illusioni alla quale era soggetta e i sintomi, veramente vissuti e sentiti sulla propria pelle, altro non erano che una naturale conseguenza di un attacco psicosomatico. Cominciò così a rimanere per ore ferma a fissare il soffitto con gli occhi aperti, spesso muta o in stato catatonico, alternado una forza mostruosa capace di opporre resistenza a più persone adulte.

I genitori di Anne, disperati e convinti che la soluzione fosse un esorcismo, nel Luglio 1973 incontrarono diversi sacerdoti, tra cui Padre Ernst Alt, per richiedere loro di effettuare un rituale di liberazione; richiesta respinta a favore del trattamento medico. Ma le terapie convenzionali continuarono a non dare esiti positivi e lo stato di salute peggiorò a vista d'occhio.

Ernst Alt, resosi così conto che il caso meritava una maggiore attenzione, chiese al Vescovo di Wurzburg, Josef Stangl, il permesso di procedere con l'esorcismo maggiore: l'autorizzazione arrivò così nel Settembre 1975, facendo preghiera che il rito fosse svolto con l'aiuto di un altro prete. Venne chiamato ad esercitare il ministero Padre Arnold Renz.

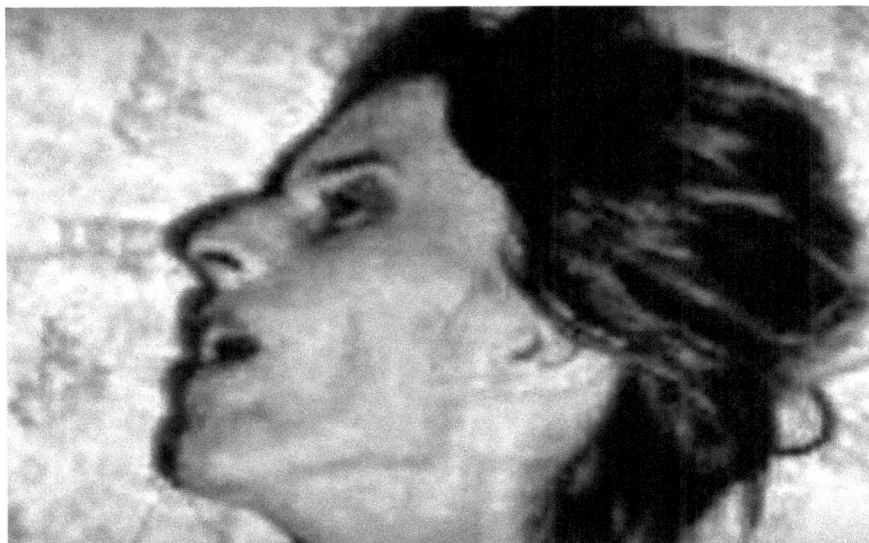

Fig. 33. Anneliese durante la presunta possessione.
Tratto da: http://rubysglasseye.blogspot.it/2011/02/anneliese-michel.html

Il Rito Maggiore venne eseguito per la prima volta il 24 settembre 1975, per 3 volte a settimana, fino al 30 giugno 1976. Nove lunghissimi mesi, per un totale di oltre 100 sedute. Durante lo svolgimento del rito, Anne mostrò una forza sovrumana, un'avversione contro il sacro e parlò lingue a lei presuntamente sconosciute, come il latino, il greco e l'aramaico (si scoprirà solo in seguito che il latino e il greco furono studiate dalla ragazza al Liceo e l'aramaico non era nuovo, essendo una famiglia fortemente credente).

Vennero documentate tutte le attività con diverse registrazioni audio, accompagnate da materiale fotografico che colse diversi dettagli di quei momenti così dolorosi, dimostrando l'effettiva presenza di una serie di cambi di voce innaturali (a prima vista) e una serie di tumefazioni nel corpo (tipo ematomi). Nei pochi momenti di lucidità, Anne non faceva altro che pregare in ginocchio, fino a provocarsi la rottura delle stesse; inoltre, durante tutto questo periodo, da come si evince nelle foto, perse molto peso, anche in virtù del fatto che spesso evitava di nutrirsi, assecondando così le voci "demoniache" dentro la sua testa.

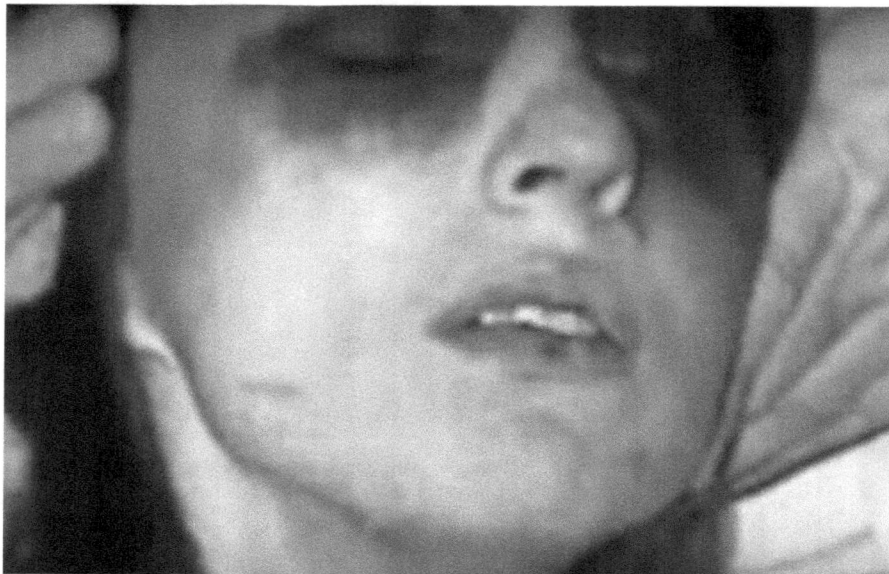

Fig. 34. Anneliese durante la presunta possessione.
Tratto da: http://rubysglasseye.blogspot.it/2011/02/anneliese-michel.html

Mese dopo mese, le diverse voci si assecondavano, dando l'impressione che fossero perfettamente intercambiabili tra di loro: l'orda di demoni che la teneva in pugno era capeggiata da Lucifero in persona, a dire della stessa Anne durante un ciclo di esorcismo [198].

Queste alcune delle affermazioni registrate dai sacerdoti durante lo svolgimento del ministero esorcistico[199]:

a) "Sapete perché combatto così tanto io? Perché io fu precipitato

---

[198] Tramite questo link è possibile prendere ascolto di una delle registrazioni di Anneliese mentre si rivolge ai sacerdoti, parlando lingue bibbliche: *https://www.youtube.com/watch?v=N7OcLwjxm5o*.

[199] Tratto da: http://www.veniteadme.org/lesorcismo-di-anneliese-michel-e-le-rivelazioni-del-demonio/.

proprio a causa degli uomini.";

b) "Io, Lucifero, ero in cielo, nel coro di Michele." L'esorcista: "Ma tu potresti essere tra i Cherubini!" Risposta: "Si, io ero anche questo.";

c) "Giuda me lo sono preso io! Lui è dannato. Quello si poteva salvare, ma non ha voluto seguire il Nazareno.";

d) "I nemici della Chiesa sono nostri amici!";

e) "Da noi non c'è ritorno! L'inferno è per tutta l'eternità! Nessuno torna indietro! Qui non c'è amore, c'è solo odio, combattiamo sempre, ci combattiamo l'un l'altro.";

f) "Gli uomini sono così bestialmente stupidi! Credono che dopo la morte sia finito tutto.";

g) "In questo secolo ci saranno tanti Santi, come non ce ne sono mai stati. Ma anche tanta gente viene da noi.";

h) "Contro di voi ci scagliamo e potremmo ancora di più, se non fossimo legati. Noi possiamo solo fino a dove arrivano le catene.";

i) L'esorcista: "Tu sei il colpevole di tutte le eresie!" Risposta: "Si, e ne ho ancora tante da creare.";

l) "La talare ormai non la indossa più nessuno. Questi modernisti della Chiesa sono opera mia e mi appartengono tutti ormai.";

m) "Quello laggiù (il Papa), quello solo tiene in piedi la Chiesa. Gli altri non lo seguono.";

n) "Tutti adesso tirano fuori le zampe per prendere la Comunione e neanche si inginocchiano più! Ah! Opera mia!";

o) "Di noi quasi nessuno parla più, neppure i sacerdoti.";

p) "L'altare rivolto verso i fedeli è stata idea nostra…sono tutti corsi dietro agli Evangelici come meretrici! I Cattolici hanno la vera dottrina e corrono dietro ai Protestanti!";

q) "Per ordine dell'Alta Dama devo dire che si deve pregare di più lo Spirito Santo. Voi dovete pregare molto, perché i castighi sono vicini.";

r) "L'enciclica Humanae Vitae è importantissima! E nessun prete può sposarsi, egli è sacerdote in eterno.";

s) "Ovunque venga votata una legge a favore dell'aborto, tutto l'inferno è presente!". "L'aborto è omicidio, sempre e comunque. L'anima negli embrioni non arriva alla visione beatifica di Dio, arriva lassù in Cielo (si tratta del Limbo), ma anche i bambini non nati possono essere battezzati.";

t) "Tante Ostie vengono profanate perchè vengono date sulle mani. Non si rendono nemmeno conto!";

u) "Il nuovo catechismo olandese l'ho scritto io! È tutto falsificato!"

v) "Voi avete il potere di scacciarci, ma non lo fate più! Non ci credete neppure!";

z) "Se aveste idea di quanto è potente il Rosario...è fortissimo contro Satana...non voglio dirlo, ma sono costretto."

Qualche giorno prima di spegnersi per sempre, i testimoni oculari affermarono che Anne cominciò a rasserenarsi e in seguito a quello che potrebbe sembrare un vero e proprio delirio mistico, affermò di vedere la Beata Vergine Maria sotto forma di apparizione, con un messaggio per lei: scegliere la morte o la via della penitenza, dunque continuare a soffrire, per espiare le colpe anche di altri peccatori. In particolare, le fu chiesto dalla Madonna in persona: <<[...] *Il mio cuore soffre molto perché tante anime vanno all'inferno. È necessario fare penitenza per i sacerdoti, per i giovani e per il vostro paese. Vuoi fare penitenza per queste anime, in modo che tutte queste persone non vadano all'inferno? [...]*>>[200].

In punto di morte, avvenuta il 1 Luglio 1976, all'età di 23 anni, dichiarerà: <<[...] *Padre, non ho mai pensato che sarebbe stato così spaventoso. Ho voluto soffrire per altre persone di modo che non finiscano all'inferno. Ma non avrei mai pensato che sarebbe stato così spaventoso, così orribile. A volte, si pensa, "soffrire è una cosa facile!", ma diventa davvero difficile che non si riesce a fare neppure un singolo passo...è impossibile immaginare come possano forzare un essere umano. Non hai più alcun controllo su te stesso [...]*>>[201].

---

[200] Tratto da: http://www.veniteadme.org/lesorcismo-di-anneliese-michel-e-le-rivelazioni-del-demonio/.
[201] *Ibidem*

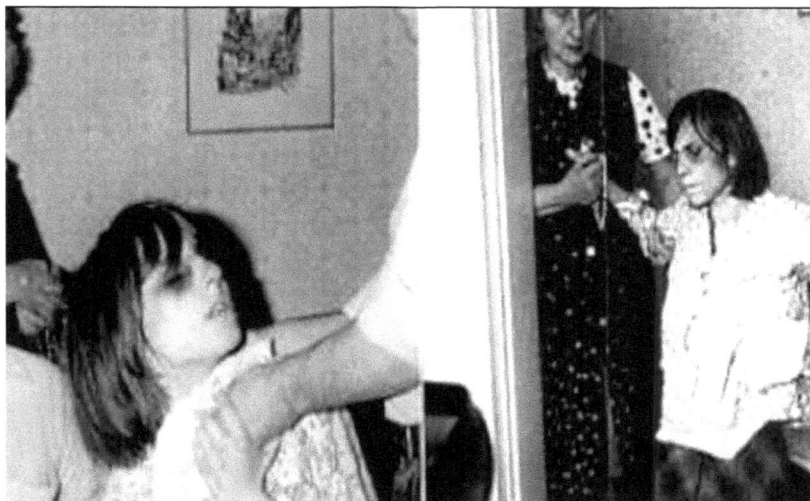

Fig. 35. Anneliese durante la presunta possessione.
Tratto da: http://rubysglasseye.blogspot.it/2011/02/anneliese-michel.html

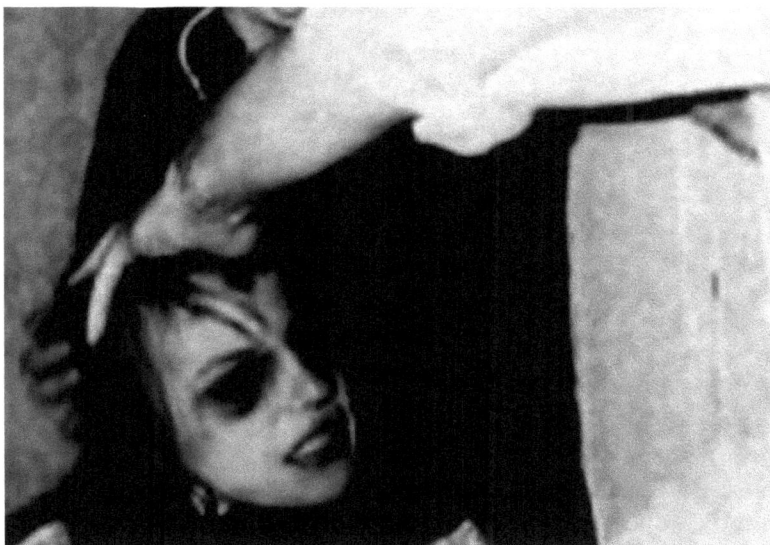

Fig. 36. Anneliese durante la presunta possessione.
Tratto da: http://rubysglasseye.blogspot.it/2011/02/anneliese-michel.html

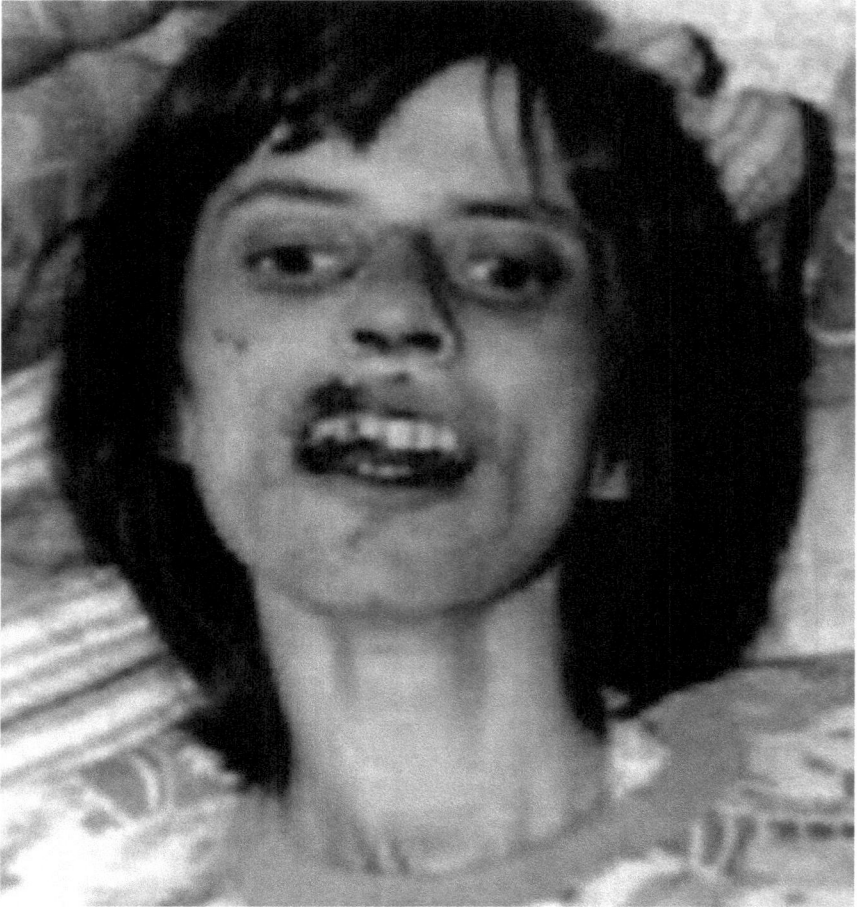

Fig. 37. Anneliese durante la presunta possessione.
Tratto da: https://www.youtube.com/watch?v=8c0cyz6rjAA

"Disturbi mentali" o "possessione demoniaca", ancora oggi, non si conosce la verità; tuttavia, c'è una verità per così dire "giudiziaria": i genitori e i due sacerdoti vennero condannati per omicidio colposo, per non aver prestato i dovuti soccorsi in questi 9 mesi di calvario. E questo è un fatto. Questa condanna arrivò dopo i controlli *post-mortem* effettuati sul corpo della giovane ragazza, defunta ufficialmete per cachessia (ovvero sindrome da deperimento) e malnutrizione. Voci, addirittura parlarono di stigmate, senza mai confermare però l'origine di questi reperti.

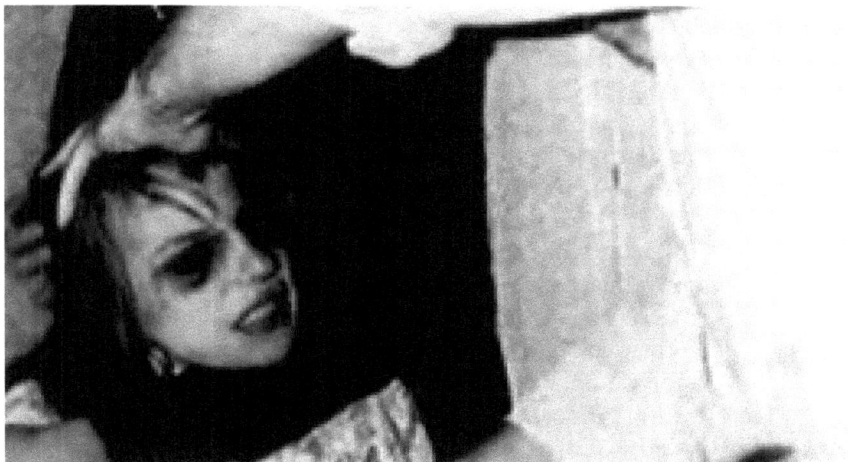

Fig. 38. Anneliese durante la presunta possessione.
Tratto da: http://rubysglasseye.blogspot.it/2011/02/anneliese-michel.html

La verità resterà per sempre seppellita nei ricordi di chi l'ha vissuta, nonostante la giustizia abbia trovato i suoi colpevoli. Tuttavia, possiamo fare delle considerazioni per lo meno generali su tutta la vicenda:

1) la *documentazione ufficiale* è molto meno corposa delle affermazioni che nel corso dei decenni si sono susseguite circa la reale origine del male di Anne;

2) le *prove audio*[202] con le 6 voci dei "demoni" (Hitler, Caino, Nero Fleischmann, Giuda e Lucifero) dimostrano soltanto che non si hanno notizie certe sulla strumentazione utilizzata per registrarle e i reperti

---

[202] Tramite questo link è possibile prendere ascolto di una delle registrazioni di Anneliese mentre si rivolge ai sacerdoti, parlando lingue bibliche: *https://www.youtube.com/watch?v=N7Oc Lwjxm5o.*

tra l'altro sono parecchio disturbati. Tutte le voci viaggiano in una frequenza non superiore ai 16mila Hz (l'orecchio umano percepisce da 16 Hz a 18.600 Hz); tuttavia, non può escludersi che la strumentazione utilizzata non percepisse suoni oltre i 20mila Hz, di fatto impedendo di registrare suoni o rumori di diversa calibratura. Di fatto, improntare una relazione tecnica sulla frequenza e sul volume non ha alcun senso, in quanto non si conosce lo strumento usato per registrare, la distanza utilizzata dal soggetto registrato, i rumori di fondo e l'ambiente nel quale è avvenuta la registrazione, e ancora, la reale elaborazione dei dati sonori, tra l'altro senza tener conto dei continui adattamenti e delle continue compressioni dovuti al trasporto del file audio da una piattaforma telematica all'altra (in quanto, ogni volta che carichiamo un documento in rete, questo viene compresso per facilitare le operazioni di trasporto, incidendo negativamente sulla qualità del prodotto). Con tali premesse emerge chiaramente che: a) non è possibile effettuare un'elaborazione dei dati tecnici del suono della traccia audio, per via delle troppe compressioni e dei pochi dati relativi all'ambiente circostante e allo strumento utilizzato per registrare le voci; b) tutte le modifiche vocali sono perfettamente coerenti con un picco di frequenza udibile dall'essere umano; tra l'altro, l'emissione non supera i limiti umani, anche confrontandole con una voce maschile precedentemente registrata per porre in essere il raffronto; c) le modifiche del timbro nella 5° e 6° voce è verosimilmente il prodotto delle aberrazioni dovute alle distorsioni prodotte dalla registrazione audio, effetto metallico che si percepisce chiaramente nella sesta voce, sicuramente prodotto dall'amplificazione del suono per effetto del rimbalzo dello stesso.

3) le *affermazioni registrate in audio* dei demoni che dichiarano quanto riportato nelle pagine precedenti mostrano in realtà l'artefatto stesso: il contenuto della comunicazione è perfettamente coerente con le convinzioni dottrinali cattoliche di Anne, fortemente immersa in un contesto religioso cattolico. Nulla di nuovo dunque se non affermazioni frutto di una manipolazione, figlia di un indottrinamento.

4) le *prove fotografiche* dimostrano lo stato di salute precario della paziente, probabilmente affetta da una patologia in grado di alterare la coagulazione del sangue. La Dott.ssa **Barbara Balanzoni**, medico militare, è convinta che dietro il suo stato di salute ci possa essere una patologia neoplastica, probabilmete collegata al pancreas, al fegato o al circolo biliare, vista anche il forte odore di zolfo percepito dai presenti quando entravano nella stanza di Anne. Inoltre, la foto che ritrae Anne con gli occhi completamente neri altro non è che un effetto distorsivo:

Provando a ricavarci qualche informazione utile, passiamo in rassegna gli effetti della luminosità e del contrasto, per poi meglio scoprire gli eventuali dettagli e se sotto l'alone nero possa essere più o meno visibile una o più parti di un occhio umano. Esaltiamo prima di tutto i contrasti:

Fig. 39. Analisi sulla fig. n. 36.

Notiamo prima di tutto che molte aree nere spariscono, probabilmente perché erano il prodotto di una compressione del file (immagine). Emerge meglio il dettaglio dell'occhio:

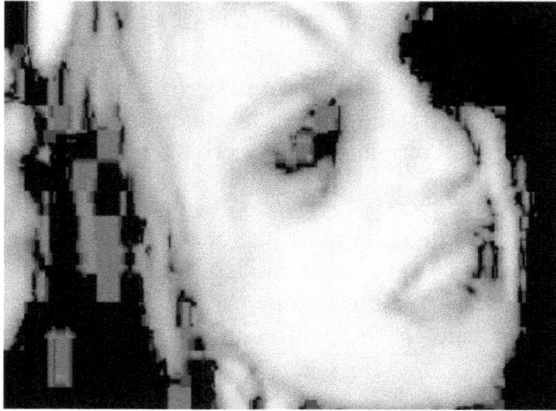

Fig. 40. Analisi sulla fig. n. 36.

Vediamo cosa succede se procediamo ad aumentare la luminosità e poi ad applicare un viraggio HDR (istogramma):

Fig. 41. Analisi sulla fig. n. 38.

L'effetto «nero» bucato, determinato da diversi episodi distorsivi (luminosità della stanza, inquadratura dell'immagine, strumentazione utilizzata, presenza di aree più scure determinate da ecchimosi[203] e compressioni dell'immagine originale) nasconde in realtà un occhio "più che" umano.

5) le *episodi psichici* registrati in tutto il decorso della sua malattia palesano un lento ma progressivo deperimento psico-fisico, probabilmente dovuto all'errata diagnosi o all'errata (volontaria o meno) assunzione delle terapie farmacologiche prescritte. Le convinzioni religiose e le credenze personali hanno rafforzato probabilmente il già difficile rapporto con la propria fede, generando in lei una serie di sensi di colpa che hanno trovato terreno fertile nella sua fragilità emotiva.

La tesi psicologica e clinica è sicuramente la più concreta rispetto a qualunque altra convinzione soggettiva, tenuto conto che:

a) la forza straordinaria riportata nelle testimonianze orali non fu mai in grado di superare il limite massimo umano;

b) le registrazioni audio non impressionarono in maniera stupefacente gli analisti che nel corso dei decenni si sono confrontati sul caso, in quanto rispetto alle normali condizioni, le alterazioni potrebbero es-

---

[203] Tali episodi clinici possono essere determinati da un trauma locale al viso, da un trauma cranico. In particolare: <<[...] I traumi chiusi provocano danno per la compressione, spostamento o scuotimento della massa encefalica, e si associano a fratture ed emorragie, con un danno complessivo variabile da lievi disturbi transitori al comaincompatibile con la soprav-vivenza. (...) Le fratture possono interessare la volta cranica o la base. Le fratture della volta si vedono bene con la radiografia mentre quelle della base non si vedono perché la superficie è molto accidentata e ci si può confondere. Le fratture della base poco visibili con le radiografie standard si diagnosticano invece in base ai segni clinici. Se la frattura interessa la fossa cranica anteriore si può rompere il tetto dell'orbita. Si ha un focolaio di ematoma: il sangue entra nell'orbita per cui l'occhio è nero (c.d. occhio da procione): se un paziente si presenta con l'occhio nero vi è un buon sospetto di frattura della fossa cranica anteriore. Ricordiamo che la membrana cribrosa dell'etmoide divide il cranio al naso per cui dopo una frattura di detta lamina ci può essere perdita di sangue, perdita dell'odorato. Inoltre se si è fratturata la lamina e anche la dura madre si formerà una fessura che mette in diretta comunicazione il liquor e il cervello con il naso. Con tale sospetto si deve evitare di soffiarsi il naso perché in tal modo aumenterebbe la pressione nel naso stesso e l'aria entrerebbe nel cranio dando luogo   al cosiddettopneumocefalo o presenza di aria nel cervello con conseguente fuoriuscita dal naso   di liquor (rinoliquorrea). [...]>>. (Tratto da: http://www.corriere.it/salute/dizionario/trauma_ cranico/index2.shtml). Nulla di strano, dunque, nel caso di Anneliese Michel, ipotizzare un sospetto trauma cranico, a seguito dei ripetuti colpi autoinferti alla cranio durante gli episodi di presunta possessione ed esorcismo di liberazione.

sere serenamente simulate (in rapporto ad un eventuale profilo "sovrumano");

c) il *modus operandi* di Anne ricorda più un paziente schizofrenico o affetto da un disturbo di personalità (delirante o dissociativo, che sia) che un soggetto posseduto da forze misteriore, in quanto al di là di di testimonianze, non si sono registrati eventi paranormali dimostrabili;

d) le *lingue parlate* durante la presunta possessione furono dalla stessa, anche indirettamente, conosciute durante la sua formazione scolastica, senza tralasciare il dettaglio che la famiglia d'origine era fortemente cattolica;

e) le *lesioni fisiche riportate* aveva natura clinica e l'origine era conosciuta (ovvero autoinflitte);

f) il *fenomeno suggestivo* non si può escludere; anzi, dev'essere preso in seria considerazione tenuto conto dell'ambiente sociale, familiare e culturale dove Anne era immersa completamente dalla nascita [204].

E', in definitiva, un caso psichiatrico [205], dove i sintomi derivanti dalla patologia mentale sono rimasti secondari rispetto alla vera e propria malattia fisica, quale causa di morte; compatibilmente con l'età della ragazza e con l'anamnesi pregressa, deve parlarsi di neoformazione primitiva epatica, arrivando infine alla diagnosi di cachessia (deperimento) e malnutrizione, provocata sia dalla malattia oncologica negli ultimi stadi, sia dall'atteggiamento autolesionista della ragazza che spesso si rifiutava di alimentarsi [206]. In assenza di altre prove, magari più attendibili e conclusive, il caso si considera chiuso.

---

[204] Un elemento che non può essere escluso e che può in qualche modo aver generato e/o incrementato la credenza dell'essere vittima di una possessione demoniaca riguarda il film "L'esorcista", prodotto e distribuito nel 1971-73 e arrivato in Germania (dove abitava Anne) nel 1974, ovvero poco meno di due anni prima della sua morte e proprio in concomitanza dell'insorgere dei sintomi più gravi che hanno fatto propendere per la causa spiritica.

[205] Per la comunità scientifica moderna, la possessione demoniaca è vista come manifestazione di una turba mentale, una nevrosi isterica, un disturbo di personalità o un sintomo di una lesione del lobo temporale.

[206] Per tale ragione, i due sacerdoti e i genitori furono condannati per omicidio colposo, per non essere intervenuti in tempo, avallando le terapie non convenzionali, e favorendo la morte, in quanto poteva opporsi alla volontà di Anne imponendole per lo meno l'alimentazione artificiale assistita.

Fig. 42. Primo piano di Anneliese. http://www.veniteadme.org/lesorcismo-di-anneliese-michel-e-le-rivelazioni-del-demonio/://rubysglasseye.blogspot.it/2011/02/anneliese-michel.html

Capitolo 8:

La fantasiosa invenzione del "Purgatorio".

L'*Inferno* e il *Paradiso*, ovvero, il male e il bene, nella continua ballata tra il lato oscuro e la luce:

a) l'*Inferno* è un concetto presente in decine di culture terrestri, soprattutto nelle religioni monoteiste di derivazione accadico-semitica (Ebraismo, Cristianesimo e Islam), mentre le altre religioni mesopotamiche (Babilonesi, Sumeri, Greci e Fenici) fondavano il loro pensiero sul concetto di "Caos", ovvero l'essere vivente di natura divina preesistente a tutto e prodromica alla vita e all'ordine cosmologico. Nei culti egizi antichi, l'Inferno (Amenti, il luogo sotterraneo) è strettamente connesso al Dio "Seth": da una parte, è il luogo di soggiorno delle anime vuote, malvagie; dall'altro, è la sede di creature primordiali e mostruose (come accade nel culto semitico con i Leviatani, mostri di ancestrale memoria che abitano le profondità infernali). Nella civiltà greca (e solo successivamente anche quella Romana), non compare tanto il termine "Inferno", quanto il termine "Inferi", per indicare il sotterraneo "regno dei morti" fisicamente esistente e difficilmente accessibile, nel quale comanda il dio Ade (o Plutone per i Romani). Nell'Ebraismo antico, però, l'Inferno comincia a cambiare le sue caratteristiche prima di allora rimaste praticamente immutate: diventa il luogo della perdizione, della punizione, dove regna un essere immondo, nemico di Dio e del bene: <<[...] L'Inferno così passa dunque da semplice luogo "sotterraneo" a fornace ardente dove i malvagi soffrono bruciando, a causa della presenza corruttrice di una creatura tentatrice, inconcepibilmente e gratuitamente malvagia: un'immagine che ritroviamo successivamente nel culto cristiani. Nel Ghehinnom sono poi presenti sette livelli in cui vengono puniti sette tipi di peccatori con un fuoco alimentato dalla loro cattiva inclinazione; l'angelo incaricato delle punizioni assieme ad altre migliaia di angeli distruttori è Dumah. [...]>>[207]. Rispetto al Cristianesimo, invece, in **Qoelet (Ecclesiaste)**

---

[207] Tratto da: https://it.wikipedia.org/wiki/Inferno.

3: 19-20 si afferma: <<Infatti la sorte degli uomini è la stessa che quella degli animali: come muoiono questi così muoiono quelli. Gli uni e gli altri hanno uno stesso soffio vitale, senza che l'uomo abbia nulla in più rispetto all'animale. Gli uni e gli altri sono vento vano. Gli uni e gli altri vanno verso lo stesso luogo: gli uni e gli altri vengono dalla polvere, gli uni e gli altri tornano alla polvere>>. Dunque nessun riferimento nell'*Antico Testamento* circa il termine "Inferno" (o luogo ultraterreno o sotterraneo); mentre, nel *Nuovo Testamento* appare si (**Matteo 11: 23, Luca 10: 15, Atti degli Apostoli 2: 27 e 31, 1Corinzi 15: 55, Apocalisse 1: 18, Apocalisse 6: 8, Apocalisse 20: 13 e 14, Matteo 5: 22 e 29-30, Matteo 10: 28, Matteo 18: 9, Matteo 23: 15 e 33, Marco 9: 43, 45 e 47, Luca 12: 5, Lettera di Giacomo 3: 6**), ma derivante da una traduzione non corretta dal greco [208] e dunque se ne deduce necessariamente che l'attuale significato dato all'inferno biblico derivi da tradizioni teologiche posteriori, probabilmente ricollegate anche all'opera di **Dante Alighieri** "*La Divina Commedia*". Ed è qui che si innesta la teologia cristiana: <<[…] la dottrina cristiana sul tema infernale riprende quella ebraica e più in genere le figure tipiche delle religioni del Mediterraneo. L'Inferno è un luogo dominato dalle fiamme e dalle tenebre, da cui i dannati possono vedere i santi, i beati e che riposano nella beatitudine del Paradiso e non possono ottenere sollievo alcuno, privi d'ogni speranza (il cattolicesimo ha introdotto nel Medioevo anche i dogmi relativi al Purgatorio). Nello specifico, Gesù ha descritto molto chiaramente il concetto di "Inferno" in varie parabole e discorsi, tra cui ricordiamo, **Matteo 8: 11-12, Matteo 13: 41-42, Matteo 25: 41, Marco 9: 43** e **Marco 9: 47-48** e **Apocalisse 19: 20-21**. (…) Il termine "inferno" nel vernacolo italia-

---

[208] Si critica la mancata uniformità nell'uso dei termini, in quanto nei primi versi indicati viene usato il termine *Ades* -la tomba, Seol-, mentre negli altri casi il termine *Grehenna* -fuoco, Valle di Hinnom-.
<<[…] La parola latina "inferno" non assume nelle scritture greche del nuovo testamento il significato di tormento di fuoco o luogo abitato dalle fiamme. Il termine latino "inferno" che nelle bibbie italiane non traduce in maniera sempre uniforme il termine greco Ade mantiene il significato che troviamo nell'antico testamento cioè luogo di inattività. Gli scrittori del Nuovo Testamento nel citare brani del Vecchio Testamento dove compare la parola Sheol la traducono con ade. […] >>: tratto da: https://it.wikipedia.org/wiki/Inferno.

no deriva dal Latino "inferos", che si trova anche nelle forme "inferi", "inferiora", ed "inferiori" oltre 30 volte nell'Antico e Nuovo Testamento. Fondamentali sono le riflessioni di Sant'Agostino per il quale il castigo è eterno, ma può variare in intensità in virtù della gravità della colpa, ma anche delle preghiere dei vivi, naturalmente solo nella fase che precedeva il Giudizio Finale. Presto si afferma l'idea del trasferimento nel luogo oltre-mondano di purificazione o beatitudine. Nel corso del Medioevo nelle visioni dell'al di là un altro dato costante è la credenza in un certo grado di corporeità dell'anima per cui il patimento dei dannati assume tratti di maggiore realismo. Tale idea convive con quella della fede nella resurrezione dei corpi alla fine dei tempi. [...]>>[209]. Ancora: <<[...] Nella Mitologia Nordica, il regno degli Inferi è Hel o Hela, da cui deriva la parola inglese Hell (inferno) e tedesca Hölle. Hel è anche il nome della dea che governa questo regno popolato di spettri tremanti di morti senza onore. Le più frequenti cause di disonore erano il morire di malattia o carichi di anni nel loro letto anziché cadere da valorosi sul campo di battaglia. Allo stesso modo l'Inferno ospita chi ha rotto un voto solenne. La dea Hel è figlia di Loki, Dio dell'inganno, e di Angrboða, la più terribile delle furie. Hel porta nel mondo dei vivi dolore e disperazione e lei stessa è dipinta come una donna normale per metà e con metà del corpo in putrefazione o cianotica. Hel è un luogo squallido, costituito da una stanza gigantesca, e diversamente dalle altre rappresentazioni è gelido, freddo, buio: vi si accede attraverso una caverna, Gnipahellir, dove vive un gallo nero, che canterà un giorno la fine del mondo con la sua orrenda voce. È in fondo alla scala di ordine dell'universo giacendo al di sotto del terzo livello di Yggdrasill, vicino a Hvergelmir e Náströnd. È dubbio se Hel e Niflheimr siano due regni distinti o siano in qualche modo uno parte dell'altro o addirittura sinonimi dello stesso luogo di danna-zione. (...) Nell'induismo antico e nel suo complicatissimo pan-theon, l'inferno è il mondo sotterraneo, regno di Taraka, il demone tentatore che semina il dubbio, la furia distruttrice e l'odio nel tentativo di far cadere gli dei dal cielo. (...) L'inferno è quindi la

---

[209] Ibidem

condizione di sudditanza a Taraka: l'anima dannata è vittima dei demoni da lui generati e patisce un misto di tormenti fisici e di conseguenze metafisiche. Taraka, infatti, che causa dubbio contro la Trimurti (le tre divinità Brahama, Śiva e Visnu), e quindi contro l'unicità e verità dell'Uno, il Brahman. Ne consegue devastazione insensata, odio che si contrappone all'amore tra uomo e donna e alla generazione di nuova vita.[...]>>[210].

b) il *Paradiso* è il risultato dai una traduzione corretta dal greco biblico παράδεισος (parádeisos) ma errata dall'ebraico, in quanto tenta di tradurre il termine גן (gan, "giardino") ovvero "giardino [dell'Eden]", o per meglio dire "giardino recitante", come **Mauro Biglino** ha già chiarito: <<[...] Il termine greco antico παράδεισος deriverebbe dal ricostruito medio iranico, *pardēz, mentre è correlato all'attestato antico iranico, precisamente avestico, pairidaēza, dove tuttavia non possiede alcun significato religioso, indicando il "recinto", derivando in quella lingua da pairidaēz (murare intorno, circondare con mura), quindi da pairi (intorno) + daēz (accumulare). All'avestico pairidaēza sono correlati i ricostruiti antico persiano *paridaida e il medo *paridaiza. [...]>>[211]. Tralasciando il percorso filologico del termine, giova al lettore sapere soltanto che il risultato finale sarà l'ennesima conferma di quanto più volte ripetuto, ovvero che: <<[...] Nell'Ebraismo il concetto di "al di là" prese forma gradualmente e non fu mai espresso in una forma dogmatica o sistematica. L'idea ebraica di aldilà si è concentrata sulla credenza nella resurrezione della carne o nell'immortalità dell'anima. Sebbene queste concezioni siano state presenti, separatamente o insieme, in ogni epoca della storia ebraica, si può affermare con sicurezza che trovarono il loro maggiore sviluppo durante il periodo rabbinico medievale [...]>>[212]. Inoltre, la: <<[...] nozione di "resurrezione" non riguarda, tuttavia, l'intero genere umano, ma solo agli appartenenti al popolo di Israele, più precisamente allo scopo di sostenere il valore del martirio e quindi della sua ricompensa (o

---

[210] Ibidem
[211] Tratto da: https://it.wikipedia.org/wiki/Paradiso
[212] Ibidem

punizione per i nemici). Questa idea di "resurrezione" va tuttavia distinta dall'idea di "immortalità" dell'anima che invece entra nell'ebraismo della Diaspora da analoghe nozioni proprie della cultura greco-romana. [...]>>[213]. Nel Cristianesimo, il Paradiso è uno dei due stati (il Cattolicesimo ha introdotto solo nel Medioevo anche i dogmi relativi al Purgatorio) in cui vive l'uomo dopo la morte e rappresenta il luogo dove l'uomo si unisce a Dio. Nella Bibbia, in particolare, la parola "Paradiso" compare in tre brani del Nuovo Testamento: in **Luca 23: 43**, **2Corinzi 12: 1-4** e **Apocalisse 2: 7**.

Il paradiso islamico, o Janna, (جنّة, "giardino") è la "dimora finale" del "timorato di Dio", secondo il **versetto 35 della Sura XIII** ed è un luogo con una precisa connotazione descrittiva; nella tradizione induista, invece, esistono paradisi (svarga) o mondi celesti diversi, (sanscrito devaloka, "pianeta degli Dei"), in cui ogni dio accoglie i fedeli che hanno accumulato karma positivo e che li hanno adorati.

Da qui si possono evincere chiaramente 3 aspetti:

a) in decine di culture esiste la dualità bene/male, luce/tenebre, paradiso/inferno (inteso come luogo ultraterreno, dimora degli spiriti); in alcune è chiara la distinzione, in altre si fa partire l'origine del tutto dal Caos;

b) il termine *Inferno* può assumere un significato duale, come dimora dei dannati e come fuoco che tutto brucia e purifica;

c) il termine *Paradiso* è tecnicamente errato, perché si rifà a Gan-Eden che vuol dire "giardino recintato", in perfetta coerenza con i testi più antichi che parlavano di un giardino.

La certezza dunque che si trattino di dimore degli spiriti non c'è in alcun caso. Appare ancora più lampante quando si prova ad affrontare il percorso argomentativo sul *"Purgatorio"*: questo perché, da come già emerso (per lo meno sotto forma di enunciato), il concetto stesso è una pura invenzione teologica cattolica di matrice medievale, a cui Dante Alighieri si è deliberatamente ispirato per la sua

---

[213] Ibidem

opera letteraria. Difatti, il *Purgatorio* [214] è da sempre considerato un elemento fondamentale della dottrina escatologica della Chiesa Cattolica Romana Apostolica. Nell'immaginario collettivo, secondo le descrizioni dottrinali, è un lungo che rappresenta l'anticamera del Paradiso, dove le anime per un certo tempo definito ma non conosciuto dimorano per purificarsi prima del passaggio definitivo nel Regno dei Cieli: non a caso, il Purgatorio non viene inteso come una punizione ma come espressione dell'amore di Dio. La fondatezza biblica del Purgatorio, però, è respinta da tutte le altre confessioni cristiane, all'infuori del Cattolicesimo, nonostante secondo alcuni "apocrifi", lo considerino espressione metafisica di reincarnazione e purificazione, frutto di una rielaborazione delle dottrine orientali come quella del Buddismo [215]. Nella Bibbia, l'unico riferimento che potrebbe richiamare questo luogo si trova in **2Maccabei**, un testo che rientra tra i libri deuterocanonici dell'Antico Testamento e, per questo motivo, i Protestanti (e gli Ebrei) lo considerano apocrifo, quindi non ispirato da Dio: qui, appare, oltre alla fede nella risurrezione, la certezza che l'offerta di un sacrificio possa servire davanti a Dio per l'espiazione di un peccato. In particolare, i seguenti passi: **a)** <<[…] ricorsero alla preghiera, supplicando che il peccato commesso fosse pienamente perdonato. […]>> (**2Maccabei 12: 42**); **b)** <<[…] Perché se non avesse avuto ferma fiducia che i caduti sarebbero risuscitati, sarebbe stato superfluo e vano pregare per i morti. Ma se egli considerava la magnifica ricompensa riservata a coloro che si addormentano nella morte con sentimenti di pietà, la sua considerazione era santa e devota. Perciò egli fece offrire il sacrificio espiatorio per i morti, perché fossero assolti dal peccato. […]>> (**2 Maccabei 12: 44-45**). Tuttavia, come appirirà chiaro al lettore, ricollegare questi passi al Purgatorio è operazione assai ardua e parecchio fantasiosa. Più semplice invece risulta essere il collegamento con quanto riportato nel **Pastore di Erma**, un testo del II secolo d.C. ritenuto apocrifo dai cattolici (e dunque non adatto per rafforzare la credenza della sua esistenza), vi sono chiari ed espliciti

---

[214] Tratto da: https://it.wikipedia.org/wiki/Purgatorio

[215] Il tema è assai complesso: la dottrina cattolica considera l'anima immortale (per decisione del Concilio Lateranense V del 1517 d.C.), così com'è sicura la resurrezione dei corpi.

riferimenti ad uno stato, successivo alla morte terrena, in cui è necessario purificarsi prima dell'ingresso in Paradiso. La dottrina del Purgatorio venne così definita chiaramente solo dal secondo Concilio di Lione del 1274 d.C, da quello di Firenze del 1438 d.C. e infine ribadita in maniera definitiva e certa nel Concilio di Trento, nel 1563 d.C., cristallizzando il pensiero sotto forma di dogma incontestabile.

In particolare, la dottrina afferma che: <<[...] coloro che muoiono nella grazia di Dio, senza però aver soddisfatto con adeguate penitenze la pena temporale, sebbene siano certi della loro salvezza eterna, vengono sottoposti, dopo la loro morte, ad una purificazione, al fine di ottenere la santità necessaria per entrare nella gloria del cielo (cioè il Paradiso). Tale purificazione consiste nelle medesime, dolorose pene infernali, con la differenza che le pene del purgatorio hanno un termine (al contrario di quelle infernali, che sono eterne), e inoltre sono stemperate dalla luce della Speranza Divina che scende dal Paradiso. Per questo, le anime del purgatorio sono in perenne e continua preghiera, che li aiuta a sostenere la pena della purificazione. La Chiesa cattolica chiama purgatorio questa purificazione finale degli eletti, che, dunque, è tutt'altra cosa dalla pena eterna dei dannati (che ha luogo all'Inferno), dannati che morirono da peccatori (come le anime del purgatorio) ma inoltre furono, al momento del trapasso, fuori della grazia divina. In suffragio dei defunti la Chiesa raccomanda ai viventi la preghiera, la celebrazione di sante messe per i defunti e la pratica delle indulgenze. Infatti, la dottrina cattolica afferma che tali preghiere dei vivi in favore dei morti muovono la misericordia di Dio, ripagando dunque la giustizia e diminuendo così il tempo di permanenza delle anime nel purgatorio. Inoltre vi sono particolari santini recanti preghiere che, se recitate con fede, dovrebbero togliere un certo numero di giorni di purgatorio, che varia a seconda del santino. Questo numero solitamente va dai 100 ai 1000 giorni. Vi sono anche delle particolari orazioni, dette di Santa Brigida (imprimatur 23 settembre 1940 - V. GERMOND, Vic. Gen) che, secondo le disposizioni riportate, dovrebbero consentire di liberare 15 peccatori della propria stirpe dal purgatorio e di non passare per il purgatorio per l'anima che le recita con devozione (quelle da recitarsi per 12 anni). (…) Lo storico Jacques Le Goff, uno dei massimi studiosi del Medioevo, ne La nascita del purgatorio, sostiene che tale dottrina nella Chiesa Cattolica si afferma tardi, nella seconda metà del XII secolo, inizialmente come fuoco purgatorio, e solo successivamente strutturandosi nella seconda cantica della Commedia dantesta (composta secondo la critica tra il 1304 d.C. e il 1321 d.C.) a mano a mano che lo sviluppo dei commerci e i miglioramenti economici rendevano necessario integrare nella comunità anche quei "peccatori di mestie-re", come banchieri o mercanti, dai cui traffici basati sul "commercio di denaro" in definitiva dipendeva la prosperità. […]>>[216].

Appare così chiara e lineare l'invenzione del "Purgatorio" ad opera della teologia cattolica anche semplicemente leggendo i testi del catechismo cattolico[217]:

I. *Il giudizio particolare*

1021 La morte pone fine alla vita dell'uomo come tempo aperto all'accoglienza o al rifiuto della grazia divina apparsa in Cristo (Cf 2 Tm 1,9-10). Il Nuovo Testamento parla del giudizio principalmente nella prospettiva dell'incontro finale con Cristo alla sua seconda venuta, ma afferma anche, a più riprese, l'immediata retribuzione che, dopo la morte, sarà data a ciascuno in rapporto alle sue opere e alla sua fede. La parabola del povero Lazzaro (Cf Lc 16,22) e la parola detta da Cristo in croce al buon ladrone (Cf Lc 23,43) così come altri testi del Nuovo Testamento (Cf 2 Cor 5,8; Fil 1,23; Eb 9,27; 12,23) parlano di una sorte ultima dell'anima (Cf Mt 16,26) che può essere diversa per le une e per le altre.

1022 Ogni uomo fin dal momento della sua morte riceve nella sua anima immortale la retribuzione eterna, in un giudizio particolare che mette la sua vita in rapporto a Cristo, per cui o passerà attraverso una purificazione (Cf Concilio di Lione II, Professione di fede di Michele Paleologo: DS 856; Concilio di Firenze, Decretum pro

---

[216] **Jacques Le Goff**, *La nascita del purgatorio*, Torino, Einaudi, 1982.
Tratto da: https://it.wikipedia.org/wiki/Purgatorio
[217] Tratto da: http://www.vatican.va/archive/catechism_it/p123a12_it.htm
Tratto da: https://it.wikipedia.org/wiki/Purgatorio

Graecis: DS 1304; Concilio di Trento, Sess. 25a, Decretum de purgatorio: DS 1820), o entrerà immediatamente nella beatitudine del cielo (Cf Concilio di Lione II, Professione di fede di Michele Paleologo: DS 857; Giovanni XXII, Bolla Ne super his: DS 991; Benedetto XII, Cost. Benedictus Deus: DS 1000-1001; Concilio di Firenze, Decretum pro Graecis: DS 1305), oppure si dannerà immediatamente per sempre (Cf Concilio di Lione II, Professione di fede di Michele Paleologo: DS 858; Benedetto XII, Cost. Benedictus Deus: DS 1002; Concilio di Firenze, Decretum pro Graecis: DS 1306). Alla sera della vita, saremo giudicati sull'amore. (San Giovanni della Croce, Avisos y sentencias, 57: Biblioteca Mística Carmelitana, v. 13 (Burgos 1931) p. 238)

[...]

III. *La purificazione finale o purgatorio*

1030 Coloro che muoiono nella grazia e nell'amicizia di Dio, ma sono imperfettamente purificati, sebbene siano certi della loro salvezza eterna, vengono però sottoposti, dopo la loro morte, ad una purificazione, al fine di ottenere la santità necessaria per entrare nella gioia del cielo.

1031 La Chiesa chiama purgatorio questa purificazione finale degli eletti, che è tutt'altra cosa dal castigo dei dannati. La Chiesa ha formulato la dottrina della fede relativa al purgatorio soprattutto nei Concilii di Firenze (Cf Concilio di Firenze, Decretum pro Graecis: DS (abbreviazione per Denz.-Schönm) 1304) e di Trento (Cf Concilio di Trento, Sess. 25a, Decretum de purgatorio: DS 1820; Sess. 6a, Decretum de iustificatione, canone 30: DS 1580). La Tradizione della Chiesa, rifacendosi a certi passi della Scrittura (Per esempio, 1 Cor 3,15; 1 Pt 1,7), parla di un fuoco purificatore: Per quanto riguarda alcune colpe leggere, si deve credere che c'è, prima del Giudizio, un fuoco purificatore; infatti colui che è la Verità afferma che, se qualcuno pronuncia una bestemmia contro lo Spirito Santo, non gli sarà perdonata né in questo secolo, né in quello futuro (Mt 12,31). Da questa affermazione si deduce che certe colpe possono essere rimesse in questo secolo, ma certe altre nel secolo futuro. (San Gregorio Magno, Dialogi, 4, 41, 3: SC 265, 148 (4, 39:

PL 77, 396)).

1032 Questo insegnamento poggia anche sulla pratica della preghiera per i defunti di cui la Sacra Scrittura già parla: "Perciò [Giuda Maccabeo] fece offrire il sacrificio espiatorio per i morti, perché fossero assolti dal peccato" (2Mac 12,45). Fin dai primi tempi, la Chiesa ha onorato la memoria dei defunti e ha offerto per loro suffragi, in particolare il sacrificio eucaristico (Cf Concilio di Lione II, Professione di fede di Michele Paleologo: DS 856), affinché, purificati, possano giungere alla visione beatifica di Dio. La Chiesa raccomanda anche le elemosine, le indulgenze e le opere di penitenza a favore dei defunti: Rechiamo loro soccorso e commemoriamoli. Se i figli di Giobbe sono stati purificati dal sacrificio del loro padre (Cf Giobbe 1,5 ndr), perché dovremmo dubitare che le nostre offerte per i morti portino loro qualche consolazione? Non esitiamo a soccorrere coloro che sono morti e ad offrire per loro le nostre preghiere. (San Giovanni Crisostomo, In epistulam I ad Corinthios, homilia 41, 5: PG 61, 361).

Non a caso, gli esponenti ortodossi, contrari a questa dottrina totalmente inventata, durante il Concilio di Firenze, risposerò così ai cattolici che adducevano la certezza dell'esistenza del Purgatorio dal testo di **1Cor 3,11-15**: <<[...] L'Apostolo divide tutto ciò che è costruito sul fondamento proposto (Gesù Cristo) in due parti, ma non suggerisce mai una terza parte come fosse una fase intermedia. [..] La vostra dottrina avrebbe forse qualche fondamento se (l'Apostolo) dividesse le azioni cattive in due generi: un genere purificabile da Dio e l'altro degno della punizione eterna. Ma egli non ha fatto tale divisione. [..] Attribuendo al fuoco il potere di distruggere tutte le azioni cattive, ma non chi le fa è evidente che san Paolo non parla del fuoco del purgatorio, che, come pare dalla vostra opinione, non concerne tutte le azioni cattive, ma solo i piccoli peccati [...]>>[218].

---

[218] Peri tou kathateriou pyros biblion hen, in Nili Archiep. Thessalon. De primatu Papae, edit. Salmasii, Hanov. 1603, traduzione italiana tratta da http://digilander.libero.it/ ortodossia/ purgatorio.htm dell'originale inglese in Ivan Ostroumoff, The History of the Council of Florence, tradotto a sua volta dal russo da Basil Popoff (Holy Transfiguration Monastery, Boston 1971), pp. 47-60)
Tratto da: https://it.wikipedia.org/wiki/Purgatorio

Stesso discorso vale per i protestanti, che respingono con forza tale dottrina, affermando che: <<[…] secondo il Nuovo Testamento, l'opera espiatrice di Cristo sulla croce è perfetta e tale da purificare il peccatore che si affida a lui da ogni peccato, passato, presente e futuro, secondo che è scritto: "Ma se camminiamo nella luce, com'egli è nella luce, abbiamo comunione l'uno con l'altro, e il sangue di Gesù, suo Figlio, ci purifica da ogni peccato" (1Giovanni 1: 7) e "Chiunque ha questa speranza in lui, si purifica com'egli è puro" (1Giovanni 3: 3). La dottrina sul purgatorio è così ritenuta un grave svilimento della piena sufficienza dell'opera di Cristo: "Ed è grazie a lui che voi siete in Cristo Gesù, che da Dio è stato fatto per noi sapienza, giustizia, santificazione e reden-   zione; affinché, com'è scritto: «Chi si vanta, si vanti nel Signore»"   (1 Corinzi 1: 30-31); "...nel quale abbiamo la libertà di accostarci a Dio, con piena fiducia, mediante la fede in lui" (Efesini 3: 12); "avviciniamoci con cuore sincero e con piena certezza di fede, avendo i cuori aspersi di quell'aspersione che li purifica da una cattiva coscienza e il corpo lavato con acqua pura" (Ebrei 10: 22). La piena sufficienza dell'opera di Cristo è congiunta alla dottrina secondo la quale l'essere umano, a causa delle contaminazione del peccato, non ha di fatto alcuna capacità di guadagnarsi merito alcuno in funzione della propria salvezza, da cui la necessità dell'opera di Cristo. Per quanto riguarda le attestazioni bibliche con le quali si vorrebbe avallare la concezione sul purgatorio, esse vengono ritenute irrilevanti. (…) Da rilevare, infine, come la Discussione del dottor Martin Lutero sul potere e l'efficacia delle indulgenze, meglio nota come 95 tesi di Lutero, abbia storicamente sfidato gli insegnamenti della Chiesa cattolica sulla natura della penitenza e sull'utilità delle indulgenze. Esse accesero un dibattito teologico che diede origine alla Riforma protestante e, con essa, il ritorno all'autentica tradizione apostolica, snaturata dagli sviluppi successivi. […]>>[219].

Come ricorda, in sintesi, lo storico medievista francese **Jacques Le Goff**: <<[…] Il Purgatorio di Dante (Alighieri) rappresenta la con-

---

[219] Tratto da: https://it.wikipedia.org/wiki/Purgatorio

clusione sublime della lenta genesi del Purgatorio avvenuta nel corso del Medioevo [...]>>[220]. E dunque non si può non notare il rapporto sinergico tra la tradizione cattolica, **Dante Alighieri**, la sua opera *"La Divina Commedia"* e l'ascesa del concetto di Purgatorio: <<[...] Nella letteratura cristiana fu Dante Alighieri a dare forse la visione più completa ed esauriente, in campo filosofico e poetico, del purgatorio (...). Dante descrive così la struttura del purgatorio (che egli, a differenza della teologia cattolica, immagina come un luogo fisico): esso è un monte, costituito della materia che Lucifero ha innalzato nella sua caduta, scavando l'abisso dell'Inferno; inoltre, è circondato dal mare, e si troverebbe nell'emisfero antartico del mondo. Sulla cima del Monte Sacro si trova l'Eden, cioè il Paradiso Terrestre, dove vivono nella piena Grazia di Dio gli spiriti dei Santi e dei Beati. Il monte è formato da sette "gironi", ovvero sette sfere metafisiche ove vengono divise le anime secondo i loro peccati, e queste "cornici" sono precedute dall'Antipurgatorio, dove si trovano le anime di coloro che si pentirono solo in fin di vita, le anime dei negligenti e degli scomunicati, che devono scontare un determinato periodo prima di poter entrare nel purgatorio vero e proprio. Dopo un rito di purificazione, alla fine del quale i peccati vengono perdonati, un angelo "portiere" apre, con le chiavi di San Pietro, la porta del purgatorio, e allora le anime si accingono a ripagare l'ingiustizia dei loro peccati; infatti, il perdono non esclude la riparazione al peccato, ma la precede solamente. I sette gironi rappresentano i sette peccati capitali, cioè, in ordine decrescente di gravità: superbia, invidia, ira, accidia, avarizia (e, insieme, prodigalità), gola e infine lussuria. Inoltre, ogni girone è custodito da un angelo che rappresenta la virtù opposta a ciascun peccato, che l'anima deve raggiungere se vuole ascendere ad un altro girone; vi sono dunque (in ordine) l'angelo dell'umiltà, della carità, della mansuetudine, della sollecitudine, della povertà, della temperanza e della castità, che sono infatti le sette virtù divine. Inoltre, in ciascun girone vi è una pena diversa per le anime, regolata (come anche

---

[220] **Jacques Le Goff**, *La nascita del purgatorio*, Torino, Einaudi, 1982. Tratto da: http://ricerca.repubblica.it/repubblica/archivio/repubblica/2005/09/27/invenzione-del-purgatorio.html

nell'Inferno) dalla cosiddetta "legge del contrappasso", che impone una pena simmetrica od opposta al peccato commesso. Per questo, i superbi sono condannati a camminare reggendo sulle spalle degli enormi e pesantissimi massi, che li costringono a camminare col volto basso (mentre in vita si ergevano altezzosi), gli invidiosi hanno le palpebre cucite col fil di ferro (mentre in vita guardavano con malignità i beni altrui), gli iracondi sono immersi in un fumo nerissimo che li acceca (come in vita erano accecati dal "fumo" della propria rabbia), gli accidiosi sono costretti a correre perennemente, senza mai fermarsi (mentre in vita si rilassavano nell'ozio), gli avari hanno il volto costantemente e totalmente immerso nella terra (come in vita erano immersi nel denaro, che è un bene di terra), i golosi sono costretti a sopportare impietosamente la fame e la sete (mentre in vita abbondavano nel banchettare) e i lussuriosi sono sempre immersi in fiamme ardenti (come in vita erano immersi nelle "fiamme" della passione sessuale). (…) Quando un'anima ha sconta-to tutti i peccati di cui era schiava, nel purgatorio si verifica un terremoto, che è il segnale che tale anima può finalmente elevarsi a Dio, ed entrare in Paradiso purificata. Tuttavia, un'anima, per entrare nell'Eden, deve prima immergersi in due fiumi sacri: il primo è il Letè, le cui acque (già secondo la mitologia greco-romana) lavano il peccatore dalle memorie di tutti i peccati commessi, mentre il secondo è l'Eunoè (di invenzione dantesca), le cui acque invece fanno tornare alla memoria dell'anima tutto il bene compiuto in vita. Dopodiché, l'anima accede davvero al Paradiso, cioè alla beatitudine eterna. Dante considera il purgatorio come il luogo dove si scontano non tanto i peccati realmente commessi (come all'Inferno), quanto invece la tendenza a tali peccati. La purificazione, per le anime, è dunque una vera e propria lotta contro sé stessi ispirata dall'amore per Dio, più che una semplice pena. […]>>[221].

A conclusione di questo percorso divulgaivo, a parere dello scri-vente, potrebbe essere interessante per il lettore affrondire il tema analizzando gli studi di **Giuliano Di Benedetti**, saggista e autore de *"La Via di Dante"*, che ha voluto proporre una nuova visione del

---

[221] Tratto da: https://it.wikipedia.org/wiki/Purgatorio

rapporto tra **Dante Alighieri** e le informazioni contenute ne *La Divina Commedia*. In questa intervista[222], i tratti più salienti:

(…) La via di dante, Lei dice, rivela ora il vero senso della Commedia svelandone i segreti più importanti. Come comincia questa sua opera? *Essendo io architetto, volevo progettare, ricreando il nemus nella valle del lago di Nemi, un grande parco storico-naturalistico, Il Parco del Ramo d'Oro, ispirato al primordiale rituale del rex nemorensis, il guardiano dell'albero sacro (su cui cresceva il ramo fatale) e del tempio di Diana. La valle del lago di Nemi è stata uno dei luoghi sacri più importanti dell'antichità preistorica e storica, il luogo dove si origina la civiltà Latina, dove nascono Romolo e Remo. La loro madre, rea Silvia è la prima Vestale e il tempio di Vesta era all'interno del tempio di Diana, una radura del nemus, il bosco sacro alla Vergine Madre di tutta la Natura, secondo una definizione di Ottaviano Augusto. Anche questo evento è totalmente sconosciuto agli storici che, della nascita dei gemelli fatali non ci hanno mai tralasciato notizia alcuna e che ho potuto scoprire proprio mettendo insieme notizie diverse ricavate dalla lettura dei classici, da Virgilio -la guida di Dante che conosce perfettamente il nemus- ad Ovidio che nelle Metamorfosi racconta alcuni miti fondamentali e ne I Fasti, ci dà l'ubicazione della. Selva Oscura Fu proprio dopo questi primi e sorprendenti risultati che iniziai una serie di approfondimenti che mi hanno portato ad effettuare molte altre scoperte di tipo storico che, alla fine, hanno coinvolto anche Dante e la sua opera più grande. La conclusione è stata del tutto imprevedibile ed incredibile, soprattutto per me: per ambientare le prime due cantiche della sua Commedia, Dante si era ispirato ai Colli albani, alla loro conformazione fisica ed alla loro straordinaria storia antica, soprattutto quella riguardante il nemus, il bosco sacro a Diana, e quella del Mons Albanus, attuale monte Cavo, sede del tempio di Giove. Mi accorsi, così, che Dante, per rivelare ai soli illuminati il messaggio segreto contenuto nei suoi versi, aveva lasciato numerosi indizi riguardanti i Colli Albani di cui*

---

[222]   Tratto   da: http://www.laltrapagina.it/mag/la-via-di-dante-giuliano-di-benedetti-ci-accompagna-in-un-viaggio-speciale/
Cfr.: http://altragenesi.blogspot.it/2016/01/dante-alighieri-la-divina.html

però finora mai nessuno si è accorto.

Come è arrivato a questa scoperta? *Collegando il contenuto di grandi opere poetiche (Eneide, Divina Commedia) alla storia, ai miti, ai culti e alle caratteristiche del territorio del nemus, cosa che nessun altro studioso ha mai fatto proprio per la non conoscenza di questi luoghi. Nel VI canto dell'Eneide, la Sibilla Cumana chiede ad Enea, come lasciapassare per l'Ade, proprio il ramo d'oro, peculiarità del rituale del rex nemorensis nota a Virgilio. Per motivi strategici egli, invece, lo fa cercare da Enea vicino al lago Averno, dove non poteva essere.*

Perché questa stranezza? *Semplice: per poter consentire ad Anchise di fare la sua profezia lontano dal Latium ed indicare al figlio come riconoscere la mèta finale delle sue peregrinazioni: proprio il Latium. Per questo Virgilio sposta tutto a Cuma, vicino al lago Averno. Dall'Eneide in poi tutti riterranno il lago Averno come ingresso all'Ade, dimenticando il nemus, anche se Augusto, nella sua autobiografia, ritrovata alla metà degli anni ottanta del secolo scorso, ma pubblicata in Italia diversi anni dopo dalla Newton Compton, affermava: "Ora l'Averno è localizzato dagli esperti di cose sacerdotali sulle sponde del lago di Ariccia, e l'albero sacro all'interno del santuario di Diana". L'albero sacro era, ovviamente, l'Albero del Ramo d'Oro, quello dipinto dal Turner (Tate Gallery, Londra) e oggetto principale dell'omonimo libro di James Frazer, Il Ramo d'Oro -The golden bough-, opera fondamentale per lo studio dell'evoluzione della mente dell'Uomo, universalmente nota. Conoscendo l'opera di Augusto, Dante questo lo sapeva, ma nessuno vi ha mai posto attenzione e mai si è chiesto dove Dante poteva aver tratto l'idea dell'ingresso all'Inferno. Eppure Dante aveva scritto che riportava nell'opera sua quello che aveva visto realmente: O mente che scrivesti ciò che io vidi. Dante poteva davvero immaginare di incontrare Virgilio proprio nel nemus perché l'aveva visitato e sapeva, dai Fasti di Ovidio, che era quella la "Silua opaca", cioè proprio la selva oscura!*

Allora, è per questo che Dante viene a vedere il nemus! *Sì, ma non è il solo motivo. C'è un altro di motivo che aveva spinto Dante a* *venire a vedere questi luoghi. Essi erano l'origine del male supremo, il potere temporale del papato, derivato dalla celebre, ma incompresa donazione di Costantino: Ahi, Constantin, di quanto mal fu matre non la tua conversion, ma quella dote che da te prese il primo ricco patre! (Inferno, XIX 115-117). La Donazione di Costantino tutti oggi dicono essere un falso fatto per accreditare alla Chiesa il potere su tutta l'Italia centrale. In realtà la Vera donazione riguardava il territorio che ancora oggi costituisce quello della Diocesi di Albano, la seconda dopo Roma per volere di Costantino, che favorì la nascita di quella che oggi è Albano Laziale, nel medioevo confusa con Albalonga. Quella donazione Costantino la fece per ringraziare i soldati della seconda legione partica di stanza proprio ad Albano che si schierò con Costantino contro Massenzio perché aveva posto sulle sue insegne il segno della croce (in hoc signo vinces), cosa richiesta dai legionari che erano mitraisti cristiani! A proposito della donazione ritenuta un falso storico c'è da aggiungere che in ogni caso Dante la conosceva come vera, almeno quella relativa ai territori della Diocesi di Albano all'interno dei quali c'era la "massa nemus" cioè le proprietà del Tempio di Diana.*

Cos'altro ha stimolato le sue ricerche? *Rileggendo la Commedia mi accorsi che molti altri elementi -e non semplici indizi, ma autentiche prove- aveva lasciato Dante che rivelavano che il vero significato di fondo dell'intera opera non era mai stato compreso ed era nascosto nel territorio dei Colli Albani, che aveva ispirato anche l'ambientazione delle prime due Cantiche.*

Quali elementi? *Vediamone alcuni: a) la diritta via non ha niente a che vedere con lo stato di peccato del viandante Dante, che non si sente peccatore. E' solo la definizione comune dell'Appia Antica, la diritta via per antonomasia, un rettilineo di 90 km da Roma a Terracina; b) è l'Appia antica che si smarrisce, non Dante. Dizionario Treccani: smarrirsi = perdere la propria caratteristica. Cioè: quando la diritta via ha perso la sua caratteristica principale, quella di rettilineo -e questo avviene proprio nel bosco aricino la silua opaca che per Ovidio circonda il lago nemorense- egli si ritrova in una selva oscura, non si perde perché peccatore. Ripeto: non è*

Dante il peccatore; c) nella silua ophaca-selva oscura-nemus, il Poeta incontra tre belve. Incredibile: quelle tre belve, nel nemus, c'erano veramente. Erano le sole presenti sulle navi romane di Nemi, quelle volute da Caligola per essere un simbolico tempio galleg-giante realizzato sugli scafi in legno tra i più grandi mai costruiti dall'uomo (per inciso, nel romanzo storico Caligula di Maria Grazia Siliato, Mondadori editore, c'è la descrizione delle navi tratta dai modelli di mia ideazione. Nel risvolto di copertina c'è il mio nome quale consulente per la realizzazione del disegno di copertina); le belve erano in bronzo e con ogni probabilità, note agli abitanti del luogo; d) l'ingresso all'Inferno, descritto da Dante, è quello dell'antico emissario del lago, all'interno del quale c'è la sorgente -che si sente nel buio e indica la direzione da seguire ai due poeti- e i pozzi di ventilazione -perfettamente circolari- che ispirano la risalita dei due poeti quando tornano a riveder le stelle da un pertugio tondo; e) la forma di Monte Cavo che è a tronco di cono -come il Purgatorio dantesco- ed aveva sulla cima il tempio di Giove; f) i colori simbolici di Diana, divinità esoterica: bianco (la luna), verde (le selve), rosso (gli inferi). Sono gli stessi del vestito che indossa Beatrice; g) le figure di Marco Porcio Catone e Stazio posti ai piedi e dentro il Purgatorio perché proprio vicino al Mons Albanus-Monte Cavo-Purgatorio vivevano; h) Daniello, che si esprime in lingua occitana, e il suo dolore che si collega con quel Giordano de Nemore che aveva trovato nella torre di Nemi, dove erano stati nascosti per secoli, i disegni cinesi per la costruzione della macchina da stampa a caratteri mobili e che era finito nella terra dei catari. Qui era morto sul rogo di Montségur, mettendo in salvo, però, i progetti della macchina da stampa a caratteri mobili che avrebbe consentito la diffusione veloce della conoscenza stampata tra feltro e feltro, cioè sulle pagine di carta -il feltro- dei libri e la diffusione veloce ed economica del sapere a tutto il popolo, proprio come volevano i Catari, ma proprio il contrario di quanto voleva la Chiesa Cattolica. Insomma, il significato della profezia del veltro finora totalmente sconosciuto a tutti, in realtà è ormai semplice: quando la conoscenza sarà facilmente diffusa -con la macchina da stampa a caratteri mobili- e sarà tra feltro e feltro cioè sulle pagine dei libri che sono di carta, cioè, di materiale fatto di feltro, allora la lupa-chiesa avrà i giorni contati. O meglio, il prepotere della Chiesa sarà finito!

E le tre belve? *Anche le tre belve, ritenute tre peccati degli uomini, alla luce della storia dei Catari, cambiano molto il loro significato: sono i tre vizi più grandi non dell'Uomo, ma dei vertici della Chiesa di allora, la lupa azzannata dal veltro. E non la superbia, la lussuria e l'avarizia, ma la bramosia di potere senza limiti (leone), la lussuria più sfrenata e a danno soprattutto dei bambini (lonza), l'avidità infinita di ricchezze (lupa). Per caso, sono proprio i tre peccati stigmatizzati pochi mesi fa da papa Francesco rivolto ai Cardinali.*

Veramente straordinario! *L'aver svelato il mistero della profezia del veltro è stata impresa eccezionale che ha fatto comprendere anche il profondo -esoterico- significato della Commedia, che, lungi dall'essere Divina nel senso cattolico del termine, come abbiamo sempre creduto, avrebbe dovuto essere considerata l'opera giustamente più eretica mai scritta, la possibile vera causa di morte prematura per l'Autore.*

Morte prematura non naturale? *In quei tempi bastavo molto meno ed in genere le morti di quel tipo venivano attribuite alla malaria. Vediamo ancora: a) usciti dall'Inferno i due poeti incontrano il custode del Purgatorio il quale rimprovera Dante -che è vivo- di essere in un luogo riservato alle anime dei morti e a Virgilio di essere in un luogo riservato ai battezzati. Ma chi è costui? è Marco Porcio Catone, come Virgilio pagano ed in più suicida. Perché Dante lo fa guardiano del Purgatorio? Semplicemente perché Marco Porcio Catone viveva al di là di Monte Cavo dove oggi è la cittadina di Monte Porzio Catone, uno dei Castelli Romani; b) dal luogo dove Dante e Virgilio incontrano Catone, guardando verso ovest si vede "là dove Tevero s'insala", cioè la foce del Tevere, il luogo di ritrovo delle anime dirette al Purgatorio.*

Conclusioni veramente imbarazzanti per i commentatori di Dante che finora non si sono mai accorti di questi riferimenti ed hanno dato un'interpretazione completamente falsata dell'opera dantesca. Ma c'è un altro aspetto che Lei nel libro mette in

evidenza. L'arrivo e la partenza di Beatrice. Cosa dice al riguardo? *La parte finale del libro è ancor più stupefacente, con l'arrivo di Beatrice e la sua partenza con Dante verso la luna. La conoscenza da parte di Beatrice della forza di gravità e della velocità delle astronavi, rivela come Dante avesse notizia anche delle storie occulte tramandate dai Sumeri e giunte fino a lui attraverso sette segrete ristrettissime.*

Non Le sembra di esagerare in questo caso? *Per giungere a queste scoperte è stato necessario mettere in relazione tra loro i contenuti di opere diversissime, alcune delle quali classiche, ma mai collegate con l'opera di Dante, altre di epoca recente e ancora non note ai cosiddetti cattedratici sedicenti detentori della conoscenza. Alla cattiva interpretazione della Commedia hanno contribuito gli illustratori, anche i più famosi, da Botticelli a Doré. Hanno prodotto raffigurazioni a dir poco puerili che dimostrano come anch'essi non abbiano tenuto in alcun conto i versi del Vate perché non li hanno compresi! Basta vedere proprio i loro disegni relativi alla discesa sul Paradiso terrestre del carro di Beatrice e la sua partenza verso il cielo della luna. Beatrice, per Doré, scende in braccio agli angeli mentre i miniaturisti la mettono sopra un carretto da fieno. Dante, invece, parla di un carro che viene dall'alto ed illumina tutta la foresta del Paradiso Terrestre e da cui Beatrice scende insieme a cento angeli che non hanno ali. Dante non descrive il carro, ma rimanda il lettore alla descrizione che ne fa Ezechiele nella Bibbia: è identico a quello di Beatrice, dice Dante. Ezechiele non descrive certamente un carretto! Le raffigurazioni più recenti del carro descritto da Ezechiele ne fanno una vera e propria astronave! I versi del primo canto del Paradiso descrivono proprio la partenza di un'astronave e Beatrice lo conferma. Rimproverando Dante per la sua paura, quando già sono in orbita, Beatrice gli dice che ormai non deve avere timori: stanno viaggiando a una velocità tale che quella della folgore per loro è poca cosa. Poi gli fa vedere la Terra, formata da aria, acqua e terra tenute insieme da un'unica forza. Natalino Sapegno, uno dei più importanti commentatori di Dante notò: Beatrice si riferisce alla forza di gravità; non spiegò ai lettori, però, come Dante avesse potuto conoscere il concetto di* *forza di gravità! Non solo. Dante si meraviglia come egli possa trascendere, cioè essere più in alto, i corpi leggeri che lo circondano che sembrano più pesanti. Chi oggi non ha mai visto scene all'interno di un satellite artificiale con astronauti a bordo? E' la stessa cosa descritta da Dante e riferita a sé stesso.*

Capitolo 9:

La figura della donna nella Bibbia e nel culto cristiano in generale

9.1. Premessa

La donna è da sempre, nell'immaginario collettivo, la creatura "debole", da difendere e proteggere. Per tal ragione, i movimenti femministi, tipici del XX secolo d.C., hanno puntato l'accento sul concetto errato sessista del termine, ricercando quell'indipendenza dagli schemi del passato, rompendo i legami che per millenni l'hanno vista come una *res* (una cosa, un oggetto), la schiava dell'uomo, la dipendenza del sesso forte.

Un concetto, dunque, completamente errato, che dagli albori della storia l'ha vista un ripiego e non un punto di forza. Oggi giorno, la situazione è cambiata in molte aree occidentali del pianeta, anche se il dominio globale è ancora fortemente sessista e maschilista e la donna deve spesso dimostrare di più dell'uomo. La scrittrice britannica **Virginia Woolf** riuscì a cristallizzare un concetto che lo scrivente, femminista convinto, trova sublime: "*Dietro ogni grande uomo c'è sempre una grande donna*", riferirsi probabilmente al detto latino "*Dotata animi mulier virum regit*", ovvero: "Una donna dotata di coraggio (di spirito) sostiene (consiglia) il marito".

In passato, invece, le condizioni della donna erano precarie e spesso si assisteva all'assenza di diritti civili, potevano essere vessate e stuprate, potevano essere depredate e finire in sposa come oggetti, vendute o donate al prepotente di turno; la Bibbia, in questo, è uno splendido esempio di come la cultura fosse esclusivamente maschilista: tanto per citare "al volo" un passo emblematico, **Genesi 19: 8** dove Lot, definito giusto e corretto dal testo sacro e dalla dottrina, non ci pensa su due minuti a donare le due figlie vergini alla folla inferocita per salvare i due emissari di Yahweh, spacciati per angeli dal teologia, consigliando di approfittare del fatto che, non avendo mai conosciuto uomo, sarebbero state un ottimo spuntino sacrificale.

Ma andiamo con ordine.

9.2. L'Antico Testamento

Già dall'Antico Testamento, emerge in secondo piano la figura della donna, in **Genesi 1: 27, 2: 23** e **3: 16**, dove: <<E Dio creò l'uomo a sua immagine; a immagine di Dio lo creò: maschio e femmina li creò. [...] Allora l'uomo disse: "Questa volta è osso dalle mie ossa, carne dalla mia carne. La si chiamerà donna, perché dall'uomo è stata tolta.">>. E nonostante il falso tentativo di raccontare l'evento cosmogonico con la perfetta simmetria tra uomo e donna, ben presto si noteranno parecchie differenze: <<[...] Alla donna disse: "Moltiplicherò i tuoi dolori e le tue gravidanze, con dolore partorirai figli. Verso tuo marito sarà il tuo istinto, ed egli ti dominerà [...]>>.

La donna, in fondo, all'occhio di Dio, pecca in maniera "mortale": si fa corrompere dal serpente nell'Eden: dunque, per colpa della prima Eva, agli occhi della teologia e del mondo cristiano, dev'essere sottomessa e umiliata. Ora sappiamo dai capitoli precedenti che la creazione non è avvenuta per mezzo di una costola ma facendo finta di prendere per buono quanto interpretato dalla teologia, sorge comunque spontanea una domanda: ma se Dio ha creato tutto ed è grande, perché ha creato la donna dalla costola dell'uomo? Forse, per renderla interdipendente da lui? O forse perché dev'essere sua sottomessa? (domande provocatorie). <<[...] Dio plasmò con la costola, che aveva tolta all'uomo, una donna e la condusse all'uomo" (**Genesi 2: 22**), perché "non è bene che l'uomo sia solo: gli voglio fare un aiuto" (**Genesi 2: 18**) [...]>>. Da qui il concetto di peccato originare (**Genesi 3: 6**) già analizzato in maniera dettagliata.

<<[...] Dopo il peccato le caratteristiche dell'uomo e della donna sono distinte: l'uomo deve faticare per procurarsi il cibo ("il suolo ... Con dolore ne trarrai il cibo ... con il sudore del tuo volto mangerai il pane": Genesi 3: 17-19), mentre la donna è caratterizzata dalla condizione di madre e dall'attrazione - sottomissione verso l'uomo ("Moltiplicherò i tuoi dolori e le tue gravidanze, con dolore partorirai figli. Verso tuo marito sarà il tuo istinto, ma egli ti dominerà": Genesi 3: 16). Vengono qui enunciate due caratteristiche fondamentali della femminilità, le quali si caratterizzano tradizionalmente come costanti nella donna: la maternità, legata alla procreazione, e la tensione della donna a cercare la realizzazione di sé stessa in un

rapporto con l'uomo. [...]>>²²³.

L'Antico Testamento, nei passi già citati e in molti altri, delinea una società nettamente patriarcale e maschilista, in perfetta coerenza con il suo tempo; non a caso, mascherandolo da mitzov (norma d'obbligo) igienica, **Levitico 15: 19-31**: <<[...] Quando una donna abbia flusso di sangue, cioè il flusso nel suo corpo, la sua immondezza durerà sette giorni; chiunque la toccherà sarà immondo fino alla sera. Ogni giaciglio sul quale si sarà messa a dormire durante la sua immondezza sarà immondo; ogni mobile sul quale si sarà seduta sarà immondo. Chiunque toccherà il suo giaciglio, dovrà lavarsi le vesti, bagnarsi nell'acqua e sarà immondo fino alla sera. Chi toccherà qualunque mobile sul quale essa si sarà seduta, dovrà lavarsi le vesti, bagnarsi nell'acqua e sarà immondo fino alla sera. Se l'uomo si trova sul giaciglio o sul mobile mentre essa vi siede, per tale contatto sarà immondo fino alla sera. Se un uomo ha rapporto intimo con essa, l'immondezza di lei lo contamina: egli sarà immondo per sette giorni e ogni giaciglio sul quale si coricherà sarà immondo. La donna che ha un flusso di sangue per molti giorni, fuori del tempo delle regole, o che lo abbia più del normale sarà immonda per tutto il tempo del flusso, secondo le norme dell'immondezza mestruale. Ogni giaciglio sul quale si coricherà durante tutto il tempo del flusso sarà per lei come il giaciglio sul quale si corica quando ha le regole; ogni mobile sul quale siederà sarà immondo, come lo è quando essa ha le regole. Chiunque toccherà quelle cose sarà immondo; dovrà lavarsi le vesti, bagnarsi nell'acqua e sarà immondo fino alla sera. Quando essa sia guarita dal flusso, conterà sette giorni e poi sarà monda. L'ottavo giorno prenderà due tortore o due colombi e li porterà al sacerdote all'ingresso della tenda del convegno. Il sacerdote ne offrirà uno come sacrificio espiatorio e l'altro come olocausto e farà per lei il rito espiatorio, davanti al Signore, per il flusso che la rendeva immonda. Avvertite gli Israeliti di ciò che potrebbe renderli immondi, perché non muoiano per la loro immondezza, quando contaminassero la mia Dimora che è in mezzo a loro. [...]>>.

E ancora, **Levitico 12: 1-8**: <<[...] Il Signore aggiunse a Mosè:

²²³ Tratto da: https://it.wikipedia.org/wiki/Storia_della_donna_nel_cristianesimo

«Riferisci agli Israeliti: Quando una donna sarà rimasta incinta e darà alla luce un maschio, sarà immonda per sette giorni; sarà immonda come nel tempo delle sue regole. L'ottavo giorno si circonciderà il bambino. Poi essa resterà ancora trentatré giorni a purificarsi dal suo sangue; non toccherà alcuna cosa santa e non entrerà nel santuario, finché non siano compiuti i giorni della sua purificazione. Ma, se partorisce una femmina sarà immonda due settimane come al tempo delle sue regole; resterà sessantasei giorni a purificarsi del suo sangue. Quando i giorni della sua purificazione per un figlio o per una figlia saranno compiuti, porterà al sacerdote all'ingresso della tenda del convegno un agnello di un anno come olocausto e un colombo o una tortora in sacrificio di espiazione. Il sacerdote li offrirà davanti al Signore e farà il rito espiatorio per lei; essa sarà purificata dal flusso del suo sangue. Questa è la legge relativa alla donna, che partorisce un maschio o una femmina. Se non ha mezzi da offrire un agnello, prenderà due tortore o due colombi: uno per l'olocausto e l'altro per il sacrificio espiatorio. Il sacerdote farà il rito espiatorio per lei ed essa sarà monda». [...]>>.

<<[...] Nel corso di gran parte della storia, specialmente in Occidente, le donne sono state considerate ritualmente impure. Secondo la tradizione Ebraica, una donna, durante il flusso mensile era regolarmente in uno stato di corrompimento rituale. Simili tabù contro le mestruazioni esistevano anche nelle culture paga ne Greche e Romane. Attraverso la loro sessuofobia, i Padri della Chiesa hanno aggravato la paura della impurità rituale delle donne. Coloro che guidavano la Chiesa erano atterriti che l'impurità potesse profanare la santità degli edifici sacri, del santuario e soprattutto dell'altare. In un tale clima, ed in modo via via crescente, tutti gli aspetti relativi al sesso ed alla procreazione vennero considerati come contaminati dal peccato ed i teologi giunsero alla conclusione che ad una 'creatura impura ' come la donna non può essere affidata la cura delle cose sacre a Dio. Una lunga serie di proibizioni fondate sul presupposto della 'impurità rituale' delle donne è rimasta nel Codice di Diritto Canonico negli ultimi 700 anni. Sulla base di questo scenario, non dobbiamo sorprenderci se scopriamo che la grande maggioranza dei Padri, dei legislatori canonici, dei teologi e dei capi della Chiesa

fossero dell'opinione che ad una persona 'ritualmente impura' non potesse essere affidato il ministero dell'Eucarestia. Ma è anche chiaro che questo tipo di prevenzione sociale e culturale invalida il loro giudizio sulla opportunità dell'ordinazione delle donne. (…) Il testo chiave del Vecchio Testamento sulla contaminazione nei periodi mensili è il Levitico 15, 19-30 (…). Queste leggi vennero rese ancora più onerose e complicate dalla tradizione rabbinica che seguì. (…) Il tabù contro le donne durante la gravidanza e le mestruazioni erano comuni a molte civiltà antiche nei secoli pre-Cristiani. Non solo le donne erano considerate esseri "impuri" durante questi periodi, ma correvano il pericolo di comunicare ad altri la loro impurità. "In seguito al contatto con una donna in questo stato, il mosto inacidisce, i semi diventano sterili, gli alberi appassiscono, quelli da frutto si seccano e i loro frutti cadono solo che essa si sieda sotto; solo che ne venga guardato uno sciame d'api immediatamente morrà, mentre il bronzo e il ferro immediatamente arrugginiranno un cane che ne assaggi il sangue, impazzirà ed il suo morso diventerà velenoso come nella rabbia. Inoltre, il bitume che in certi periodi dell'anno si vede galleggiare sulla superficie del lago di Galilea può essere ridotto in pezzi unicamente mediante un filo che sia stato immerso in detta infetta materia. Un filo da un vestito infetto è sufficiente. Il lino, toccato da una donna durante la bollitura o la lavatura in acqua diventa nero. Così magico è il potere delle donne durante i periodi mestruali che la grandine ed i turbini sono trascinati se il sangue mestruale è esposto ai bagliori dei lampi" (da Plinio il Vecchio, Storia Naturale, libro 28, cap. 23, 78-80; libro 7, cap. 65). "Le viti giovani soffrono irrimediabilmente del contatto con una donna in tale stato, mentre la ruta e l'edera seccano all'istante" "Le piante perdono il colore, se toccate da una donna che abbia su di sè lo spurgo mestruale". (…) Durante i primi cinque secoli dell'era Cristiana, la Chiesa di lingua Greca e Siriaca protesse le donne dagli effetti peggiori del tabù delle mestruazioni. Nel 3° secolo, la Didascalia spiega che le donne non sono impure durante questi periodi, che non hanno bisogno di abluzioni rituali e che i loro mariti non dovrebbero abbandonarle. Le Costituzioni Apostoliche hanno ripetuto questo messaggio rassicurante. Nel 601, Papa

Gregorio I accolse questa visione. Le donne mestruate non dovrebbero essere tenute fuori dalla chiesa e allontanate dalla comunione. Ma questo messaggio veramente cristiano fu sfortunatamente travolto da un intensificato pregiudizio nei secoli successivi. Furono i Padri Latini che reintrodussero un'isterìa sessuofobica nella morale Cristiana. Cominciò Tertulliano (155-245) quando dichiarò che anche il matrimonio legale 'è contaminato dalla concupiscenza'. San Gerolamo (347-419) continuò su questa linea di pensiero, insegnando che la corruzione intacca tutti gli aspetti dei rapporti sessuali , anche nel matrimonio legittimo. Il matrimonio, con tutta la sporcizia del sesso, sarebbe venuto solo dopo la caduta di Eva. Nessuna meraviglia dunque se San Gerolamo ritenga che 'il fluido mestruale' renda le donne impure. Diventando uomo, Gesù tollerò le 'rivoltanti condizioni' dell'utero. Astenendosi dal sesso una donna può diventare come 'un uomo'. Una donna sposata è santa solo vive come una vergine. (...) Sant' Agostino (354-430) non fu da meno. 'Il piacere' durante i rapporti viene associato alla concupiscenza, conseguenza del peccato. Nel matrimonio, il sesso è peccato, anche se 'veniale' . Il 'piacere' dei rapporti è, nei fatti, il mezzo attraverso il quale si è manifestato il peccato originale.Perciò il seme umano è corrotto.Anche a lui era chiaro che una donna mestruata non avrebbe mai potuto servire all'altare come sacerdote. I rapporti sessuali nel matrimonio sono permessi solo a causa della debolezza umana o per generare figli. (...) La concupiscenza, anche in un buon matrimonio, passa attraverso il peccato originale. (...) Già nel 241, Dionisio, Arcivescovo di Alessandria, scriveva: "le donne mestruate non devono venire all'altare o toccare il Santo dei Santi, nè venire in chiesa, ma pregare altrove." Queste erano voci rare nella Chiesa d'oriente, dove le diaconesse servivano in tutte le diocesi. Il vero problema però fu in Occidente, nelle diocesi di lingua Latina, l'Africa del Nord, l'Italia, la Francia e la Britannia. Il Concilio di Cartagine (concilio locale) nel Nord Africa (nel 345) introdusse severe regole di astinenza per i vescovi, i sacerdoti ed i diaconi. I Concili locali in Francia: Orange (441) ed Epaon (517), decretarono che nella loro regione nessuna donna venisse ordinata diacono. L'ovvia ragione era la paura che le donne mestruate profanassero la chiesa. Papa Gelasio I (494) protestò che le donne servissero all'altare. Il Sinodo diocesano di Auxerre (588) decretò che le donne dovessero coprirsi le mani con un panno nel momento di ricevere la comunione. Il Sinodo di Rouen (650) proibì che i sacerdoti porgessero il calice nelle mani delle donne o che li aiutassero nella distribuzione della comunione. Il vescovo Timoteo di Alessandria (680) stabilì che le coppie si astenessero dai rapporti il sabato e la domenica ed il giorno prima di ricevere la comunione. Stabilì inoltre che le donne mestruate non ricevessero la comunione non potessero ricevere il battesimo o visitare la Chiesa nel giorno di Pasqua. Il vescovo Teodoro di Canterbury (690), ignorando la lettera di Papa Gregorio al suo predecessore, proibì che le donne mestruate visitassero la chiesa o ricevessero la santa comunione.Le madri rimanevano impure per quaranta giorni dopo aver dato la vita. Il vescovo Teodolfo di Orléans (820) proibì alle donne di entrare nel santuario. Inoltre: "Le donne dovrebbero ricordare la loro debolezza, e l'inferiorità del loro sesso: e perciò dovrebbero aver paura di toccare qualsiasi cosa sacra che sia nel ministero della Chiesa.". (…) La retorica contro la presunta impurità rituale delle donne venne proseguita dai teologi del Medio Evo. "Alle donne non è permesso visitare la chiesa durante le mestruazioni o dopo la nascita di un figlio.Perchè la donna è un animale mestruato.Attraverso il contatto col suo sangue i frutti non matureranno.Il mosto degenera, l'erba si secca e gli alberi perdono i loro frutti anzi tempo. Il ferro arrugginisce e l'aria diventa scura.Quando i cani lo assaggiano, diventano rabbiosi." (Paucapalea, Summa, Dist. 5, p. § 1 v). Una donna non può distribuire la comunione agli infermi e deve rimanere fuori dalla chiesa dopo il parto. Ecco le ragioni: "Quel sangue è così esecrabile ed impuro che, come ha scritto Giulio Solinus nel libro 'i miracoli del mondo', al suo contatto i frutti non maturano, le piante seccano, l'erba muore, gli alberi perdono i loro frutti, l'aria diventa scura, i cani diventano rabbiosi.... Ed i rapporti al tempo del periodo mestruale diventano molto rischiosi. Non solo a causa dell'impurità del sangue devono essere evitati i contatti con una donna mestruata: da tali rapporti vengono generati feti alterati." (Rufinus, Summa Decretorum, passim). Le donne non possono toccare alcun oggetto sacro.La nascita di un bambino porta con sè una duplice maledizione: "C'erano due comandamenti nella Legge (il vecchio Testamento), il primo relativo alla madre che dà la nascita, il secondo a colui che nasce. Riguardo alla madre , se dava alla luce un figlio maschio ,essa doveva guardarsi dall'entrare nel Tempio per quaranta giorni come una persona impura: perchè il feto, concepito nell'impurità , pare che rimanga informe per quaranta giorni.Ma se nasce una femmina , lo spazio di tempo veniva raddoppiato, per il sangue mestruale, che accompagna la nascita, considerato particolarmente impuro perchè al suo contatto, come afferma Solinus, i frutti e le erbe appassiscono.Ma perchè il tempo per una bambina femmina è stato raddoppiato? Questa è la soluzione: perchè una duplice maledizione grava sulla donna. Perchè su di lei grava la maledizione di Adamo e per la punizione ' tu partorirai con dolore'. O, forse, perchè, come la scienza medica rivela, durante il concepimento le figlie femmine restano informi per un tempo doppio rispetto ai maschi." (Sicardo di Cremona, Mitrale V, cap. 11). Il pregiudizio relativo 'all'impurità rituale' delle donne ha determinato una lunga serie di proibizioni nella Legge Ecclesiastica. La presunta 'impurità rituale' delle donne entrò nella Legge Ecclesiastica specialmente attraverso il Decretum Gratiani (1140), che divenne legge ufficiale della Chiesa nel 1234, come parte vitale del Corpus Iuris Canonici che restò in vigore fino al 1916: Una donna non può distribuire la comunione; Una donna non può insegnare; Una donna non può insegnare o battezzare; Una donna non può toccare gli oggetti sacri; Una donna non può toccare o indossare paramenti sacri; Una donna può ricevere la comunione nelle mani solo se le mani sono coperte da una tovaglia o sulla lingua; Una donna deve essere velata quando riceve la comunione; Una donna non può cantare in Chiesa. La proibizione per le donne di 'cantare in chiesa' venne ripetuta più volte dalla Sacra Congregazione per la Liturgia. 'Le ragazze o le donne non possono essere membri di nessun coro' (decreto 17 settembre 1897). "Le donne non possono essere parte del coro. Cori di donne separati sono assolutamente vietati, eccetto che per particolari motivi e con l'autorizzazione del vescovo" (decreto 22 novembre 1907). "Qualunque tipo di coro misto di uomini e donne, anche se stanno in piedi lontano dall'altare, è totalmente vietato" (decreto 18 dicembre 1908). Il Codice di Diritto Canonico, promulgato nel 1917, contiene i seguenti canoni fondati sul presupposto della impurità rituale delle donne: Le donne devono essere scelte per ultime per somministrare il battesimo; Le donne non possono distribuire la santa comunione; Le ragazze o le donne non sono ammesse a servire la Messa all'altare. Solo gli uomini possono essere ordinati agli Ordini Sacri; Le donne devono avere la testa velata in chiesa; Le sacre vesti devono essere lavate da un uomo, prima che possa toccarle una donna; Le donne non possono predicare in chiesa; Le donne non possono leggere le Sacre Scritture in chiesa. (…) Il nuovo Codice di Diritto Canonico (1983) segna (finalmente) molti miglioramenti nello 'status' delle donne nella Chiesa. Sebbene esso mantenga la proibizione contro l'ordinazione delle donne, e riserva anche il lettorato ed il ministero di acolito ai soli uomini , ha finalmente invertito la posizione della Chiesa per affermare che le donne, 'per delega temporanea',possono compiere questi ministeri in Chiesa: Le donne possono essere lettori delle Sacre Scritture durante le funzioni liturgiche; Servire messa; Com-mentatori durante l'Eucarestia; Predicatori della Parola; Cantori e cantanti, sia come solisti che come membri del coro; Dirigenti dei servizi liturgici; Ministri del battesimo Possono distribuire la comunione. Attraverso queste modifiche della Legge Ecclesiastica e della prassi, la Chiesa ufficiale ha finalmente riconosciuto, con alcune eccezioni, che il suo pregiudizio contro le donne basato sulla 'impurità rituale' era infondato. Perchè le gerarchie della Chiesa non giungono all'ovvia conclusione che il divieto dell'ordinazione delle donne, fondato su questo ed altri pregiudizi, è totalmente nullo? Nel passato molti Padri, legislatori canonici, teologi e Capi della Chiesa erano dell'opinione che le donne non potessero essere ordinate sacerdoti perché i loro periodi mestruali le rendevano 'ritualmente impure'. Se alle donne non era permesso avvicinarsi all'altare, toccare i paramenti dell'altare o i sacri calici ,se non potevano entrare in una chiesa durante le mestruazioni o dopo il parto, e così via, come si poteva immaginare che le donne potessero presiedere all'Eucaristia sull'altare? E' innegabile, perciò, che la loro oppo-sizione al sacerdozio femminile si giustificava, in larga misura, col pregiudizio che le donne rappresentassero un rischio rituale. E' chiaro anche questa prevenzione sociale e culturale ha invalidato il loro giudizio sull'opportunità dell'ordinazione delle donne. [...]>>[224].

9.3. <u>La donna nei Vangeli (canonici e apocrifi)</u>

<<[...] Nei Vangeli, Gesù è presentato vicino ai più deboli, per esempio bambini, lebbrosi e donne. Con queste ultime, Gesù si comporta in modo liberale: difende una prostituta dal linciaggio, dialoga di religione con una samaritana (cioè una reietta, secondo le concezioni ebraiche), permette a una malata (l'emorroissa) di toccarlo e la guarisce per la sua fede. Infine, Gesù risorto si rivela per primo a due donne. Questo atteggiamento ha di sicuro comportato dello scandalo non solo tra i suoi detrattori, ma anche tra i suoi più intimi. Paolo, pur riconoscendo pari dignità ai due sessi, chiede comunque alle donne, per non scandalizzare la gente, di rimanere sottomesse ai propri mariti [...]>> [225].

Nei Vangeli apocrifi abbiamo una situazione ancora più particolare: <<[...] L'eguaglianza tra uomini e donne nelle comunità cristiane fu difesa nel Vangelo secondo Filippo che fa di Maria Maddalena «la consorte di Cristo. Il Signore amava Maria più di tutti i discepoli e la baciava spesso sulla bocca. Gli altri discepoli allora gli chiesero: - Perché ami lei più di tutti noi? - Il Salvatore rispose chiedendo loro: - Perché non vi amo come lei?», e lo gnostico Dialogo del Salvatore fa di Maddalena, con Filippo e Tommaso, il discepolo preferito «che parlava come una donna che conosceva il Tutto». Nel Vangelo di Maria, dopo la crocifissione, Maddalena insegna agli apostoli, suscitando la reazione di Pietro, irritato di dover ascoltare lei, «preferita di molto a tutti noi», e Levi gli fa osservare che «se il Salvatore l'ha fatta degna, chi sei tu per rifiutarla? Certamente il Signore la conosce molto bene. Perciò l'ha amata più di noi».

---

[224] Tratto da: http://www.womenpriests.org/it/traditio/unclean.asp
[225] Tratto da: https://it.wikipedia.org/wiki/Storia_della_donna_nel_cristianesimo

[...]>[226].

9.4. Le donne nelle comunità cristiane primitive

Sono ben note le posizioni di Paolo di Tarso (San Paolo), il padre del cristianesimo: [...] Voglio tuttavia che sappiate questo: Cristo è il capo di ogni uomo, l'uomo è capo della donna e Dio è capo di Cristo. Ogni uomo che prega o profetizza a capo coperto, disonora il suo capo; al contrario, ogni donna che prega o profetizza a capo scoperto, disonora la sua testa, perché è come se fosse rasa. Se una donna, dunque, non vuol portare il velo, si faccia anche tagliare i capelli! Ma se è vergognoso per una donna essere rasa, si copra col velo. L'uomo, invece, non deve coprirsi la testa, perché è immagine e gloria di Dio; mentre la donna è gloria dell'uomo. Infatti, l'uomo non ebbe origine dalla donna, ma fu la donna ad esser tratta dall'uomo; né fu creato l'uomo per la donna, bensì la donna per l'uomo [...] (**1Cor 11: 3-9**). E sempre da Paolo di Tarso si fanno risalire tutta una serie di norme contro la donna, palesemente in contraddizione con gli insegnamenti di Gesù nei testi canonici.

<<[...] Paolo insiste nel tentativo di conciliare la predicata uguaglianza di tutto il genere umano («non esiste più né giudeo né gentile, né uomo né donna», **Lettera ai Galati 3: 28**) con il consiglio alle donne di sottomettersi ai propri mariti. Nella **Lettera ai Romani 16**, egli raccomanda la diacona Febe e saluta Giunia, «segnalata tra gli apostoli ed è stata in Cristo prima di me»; nella **Prima lettera ai Corinzi 11: 5** le donne possono profetizzare ma in **14: 34-35** le donne nelle assemblee tacciano perché non è loro permesso parlare; stiano invece sottomesse, come dice anche la Legge. Se vogliono imparare qualche cosa, interroghino a casa i loro mariti, perché è sconveniente per una donna parlare in assemblea. (...) Nella coppia, Paolo proclama l'uguaglianza dei due sessi, impone al marito di rispettare la propria moglie, ma ciò non va al di là del talamo coniugale (...); in compenso, però, lo pseudo-Paolo della **Prima lettera a Timoteo 3: 2** e della **Lettera a Tito 1: 6 e 2:**

---

[226] Tratto da: https://it.wikipedia.org/wiki/Storia_della_donna_nel_cristianesimo

5 stabilisce che il vescovo sia un uomo e invita le donne «a essere prudenti, caste, dedite alla famiglia, buone, sottomesse ai propri mariti, perché la parola di Dio non venga screditata». E ancora, in **1Timoteo 2: 11-15**: La donna impari in silenzio, con tutta sottomissione. Non concedo a nessuna donna d'insegnare né di dettare legge all'uomo; piuttosto se ne stia in atteggiamento tranquillo. Perché prima è stato formato Adamo e poi Eva, e non fu Adamo a essere ingannato, ma fu la donna che, ingannata, si rese colpevole di trasgressione. (…) I passi «più pesantemente anti-femministi» del Nuovo Testamento si trovano nelle lettere di Paolo. Del resto, Paolo era preoccupato di mantenere l'«ordine» nelle assemblee cristiane, per evitare che dall'esterno arrivassero pettegolezzi e critiche alla nuova setta, che già subiva accuse d'immoralità e di effeminatezza. Perciò insistette su un comportamento sessuale «corretto», compreso l'atteggiamento sottomesso delle donne nelle assemblee. [...]>> [227].

Discorso diverso avviene tra gli Gnostici dei primi secoli, che considerano Dio non esclusivamente maschile ma anche femminile, in perfetta parità di genere: <<[...] Secondo lo gnostico Valentino, pur essendo in realtà indescrivibile, Dio può essere espresso come «Padre e Madre del Tutto», o «Padre Silenzio» (alogia, femminile) dove il «Silenzio» è il grembo che riceve il seme dalla «Fonte ineffabile» generando coppie di energia maschile e femminile. Il valentiniano Marco, che si definisce «grembo ricevente il Silenzio», celebra la messa invocando la Madre, «prima di ogni cosa, incomprensibile e indescrivibile Grazia [charis, femminile]», pregandola di scorrere come il vino dell'offerta. (…) Nell'Apocrifo di Giovanni, alla morte in croce di Cristo, l'apostolo Giovanni ha la visione di «una sembianza triforme» che gli dice: «Io sono il Padre, sono la Madre, sono il Figlio» e la Madre è descritta come «la Madre di ogni cosa, perché esisteva prima di tutti, il madre-padre». Qui la Madre appare coincidere con lo Spirito, come si afferma nello gnostico Vangelo secondo Filippo in cui «Adamo è stato fatto da due vergini, lo spirito e la terra vergine», proprio come Cristo, «generato

---

[227] Tratto da: *Ibidem*

da una vergine» che non è però Maria, ma lo Spirito (femminile), che ha generato unendosi al Padre: infatti, chi crede che Cristo sia stato generato da Maria, moglie di Giuseppe, «non sa quello che dice: quando mai una donna ha concepito da una donna?». [...]>> [228]. In antitesi alla posizione gnostica, Ireneo e Tertulliano, che polemizzavano proprio sulla contemporanea natura femminile di Dio, sostenendo che: «Queste donne eretiche, come sono audaci! Non hanno modestia, sono così sfrontate da insegnare, impegnarsi nella disputa, decretare esorcismi, assumersi oneri e, forse, anche battezzare!». E decretava: «Non è permesso che una donna parli in chiesa, né è permesso che insegni né che battezzi, né che offra l'eucaristia, né che pretenda per sé una parte in qualunque funzione maschile, per non parlare di qualunque ufficio sacer-dotale».

9.5. Il periodo tardo-antico

Per **Agostino di Ippona** (354-430) l'atto d'amore coniugale stesso rimane un peccato, ma tollerabile. Il matrimonio era giustificato da tre funzioni: procreare i figli; essere fedeli per evitare le concu-piscenze esterne; l'indissolubilità del matrimonio come unione prima di tutto divina (**da qui il concetto di matromonio come unione divina indissolubile agli occhi di Dio**).

Per **Isidoro di Siviglia** (560-636), il termine mulier, ovvero moglie, deriva da mollities, mollezza, rinforzando il concetto di debolezza legato da secoli alla donna. Un problema assai sentito all'epoca quello di definire il concetto di "uomo" (e donna), tanto è vero che al Concilio di Mâcon (Francia) del 593 d.C. si tenne un concilio regionale dove parteciparono 21 vescovi: <<[...] Di questi uno, facendo confusione tra i termini latini vir, uomo nel senso di "maschio", e homo, cioè "essere umano", sostenne che la donna non poteva essere definita "essere umano". Egli non poneva il problema se la donna potesse essere definita "essere umano", ma sempli-cemente se essa potesse essere chiamata con il nome "homo". In altri termini, il sostantivo "homo" significa "essere umano maschio"

---

[228] Tratto da: *Ibidem*

oppure "essere umano" a prescindere dal sesso? Citando la Sacra Scrittura i vescovi dimostrano che "homo" deve essere inteso nel secondo senso, e la questione non entrò neanche negli atti ufficiali del concilio. Su tale divagazione, linguistica e non dottrinale, l'unica fonte a disposizione è Gregorio di Tours nell'Historia Francorum. […]>>. [229]

9.6. Il Medioevo e l'epoca moderna [230]

Secondo **Jacques Le Goff** proprio nella società cristiana medioevale si ebbe un miglioramento della condizione femminile che venne perso nel Secolo XIX con l'instaurazione dei valori borghesi nella società cristiana. (…) Tra le figure femminili importanti nel cristianesimo medievale: **Matilde di Canossa**: potente feudataria al tempo della lotta per le investiture, che fece da mediatrice tra Gregorio VII ed Enrico IV; **Monica**: mistica e madre del filosofo Agostino di Ippona; **Ildegarda di Bingen**: (1098-1179) Mistica, scrittrice, musicista, cosmologa, artista, guaritrice, linguista, naturalista, filosofa, poetessa, consigliera politica, profetessa e compositrice; **Chiara d'Assisi**: il suo percorso si svolge in sintonia e in parallelo con quello di Francesco d'Assisi, entrambi fondatori di ordini religiosi; **Eloisa** (1101-1164): un'altra celebre coppia di monaci impegnati nel cristianesimo medioevale è quella di Eloisa e Abelardo monaco e filosofo; (…) **Brigida di Svezia** (1303-1373) Religiosa e mistica svedese, fondatrice dell'Ordine del Santissimo Salvatore. Sposata, ebbe otto figli. Non risparmiò dure ammonizioni in tema di riforma morale del popolo cristiano. Canonizzata nel 1391 e dichiarata compatrona d'Europa nel 1999; **Caterina da Siena**: (1347-1380) Mistica cattolica, inizialmente semianalfabeta, impara a leggere e a scrivere, e tuttavia la maggior parte dei suoi scritti e delle sue corrispondenze furono dettate. Espose la necessità di riformare i costumi del clero. Canonizzata nel 1461, dichiarata patrona d'Italia nel 1939, Dottore della Chiesa nel 1970, e compatrona d'Europa nel 1999; **Giovanna D'Arco**: (1412–1431) Essenziale nella liberazione

---

[229] Tratto da: *Ibidem*
[230] Tratto da: *Ibidem*

delle terre francesi dal dominio inglese, venne accusata di stregoneria (ma, dopo pochi giorni, l'accusa fu mutata in eresia) e consegnata dagli inglesi ad un tribunale presieduto dal vescovo di Beauveais Pierre Cauchon e dal vicario dell'Inquisizione di Rouen, Jean Lemaistre, che la processò ed infine giustiziò sul rogo, la condanna inflitta agli eretici relapsi. L'accusa di eresia a carico di Giovanna d'Arco era ovviamente falsa e nascondeva una volontà politica. Il processo "farsa" a Giovanna d'Arco fu possibile in quanto il potere secolare inglese condizionava pesantemente ogni atto delle autorità ecclesiastiche locali. Finita la guerra dei Cento Anni, la Chiesa intervenne ad annullare il processo, riabilitandola, e fece condannare, postumamente, il principale accusatore. Oggi è considerata Santa e Patrona di Francia **Irene d'Atene**: 752-803. Prima imperatrice bizantina regnante, venerata come santa della Chiesa ortodossa; (…) **Caterina da Genova** (1447-1510), mistica italiana, canonizzata nel 1737. Di famiglia nobile, contrae un matrimonio di convenienza nel 1463 ma dieci anni dopo, a seguito di una presunta visione mistica, sia lei che il marito vengono colti da una profonda conversione religiosa. Traslocano in una casa modesta, ed il marito, il principe Giuliano Adorno, entra nel terzo ordine francescano. Caterina giungerà a divenire direttrice dell'Ospedale di Pammatone, fatto molto raro per le donne del tempo e vera fonte di ispirazione per il rinnovamento della Chiesa cattolica di allora; (…) **Cristina di Svezia** (1626-1689), già regina di Svezia, in seguito a una profonda riflessione filosofica, maturata attraverso rapporti con Cartesio e Pascal, si convertì al Cattolicesimo, rinunciò alla corona e andò a vivere a nell'Urbe sotto la protezione del Papa, divenendo una delle personalità più importanti della Roma barocca; **Anna Katharina Emmerick**: monaca agostiniana tedesca (1774-1824). Per questo fu a lungo perseguitata sia all'interno che all'esterno del convento ed ebbe come suoi fedeli amici il suo medico curante il dottor Franz Wesener ateo convinto che si dovette ricredere e il poeta Clemens Brentano che tennero note e diari delle sue visioni; (…) **Francesca Saverio Cabrini** (1850-1917), religiosa e missionaria italiana canonizzata nel 1946. Aprì un collegio femminile a Granada, e divenne un simbolo di superiorità per i potenti locali iscrivere a quella scuola tenuta da religiose europee le proprie figlie in età da marito, cattoliche e non. La Compagnia femminile fondata dalla Cabrini, la congregazione cattolica delle Missionarie del Sacro Cuore di Gesù, fu la prima sia ad affrontare l'impegno missionario (tradizionalmente prerogativa degli uomini), sia ad essere totalmente autonoma, ovvero non dipendente da un parallelo ramo maschile. Francesca Cabrini valorizzò la religiosità femminile in un modo considerato moderno, adatto ai tempi in cui visse, rispondente a problematiche ancora attuali per via dell'evento migratorio. Promosse l'emancipazione delle capacità di iniziativa femminile; **Maria Teresa Goretti** (1890-1902), martire cattolica, canonizzata nel 1950. La sua vita non fu diversa da quella dei figli di molti lavoratori agricoli del luogo: analfabetismo, denutrizione, lavoro pesante fin dall'infanzia. A 11 anni, prima di ricevere la Prima Comunione, fa proposito di "morire prima di commettere dei peccati." Muore a 12 anni a seguito delle gravi ferite ricevute per difendersi da un tentativo di violenza sessuale, ma perdona l'assassino dal letto di morte - fatto questo che porterà al pentimento ed alla conversione di quest'ultimo. L'immagine di Maria Goretti rimase popolare anche presso i non cattolici, al punto che Enrico Berlinguer indicò nel coraggio e nella tenacia della piccola santa un esempio da imitare per le giovani militanti comuniste. A partire dagli anni settanta, in periodo di affermazione del femminismo, la figura di Maria Goretti perse popolarità, in quanto ritenuta dai non cattolici troppo legata a una visione tradizionale della donna, casta, votata alla maternità e al lavoro domestico; (...) Madre Teresa di Calcutta (1910-1997): religiosa albanese di fede cattolica famosa per il suo lavoro tra le vittime della povertà di Calcutta. Premio Nobel per la Pace 1979, beatificata nel 2003 e canonizzata nel 2016. Condanna l'aborto, i metodi di contraccezione, ed il divorzio.

Capitolo 10

La "superstizione" come strumento di controllo delle masse e l'estremizzazione delle proprie idee

La *"superstizione"* [231], per definizione: <<[...] è una credenza di natura irrazionale che può influire sul pensiero e sulla condotta di vita delle persone che la fanno propria. Generalmente si concreta nel convincimento che gli eventi futuri possano essere influenzati da particolari comportamenti senza che si possa dimostrare o anche solo ragionevolmente desumere una relazione causale. Il termine deriva dal latino *superstitiònem*, composto da *sùper* (sopra) e *stìtio* (stato), sulla base di "stàre" o "sìstere"; venne impiegato da **Cicerone** nel *De natura deorum* per indicare la devozione patologica di chi trascorre le giornate rivolgendo alla divinità preghiere, voti e sacrifici, affinché serbi i suoi figli "superstiti" (cioè sani e salvi). Da qui il termine, come espressione di atteggiamento di pavido uso del soprannaturale con lo scopo di scamparla.[...]>>. E aggiungerei: da qui, **nasce la tradizione poi assorbita nel culto cristiano e cattolica (in particolare) di pregare la divinità per chiedere favori**, alla base di molti sincretismi religiosi moderni.

Non a caso, **Albert Einstein**, etichettò la religione ebraica (la madre del Cristianesimo e la nonna del Cattolicesimo) "un'incarnazione (come tutte le altre religiosi) di puerili superstizioni" [232].

E anche **Cicerone** non usò mezzi termini[233]: <<[...] Assai spiritoso è il vecchio motto di Catone che affermava di meravigliarsi che un aruspice non si mettesse a ridere ogni volta che vedeva un altro aruspice. Quante sono le cose predette da essi che sono poi accadute? E se qualcuna si è verificata, quali prove ci sono contro l'eventualità che essa sia accaduta per caso? Il re Prusia, allorché Annibale, esule presso di lui, lo esortava a far guerra a oltranza, diceva di non volersi arrischiare, perché l'esame delle viscere lo dissuadeva.

---

[231] Tratto da: https://it.wikipedia.org/wiki/Superstizione
[232] Tratto da: https://blog.uaar.it/2008/05/14/allasta-lettera-eistein-defini-fede-superstizione-puerile/
[233] **Cicerone**, *De divinatione* (II, XXIV)

"Dici sul serio?" esclamò Annibale, "preferisci dar retta a un pez-
zetto di carne di vitella che a un vecchio condottiero?". Anche
Cesare, dissuaso dal grande aruspice dall'imbarcarsi per l'Africa
prima del solstizio d'inverno, non si imbarcò egualmente? Se non
l'avesse fatto le truppe dei suoi nemici avrebbero avuto il tempo di
concentrarsi in un solo luogo. Dovrei mettermi a fare l'elenco (che
sarebbe davvero infinito) dei responsi degli aruspici senza alcun
effetto o addirittura opposto alle previsioni? >>

Eppure, ancora oggi, la superstizione gioca un ruolo molto importante nella vita delle persone, anche solo nei limiti del *"Non ci credo
ma ..."*, senza nemmeno conoscere l'origine di molti comportamenti indotti da questo fenomeno sociale. Scrive **Bruno Silvestrini**:
<<[...] Le superstizioni fanno parte dell'antichissimo patrimonio
dell'umanità. Secondo gli archeologi fu l'uomo di Neanderthal a
creare la prima credenza superstiziosa (e spirituale), ovvero la
sopravvivenza nell'aldilà. Mentre precedentemente l'Homo sapiens
abbandonava i morti, i neanderthaliani seppellivano i defunti nel
corso di riti funebri, e accanto al corpo ponevano cibo, armi, e
carbone da usare nella vita futura. Non è affatto sorprendente
constatare che la superstizione e la nascita della spiritualità si siano
sviluppate di pari passo. Nel corso della storia, ciò che per una
persona era superstizione, spesso per un'altra era religione. L'imperatore cristiano Costantino considerava superstizione il paganesimo,
mentre lo statista pagano Tacito definiva il cristianesimo una
credenza pericolosa e irrazionale. I protestanti consideravano superstiziosa la venerazione dei santi e delle reliquie da parte dei cattolici,
mentre i cristiani giudicavano allo stesso modo i riti indù. Per un
ateo, tutte le convinzioni religiose sono superstizione. Le superstizioni nascono in modo semplice. L'uomo primitivo, alla ricerca di
risposte a fenomeni quali il lampo, il tuono, le eclissi, la nascita e la
morte, non conoscendo le leggi della natura cominciò a credere
nell'esistenza di spiriti invisibili. Notò che gli animali avevano un
sesto senso di fronte al pericolo e immaginò che degli spiriti li
mettessero in guardia. E il miracolo di un albero che germogliava da
un seme, o di una rana che nasceva da un girino, faceva supporre
l'esistenza di un intervento ultraterreno. Poiché la sua vita quoti-

diana era densa di avversità, ne dedusse che il mondo fosse popolato per la maggior parte da spiriti vendicativi piuttosto che benefici. Perciò, la maggior parte delle credenze religiose che sono giunte fino a noi comprende molti modi per proteggerci dalle disgrazie. Per proteggersi in quello che sembrava essere un mondo confuso, l'uomo dell'antichità adottò una zampa di coniglio, il lancio di una moneta e un quadrifoglio. Si trattava di un tentativo d'imporre la volontà umana sul caos. E quando un amuleto non era efficace, provava con un altro e un altro ancora. In tal modo, migliaia di oggetti, espressioni e formule comuni assunsero un significato magico. In un certo senso anche oggi facciamo lo stesso. Uno studente scrive con una determinata penna un tema che gli vale un bel voto, ed ecco che quella penna diventa "fortunata", ed in questo senso possiamo fare moltissimi esempi. Siamo noi che rendiamo straordinario ciò che è normale. A dire il vero sono pochissimi gli oggetti che ci circondano, a cui, in una cultura o nell'altra, non siano stati attribuiti significati legati alla superstizione: il vischio, l'aglio, i ferri di cavallo, gli ombrelli, le dita incrociate. E sono soltanto alcuni. Anche se ormai sono stati spiegati scientificamente molti fenomeni che un tempo erano considerati misteriosi, la vita di ogni giorno presenta ancora incognite sufficienti a fare si che, soprattutto nei momenti più sfortunati, ricorriamo alla superstizione, affinché spieghi ciò che altrimenti risulterebbe inspiegabile e imponga sugli avvenimenti contingenti la forza dei nostri desideri. […]>>[234].

Per comprendere meglio di cosa parliamo, quanto seguirà servirà a contestualizzare storicamente le singole azioni, a noi familiari, frutto di superstizioni ancestrali[235]:

1) la "*zampa di coniglio*" (e/o lepre) portafortuna, ritenuto un potentissimo amuleto nella tradizione esoterica europea (e solo in età moderna in America del Nord), deriva da una tradizione proprio dell'area Occidentale del Vecchio Continente, tra il VII e il VIII

---

[234] Tratto da: http://corrillasi.it/cultura-generale/origini-delle-superstizioni/
Charles Panati, *Extraordinary Origins of Everyday Things* (teaduzione di Nicoletta Spagnol) Armenia Editore, 1996
[235] Ibidem

secolo a.C., e <<[…] affonda le proprie radici nell'antico totemismo il quale, precorrendo di migliaia di anni il darwinismo, sosteneva che gli esseri umani discendessero dagli animali. A differenza del darwinismo, tuttavia, il totemismo credeva che ogni tribù si evolvesse da una diversa specie animale. Ogni tribù venerava ed evitava di uccidere il proprio animale ancestrale e ne utilizzava delle parti come amuleti, chiamati totem. Ancora oggi noi conserviamo dei retaggi della civiltà totemica. Nella letteratura biblica, il totemismo è all'origine di molte regole riguardanti l'alimentazione, che proibiscono di mangiare determinati animali. (…) L'abitudine del coniglio di vivere in una tana gli conferiva un'aura di mistero. I celti, per esempio, credevano che quest'animale trascorresse cosi tanto tempo sottoterra perché era in segreto contatto con l'inferno delle divinità. Perciò un coniglio aveva accesso ad informazioni che erano negate agli umani.

2) il *"ferro di cavallo"*, altro portafortuna, venne introdotto dai Greci nel IV secolo a.C. nella cultura occidentale, mutuando il simbolo (secondo una leggenda) da San Dunstan[236], che lo fece diventare un oggetto dai poteri speciali contro il male. In particolare: <<[…] per i Greci, i poteri magici del ferro di cavallo derivavano da altri fattori: erano di ferro, un elemento che si credeva tenesse lontano il male; inoltre il ferro di cavallo aveva la forma di mezzaluna, che per molto tempo fu un simbolo di fertilità e fortuna. I romani adottarono quest'oggetto, sia come scoperta estremamente pratica per proteggere lo zoccolo del cavallo, sia come talismano, e la loro fede paga-

---

[236] Secondo quanto ci viene tramandato, Dunstan faceva il maniscalco, poi nel 959 d.C. divenne Arcivescovo di Canterbury. Un giorno fu interpellato da un uomo che gli chiese di mettergli un ferro al piede, e stranamente questo era caprino; Dunstan capì subito che il cliente altri non era che Satana, e gli spiegò che per ferrarlo avrebbe dovuto incatenarlo contro la parete. Deliberatamente il santo portò a termine il lavoro in modo così atroce e doloroso, che il diavolo immobilizzato implorò più volte pietà. Dunstan rifiutò di liberarlo finché non gli ebbe strappato il solenne giuramento di non entrare mai nelle abitazioni che presentassero un ferro di cavallo appeso in bella mostra sulla porta. Dalla diffusione di questa leggenda nel decimo secolo, i cristiani tennero in altissima considerazione il ferro di cavallo, appendendolo dapprima sul telaio di una porta, e spostandolo poi più in basso, circa a metà di questa, dove aveva la duplice funzione di talismano e di battente. Da questa consuetudine deriva l'uso di battenti a forma di ferro di cavallo.

(Tratto da: http://corrillasi.it/cultura-generale/origini-delle-superstizioni/)

na nei suoi poteri magici si trasmise ai cristiani, che alterarono tale superstizione, inventando la storia di san Dunstan. Durante il Medioevo, quando il timore della stregoneria raggiunse i suoi massimi livelli, il ferro di cavallo assunse un ulteriore potere. Si credeva che le streghe volassero sulle scope perché temevano i cavalli, e che qualsiasi elemento che si riferiva al cavallo, soprattutto il suo ferro, tenesse alla larga le streghe, proprio come il crocefisso terrorizzava i vampiri. (…) In Gran Bretagna il ferro di cavallo continuò a essere considerato simbolo della fortuna per tutto il XIX secolo. Un famoso incantesimo irlandese contro la sfortuna e la malattia diceva: "Padre, Figlio e Spirito Santo, inchiodate il diavolo a uno stipite". [...]>>.

3) l' *"osso del desiderio"*, a forma di V: <<[...] L'usanza risale almeno a 2.400 anni fa, ed ebbe origine con gli etruschi, l'antico popolo che occupava la zona compresa fra il Tevere e l'Arno, a ovest e a sud degli Appennini. Gli etruschi furono un popolo caratterizzato da una raffinata cultura, la cui civiltà urbana raggiunse il culmine nel sesto secolo a.C. Gli etruschi credevano che la gallina e il gallo fossero animali divinatori. La gallina perché prima di deporre un uovo emetteva un grido; il gallo perché con il suo canto annunciava l'alba di un nuovo giorno. (…) Un etrusco che desiderava ancora beneficiare dei poteri dell'oracolo, doveva soltanto prendere l'osso, sfregarlo (non romperlo) ed esprimere un desiderio; da cui deriva l' "osso del desiderio". Per più di due secoli gli etruschi espressero desideri utilizzando queste clavicole, che venivano lasciate intatte. (…) Secondo la leggenda romana, gli etruschi scelsero la clavicola a forma di V per un motivo simbolico, dato che assomiglia all'inforcatura umana; un simbolo della parte in cui si custodisce la vita venne utilizzato per scioglierne i misteri. I romani portarono in Inghilterra la superstizione dell'osso del desiderio [...]>>.

4) il *"quadrifoglio"*, ritenuto un potente amuleto perché raro. Reso tale dai: <<[...] druidi dell'antica Inghilterra, che veneravano il sole. I druidi, il cui nome celtico, dereu-wid, significa "saggio della quercia", oppure "che conosce l'albero della quercia", frequentavano le foreste di querce, che consideravano luoghi di culto. Credevano

che una persona che possedeva un quadrifoglio potesse individuare i demoni dell'ambiente circostante, e contrastare il loro sinistro influsso tramite degli incantesimi. Ciò che sappiamo di questo portafortuna (nonché su altre credenze e comportamenti di quella classe di celti colti che espletava funzioni sacerdotali, didattiche e che amministrava la giustizia), deriva principalmente dagli scritti di Giulio Cesare e dalle leggende irlandesi [...]>>.

5) le *"dita incrociate"* sono frutto di: <<[...] un'antica usanza che richiedeva l'intervento di due persone, che intrecciavano i propri indici. Questo gesto molto diffuso derivava dalla convinzione pagana che la croce fosse un simbolo di perfetta unità, e che il suo punto d'intersezione segnasse la dimora di spiriti benefici. Un desiderio espresso su una croce si riteneva ancorato stabilmente al punto della croce in cui i due assi si intersecavano, finché non si realizzava. Tale superstizione era diffusa all'interno di molte antiche civiltà europee. (...) In origine, quando si incrociavano le dita per avere fortuna, l'indice di una persona fortunata veniva posto sull'indice di chi voleva esprimere il desiderio, e le due dita formavano una croce. Mentre una delle due persone esprimeva il desiderio, l'altra offriva un aiuto mentale per facilitarne il buon esito. Con il passare del tempo, le regole di tale usanza si fecero meno rigorose e una persona poteva esprimere il proprio desiderio senza l'aiuto di un compagno. Bastava semplicemente incrociare il dito indice con il medio per formare una X, la croce scozzese di Sant'Andrea. Le usanze che un tempo erano formali, religiose e rituali, di solito si evolvono con il tempo per divenire informali, profane e banali. Così, l' "incrociare le dita" fra due amici degenerò nello stesso gesto compiuto soltanto dalla persona che desiderava esprimere un desiderio, e attualmente è rimasta soltanto l'espressione : "Incrocio le dita" [...]>>.

6) la *"rottura di uno specchio"* è considerato "cattiva sorte": <<[...] I primi specchi, usati dagli antichi egizi, dagli ebrei e dai greci, erano fatti di metalli lucidati, come l'ottone, il bronzo, l'argento e l'oro, e naturalmente erano infrangibili. Nel VI secolo a.C., i greci avevano iniziato una pratica divinatoria che utilizzava uno specchio, chiamata catottromanzia, che utilizzava basse ciotole di vetro o di coccio riempite d'acqua. (...) Le predizioni erano lette da "un pre-veggente che scorgeva il futuro nello specchio". (...) I romani, nel I secolo d.C., adottarono questa superstizione sfortunata aggiungen-dovi un particolare, che del resto coincide con il nostro moderno significato. Asserivano che la salute di un individuo cambiasse a cicli di sette anni. Poiché gli specchi riflettono l'aspetto di una persona (ovvero il suo stato di salute) uno specchio rotto augurava sette anni di cattiva salute e di disgrazie. La superstizione assunse un'applicazione pratica ed economica nell'Italia del XV secolo.   I primi specchi a lastre di vetro, fragili, con il fondo argentato, veni-vano prodotti a Venezia proprio in quell'epoca. Essendo molto co-stosi, venivano maneggiati con estrema cura e i domestici che puli-vano gli specchi dei ricchi venivano avvisati in modo convincente che la rottura di quei nuovi tesori implicava sette anni di un destino peggiore della morte. (...) Quando finalmente in Inghilterra e in Francia, alla metà del 1600, vennero fabbricati specchi poco costosi, la superstizione dello specchio rotto era ormai diffusissima ovunque e saldamente radicata nella tradizione. [...]>>.

7) il *"numero 13"* e la sua presunta "sfortuna" risale alla mitologia norvegese: <<[...] A Walhalla venne allestito un banchetto a cui furono invitati dodici dèi. Loki, lo spirito dei conflitti e del male, si infiltrò tra gli altri, portando il numero degli invitati a tredici. Nella lotta che seguì, per allontanare Loki, Balder, il migliore degli dèi, rimase ucciso. (...) Dalla Scandinavia, tale superstizione si diffuse verso sud in tutta Europa. All'inizio dell'era cristiana era già radicata nei paesi del Mediterraneo. Secondo gli studiosi di folklore, in seguito tale credenza venne notevolmente rafforzata, forse in modo definitivo, dal banchetto più famoso della storia, l'Ultima Cena. Cristo e i suoi apostoli erano in tredici. Meno di ventiquat-tr'ore dopo Cristo venne crocifisso. Gli studiosi di mitologia hanno visto nella leggenda norvegese un'anticipazione del banchetto cri-stiano. Paragonano Giuda, il traditore, a Loki, lo spirito dei conflitti, e Balder, il dio preferito, che venne ucciso, a Cristo, che fu crocifisso. (...) Sul retro della banconota da un dollaro, il tronco di piramide presenta tredici gradini; l'aquila del Nord America stringe in uno dei

suoi artigli un ramo d'ulivo con tredici figlie e tredici frutti, e con l'altro afferra tredici frecce; sopra al capo dell'aquila sono presenti tredici stelle. Tutto ciò, naturalmente, non ha nulla a che vedere con la superstizione, ma commemora le tredici colonie iniziali con cui è nato il paese, che già di per sé si possono consi-derare un simbolo di buon auspicio. [...]>>. In alcuni casi, il numero 13 si accosta al giorno di settimana di Venerdì; questo, perché: <<[...] Secondo la tradizione, sembra che fu proprio di venerdì tredici che Eva tentò Adamo con la mela, l'arca di Noè si trovò nel bel mezzo del Diluvio Universale, nella Torre di Babele si creò un'enorme confusione di lingue, crollò il Tempio di Salomone, e Cristo morì sulla Croce. Tuttavia l'origine effettiva di tale supersti-zione sembra essere anche in questo caso una leggenda appartenente alla mitologia norvegese. Frigga è lo spirito libero, la dea dell'amore e della fertilità, che nei paesi scandinavi dà il nome al venerdì. Quando le tribù germaniche e norvegesi si convertirono al cristiane-simo, Frigga venne bandita sulla cima di una montagna, svergognata e creduta una strega. Si credeva che ogni venerdì la dea, vendicativa, organizzasse un incontro con altre undici streghe e con il diavolo, ovvero una riunione di tredici partecipanti, in cui venivano progettati scherzi malvagi per la settimana a venire. Per molti secoli, in Scan-dinavia, il venerdì venne chiamato "Sabba delle streghe". [...]>>.

8) il *gatto nero* che porta sfortuna è una superstizione recente. In Egitto, il felino ha sempre goduto di fama e protezione, fin dal 3.000 a.C.; difatti, tutti i gatti a quell'epoca e in quel luogo, compreso quelli neri, erano protetti perché ritenuti "magici" e "divini". In particolare: <<[...] Testi in sanscrito che risalgono a più di 2000 anni fa, parlano del ruolo dei gatti all'interno della società indiana; e in Cina, nel 500 a.C. circa, Confucio aveva un suo gatto preferito. Più o meno nel 600 d.C., il profeta Maometto teneva i suoi discorsi con un gatto in braccio, e approssimativamente in quello stesso periodo, i giapponesi iniziarono a tenere dei gatti all'interno delle proprie pagode per proteggere i manoscritti sacri. A quei tempi, se un gatto attraversava la strada a una persona, questo veniva considerato un avvenimento fortunato. [...]>>. Tutto all'improvviso cambiò, come tante altre cose, dal Medievo in poi, periodo assai buio

per la cultura e per la conoscenza: <<[...] La paura dei gatti, soprattutto dei gatti neri, iniziò a diffondersi per la prima volta in Europa durante il Medioevo, e in particolare in Inghilterra. La caratteristica indipendenza del gatto, la sua caparbietà e segretezza, insieme alla sua improvvisa eccessiva diffusione nelle grandi città, contribuìrono a farlo cadere in disgrazia. I gatti che infestavano i vicoli spesso venivano nutriti da vecchie signore, povere e sole, e quando l'isteria della caccia alle streghe colpì l'Europa, e molte di queste donne senza casa vennero accusate di praticare la magia nera, i loro amici gatti, soprattutto quelli neri, vennero a loro volta considerati colpevoli di stregoneria. Un famoso racconto appartenente alle tradizionali credenze britanniche riguardanti i felini, illustra quello che era il punto di vista della gente del tempo. Nel Lincolnshire, intorno al 1560, in una notte senza luna, padre e figlio si spaventarono quando una piccola creatura schizzò davanti a loro infilandosi in una tana. Gettarono delle pietre nel cunicolo del terreno e ne videro uscire rapidamente un gatto nero, ferito, che si trascinò fino alla vicina dimora di una donna che in città era sospettata di stregoneria. Il giorno dopo padre e figlio incontrarono la donna per strada; aveva il volto graffiato, un braccio fasciato e zoppicava. Da quel giorno in poi, nel Lincolnshire, tutti i gatti neri furono sospettati di essere streghe che avevano adottato un insolito travestimento notturno. La storia si propagò. L'idea che le streghe si trasformassero in gatti neri per poter strisciare inosservate per strada divenne una convinzione ben radicata anche in America, durante le cacce alle streghe di Salem. Perciò, un animale che un tempo era considerato con benevolenza, diventò una creatura temuta e disprezzata. (...) In Francia, migliaia di gatti neri vennero bruciati ogni mese, finché il re Luigi XIII, intorno al 1630, non pose fine a questa pratica vergognosa. [...]>>.

9) L'usanza di festeggiare "*Halloween*", per i cristiani (e soprattutto dai cattolici), equivale ad adorare il Diavolo. Eppure le cose stanno diversamente. Halloween è, prima di tutto, una festività d'origine celtica (e dunque pagana, e non satanista) celebrata la notte del 31 ottobre; solo nel XX secolo d.C. ha assunto negli Stati Uniti i connotati e le forme di un evento commerciale dai tratti macabri e spa-

ventosi, diffondendosi in tutto il mondo: <<[...] Lo storico Nicholas Rogers, ricercando le origini di Halloween, nota che mentre alcuni studiosi hanno rintracciato le sue origini nella festa romana dedicata a Pomona - dea dei frutti e dei semi - o nella festa dei morti chiamata Parentalia, Halloween viene più tipicamente collegata alla festa celtica di Samhain (pronunciato [ˈsɑːwɪn] o [ˈsaʊɪn]), originariamente scritto *Samuin* (pronunciato [ˈsaṽɪnʲ] in gaelico). Il nome della festività, mantenuto storicamente dai Gaeli e dai Celti nell'arci-Pelago britannico, deriva dall'antico irlandese e significa approssimativamente "fine dell'estate".La tesi della derivazione di Halloween da Samhain fu sostenuta da due celebri studiosi di fine Ottocento, Rhŷs e Frazer: secondo il calendario celtico in uso 2000 anni fa tra i popoli dell'Inghilterra, dell'Irlanda e della Francia settentrionale, l'anno nuovo incominciava il 31 ottobre. Nell'840 d.C., sotto papa Gregorio IV, la Chiesa cattolica istituì ufficialmente la festa di Ognissanti per il 1° novembre: probabilmente questa scelta era intesa a creare una continuità col passato, sovrapponendo la nuova festività cristiana a quella più antica. A conferma, Frazer osserva che, in precedenza, Ognissanti era già festeggiato in Inghilterra il 1° Novembre. Questa tesi ha avuto amplissima diffusione (per esempio è data per certa dall'Encyclopaedia Britannica). Tuttavia lo storico Hutton l'ha messa in discussione, osservando come Ognissanti venisse celebrato da vari secoli prima di divenire festa di precetto, in date discordanti nei vari Paesi: la più diffusa era il 13 maggio, in Irlanda (paese di cultura celtica) era il 20 aprile, mentre il 1° novembre era una data diffusa in Inghilterra e Germania (paesi di cultura germanica). Secondo l'Oxford Dictionary of English folklore: «Certamente Samhain era un tempo per raduni festivi e nei testi medievali irlandesi e in quelli più tardi del folclore irlandese, gallese e scozzese gli incontri soprannaturali avvengono in questo giorno, anche se non c'è evidenza che fosse connesso con la morte in epoca precristiana, o che si tenessero cerimonie religiose pagane.» L'associazione centrale col tema della morte sembra affermarsi in un periodo successivo, e appare evidente nella più recente evoluzione anglosassone della festa con le sue maschere macabre. Dopo che il protestantesimo ebbe interrotto la tradizione di Ognissanti, in ambito anglosassone si continuò a celebrare Halloween come festa laica. Negli USA, a partire dalla metà dell'Ottocento, la festa si diffuse (specialmente a causa dell'immigrazione irlandese) fino a diventare, nel secolo XX, una delle principali festività statunitensi. […] La parola *Halloween* rappresenta una variante scozzese del nome completo *All Hallows' Eve*, che tradotto significa "Notte di tutti gli spiriti sacri", cioè la vigilia di Ognissanti (in inglese arcaico *All Hallows' Day*, moderno *All Saints' Day*). Sebbene il sintagma *All Hallows* si ritrovi in inglese antico (*ealra hālgena mæssedæg*, giorno della messa di tutti i santi), *All Hallows' Eve* non è attestato fino al 1556. […] La pratica (poi) di mascherarsi risale al Medioevo e si rifà alla pratica tardomedievale dell'elemosina, quando la gente povera andava porta a porta a Ognissanti (il 1° Novembre) e riceveva cibo in cambio di preghiere per i loro morti il giorno della Commemorazione dei defunti (il 2 novembre). Questa usanza nacque in Irlanda e Gran Bretagna, sebbene pratiche simili per le anime dei morti si rinvengano anche in Sud Italia. [...]>> [237].

In tal senso, dunque, l'affermazioni di Padre Gabriel Amorth, l'esorcista della diocesi cattolica di Roma recentemente deceduto dopo una lunga malattia, «festeggiare la festa di Halloween è rendere un osanna al diavolo. Il quale, se adorato, anche soltanto per una notte, pensa di vantare dei diritti sulla persona», risulta essere vuota e priva di senso, sotto il profilo storico e culturale, non avendo questa festività alcun legame con la cultura satanista, di recente formazione. La connessione con alcuni aspetti comuni spaventosi e violenti, in realtà, non sono altro che frutto di trasposizioni derivanti dalla cultura americana, come sopra descritto, di chiaro stampo commerciale: non a caso, il Satanismo origina dall'Europa ma trova il suo massimo splendore espansionistico e culturale in America del Nord, nel XX secolo d.C., con Crowley e LaVey, esponenti di spicco del Satanismo moderno e post-moderno. Anche le critiche mosse dai cristiani e dalle varie correnti cristiane, in ordine ai profili macabri e mostruosi della festività, totalmente diseducativi per i giovani adulti, risultano essere grottesche e paradossali, tenuto conto delle radici

---

[237] Tratto da: https://it.wikipedia.org/wiki/Halloween

medievali delle tradizioni contestate: per chiarire meglio questo passaggio, si ricorda al lettore la testa mozzata di Santa Caterina da Siena, adorata dai cattolici come reliquia, alla quale chiedere intercessioni e favori al divino. L'immagine qui di seguito credo possa essere più che rappresentativa per smorzare i toni su una festività tutt'altro che satanica, per lo meno sotto il profilo storico e culturale: la reliquia della testa di Santa Caterina da Siena, conservata a Siena nella Basilica di San Domenico, insieme al dito, col quale viene impartita la benedizione; il frammento della scapola viene invece conservato nel Santuario della Santa, in un'urna scavata nel muo a sinistra dell'altare dell'Oratorio del Crocifisso.

Fig. n. 43. Tratto da: http://www.siena-agriturismo.it/santa_caterina_da_siena.htm

10) l'azione di *"rovesciare il sale"* ha radici assai antiche: <<[...] Per i Romani, il sale aveva un alto valore simbolico ed economico. (...) Il sale purificava l'acqua, conservava la carne e il pesce e valorizzava il sapore del cibo, e gli ebrei, i greci e i romani usavano il sale in tutti i loro sacrifici più importanti. La venerazione del sale, e il cattivo presagio che seguiva il fatto di rovesciarlo, sono intensamente immortalati nell'Ultima Cena di Leonardo da Vinci. Giuda rovescia il sale in tavola, facendo presagire la tragedia che sarebbe seguita, ovvero il tradimento di Gesù. Storicamente, tuttavia, non esiste alcuna prova in base alla quale si possa dire che in occasione dell'Ultima Cena fosse stato versato il sale. Leonardo incorporò di proposito nella sua interpretazione la superstizione diffusa, per rendere più drammatica la scena. Questo classico dipinto, dunque, presenta due presagi di cattivo auspicio: viene versato il sale e ci sono tredici ospiti a tavola. [...]>>.

11) il *"malocchio/occhio grasso/annocchiatura"* (e/o lepre), infine, indicatore per eccellenza di sfortuna e maleficio: <<[...] Nell'antica Roma venivano interpellati stregoni professionisti, specializzati in malocchio, per stregare i nemici di una persona. Tutti gli zingari erano accusati di possedere quel terribile potere nello sguardo, e il fenomeno era ampiamente diffuso e temuto in tutta l'India e nel vicino Oriente. Nel Medioevo, gli europei erano talmente terrorizzati dal pericolo di cadere sotto l'influsso di un'occhiata malefica, che chiunque avesse un'espressione degli occhi stupefatta, folle o troppo vivace, rischiava di venir bruciato al rogo. [...]>>.

Innoqui modi "di fare", insomma, che certe volte possono risultare anche divertenti. Il problema assume connotati preoccupanti però quando il condizionamento determinato dalle superstizioni diventa parte della credenza religiosa (es. bisogna fare questo altrimenti Dio..., si deve fare così, altrimenti mi succederà questa condanna divina).

E cosa accade se determinati meccanismi vengono indotti proprio da coloro che manipolano la dottrina di quel culto religioso?

La risposta è ovviamente intrinseca nella domanda: così, si assiste ad un vero e proprio controllo delle masse, finalizzato a gestire il potere sull'individuo in quanto tale.

Abbiamo visto nel lavoro precedente, *Exorcizamus te*, come le sette cristiane emergenti siano state capaci tramite accordi con il potere politico a diventare una vera e propria religione di Stato, passando per quattro secoli di martiri: non deve dunque stupirci se ora che il potere è consolidato, l'operazione di fondo sia mantenere lo *status quo* (acquisito).

Lo vediamo costantemente nelle sette e nei movimenti religiosi frutto di sincretismi cristiani, dove il condizionamento rappresenta l'elemento centrale per gestire il gruppo, da parte del leader.

Probabilmente l'espressione più forte di "bisogno di Dio", e dunque di ricerca del divino nella nostra vita e della necessità di spiegare l'insondabile con la presenza di qualcosa sopra di noi superiore ed onnipotente, è rappresentato dal culto sincretistico del "cargo" [238], ma

---

[238] <<[…] Il culto del cargo è un culto di tipo millenarista sincretico apparso in alcune società tribali melanesiane in seguito all'incontro con popolazioni occidentali. Originatesi dall'osservazione delle navi e dei traffici europei, i diversi culti del cargo hanno in comune la fede nell'avvento di navi o aerei da trasporto (in inglese cargo, da cui il nome di questi movimenti religiosi) carichi di beni destinati non agli europei ma agli indigeni. I credenti del culto ritengono che la consegna dei beni sia disposta per loro da parte di un ente divino. Il culto del cargo si è sviluppato principalmente in alcuni angoli remoti della Nuova Guinea e in altre società tribali della Melanesia e della Micronesia in concomitanza con l'arrivo delle prime navi esploratrici occidentali del XIX secolo. Culti simili sono però apparsi anche in altre parti del mondo. Il culto del cargo ha avuto la sua maggiore diffusione in seguito alla seconda guerra mondiale, quando le tribù indigene dei luoghi interessati ebbero modo di osservare le navi giapponesi e statunitensi che trasportavano grandi quantità di merci. Alla fine della guerra le basi militari dell'Oceano Pacifico furono chiuse e di conseguenza cessò il rifornimento di merci. Per attrarre nuovamente le navi e invocare nuove consegne di merci, i credenti del culto del cargo istituirono rituali e pratiche religiose, come la riproduzione grossolana di piste di atterraggio, aeroplani e radio e l'imitazione del comportamento osservato presso il personale militare che aveva operato sul luogo. Durante la seconda metà del Novecento il culto del cargo è diminuito fino a scomparire quasi del tutto. Sull'isola di Tanna, nella Repubblica di Vanuatu, sopravvive ancora il culto di Jon Frum, uno dei più conosciuti, che nacque prima della guerra e divenne in seguito un culto del cargo. Sulla stessa isola è vivo il Movimento del Principe Filippo, che ha come oggetto la figura di Filippo di Edimburgo, marito della Elisabetta II, regina del Regno Unito. (…) I resoconti sul culto del cargo solitamente iniziarono riferendosi ad una serie di movimenti presentatisi verso la fine del XIX secolo e i primi decenni del XX secolo. Il primo culto del cargo conosciuto è stato il Movimento Tuka, iniziato nelle isole Figi nel 1885. Altri tra i primi movimenti si sono presentati in Papua Nuova Guinea, incluso il Culto Taro nella Papua settentrionale, e la Pazzia dei Vailala documentata da F. E. Williams, uno dei primi antropologi ad operare in Papua Nuova Guinea. Il periodo classico di attività del culto del cargo, ad ogni modo, è stato negli anni durante e dopo la Seconda guerra

la storia non ci elemosina anche esempi ben più feroci e violenti, operati da leader carismatici che hanno utilizzato la religione per scopi tutt'altro che spirituali; gruppi dove l'elemento centrale era il fanatismo e la propensione all'estremismo.

mondiale. La vasta quantità di materiale di guerra che fu paracadutata sopra quelle isole durante la campagna del Pacifico avvenuta contro l'Impero del Giappone significò infatti un drastico cambiamento dello stile di vita degli isolani. Prodotti industriali come vestiti, cibo in scatola, tende, armi ed altri beni di utilità arrivarono in grandi quantità per rifornire i soldati e anche gli isolani che erano le loro guide ed ospiti. Alla fine della guerra le basi aeree furono abbandonate, e i cargo non furono più paracadutati. Per far sì che i carichi di beni tornassero ad essere paracadutati o anche portati per via aerea o per mare, gli isolani talvolta iniziarono ad imitare i comportamenti che avevano visto assumere dai militari occidentali. Fabbricarono quindi cuffie audio di legno indossandole seduti dentro a finte torri di controllo da loro costruite; iniziarono a mimare i segnali di atterraggio aerei in mezzo alle piste e ad accendere segnali di fuoco e torce per illuminare le piste di atterraggio e i fari di posizione. I cultisti pensavano che gli stranieri avessero una speciale connessione diretta con i loro antenati, che secondo loro erano gli unici esseri ad avere il potere sufficiente a produrre le ricchezze dei cargo. In una sorta di magia simpatetica e imitativa, molti di loro costruirono, con i mezzi a loro disposizione, riproduzioni a grandezza naturale di aeroplani e nuove piste di atterraggio simili a quelle occidentali, nella speranza che questo avrebbe attirato molti più aeroplani pieni di "cargo". Ovviamente, queste pratiche non portarono al ritorno degli aeroplani semidivini, pieni di tutti quei meravigliosi carichi che venivano paracadutati durante il conflitto, ma finirono comunque per sradicare ogni altra pratica religiosa locale esistente prima della guerra. Un caso più recente di questo tipo di comportamento si ebbe nel 1979, quando la nave taiwanese Lunchaun, che trasportava un grosso carico di componenti elettrici, si rovesciò nel Pacifico vicino alla Polinesia. Gran parte del carico rovesciato venne saccheggiata dagli isolani locali, che ricavarono dai detriti recuperati oggetti, alcuni di uso pratico, altri di uso rituale. Interessante notare che molti di questi appaiono essere stati pensati come semplici ma potenti elettromagneti, i quali, per semplice fortuna o per sperimentazione, sembrano aver funzionato più o meno bene. Alla fine questi culti sono svaniti, ma il termine è rimasto in uso nella lingua corrente per indicare un gruppo di persone che imitano l'aspetto estetico superficiale di un processo o sistema senza averne la comprensione delle meccaniche profonde. (…) Un culto simile, la danza degli spiriti, si è presentato dal contatto tra le due civiltà dei Nativi americani e degli anglo-americani alla fine del XIX secolo. Il profeta Wovoka della tribù dei Paiute predicava che danzando in un certo modo gli antenati sarebbero tornati per mezzo della ferrovia e che una nuova terra avrebbe coperto la gente bianca. Una religione descritta come "culto del cargo" si sviluppò durante la guerra del Vietnam tra alcuni appartenenti al popolo Hmong dell'Asia Sudorientale. Il nucleo del loro credo era che la seconda venuta di Gesù Cristo fosse imminente, solo che questa volta sarebbe arrivato indossando una tuta mimetica e guidando una jeep militare, per portarli via nella terra promessa. Le origini sono sconosciute, ma si può supporre che sia stato estratto dalle immagini del nuovo potere che apparve loro in quel periodo, in forma di militari statunitensi e di missionari cristiani occidentali. Alcuni Indios dell'Amazzonia hanno scolpito imitazioni in legno di registratori di audiocassette (gabarora, dal portoghese gravadora o dallo spagnolo grabadora) che usano per comunicare con gli spiriti. [...]>>.
Tratto da: https://it.wikipedia.org/wiki/Culto_del_cargo

Il padre "biologico" ufficiale del Cristianesimo è Paolo di Tarso, ovvero San Paolo, ritenuto dalla maggioranza delle sette cristiane del I secolo d.C. un impostore; in effetti, un vero e proprio misogino dei tempi moderni, come già ampiamente dimostrato nel corso della stesura di quest'opera. Per inquadrare meglio il personaggio e il suo bizzarro comportamento, prendiamo in esame il pensiero cristallino del saggista **Francesco Esposito** [239], in questa intervista:

(…) **Qual è il motivo che ti ha spinto a scrivere questo libro?** *Prima di tutto per informare. A sedici anni, vista la mia formazione prettamente cattolica, affascinato dalla lettura de "Le Confessioni" di Agostino d'Ippona e del mondo ecclesiastico in generale, avevo deciso di iniziare una formazione specifica per diventare diacono. Ovviamente non mi sono limitato ai semplici testi che mi venivano offerti da chi insegnava in seminario, ma ho iniziato uno studio completo delle origini del cristianesimo facendo un semplice ragionamento: per rispetto mio, e di chi in futuro mi ascolterà, ho il dovere di conoscere il fondamento storico di quella che è la mia religione. Iniziando ad entrare nel profondo, studiando non solo i testi di accademici laici e religiosi, ma anche i testi degli autori patristici dei primi tre secoli, scoprii che la verità storica era profondamente diversa da come veniva insegnata alle famiglie durante le celebrazioni della Domenica. Questa consapevolezza di un effettivo spaccato fra "versione per le famiglie" e "versione per gli studiosi" mi ha allontanato da quella che poteva essere la mia aspirazione, ma non dallo studio attento, profondo e rispettoso dei testi. Purtroppo l'esistenza di questo "spaccato" è ignorato dalla maggior parte di chi si professa cristiano credente e praticante, ed è per questo che ho deciso di mettere su carta le mie conoscenze.*

Il tuo libro si basa principalmente su San Paolo. Puoi dirci chi è secondo la tradizione cristiana, e cosa rappresenta per i cristiani? *Iniziamo con il dire una cosa banale, ma che molti "disinteressati della Domenica" (quelli che si limitano ad andare a*

[239] **Francesco Esposito**, *Il Cristianesimo: un'invenzione di San Paolo*, UniEditori, I ed., 2016
Charles Panati, *Extraordinary Origins of Everyday Things* (teaduzione di Nicoletta Spagnol) Armenia Editore, 1996

Messa) quasi certamente non sanno: non si hanno certezze sull'identità di Paolo. La figura di Saulo (o Shaul), conosciuto poi come Paolo di Tarso, è piuttosto ambigua. Fondamentalmente sappiamo di lui solo dalle lettere scritte di suo pugno (in totale sette, su quattordici presenti nel canone del Nuovo Testamento), dagli Atti degli Apostoli (scritti da Luca, la cui tradizione lo identifica come suo discepolo) e dalle testimonianze dei primi vescovi e padri della Chiesa già dalla fine del I secolo. Secondo la tradizione cristiana, Paolo è l'Apostolo dei Gentili, cioè l'uomo che ha avuto un mandato direttamente dal Gesù risorto per evangelizzare i popoli pagani (At 9, 1-9; At 22, 1-5; 2Cor 12, 1-5), e sempre secondo tradizione è accostato alla persona considerata l'autorità principe degli Apostoli, cioè Pietro. In definitiva Pietro e Paolo sono, secondo la tradizione cristiano-cattolica, il fondamento dell'opera evangelizzatrice, le colonne salde che si poggiano sulla base data da Gesù.

Ma chi è veramente Paolo? *Conscio del fatto che su Paolo non abbiamo certezze storiche evidenti, salvo le sette lettere accademicamente riconosciute come sue, mi affaccio al testo con profondo rispetto limitandomi a raccontare ciò che leggo. Chi conosce Mauro Biglino (che ha curato la prefazione del mio libro), conosce anche il suo metodo di studi: l'analisi letterale dei testi; perché l'unica certezza che abbiamo quando leggiamo un testo è proprio la sua lettura letterale. Leggendo le sette lettere di Paolo (Tessalonicesi, Prima e Seconda ai Corinzi, Galati, Romani, Filippesi e Filemone), allo stesso modo di come se leggessimo un diario, la figura dell'Apostolo dei Gentili si palesa in maniera chiarissima. Si presenta alla comunità apostolica come suo feroce persecutore, ma dopo una visione estatica rivendica un preciso diritto apostolico che non gli è mai appartenuto. Procede così con una sua personalissima opera di conversione fra i pagani, ma allo stesso tempo allontanando i giudei dalla loro tradizione ebraica. Dalla semplice lettura dei testi veniamo a conoscenza di profondi dissidi fra il suo piccolo movimento e la forte e radicata comunità gerosolimitana (gli Apostoli guidati da Giacomo, fratello di Gesù), a causa di una sua "rilettura, per non dire una riscrittura delle Scritture" (come scrive Giuseppe Barbaglio, uno dei massimi esperti italiani su Gesù ed il*

Cristianesimo primitivo). Una tale re-interpretazione delle Scritture ed un tale accanimento verso una certa branca del giudaismo vanno chiaramente a cozzare contro il tumultuoso perio-do storico in cui Paolo scrive ed opera (ci troviamo nel cuore pulsante delle vicende messianiche e vicini al culmine delle Guerre Giudaiche). Lo stesso Paolo non si limita, inoltre, a rimettere in discussione parte del giudaismo introducendo elementi estranei alla cultura ebraica e provenienti dalla cultura greca (e cito gli studi di Antonio Pitta, docente di Nuovo Testamento alla Pontificia Uni-versità Lateranense, considerato uno dei massimi esperti di Paolo in Italia), ma ribalta il concetto puramente ebraico di Messia e di Regno di Dio (in questo caso saranno rilevanti gli studi di Mauro Pesce, fra i più conosciuti biblisti in Italia). Come scrivo anche nell'introduzione del mio libro, ho voluto iniziare dall'inizio. Molte volte, quando ci si approccia agli studi sul Nuovo Testamento lo si fa cominciando dai Vangeli, perché è così che la Bibbia presenta la serie di libri: Vangeli, Lettere Apostoliche e Apocalisse. In realtà i primi documenti cristiani storicamente riconosciuti sono le sette lettere di Paolo, e da qui è importante dover iniziare. Ovviamente le sole lettere non sono sufficienti senza una conoscenza quantomeno basilare del contesto storico di riferimento. Ed è per questo che prima di iniziare ad analizzare le sette lettere paoline descrivo quella che era la situazione politica e sociale della Palestina del I secolo. Nel mio libro vi sono riferimenti a Gesù (anche molto interessanti, soprattutto sulla mancata verginità di Maria), ma tendo ad entrare nello specifico con i suoi più stretti collaboratori, perché saranno questi, dopo la morte del loro maestro, che si confron-teranno con lo stesso Paolo. […]

Vediamone invece qualche esempio di sincretismo cristiano estre-mizzato, così da far immediatamente comprendere la pericolosità di un pensiero radicale [240]:

---

[240] **Giulio Perrotta**, *Manuale di Criminologia Esoterica*, Primiceri Editore, II ed., 2016, pp. 429-435

Charles Panati, *Extraordinary Origins of Everyday Things* (teaduzione di Nicoletta Spagnol) Armenia Editore, 1996

I) I "*Bambini di Dio*"

Il culto di ispirazione cristiana "I Bambini di Dio" è stato fondato nel 1968 a Huntington Beach, in California, da un ex pastore di nome David Brandt Berg, noto anche come Mosè, il Re Davide, il Papà e il Nonno. Tra i valori trasmessi c'erano soprattutto la libertà sessuale, anche con minori e familiari. Lo stesso Berg aveva reso disponibile la figlia di appena sette anni per orge collettive e atti depravati iniziatici, in nome dell'amore verso Gesù.

Fig. 44. Berg con un'adempta fuggita dalla setta pochi anni dopo.
Tratto da: https://www.vice.com/tag/David%20Brandt%20Berg

Un tecnica che solitamente le donne della comunità attuavano era quella di attirare i malcapitati, per lo più uomini, attraverso il sesso, per poi estorcere denaro e favori, in cambio del silenzio (tenuto conto che il rapporto sessuale con il minore negli U.S.A. era ed è attualmente un reato federale). Non di rado, la prostituzione era un mezzo per raccogliere fondi.

Negli anni si diffuse talmente tanto che anche in Italia vennero aperte alcune sedi distaccate, fino a culminare nel 1979 a diversi arresti a Roma e Milano per prostituzione minorile e pedofilia. Oggi il gruppo settario ha assunto una diversa veste e si fa chiamare "Family International", sotto la guida dell'illuminata Karen Zerby, ovvero l'ex moglie del fondatore Berg, e conta oltre 10.000 membri attivi in tutto il mondo; in Italia, la sede principale si trova a Villafranca di Verona (Veneto).

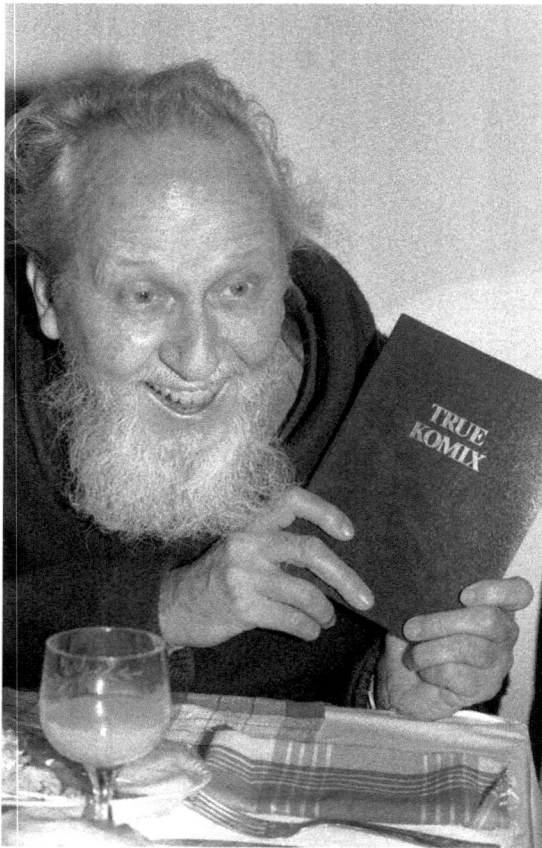

Fig. 45. Berg.
Tratto da: http://worldcultwatch.org/my-childhood-in-an-apocalyptic-cult-by-flor-edwards/

II) I "*Davidiani*"

Nata dalla scissione della Chiesa Cristiana Avventista del Settimo Giorno avvenuta, nel 1930, è nata l'Associazione Davidiana Avventista del Settimo Giorno, dopo una serie di tumulti interni nel ventennio successivo.

La loro dottrina si concentrava prevalentemente nell'Apocalisse, predicando le profezie sul giudizio universale.

I Davidiani, quindi, volevano una restaurazione del regno davidico di Israele della Bibbia prima della seconda venuta di Cristo sulla Terra.

Il loro profeta era Vernom Howell, successivamente chiamato David Koresh. Carismatico e fascinoso, manipolava con abilità le menti del gruppo, orientando le loro azioni secondo i suoi scopi, arrivando a punire severamente i dissidenti.

Negli anni '80, ormai logorato dai deliri di onnipotenza, cercò di prendere il controllo anche di altri rami della setta, gestiti da altre persone.

In particolare, nel 1987, si introdusse nella Mount Carmel Center, con alcuni dei suoi seguaci armati di pistole automatiche e fucili di grosso calibro, per prenderne il controllo: ci fu una sparatoria da entrambi i lati e diversi furono i feriti. All'arrivo della polizia, Koresh venne arrestato e accusato di tentato omicidio, ma le accuse vennero tutto respinte e lui alla fine ottenne anche la gestione della Mount Carmel Center.

Accusata dagli altri rami dei davidiani, questa setta, forte dell'ultima conquista sul territorio, con l'odio, la paura e la violenza, venne dichiarata illegale e oggetto di indagine soprattutto per possesso di armi da fuoco e pedofilia fra i suoi membri.

Nel 1993, allora, insieme ad alcuni dei suoi seguaci, vennero circondati nel ranch di Waco (Texas), trasformando quel giorno in un vero e proprio bagno di sangue. L'assedio durò 51 giorni e culminò con una violenta sparatoria, un suicidio di massa di 85 persone (tra i quali donne e bambini) e un incendio che non venne spento immediatamente, in quanto le autorità -per costringerli alla resa- aveva staccato l'acqua in tutta la zona.

Fig. 46. Koresh, il profeta della setta
Tratto da: https://en.wikipedia.org/wiki/David_Koresh

III) Il "Tempio del Popolo"

La storia di questa setta coincide con il suo fondatore, il reverendo Jim Jones. Fin da piccolo, molto vicino al culto cristiano, studiò pedagogia all'università dell'Indiana e all'età di 21 anni iniziò a fare il pastore alla Somerset Methodist Church di Indianapolis. Le sue prediche erano basate per lo più sull'integrazione sociale e sull'uguaglianza dei diritti fra bianchi e neri in America.

Non appoggiato dalla popolazione, che poco sopportava il popolo "nero", decise nel 1954 di fondare la sua chiesa, con i suoi insegnamenti e le sue idee.

Divenuto importante nella sua comunità, decise di trasferire tutta la Chiesa in California, intorno al 1968-1969. Iniziarono a circolare falsi miti intorno alla sua persona, come guaritore onnisciente, preveggente e leader in grado di purificare le anime. Mentre i fedeli aumentavano, la fama iniziava a consumarlo, incidento sulla sua personalità già disturbata e tendente al delirio di onnipotenza; in più di un caso, infatti, venne sorpreso a simulare attentati alla sua persona o al gruppo, per favorire le tesi complottistiche contro le idee che da anni provava a diffondere.

Proprio in quegli anni, infatti, verrà considerato dai suoi fedeli Dio in carne ed ossa, anche grazie al suo eclatante gesto di rifiutare gli insegnamenti biblici per imbracciare l'uso delle armi e della violenza, per arrivare prima agli obiettivi di evangelizzazione.

Fig. 47: Jones, il profeta della setta
Tratto da: https://it.wikipedia.org/wiki/Jim_Jones

Il potere economico e politico che girava intorno a quest'uomo era talmente impressionante che verso la metà degli anni '70 attirò l'attenzione anche dei servizi di spionaggio.

Stanco dalle continue lotte intestine, anche contro il Governo e l'autorità locale, decise di trasferire tutta la comunità, nel 1977, a Guyana, in Sud America, ereggendo "Jonestown" come sede principale e terra promessa. A quel tempo, la comunità contava circa 1.000 persone.

Il Governo americano, preoccupato da questa iniziativa, inviò nel 1978 il deputato del Congresso Leo Ryan, per verificare le condizioni in cui vivevano i cittadini americani. Al suo arrivo, però, nessuno parlò male della setta (anche se qualcuno chiese aiuto) e molti di loro si dimostrarono ostili, costringendolo alla partenza anticipata.

I più fedeli al credo del loro leader impedirono il volo, bloccando l'aereo con l'uso delle armi, sparando contro i giornalisti e il deputato (raggiunto poi da un colpo fatale alla testa).

La folla di fedeli si fece convincere da Jones a sacrificarsi per la missione, assumendo dosi letali di veleno; il leader, invece, non ebbe il coraggio di sottoporsi alla stessa agonia e prese la scelta di calare il sipario con un semplice e meno coraggioso colpo di pistola alla testa.

Fig. 48: Il suicidio di massa di Jonestown
Tratto da: https://it.wikipedia.org/wiki/Jim_Jones

Nulla di strano, dunque, ancora una volta: è solo la "Storia" che si ripete, esattamente come accade negli estremismi islamici (cfr. ISIS) o nei sincretismi pseudo-religiosi che utilizzano i canali spirituali per raggiungere finalità ben più terrene.

Conclusioni

Potremmo concludere con l'aforisma attribuito a **George Orwell**: <<*Nel tempo dell'inganno universale, dire la verità è un atto rivoluzionario*>>, oppure potremmo mutuare l'espressione da **Gianni Rodari**: <<*Nel paese della bugia, la verità è una malattia*>>. Personalmente preferisco l'aforisma di **Werner Heisenberg**: <<*Non sarà mai possibile, attraverso la ragion pura, arrivare a qualche verità assoluta*>>.

"*Exorcizamus te*" [241] ed "*Amen*" si dissociano da qualunque lavoro che propugna verità assolute e certe; questo perché l'approccio che si è scelto è stato volontariamente "giuridico": partire dalle prove, dagli indizi e dalle deduzioni per arrivare a quella che in qualche modo appare essere la verità più credibile, più probabile. E di fatti, parliamo di eventi antichi dove non esiste alcun certezza storica, filologica od archeologica, ma solo tesi ed ipotesi su reperti ed indagini, che in alcun caso avranno mai la dignità di certezza "pura". E' un dato di fatto, d'altronde, che dove non arriva la ragione e la scienza, la fede trova terreno fertile con la sua celebre citazione: "Devi credere, è un atto di fede".

Onestamente, c'è chi è portato al bisogno di credere in qualcosa senza chiedersi il perché; questione di opinioni e scelte. Io preferisco l'approccio "*agnostico*", figlio di quella dottrina filosofica che afferma l'incapacità della mente umana a conoscere l'assoluto, in quanto estraneo alla scienza positiva, e pertanto: <<[...] indica un atteggiamento concettuale con cui si sospende il giudizio rispetto a un problema, poiché non se ne ha, o non se ne può avere, sufficiente conoscenza. L'agnostico afferma cioè di non sapere la risposta, oppure afferma che non è umanamente conoscibile una risposta e che per questo non può esprimersi in modo certo sul problema esposto [...]>>[242]. Questo vale per Dio come per la politica e la società in generale. E' una continua ricerca della verità tramite le pro-

---

[241] **Giulio Perrotta**, *Exorcizamus te. Il vero volto di Dio*, Primiceri Editore, 2016.
[242] Tratto da: https://it.wikipedia.org/wiki/Purgatorio

ve, tramite la conoscenza, senza però credere a schermi preordinati.

Con questo orientamento, in questo secondo e ultimo lavoro si è provveduto a chiarire gli ultimi passaggi di un percorso intrapreso con il primo testo (*Exorcizamus te*); e dunque:

a) il *primo capitolo* si è deciso di tracciare le linee-guida sintetiche analizzate nel primo saggio, ponendo l'accento sui nuovi risultati, come il vero ruolo di Yahweh (e della sua presunta pedofilia), la verità sulla Beata Vergine Maria e sulle apparizioni mariane. Un capitolo che ha aperto le porte al presente lavoro, ricordando come la Bibbia condannasse la carne di maiale (**Deuteronomio 14, 7-8**), i frutti di mare (**Levitico 11, 10**), i capelli lunghi per gli uomini e i capelli corti per le donne (**1Corinzi 11, 14-15**), il lavorare il Sabato (**Esodo 31, 14**) e i mestieri degli uomini svolti dalle donne (**1Timoteo 2, 11-15**) ma non condanna, anzì favorisce, la schiavitù (**Esodo 21**), la guerra santa (**Esodo 17, 16**), la pedofilia (in tutti quei passi biblici dove Yahweh in persona consiglia di tenersi per sé le bambine (e le giovani fanciulle che non hanno conosciuto "uomo" -quindi ancora vergini-) e uccidere uomini, donne e vecchi), la vio-lenza familiare (**Proverbi 23, 13-14**), il ratto e il traffico di persone (**Giudici 21, 7-23**). Un vero abominio, insomma, che non può essere condiviso in un mondo civile e occidentale. E per chi sottolinea sempre che Gesù Cristo è amore, sarebbe il caso di ricordargli il **Vangelo di Luca 14, 25-26** dove Gesù in persona disse: <<Siccome molta gente andava con lui, egli si voltò e disse: Se uno viene a me e non odia suo padre, sua madre, la moglie, i figli, i fratelli, le sorelle e perfino la propria vita, non può essere mio discepolo>>; oppure in **Matteo 10, 34-39**: << Non pensate che io sia venuto a mettere pace sulla terra; non sono venuto a metter pace, ma spada. Perché sono venuto a dividere il figlio da suo padre, la figlia da sua madre, la nuora dalla suocera; e i nemici dell'uomo saranno quelli stessi di casa sua. Chi ama padre o madre più di me, non è degno di me; e chi ama figlio o figlia più di me, non è degno di me. Chi non prende la sua croce e non viene dietro a me, non è degno di me. Chi avrà trovato la sua vita la perderà; e chi avrà perduto la sua vita per causa mia, la troverà>>. Insomma, un Gesù che non dispensa soltanto messaggi d'amore.

b) il *secondo capitolo* ha proposto questione del falso "peccato originale", rafforzando le prove sulla mistificazione teologica e sull'assenza dei fondamenti teorici e filologici, riscrivendo completamente il concetto di creazione del peccato universale imposto per un errore di valutazione (o di interpretazione).

c) il *terzo capitolo* ripercorre in generale i "rapporti con i testi sumero-accadici e babilonesi" (più antichi), confrontando gli aspetti biblici con i contenuti dei testi sacri di altri culti, riscoprendo le incredibili similitudini, dimostrando che il testo sacro giudeo-cristiano non è affatto ispirato da Dio secondo la concezione teologica e dottrinale. Inoltre, si sono affrontate le tematiche generali legate alla tradizione mesopotamica come culla del Giudaismo (e dunque anche del Cristianesimo anticotestamentario), riprendendo il discorso già iniziato nel lavoro precedente e nel terzo capitolo del presente saggio

d) il *quarto capitolo* è incentrato sulla figura di Mosé e sull'Esodo, dando spazio a due ricercatori italiani che tentano di riscrivere la storia fin qui conosciuta.

e) il *quinto capitolo* si occupa della questione dei "6 milioni di ebrei", tanto discussa e spesso affrontata nei convegni di **Mauro Biglino**;

f) il *sesto capitolo* è stato dedicato alle "guerre atomiche" nella storia antica, ponendo l'attenzione soprattutto all'evento di Mohenjo daro e sulla sua probabile mistificazione;

g) il *settimo capitolo* dedica ampio spazio al fenomeno delle possessioni demoniache e al caso di Anneliese Michel, dimostrando l'origine clinica degli episodi.

h) l'*ottavo capitolo* traccia invece il percorso che ha dimostrato l'invenzione cattolica del Purgatorio, provando a scoprire le novità su Dante Alighieri e la "Divina Commedia", frutto degli studi del saggista Giuliano Di Benedetti.

i) il *nono capitolo* rappresenta in maniera puntuale la figura della donna nella storia del culto cristiano, facendo così emergere il suo ruolo sottomesso dal potere maschilista e sessista di un Dio tutt'altro che incline all'amore e alla parità di genere; situazione mitigata solo nell'ultimo secolo.

l) il *decimo capitolo* fa immergere, infine, il lettore nel mondo delle superstizioni e delle credenze estremiste, per comprendere meglio come determinate azioni veicolate possano essere lo strumento perfetto per controllare le masse, a partire da Paolo di Tarso, padre del Cristianesimo.

Si chiude dunque il cerchio su un lavoro prima di tutto orientato alla ricerca della verità. E forse quello che conta è solamente questo: <<*Non troverai mai la verità, se non sei disposto ad accettare anche ciò che non ti aspettavi di trovare*>> (**Eraclito**).

Giulio Perrotta

Indice

Lightning Source UK Ltd.
Milton Keynes UK
UKHW020758110222
398547UK00009B/441

9 788899 747848